Eckard König/Peter Zedler

Theorien der Erziehungswissenschaft

Einführung in Grundlagen, Methoden und praktische Konsequenzen

DEUTSCHER
STUDIEN
VERLAG

Weinheim 1998

Über die Autoren:

Eckard König, Dr. phil. habil., Jahrgang 1944, studierte Philosophie, Erziehungswissenschaft und Psychologie an der Universität Erlangen-Nürnberg. Er ist Professor für Erziehungswissenschaft an der Universität Paderborn. Seine Arbeitsschwerpunkte sind: Theorie der Erziehungswissenschaft, Allgemeine Pädagogik, Organisationsberatung und Weiterbildung.

Peter Zedler, Dr. phil. habil., Jahrgang 1945, studierte Erziehungswissenschaft, Soziologie und Philosophie an den Universitäten Erlangen-Nürnberg und Münster. Er ist Professor für Erziehungswissenschaft und seit 1992 Direktor des Instituts für Allgemeine Erziehungswissenschaft und Empirische Bildungsforschung an der Pädagogischen Hochschule in Erfurt. Er war von 1990 bis 1994 Vorstandsmitglied der Deutschen Gesellschaft für Erziehungswissenschaft.

Druck nach Typoskript (DTP)

Herstellung der Druckvorlage: Karsten König, 01159 Dresden
Druck und buchbinderische Verarbeitung: Druckhaus »Thomas Müntzer«, 99947 Bad Langensalza/Thüringen
Seriengestaltung des Umschlags: Federico Luci, 50674 Köln
Printed in Germany

ISBN 3 89271 762 1

Inhaltsverzeichnis

Vorwort **11**

Einleitung **13**

Teil 1: Erziehungswissenschaft als normative Disziplin **18**

1.1 Programm einer wissenschaftlichen Pädagogik 18
1.1.1 Historische Entwicklung 18
1.1.2 Hauptthesen 19
1.1.3 Forschungsmethodik 23
1.1.4 Konsequenzen für die pädagogische Praxis 23
1.1.5 Beurteilung 25

1.2 Positionen normativer Erziehungswissenschaft 27
1.2.1 Historische Entwicklung 27
1.2.2 Legitimationsprobleme 30
1.2.2.1 Das Problem des methodischen Anfangs einer normativen Erziehungswissenschaft 30
1.2.2.2 Das Ableitungsproblem im Rahmen der normativen Erziehungswissenschaft 33

Teil 2: Erziehungswissenschaft als empirische Verhaltenswissenschaft **36**

2.1 Empirische Erziehungswissenschaft in der 1. Hälfte des 20. Jahrhunderts 36
2.1.1 Historische Entwicklung 36
2.1.2 Hauptthesen 38
2.1.3 Forschungsmethodik 40

2.1.3.1 Beobachtung und Experiment ... 40
2.1.3.2 Die pädagogische Tatsachenforschung von Else und Peter Petersen ... 41
2.1.4 Konsequenzen für die pädagogische Praxis ... 42
2.1.5 Beurteilung ... 43

2.2 Erziehungswissenschaft auf der Basis des Kritischen Rationalismus ... 45
2.2.1 Historische Entwicklung ... 45
2.2.2 Hauptthesen ... 46
2.2.3 Die Rezeption des Kritischen Rationalismus bei Wolfgang Brezinka ... 51
2.2.4 Transformation des Kritischen Rationalismus: Wissenschaftstheoretische Grundlagen empirischer Erziehungswissenschaft ... 53

2.3 Forschungsmethodik der verhaltenstheoretischen Erziehungswissenschaft ... 57
2.3.1 Schritt 1: Die Hypothesenbildung ... 58
2.3.2 Schritt 2: Operationalisierung unabhängiger und abhängiger Variablen ... 60
2.3.2.1 Operationalisierung durch systematische Beobachtungen ... 60
2.3.2.2 Operationalisierung durch Fragebögen ... 62
2.3.3 Schritt 3: Quantifizierung ... 63
2.3.4 Schritt 4: Festlegung der Verhaltensstichprobe ... 66
2.3.5 Schritt 5: Festlegung des Erhebungsdesigns ... 68
2.3.6 Schritt 6: Durchführung des Vortests ... 69
2.3.7 Schritt 7: Durchführung der Erhebung ... 69
2.3.8 Schritt 8: Auswertung der Daten ... 70

2.4 Pädagogische Praxis in der Tradition der verhaltenstheoretischen Erziehungswissenschaft ... 71
2.4.1 Die pädagogische Verhaltensmodifikation ... 71
2.4.2 Das Verhaltenstraining ... 75

2.5 Wissenschaftstheoretische Diskussion um die verhaltenstheoretische Erziehungswissenschaft ... 79

Teil 3: Erziehungswissenschaft als hermeneutische Disziplin......84

3.1 Diltheys Begründung der Hermeneutik 85
3.1.1 Historische Entwicklung 85
3.1.2 Hauptthesen 85
3.1.3 Forschungsmethodik 87
3.1.4 Konsequenzen für die pädagogische Praxis 89
3.1.5 Beurteilung 92

3.2 Geisteswissenschaftliche Pädagogik 94
3.2.1 Historische Entwicklung 94
3.2.2 Hauptthesen 95
3.2.3 Forschungsmethodik 100
3.2.4 Konsequenzen für die pädagogische Praxis 103
3.2.4.1 Erziehungsziele 103
3.2.4.2 Tradition der Individualpsychologie 106
3.2.4.3 Didaktische Analyse von Wolfgang Klafki 108
3.2.5 Diskussion Geisteswissenschaftlicher Pädagogik 110

3.3 Kritische Theorie und Kritische Erziehungswissenschaft 114
3.3.1 Kritische Theorie 114
3.3.1.1 Historische Entwicklung 114
3.3.1.2 Hauptthesen 115
3.3.1.3 Theoriedefizite und konzeptionelle Probleme 123
3.3.2 Kritische Erziehungswissenschaft 124
3.3.2.1 Historische Entwicklung 124
3.3.2.2 Hauptthesen 126
3.3.3 Forschungsmethodik der Kritischen Erziehungswissenschaft 128
3.3.3.1 Verbindung von Empirie und Hermeneutik 129
3.3.3.2 Handlungsforschung 130
3.3.4 Konsequenzen für die pädagogische Praxis 133
3.3.5 Diskussion der Kritischen Erziehungswissenschaft 136

3.4 Symbolischer Interaktionismus und Ethnomethodologie 141
3.4.1 Historische Entwicklung 141
3.4.2 Hauptthesen 142

3.4.3 Forschungsmethodik 146
3.4.4 Konsequenzen für die pädagogische Praxis: Das interaktionistische Rollenspiel 149
3.4.5 Diskussion des Symbolischen Interaktionismus 150

3.5 Qualitative Sozialforschung 152
3.5.1 Historische Entwicklung 152
3.5.2 Das Forschungsprogramm subjektiver Theorien 154
3.5.2.1 Theoretische Grundlagen 154
3.5.2.2 Forschungsmethodik des qualitativen Interviews 156
3.5.3 Die Objektive Hermeneutik 158
3.5.3.1 Theoretische Grundlagen 158
3.5.3.2 Forschungsmethodik der Objektiven Hermeneutik 160
3.5.4 Grounded Theory 164
3.5.5 Konsequenzen für die pädagogische Praxis 166
3.5.6 Beurteilung 167

Teil 4: Erziehungswissenschaft auf Basis der Systemtheorie 169

4.1 Allgemeine Systemtheorie 169
4.1.1 Historische Entwicklung 169
4.1.2 Hauptthesen 171
4.1.3 Forschungsmethodik 174
4.1.4 Konsequenzen für die pädagogische Praxis 177
4.1.5 Beurteilung 179

4.2 Soziologische Systemtheorie 181
4.2.1 Historische Entwicklung 181
4.2.2 Hauptthesen 182
4.2.3 Forschungsmethodik 185
4.2.4 Konsequenzen für Erziehungswissenschaft und pädagogische Praxis . 186
4.2.5 Zur Leistungsfähigkeit von Luhmanns Systemtheorie in der Pädagogik 188

4.3 Systemtheorie in der Tradition von Bateson 190
4.3.1 Historische Entwicklung 190

4.3.2 Hauptthesen ... 191
4.3.3 Forschungsmethodik ... 199
4.3.4 Konsequenzen für die pädagogische Praxis ... 201
4.3.5 Beurteilung ... 204

Teil 5: Die wissenschaftstheoretische Diskussion um die „richtige Wissenschaft“ ... 206

5.1 Die Paradigmendiskussion ... 207
5.1.1 Historische Entwicklung ... 207
5.1.2 Wissenschaftsentwicklung als Paradigmenwechsel ... 208
5.1.3 Methodischer Falsifikationismus von Lakatos ... 211
5.1.4 Wissenschaftstheoretischer Anarchismus von Paul Feyerabend ... 214

5. 2 Philosophie der Postmoderne ... 216
5.2.1 Historische Entwicklung ... 216
5.2.2 Hauptthesen ... 217
5.2.3 Die Rezeption der Postmoderne in der erziehungswissenschaftlichen Diskussion ... 220
5.2.4 Zur Leistungsfähigkeit der Philosophie der Postmoderne ... 223

5.3 Konstruktivismus ... 224
5.3.1 Historische Einordnung ... 224
5.3.2 Hauptthesen ... 227
5.3.3 Die Bedeutung des Konstruktivismus für die wissenschaftstheoretische Grundlegung der Erziehungswissenschaft ... 232

5.4 Was meinen die Autoren? ... 235

Literaturverzeichnis ... 241

Personen- und Sachregister ... 249

Vorwort

Theoretische Grundlagen bestimmen das Vorgehen erziehungswissenschaftlicher Forschung und stellen zugleich die Basis für konkretes pädagogisches Handeln dar. Die Kenntnis der theoretischen Grundlagen der Erziehungswissenschaft ermöglicht es somit, pädagogische Konzepte und pädagogische Praxis zu beurteilen.

„Theorien der Erziehungswissenschaft" ist ein Lehrbuch, das einen Überblick über die wichtigsten Richtungen erziehungswissenschaftlichen Denkens gibt. Dabei setzten wir drei inhaltliche Schwerpunkte.

- Zunächst werden jeweils die historische Entwicklung und die zentralen Thesen knapp dargestellt und anhand von Textauszügen der betreffenden Autoren verdeutlicht.
- Wir zeigen, wie diese wissenschaftstheoretischen Grundlagen die Forschungsmethodik des jeweiligen Konzeptes bestimmen.
- Anhand typischer Beispiele zeigen wir, welche Konsequenzen sich aus der jeweiligen wissenschaftstheoretischen Grundlegung für das konkrete pädagogische Handeln ergeben.

Leserinnen und Lesern wird hier eine Einführung in die Hauptrichtungen der Erziehungswissenschaft, ihre Forschungsmethoden und ihre Konsequenzen für das praktische Handeln gegeben. Damit wird zugleich die Möglichkeit geschaffen, die jeweiligen Konzepte in Bezug auf ihre Voraussetzungen und ihre Leistungsfähigkeit hin zu beurteilen sowie das eigene pädagogische Handeln zu reflektieren.

Die Darstellung dieses Themenbereichs wäre ohne Unterstützung nicht möglich gewesen. Wir danken Annette Bentler, Thorsten Bührmann, Anja Hartwich, Karsten König, Alexandra Mader, Bernd Meier und Irmgard Schumacher.

Wir danken auch den Teilnehmerinnen und Teilnehmern unserer Vorlesungen, Seminare und Workshops, mit denen wir die verschiedenen Konzepte diskutiert haben. Sie gaben uns immer wieder Anstöße, unsere Überlegungen zu strukturieren und in ihren Konsequenzen für das pädagogische Handeln zu reflektieren.

Paderborn/Erfurt im März 1998

Eckard König/Peter Zedler

Einleitung

Theorien der Erziehungswissenschaft: Ist das nicht nur etwas für Theoretiker? Verliert man sich dabei nicht in abstrakte Überlegungen ohne Relevanz für das praktische Handeln? Brauche ich als Lehrerin oder Lehrer, als Sozial- oder Diplompädagogin oder als Trainerin und Berater Wissen über erziehungswissenschaftliche Theorien? Welchen Wert soll das für meine praktische Arbeit haben?

Versuchen wir, diese Frage anhand einer alltäglichen Situation zu diskutieren. Sie können sich das folgende Beispiel im Unterricht, in einem Weiterbildungstraining, einem Volkshochschulkurs oder in einem anderen Rahmen vorstellen:

Susanne Keller leitet ein Kommunikaionstraining. Sie ist mit ihren Erfolgen unzufrieden und will den Verlauf ihres Kurses methodisch abändern. Sie überlegt sich, Gruppenarbeit einzuführen, obwohl erste Versuche in dieser Richtung von den Teilnehmern nicht angenommen wurden.

Die Ebene, die wir damit beschreiben, ist die Ebene der pädagogischen Praxis. Der Ausdruck „pädagogische Praxis" ist dabei nicht scharf definiert, sondern nur alltagssprachlich grob umrissen: Unter pädagogischer Praxis verstehen wir hier alle Situationen, die etwas mit Erziehung, Bildung oder Training zu tun haben: in der Schule, in der Familie, aber ebenso Situationen in der betrieblichen Aus- und Weiterbildung, im Rahmen von Beratung, im Rahmen der Tätigkeit als Betriebspädagogin oder Betriebspädagoge. In diesen Situationen stoßen wir als Pädagoginnen und Pädagogen immer wieder auf Probleme: Schülerinnen und Schüler oder Teilnehmerinnen und Teilnehmer verhalten sich anders, als wir erwarten. Was können wir hier tun? Wir möchten etwas Neues ausprobieren oder benötigen Anregungen, damit die Gruppenarbeit besser klappt.

In dieser Situation bietet sich für Susanne Keller an, wissenschaftliche Literatur zum Thema Gruppenarbeit heranzuziehen, um „verläßliche", oder „wissenschaftlich gesicherte" Ergebnisse zu erhalten. In der Tat gibt es eine umfangreiche wissenschaftliche Literatur zum Thema Gruppenarbeit, in der eine Fülle von Themen behandelt werden.[1]

[1] Aus der umfangreichen Literatur seien hier genannt:
Antoni, C. H. (Hrsg.): Gruppenarbeit in Unternehmen. Weinheim 1994;
Büttner, C.: Gruppenarbeit: eine psychoanalytisch-pädagogische Einführung. Mainz 1995;
Francis, D./Young, D.: Mehr Erfolg im Team. Hamburg (4. Aufl.) 1992;
Langmaack, B./Braune-Krickau, M.: Wie die Gruppe laufen lernt. Weinheim (5. Aufl.) 1995;
Sader, M.: Psychologie der Gruppe. Weinheim/München (4. Aufl.) 1994;
Weber, W. G.: Analyse von Gruppenarbeit. Bern u.a. 1997.

Susanne Keller findet hier unter anderem:

- Modelle zu Phasen der Gruppenentwicklung,
- Hinweise zu Formen der Gruppenarbeit, deren Voraussetzungen und Konsequenzen,
- Verfahren zur Gruppenbeobachtung,
- Hinweise zur Führung und Steuerung von Gruppen,
- Untersuchungen über Vor- und Nachteile leistungshomogener und leistungsinhomogener Gruppen,
- Untersuchungen zu den Auswirkungen von Gruppenarbeit auf die Entwicklung der Persönlichkeit,
- Hinweise zu Erwartungen zu Beginn der Gruppenarbeit wie die Erwartung an Orientierung, Kontrolle, Unterstützung, Einfluß oder Einbindung,
- Hinweise zur Kohärenz oder den Zusammenhalt der Gruppe und Verfahren zur Messung,
- Hinweise auf den Konformitätsdruck in Gruppen,
- Hinweise zu „Abwehrmechanismen" in Gruppen,
- Hinweise auf „Regression" in der Gruppe, die zu Orientierungsverlusten, Unsicherheit und Angst bei den Teilnehmern führen kann,
- Hinweise auf Probleme, die durch mangelnde „soziale Identität" der Gruppe entstehen.

Angesichts dieser Fülle unterschiedlicher Ergebnisse wird Susanne Keller vermutlich ratlos sein: In der wissenschaftlichen Literatur findet sie Konzepte und Untersuchungen, die unterschiedliche Aspekte von Gruppenarbeit thematisieren, die mit unterschiedlichen Begriffen arbeiten, unterschiedliche Methoden vorschlagen und zu unterschiedlichen praktischen Empfehlungen gelangen.

Nehmen wir an, Susanne Keller resigniert angesichts dieser Situation nicht, dann stellt sich für sie eine Reihe neuer Fragen:

- Wie ist es möglich, daß wissenschaftliche Ergebnisse so unterschiedlich sind?
- Wie gelangt man überhaupt zu wissenschaftlichen Ergebnissen?
- Was kann man überhaupt mit Wissenschaft in der Praxis anfangen? Kann es so etwas wie „wissenschaftliche Rezepte" geben? Oder ist Wissenschaft letztlich nichts anderes als graue Theorie, die weniger zuverlässig ist als die eigene Erfahrung?

Mit diesen Fragen sind wir jedoch auf eine andere Ebene, nämlich die Ebene der „Wissenschaftstheorie" gelangt: Wir reden nunmehr nicht mehr über die Erziehungspraxis, sondern gleichsam auf einer höheren Stufe über die Erziehungswissenschaft.

Wissenschaftstheorie ist eine „Meta-Theorie" (eine Theorie über eine andere Theorie), die die Aufgabe hat, das Vorgehen in den einzelnen Wissenschaften zu analysieren und auf seine Leistungsfähigkeit hin zu diskutieren. Wissenschaftstheorie kann somit sicher keine direkten Antworten auf praktische Fragen liefern. Aber sie zeigt Möglichkeiten und Wege auf, die man in den Wissenschaften zur Lösung praktischer Probleme gefunden hat, um zu möglichst gesicherten Ergebnissen zu gelangen.

Wenn wir in diesem Buch über verschiedene erziehungswissenschaftliche Konzepte sprechen, bewegen wir uns auf einer wissenschaftstheoretischen Ebene: Es werden die Regeln und Verfahren analysiert, nach denen Erziehungswissenschaftler Untersuchungen durchführen, Theorien aufstellen und Probleme zu lösen versuchen. Zielstellung ist es dabei, die Grundlagen erziehungswissenschaftlicher Theoriebildung zu klären und zu präzisieren sowie der Kritik und Verbesserung zugänglich zu machen.

Damit stellen sich für dieses Buch drei zentrale Fragen:

- Was sind die begrifflichen Grundlagen unterschiedlicher erziehungswissenschaftlicher Theorien ? Gibt es so etwas wie ein System von Grundbegriffen, auf denen eine bestimmte Wissenschaftskonzeption basiert?
- Welche Forschungsmethoden werden in den unterschiedlichen wissenschaftlichen Richtungen angewandt?
- Welche Konsequenzen hat diese Wissenschaftsauffassung für das Vorgehen in der Erziehungspraxis und die Lösung praktischer Probleme?

Eine Analyse der Theorien der Erziehungswissenschaft ist somit auch für den Praktiker wichtig. Sie erlaubt ihm, erziehungswissenschaftliche Ergebnisse in Bezug auf ihre Voraussetzungen und ihre Leistungsfähigkeit hin zu diskutieren. Sie kann also, um auf obiges Beispiel zurückzugreifen, aufzeigen, daß unterschiedliche Ergebnisse und Empfehlungen zum Thema Gruppenarbeit letztlich auf einem unterschiedlichen Verständnis von Wissenschaft beruhen. Darüber hinaus kann sie die jeweiligen Voraussetzungen und Stärken und Schwächen verschiedener Wissenschaftskonzepte deutlich machen.

Dabei zeigt sich, daß es nicht „die" Erziehungswissenschaft oder „die" Sozialwissenschaft gibt, sondern unterschiedliche wissenschaftliche Positionen. Im folgenden möchten wir Ihnen diese unterschiedlichen Konzeptionen und die dahinterstehenden Grundlagen und ihre Konsequenzen für Forschungsmethodik und das praktische Handeln deutlich machen. Daraus ergibt sich folgende Gliederung:

Im ersten Hauptteil wollen wir Ihnen zunächst anhand eines historischen Beispiels, der Pädagogik von Johann Friedrich Herbart, die Probleme aufzeigen, mit denen sich der Versuch, eine Erziehungswissenschaft zu begründen, auseinanderzusetzen hat. Daran schließt sich ein Überblick über neuere Versuche, Pädagogik als eine normative Disziplin zu begründen, sowie die dabei auftretenden Probleme.

Die Hauptteile zwei bis vier stellen dann drei Hauptkonzepte erziehungswissenschaftlicher bzw. allgemein sozialwissenschaftlicher Theoriebildung dar:

- Erziehungswissenschaft als empirische Verhaltenswissenschaft,
- Erziehungswissenschaft als hermeneutische Disziplin,
- die systemtheoretische Grundlegung der Erziehungswissenschaft.

Im Anschluß daran greifen wir dann die Frage nach der „richtigen“ Wissenschaftskonzeption auf, wobei wir Ihnen auf dem Hintergrund der „Paradigmendiskussion“, der Diskussion über die „Postmoderne“ und der „Konstruktivismusdebatte“ aufzeigen möchten, was Argumente für oder gegen unterschiedliche wissenschaftliche Konzeptionen seien können.

Innerhalb der einzelnen Kapitel werden Sie in der Regel eine einheitliche Gliederung wiederfinden:

(1) In einem ersten Teil geben wir Ihnen jeweils einen kurzen Überblick über die historische Entwicklung der jeweiligen erziehungswissenschaftlichen Richtung: Wann ist dieses Konzept entstanden? Wer sind die Hauptvertreter? Welche Bücher eigenen sich als Einführung?

(2) Daran schließen sich die Hauptthesen des Konzeptes an: Was sind die jeweiligen Grundbegriffe, welches Menschenbild steht hinter der jeweiligen Konzeption?

(3) In einem dritten Abschnitt stellen wir die jeweilige Forschungsmethodik dar: Wie geht man bei dem jeweiligen Konzept vor, um Informationen über die „pädagogische Wirklichkeit“ zu erhalten?

(4) Daran schließt sich ein vierter Abschnitt über die Konsequenzen dieses Wissenschaftskonzeptes für die pädagogische Praxis: Wie würde man auf der Basis dieses Konzeptes im Unterricht, in einem Kurs in der Erwachsenenbildung, in der Beratung vorgehen? Gibt es typische Anwendungsbeispiele für diese Wissenschaftsauffassung in der pädagogischen Praxis?

(5) Schließlich gibt der fünfte und abschließende Abschnitt Hinweise zur Beurteilung der jeweiligen Wissenschaftskonzeption: Was wurde in der Diskussion über dieses Konzept als Stärke und als Problem gesehen? Wo sehen die Autoren dieses Buches Stärken und Schwachstellen? Dabei sind wir uns klar darüber, daß auch unsere Beurteilung immer ein Stück subjektiv ist und von unserem Verständnis von Wissenschaft abhängt. Sie müssen unsere Einschätzung nicht teilen, aber sie kann Ihnen helfen, sich selbst eine Meinung zu bilden.

Eine Einführung in verschiedene wissenschaftstheoretische Konzepte der Erziehungs- bzw. Sozialwissenschaft kann zwangsläufig nur in groben Zügen erfolgen. Dabei bleibt eine Fülle von Details oder Besonderheiten unterschiedlicher Autoren außer acht. Wir sind uns darüber klar, haben uns aber bewußt für diesen Weg entschieden, um Ihnen die Orientierung in den unterschiedlichen wissenschaftstheoretischen Positionen der Erziehungs- bzw. Sozialwissenschaft zu erleichtern.

Zum Abschluß möchten wir Ihnen einige Literaturanregungen für die Weiterarbeit geben:

Benner, D.: Hauptströmungen der Erziehungswissenschaft. Weinheim (3. Aufl.) 1991. Ein Standardwerk, bei dem das Schwergewicht auf der Darstellung klassischer pädagogischer Theorien seit den Anfängen der Moderne liegt, während die wissenschaftstheoretische Diskussion eher in den Hintergrund tritt.
Tschamler, H.: Wissenschaftstheorie: Eine Einführung für Pädagogen. Bad Heilbrunn (3. Aufl.) 1996. Die Arbeit gibt in einem ersten Teil einen Überblick über die unterschiedlichen Ansätze der Allgemeinen Wissenschaftstheorie und diskutiert im zweiten Teil unterschiedliche wissenschaftstheoretische Konzepte der Erziehungswissenschaft.
Krüger, H.-H.: Einführung in Theorien und Methoden der Erziehungswissenschaft. Opladen 1997.
Petersen, J./Reinhard, G.-B. (Hrsg.): Pädagogische Konzeptionen. Donauwörth 1992.
Beide Bände gliedern die wissenschaftstheoretischen Konzepte relativ weit auf und geben damit hilfreiche Anregungen zu weiteren, hier nicht oder nur am Rande erwähnten Konzepten, wie der psychoanalytischen oder der transzendentalphilosophischen Pädagogik.

Teil 1: Erziehungswissenschaft als normative Disziplin

1.1 Programm einer wissenschaftlichen Pädagogik

Wir möchten in diesem Kapitel die Frage, mit denen sich eine Wissenschaftstheorie der Erziehungswissenschaft auseinandersetzen muß, genauer erläutern. Dazu stellen wir Ihnen ein Konzept vor, das gleichsam das erste klassische Konzept einer theoretischen Grundlegung der Erziehungswissenschaft in der abendländischen Pädagogik darstellt: die Pädagogik von Johann Friedrich Herbart.

1.1.1 Historische Entwicklung

Johann Friedrich Herbart (1776-1841) studierte in Jena Philosophie und Rechtswissenschaft. Er wurde dabei insbesondere von Fichte und Schiller beeinflußt. 1797 wurde er für drei Jahre Hauslehrer in der Schweiz. Dort lernte er Pestalozzi (1746-1827) und dessen pädagogische Ansätze kennen. Daraus entstanden Herbarts erste wissenschaftlichen Arbeiten zur Pädagogik. Er versuchte, Pestalozzis praktische Vorschläge theoretisch zu reflektieren und zu rekonstruieren.

1802 legte Herbart in zwei Tagen an der Universität Göttingen die Kolloquien für Promotion und Habilitation ab und hielt dann Vorlesungen über Pädagogik und Philosophie. In dieser Zeit entstanden Herbarts erste umfangreiche Schriften: 1806 die „Allgemeine Pädagogik aus dem Zweck der Erziehung abgeleitet" und 1807 die „Allgemeine praktische Philosophie".

1808 wurde Herbart auf den Philosophielehrstuhl von Immanuel Kant an der Universität Königsberg berufen. Schwerpunkt seiner Lehrtätigkeit waren Grundlagenprobleme der Philosophie und Psychologie, daneben befaßte er sich aber auch mit Fragen der Lehrerausbildung und Schulreform. 1833 wechselte Herbart auf den Lehrstuhl für Philosophie in Göttingen.

Als Einführung in die Pädagogik Herbarts sind geeignet:
Benner, D.: Die Pädagogik Herbarts. Weinheim/München 1986.
Hilgenheger, N.: J. F. Herbarts 'Allgemeine Pädagogik' als praktische Überlegung. Münster 1993.

Herbarts Konzept einer wissenschaftlichen Pädagogik wurde dann von Pädagogen in der Tradition des sog. Herbartianismus weitergeführt: Tuiscon Ziller (1817-1882), Karl Volkmar Stoy (1815-1885) oder Friedrich Wilhelm Dörpfeld (1824-1893) haben sich gleichermaßen auf Herbart berufen und versucht, seine Konzeption für praktisches pädagogisches Handeln (insbesondere im Bereich der Schule) nutzbar zu machen. Der Herbartianismus war bis circa 1910 das herrschende Konzept wissenschaftlicher Pädagogik.

Als letzter bedeutender Vertreter des Herbartianismus gilt Wilhelm Rein, dessen Konzept hier zur Verdeutlichung herangezogen wird:

Wilhelm Rein (1847-1929) studierte zunächst in Jena, Heidelberg und Weimar Theologie. Anschließend war er als „Praktikant“, dann als „Oberlehrer“ bei dem Herbartianer Tuiscon Ziller in Leipzig tätig. Nach gut zehn Jahren wurde Rein 1886 Nachfolger von Stoy an der Universität Jena, wobei er auch das pädagogische Universitätsseminar und die ihm angeschlossene Übungsschule betreute.

Einführung in die Pädagogik des Herbartianismus:
Jacobs, F.: Von Herbart zum Herbartianismus. Bochum (2. Aufl.) 1993.
Metz, T.: Herbartianismus als Paradigma von Professionalisierung und Schulreform. Bern 1992.
Zedler, P.: Die Anfänge des Herbartianismus. In: Zedler, P./König, E. (Hrsg.): Rekonstruktionen pädagogischer Wissenschaftsgeschichte. Weinheim 1989, S. 43-75.
Eine hilfreiche Textauswahl zur Theorie der Formalstufen findet sich bei:
Adl-Amini, B./Oelkers, J./Neumann, D. (Hrsg.): Didaktik in der Unterrichtspraxis: Grundlegung und Auswirkung der Theorie der Formalstufen in Erziehung und Unterricht. Bern 1979.

1.1.2 Hauptthesen

Wir legen den Schwerpunkt im folgenden zunächst auf die Pädagogik von Herbart, werden dann aber bei der Frage nach den Konsequenzen für die pädagogische Praxis auch das Konzept von Wilhelm Rein heranziehen. Insgesamt treffen die dargestellten Hauptthesen im wesentlichen für die gesamte Herbart-Tradition zu.

(1) Ausgangspunkt für eine pädagogische Wissenschaft ist die Tatsache, daß es unterschiedliche Erziehungskonzepte gibt.
Herbart stellt dies in der Einleitung zur „Allgemeinen Pädagogik aus dem Zweck der Erziehung abgeleitet“ aus dem Jahr 1806 heraus: Es gibt unterschiedliche Vorstellungen darüber, wie Kinder und Jugendliche erzogen werden sollen:

- Im Alltag wird häufig „situativ“ ohne theoretische Reflexion erzogen:

> „Die meisten, welche erziehen, haben vorher ganz unterlassen, sich für dies Geschäft einen eigenen Gesichtskreis zu bilden. Er entsteht ihnen während der Arbeit allmählich; er setzt sich ihnen zusammen aus ihrer Eigentümlichkeit und aus der Individualität und den Umgebungen des Zöglings.“[1]

- Rousseaus Konzept besteht darin, daß Erziehung dem „Gang der Natur“ folgen soll:

> „Abhärten wenigstens wollte Rousseau seinen Zögling... Er folgt der Natur. Freies und fröhliches Gedeihen soll allen Äußerungen der Vegetation im Menschen durch die Erziehung gesichert werden: von der Muttermilch bis zum Ehebett... Wir glaubten, die menschliche Pflanze gleiche der Rose; wie die Königin der Blumen den Gärtner am wenigsten bemüht, so wachse

[1] Herbart, J. F.: Pädagogische Grundschriften. Bd. 2, hrsg. von W. Asmus. Stuttgart (2. Aufl.) 1982, S. 17.

auch der Mensch in jedem Klima, nähre sich von allerlei Nahrung, lerne am leichtesten sich mit allem behelfen und allem den Vorteil abgewinnen“ (Herbart 1982, S. 17, 18).

- Locke setzt als Ziel der Erziehung an, „sich in die Gesellschaft schicken“:

„Sich in die Gesellschaft schicken, das wird Lockes Zögling am besten verstehen. Hier ist das Konventionelle die Hauptsache... Kauft für jeden Preis einen gesetzten Mann ‘von feinen Sitten, der die Regeln der Höflichkeit und des Wohlstandes mit allen den Abänderungen, welche aus der Verschiedenheit der Personen, Zeiten und Orte entstehen, selbst kenne und dann seinen Zögling in dem Maße, als sein Alter es erlaubt, auf die Bemerkung dieser Dinge unablässig hinleite’“ (Herbart 1982, S. 18).

Sieht man einmal von der etwas fremd anmutenden Sprache ab, dann ist diese Feststellung keineswegs überholt: Auch heute noch gibt es die Auffassung, man könne „situativ“ ohne ein eigenes pädagogisches Konzept erziehen. Andererseits gibt es auch die Auffassung, daß es Aufgabe der Erziehung ist, Kinder und Jugendliche in die Gesellschaft einzuführen. Oder es wird die Entfaltung der „Natur“ des Kindes und Jugendlichen als oberstes Erziehungsziel angesetzt. Welche Auffassung ist nun richtig?

(2) Anliegen der Pädagogik als einer Wissenschaft ist es, eine wissenschaftliche Begründung praktischen pädagogischen Handelns zu leisten.
Wie läßt sich nun zwischen unterschiedlichen Erziehungskonzepten entscheiden? Eine erste mögliche Antwort bestünde darin, die Konzepte aufgrund von Erfahrung zu unterscheiden. Herbart wies jedoch schon vor annähernd 200 Jahren darauf hin, daß Erfahrung trügerisch ist, weil sie unterschiedlich sein kann:

„Freilich, was hierin wahr sei oder nicht, darüber spricht jeder nach seiner Erfahrung. Ich spreche nach meiner, andre nach ihrer. Wollten wir nur sämtlich bedenken, daß jeder nur erfährt, was er versucht! Ein neunzigjähriger Dorfschulmeister hat die Erfahrung seines neunzigjährigen Schlendrians; er hat das Gefühl seiner langen Mühe, aber hat er auch die Kritik seiner Leistungen und seiner Methode?... Möchten diejenigen, welche die Erziehung so gern bloß auf Erfahrung bauen wollen, doch einmal aufmerksam hinüberblicken auf andre Erfahrungswissenschaften... Erfahren würden sie da, daß man aus einer Erfahrung nichts lernt und aus zerstreuten Beobachtungen ebensowenig“ (Herbart 1982, S. 19, 20).

Begründet in der pädagogischen Praxis zu handeln, bedeutet für Herbart somit, „beim Erziehen das Denken nicht einzustellen“ (Herbart 1982, S. 21). Dies ist eine Forderung, die bis heute das Programm, aber vielleicht auch die Probleme einer Erziehungswissenschaft andeutet.

(3) Wissenschaftliche Begründung bedeutet Rückführung von Sätzen über die pädagogische Praxis auf gesicherte Prinzipien.
Auch dieser Schritt ist zunächst unmittelbar einsichtig: Um etwas zu begründen, müssen wir Gründe anführen. Dies bedeutet, es auf gesicherte erste „Prinzipien“ zurückführen. Herbart steht damit in der Tradition des „Prinzips des zureichenden Grundes“, wie es bereits um 1700 von Gottfried Wilhelm Leibniz formuliert wurde: Kein Satz gilt als bewiesen, wenn nicht ein zureichender Grund dafür angegeben wird:

„Diejenigen Begriffe oder Verbindungen von Begriffen, welche zu Anfangspunkten im Philosophieren dienen können, nennt man Prinzipien. Folglich muß ein Prinzip zwei Eigenschaften haben: erstlich, es muß für sich feststehen oder ursprünglich gewiß sein; zweitens (da dem Anfang das Nachfolgende entspricht) es muß imstande sein, noch etwas anderes außer sich selbst gewiß zu machen... Die allgemeine Aufgabe der Art und Weise, aus Prinzipien etwas abzuleiten, heißt Methode."[2]

Damit stellen sich für die wissenschaftliche Begründung der Pädagogik zwei zentrale Fragen:

- Was sind die Prinzipien pädagogischen Handelns?
- Nach welcher Methode lassen sich aus diesen Prinzipien konkrete pädagogische Handlungen begründen?

(4) Bei der Festlegung von Prinzipien pädagogischen Handelns greift Herbart auf die Philosophie zurück, bei der Frage nach Methoden auf die Psychologie.
Wohl am deutlichsten und knappsten hat Herbart dies in dem „Umriß pädagogischer Vorlesungen" aus dem Jahr 1835 umrissen:

„Pädagogik als Wissenschaft hängt ab von der praktischen Philosophie und Psychologie. Jene zeigt das Ziel der Bildung, diese den Weg, die Mittel und die Hindernisse."[3]

Daraus ergeben sich für Herbart zwei Teile der Pädagogik als einer Wissenschaft: ein erster Teil, der Ziele oder, wie Herbart formuliert, Absichten der Erziehung klärt, ein zweiter Teil, der Möglichkeiten zur Erreichung dieser Ziele erforscht:

„Mit welcher Absicht der Erzieher sein Werk angreifen soll, diese praktische Überlegung, allenfalls vorläufig detailliert bis zu den Maßregeln, die wir nach unsern bisherigen Einsichten zu erwählen haben, ist mir die erste Hälfte der Pädagogik. Gegenüber sollte eine zweite stehen, in welcher die Möglichkeit der Erziehung theoretisch erklärt und als nach der Wandelbarkeit der Umstände begrenzt dargestellt würde" (Herbart 1982, S. 22).

(5) Aufgabe der Philosophie ist es, oberste Normen und Werte festzulegen, die die Grundlage für die Aufstellung von Erziehungszielen darstellt.
Herbart hat damit eine sehr folgenreiche Entscheidung für die Frage der wissenschaftstheoretischen Grundlegung der Erziehungswissenschaft getroffen: Die praktische Philosophie, so Herbart, stellt grundlegende Normen und Werte für menschliches Handeln heraus, die ihrerseits als Grundlagen zur Gewinnung von Erziehungszielen dienen. Damit wird Erziehungswissenschaft für Herbart zu einer normativen Disziplin mit der Aufgabe, Normen für erzieherisches Handeln aufzustellen. Als oberste Normen und damit auch als Grundlage der Pädagogik setzt Herbart fünf „praktische Ideen" an, die in der „Allgemeinen praktischen Philosophie" aus dem Jahr 1808 ausführlich erläutert werden:

- die Idee der inneren Freiheit, womit Herbart auf die Tatsache hinweist, daß der Mensch zwischen verschiedenen Möglichkeiten frei entscheiden kann,

---

[2] Herbart, J. F.: Sämtliche Werke (hrsg. von Kerbach, K./Flügel, O.). Bd. 4, Aalen 1964, S. 50.

[3] Herbart, J. F.: Umriß pädagogischer Vorlesungen. Paderborn (2. Aufl.) 1964 (ursprünglich 1835), S. 5.

- die Idee der Vollkommenheit: jeder Mensch versucht, sich in Richtung weiterer Vollkommenheit zu entwickeln,
- die Idee des Wohlwollens (Herbart spricht hier auch von „Güte“): die Bereitschaft, andere zu unterstützen und ihnen zu helfen,
- die Idee des Rechtes,
- die Idee der Billigkeit, wobei es um den Zusammenhang zwischen Handeln und Wollen geht.

Diese fünf praktischen Ideen stellen für Herbart zugleich die obersten Erziehungsziele dar: Aufgabe der Erziehung ist es, den Zögling zur Anerkennung und Befolgung dieser praktischen Ideen zu veranlassen.

(6) Aufgabe der Psychologie ist es, Wege, Maßnahmen und Hindernisse zur Erreichung der Erziehungsziele aufzuzeigen.
Herbart schreibt dazu in den Abhandlungen „Über die dunkle Seite der Pädagogik“:

Die Psychologie „...erlaubt dagegen nicht bloß anzunehmen, daß man auf den Zögling wirken könne, sondern auch, daß bestimmte Einwirkungen bestimmte Erfolge entsprechen, und daß man dem Vorauswissen dieser Erfolge sich durch fortgesetzte Untersuchungen nebst zugehöriger Beobachtung mehr und mehr annähern werde“ (Herbart 1964, Bd. 3, S. 151).

Aufgabe der Psychologie ist es, Gesetze, „Grenzen, Bedingungen, Verschiedenheiten“ der „Bildsamkeit der Zöglinge“ zu untersuchen (Herbart 1964, Bd. 13, S. 230), die Vorhersagen zukünftiger Zustände und damit auch planmäßigen Einsatz von pädagogischen Maßnahmen ermöglichen.

Als Beispiel für solche Gesetzmäßigkeiten bei Herbart läßt sich die Lehre der Formalstufen aufführen, die so etwas wie Gesetzmäßigkeiten im Verlauf von Denkprozessen darstellen: Jeder Denkprozeß verläuft stets in den Stufen Klarheit, Assoziation, System und Methode:

„Die ruhende Vertiefung, wenn sie nur reinlich ist und lauter, sieht das Einzelne klar. Denn alsdann nur ist sie lauter, wenn alles, was im Vorstellen eine trübe Mischung macht, fernbleibt oder, durch die Sorge des Erziehers entmischt, mehreren und verschiedenen Vertiefungen einzeln dargeboten wird.

Der Fortschritt einer Vertiefung zur andern assoziiert die Vorstellungen. Mitten unter der Menge der Assoziationen schwebt die Phantasie; sie kostet jede Mischung und verschmäht nichts als das Geschmacklose. Aber die ganze Masse ist geschmacklos, sobald alles ineinanderfließen kann; und es kann es, wenn nicht die klaren Gegensätze des Einzelnen es verhüten.

Ruhende Besinnung sieht das Verhältnis der Mehrern; sie sieht jedes Einzelne als Glied des Verhältnisses an seinem rechten Ort. Die reiche Ordnung einer reichen Besinnung heißt System. Aber kein System, keine Ordnung, kein Verhältnis ohne Klarheit des Einzelnen. Denn Verhältnis ist nicht in der Mischung; es besteht nur unter getrennten und wieder verbundenen Gliedern.

Der Fortschritt der Besinnung ist Methode. Sie durchläuft das System, produziert neue Glieder desselben und wacht über die Konsequenz in seiner Anwendung“ (Herbart 1982, S. 53).

Diese vier Formalstufen stellen eine, zwar für uns etwas fremd formulierte, aber zugleich plausible Unterscheidung des „Erkenntnisprozesses“ dar:

- Man nimmt einen Gegenstand, z.B. einen Tisch, wahr (Stufe der Klarheit).
- Man vergleicht diesen Gegenstand mit anderen Gegenständen (Stufe der Assoziation).
- Auf dieser Basis entwickelt man einen Begriff: den Begriff des Tisches, wobei von einzelnen Tischen abstrahiert wird (Stufe des Systems).
- Und schließlich wendet man diesen Begriff dann auf neue Gegenstände (Stufe der Methode) an.

1.1.3 Forschungsmethodik

Fragen der Forschungsmethodik haben bei Herbart nicht innerhalb der Philosophie, sondern erst in der Psychologie Bedeutung. Er beklagt den gegenwärtigen Zustand der Psychologie, die, wie er meint, bislang zu wenig solcher Gesetzmäßigkeiten erforscht hat (vgl. Herbart 1964, Bd. 4, S. 303). Dabei richtet sich seine Kritik letztlich gegen die fehlende Forschungsmethodik, nach der sich wissenschaftliche Gesetze der Bildsamkeit erforschen lassen. Aus diesem Grund fehlt übrigens in der „Allgemeinen Pädagogik" von 1806 der zweite, psychologische Teil.

In späteren Schriften führt Herbart in diesem Zusammenhang die Unterscheidung zwischen synthetischer und analytischer Psychologie ein. Dabei handelt es sich um verschiedene Verfahren der Begründung psychologischer Gesetzmäßigkeiten: Im synthetischen Verfahren werden sie logisch „konstruiert", das analytische Verfahren geht von Beobachtung aus:

> „Zu jeder Synthesis, die aus vorausgesetzten Gründen ein Gegebenes in Begriffen konstruiert und dadurch erklärt, gehört als Seitenstück eine Analysis des Gegebenen, welche dartun muß, durch die Konstruktion sein Denken eben dasselbe gefunden, was man schon durch Beobachtung, so weit dieselbe reicht, erkannt hatte" (Herbart 1964, Bd. 10, S. 319).

Anders formuliert: Das Konzept einer synthetischen Psychologie geht von der Annahme aus, man könne aus begrifflichen Analysen „apriorisch" psychologische Gesetzmäßigkeiten ableiten; das analytische Verfahren dagegen basiert auf empirischen Untersuchungen.

1.1.4 Konsequenzen für die pädagogische Praxis

Daß die Pädagogik des Herbartianismus fast ein Jahrhundert lang die dominierende pädagogische Richtung wurde, liegt nicht zuletzt an ihren Konsequenzen für die Erziehungspraxis: Herbarts Theorie, so meinte man seinerzeit, gibt dem Erzieher das Handwerkszeug, das es ermöglicht, wissenschaftlich fundiert zu erziehen und zu unterrichten.

Wir möchten das an den „Formalstufen des Unterrichts" verdeutlichen, die nichts anderes sind als die Verwendung der Denkgesetzte zur Strukturierung des Unterrichtsverlaufs. Aus der Annahme, daß der Erkenntnisprozeß stets in den Stufen

Klarheit, Assoziation, System und Methode verläuft, ließ sich die Konsequenz ziehen, daß Unterricht nach diesen Stufen strukturiert sein muß, um den Erkenntnisprozeß im Unterricht zu fördern.

Die Formalstufen wurden dann im Herbartianismus zu einem Schema didaktischen Handelns, von dem man meinte, daß sich danach jede Unterrichtseinheit planen lasse. Sehr deutlich wird dies bei Wilhelm Rein, der unter Berufung auf Herbart davon ausgeht, daß sich die Methodik des Unterrichts aus psychologischen Gesetzmäßigkeiten ergibt:

„Unter der Voraussetzung, daß die Seele des Menschen nach bestimmten Gesetzen arbeitet, unter der Annahme, daß im psychischen Geschehen die gleiche Gesetzmäßigkeit herrscht wie in dem physischen - unter dieser Voraussetzung wird es nur einen naturgemäßen Weg im Unterricht geben können, nämlich denjenigen, der genau nach den Gesetzen des menschlichen Geistes sich richtet und alle seine Veranstaltungen diesen Gesetzen gemäß einrichtet."[4]

Im Anschluß an Ziller[5] und andere Vertreter des Herbatianismus hat Rein die vier Stufen Herbarts um eine weitere ergänzt, so daß sich damit für ihn ein Verlauf des Unterrichts in fünf Stufen ergibt (Rein 1902, S. 115ff.):

- die Vorbereitung mit dem Ziel, den Schüler zu dem neuen Thema hinzuführen,
- die Darbietung des Neuen (Anschauung),
- die Verknüpfung der neuen mit alten Vorstellungen (Assoziation),
- die Zusammenfassung als Bildung abstrakter Begriffe (System),
- die Anwendung des Gelernten auf praktische Fragen (Methodik).

Zur Verdeutlichung möchten wir Auszüge aus einem Unterrichtsbeispiel von Fröhlich vorstellen, in dem diese fünf Formalstufen zugrundegelegt werden.[6]

„1. Vorbereitung. Den Ausgangspunkt bildet das allgemein bekannte Spielzeug: Entchen und Fischchen schwimmen auf dem Wasser und das Brot (ein Stäbchen) lockt die Tiere. Diese sind von Eisen und in dem Stäbchen von Stahl, welches wie Brot aussieht, befindet sich eine Kraft, welche wir jetzt näher kennen lernen wollen. Wir wollen jetzt Versuche mit Magnetsteinen machen und sehen, ob wir dieselbe Erscheinung bemerken.
2. Darbietung. Ich halte kleine Gegenstände von Eisen und Stahl an einen Magnetstein, was geschieht? Erstere werden von letzterem angezogen. Ich hänge den Magnet freischwebend auf - ein Punkt (Nordpol) zeigt nach Norden. Ich bringe zwei freischwebende Magnetsteine zu einander - die Nordpole stoßen die Nordpole ab, ebenso die Südpole die Südpole. Nordpole und Südpole ziehen einander an.
3. Verknüpfung. Wiederholung desselben Versuchs mit einem zweiten Magnetstein. - Wo habt ihr dieselbe Erscheinung auch schon bemerkt? Bei dem Magnetstahle und den Stäbchen, welche wir mit demselben bestrichen hatten. Sie ziehen Eisen und Stahl an; die aufgehängten Stäbchen zeigen nach Norden. Nordpole und Südpole vereinigen sich; Südpole und Südpole stoßen sich ab, ebenso Nordpole und Nordpole.
4. Zusammenfassung. Erhebung auf den Olymp der Allgemeinheit. Die Kraft, welche so und so sich äußert, heißt Magnetismus oder magnetische Kraft. Sie befindet sich ursprünglich im Ma-

4 Rein, W.: Pädagogik. Leipzig 1902, S. 107.
5 Ziller, T.: Grundlegung zur Lehre vom erziehenden Unterricht. Leipzig 1884.
6 Fröhlich, G.: Die wissenschaftliche Pädagogik. Wien/Leipzig 1885, S. 9f.

gnetsteine und wird von demselben durch Bestreichen eines Stahls (vom Mittelpunkt aus nach dem einen Ende zu dem anderen Ende zu mit dem Nordpole, dagegen vom Mittelpunkt des Stahls nach dem andern Ende zu mit dem Südpole) auf ein Stahlstäbchen, dem man dann die Hufeisenform gibt, übertragen. Gesetz: Gleichnamige Pole eines Magneten stoßen sich ab, ungleichnamige ziehen sich an.

5. Anwendung. Weitere Nachweisung und Einüben durch Fragen und Aufgaben. Eine passende methodische Übung ist hier z.B. die Erklärung des Kompasses und die des zuerst genannten Spielzeuges."

1.1.5 Beurteilung

Herbart hat für die Erziehungswissenschaft ein Programm aufgestellt, das bis heute Bedeutung besitzt: das Programm einer wissenschaftlichen Begründung pädagogischen Handelns. Ausgangspunkt dafür ist die nach 200 Jahren immer noch aktuelle Tatsache, daß es unterschiedliche Erziehungskonzepte gibt. Angesichts der Folgen, die solche unterschiedlichen Konzepte für den Einzelnen und für die Gesellschaft haben, stellt sich nach wie vor die Frage, ob sich wissenschaftliche Argumente für oder gegen einzelne Erziehungskonzepte finden und wie sich Erziehung und Bildung wissenschaftlich fundieren lassen. Herbarts Idee einer wissenschaftlichen Pädagogik ist im Grunde das gemeinsame Programm unterschiedlicher erziehungswissenschaftlicher Entwürfe, die im Anschluß an Herbart oder in Abgrenzung von ihm in den letzten 200 Jahren entwickelt wurden.

Das Programm einer wissenschaftlichen Pädagogik, wie es Herbart konzipierte, genügt heutigen Anforderungen in vielerlei Hinsicht nicht mehr. Doch mit den dabei auftretenden Problemen muß sich bis heute jeder Versuch einer wissenschaftlichen Begründung von Erziehung auseinandersetzen. Drei Problempunkte seien hier genannt:

- Ein erstes Problem betrifft die Prinzipien, d.h. die ersten Sätze der Erziehungswissenschaft. Herbart hat versucht, Pädagogik auf grundlegende erste Normen und Werte zurückzuführen. Es ist ihm aber nicht gelungen, für diese normativen Prinzipien ihrerseits eine hinreichende Begründung zu finden. Lassen sich erste normative Prinzipien überhaupt finden? Was kann das Fundament einer Erziehungswissenschaft sein? Sind es erste Normen und Werte, oder sind es empirische Sätze über die Erziehungswirklichkeit? Ist das „Prinzip zureichender Begründung" überhaupt für neuzeitliche Sozialwissenschaften anwendbar?
- Ein zweites Problem betrifft die Gesetzmäßigkeiten pädagogischen Handelns. Herbart beklagt, daß es der Psychologie (heute würde man allgemein formulieren: den Sozialwissenschaften) bislang nicht gelungen ist, gesicherte Gesetzesaussagen aufzustellen. Hat sich heute die Situation geändert? Verfügen wir heute über gesichertes „nomologisches Wissen" über den Verlauf von Erziehungs- und Bildungsprozessen? Oder handelt es sich bei dem Versuch, solches nomologisches Wissen zur Verfügung zu stellen, um einen falschen Ansatz?
- Ein drittes Problem schließlich betrifft die Frage, wie Erziehungswissenschaft praktisches pädagogisches Handeln verläßlich zu leiten vermag. Herbart meinte,

aus Gesetzmäßigkeiten über den Denkprozeß die Stufen des Unterrichts ableiten zu können. Allerdings benötige der Erzieher darüber hinaus „Takt“, um die Besonderheiten des Einzelfalls zu berücksichtigen. Wie aber lassen sich der Rückgriff auf pädagogische Theorien und pädagogischer Takt zur Berücksichtigung der Besonderheiten der Situation verbinden? Wie weit kann praktisches Handeln überhaupt wissenschaftlich geleitet sein?

Arbeitsanregung:
Überlegen Sie selbst: Wie würden Sie versuchen, die bei Herbarts Konzeption einer Erziehungswissenschaft aufgetretenen Probleme zu lösen:

- Was könnten erste Sätze („Prinzipien“) einer Erziehungswissenschaft sein?
- Gibt es so etwas wie Gesetzmäßigkeiten, die sich für Erziehungsprozesse nutzen lassen?
- Wie läßt sich pädagogisches Handeln wissenschaftlich leiten?

Vergleichen Sie Ihre Überlegungen anschließend mit den in den folgenden Kapiteln dargestellten Konzepten.

Wir werden in den folgenden Kapiteln sehen, wie sich unterschiedliche Konzepte der Erziehungswissenschaft mit diesen Fragen auseinandersetzen und welche unterschiedlichen Antworten sie darauf zu geben versuchen.

1.2 Positionen normativer Erziehungswissenschaft

1.2.1 Historische Entwicklung

Herbart hat versucht, ein Konzept normativer Erziehungswissenschaft zu entwikkeln, das heißt:

- Pädagogik als eine Wissenschaft zu konzipieren, die analog zu den anderen Wissenschaften ihre Ergebnisse intersubjektiver Überprüfung zugänglich macht,
- Pädagogik zugleich als eine normative Disziplin zu entwickeln, die das praktische Handeln leiten kann.

Hinter diesem Konzept steht die Hoffnung, pädagogisches Handeln wissenschaftlich absichern und dem Erzieher begründet sagen zu können, was zu tun ist.

Auch nach dem Ende des Herbartianismus wurde immer wieder versucht, Erziehungswissenschaft als eine normative Wissenschaft zu entwickeln. Dabei unterscheiden sich die einzelnen Konzepte sowohl inhaltlich als auch in der Argumentation zum Teil sehr beträchtlich voneinander. Im groben lassen sich folgende Positionen einer normativen Erziehungswissenschaft zuordnen:

(1) Wertphilosophische Konzepte normativer Erziehungswissenschaft
Basis dafür ist die „Wertphilosophie", wie sie zu Beginn des 20. Jahrhunderts insbesondere von Nicolai Hartmann (1882-1950) und Max Scheler (1874-1928) entworfen wurde: Anliegen der Wertphilosophie ist es, in Abhebung von einem „ethischen Relativismus" die „objektive Gültigkeit" normativer Sätze nachzuweisen.

Ein früher Entwurf der wertphilosophischen Begründung einer normativen Erziehungswissenschaft ist Georg Kerschensteiners „Theorie der Bildung" aus dem Jahr 1926. Kerschensteiner setzt als Basis seiner Bildungstheorie „unbedingte, zeitlose, überindividuelle, geistige Werte,"[1] zu denen er Wahrheit, Schönheit, Heiligkeit, Sittlichkeit und schließlich den Wert der Bildung zählt:

> „Wenn nun der Begriff des unbedingt geltenden Wertes sich in die Wertideen der Wahrheit, Schönheit, Heiligkeit und Sittlichkeit spaltet, so muß auch die Idee der Bildung ein unbedingt geltender Wert sein. Denn nach unserer Definition ist sie nichts anderes als vollendete individuelle Ordnung des Wertbewußtseins, geschaffen von den erlebten unbedingt geltenden Werten aus, denen sich alle übrigen Werte notwendig ein- und unterordnen" (Kerschensteiner 1931, 84).

Ziel der Bildung ist für Kerschensteiner die „Verwirklichung der geistigen Werte" (Kerschensteiner 1931, S. 11ff.); von den Werten her sucht er Anweisungen für die Erziehungspraxis zu bestimmen.

Wertphilosophische Argumentationen finden sich auch bei Autoren in der Tradition der katholischen Pädagogik, wobei dann jedoch in der Regel ein religiöser Wert als

---

[1] Kerschensteiner, G.: Theorie der Bildung. Leipzig/Berlin (3. Aufl.) 1931, S. 58.

oberster Wert angesetzt ist. So legt Hubert Henz in seiner „Systematischen Pädagogik aus dem Jahr 1964 eine Wertordnung zugrunde, bei der der religiöse Wert an oberster Stelle steht. Darunter sind der ethische Wert, der Wert der Wahrheit und Schönheit, die sozialen und schließlich die technisch-ökonomischen Werte angeordnet.[2]

(2) Transzendentalphilosophische normative Pädagogik

Im Rückgriff auf neukantianische Ansätze haben Marian Heitger oder Karl Heinz Dickopp versucht, „aus dem transzendentalen Bewußtsein nach der Normativität gegebener Normen zu fragen“[3]. Daraus ergeben sich „pädagogische Prinzipien“, nämlich erste normative Sätze: Für Heitger sind Normen des „Menschentums“, der „Vernunft“ und der „personalen Identität“ die obersten Prinzipien pädagogischen Handelns.

(3) Die Diskussion über Grundwerte und Erziehungsziele

Als Gegengewicht gegen Ansätze „wertfreier“ und „emanzipatorischer“ Erziehung ist seit Ende der 70er Jahre eine deutliche Rückkehr zu eher traditionellen normativen Ansätzen zu verzeichnen. Deutliches Beispiel dieser Richtung ist die von Hermann Lübbe, Robert Spaemann und anderen verfaßte Erklärung „Mut zur Erziehung“ aus dem Jahr 1978:

„1. Wir wenden uns gegen den Irrtum, die Mündigkeit, zu der die Schule erziehen soll, läge im Ideal einer Zukunftsgesellschaft vollkommener Befreiung aus allen herkunftsbedingten Lebensverhältnissen. - In Wahrheit ist die Mündigkeit, die die Schule unter jeweils gegebenen Herkunftsverhältnissen einzig fördern kann, die Mündigkeit derer, die der Autorität des Lehrers schließlich entwachsen sind. Denn wenn die Schule die Mündigkeit einer Zukunftsmenschheit zum pädagogischen Ideal erhöbe, erklärte sie uns über unsere ganze Lebenszeit bis in die Zukunft hinein zu Unmündigen.
2. Wir wenden uns gegen den Irrtum, die Schule könne Kinder lehren, glücklich zu werden, indem sie sie ermuntert, ‘Glücksansprüche’ zu stellen. - In Wahrheit hintertreibt die Schule damit das Glück der Kinder und neurotisiert sie. Denn Glück folgt nicht aus der Befriedigung von Ansprüchen, sondern stellt im Tun des Rechten sich ein.
3. Wir wenden uns gegen den Irrtum, die Tugenden des Fleißes, der Disziplin und der Ordnung seien pädagogisch obsolet geworden, weil sie sich als politisch mißbrauchbar erwiesen haben. - In Wahrheit sind diese Tugenden unter allen politischen Umständen nötig. Denn ihre Nötigkeit ist nicht systemspezifisch, sondern human begründet.“[4]

In eine ähnliche Richtung zielt die Diskussion von Erziehungszielen, wie sie von Walter Tröger und Ludwig Kerstiens vorgelegt wurden. Tröger geht von einer Grundnorm „Zustimmung zur Welt“ aus:

„Wenn ein Normensystem logisch aufgebaut sein soll, muß es eine Prämisse haben, von der alles andere abhängt. Wo ist der Anfang? Gibt es in dem Geflecht ethischer Überlegungen eine Stelle, die

---

2 Henz, H.: Lehrbuch der systematischen Pädagogik. Freiburg (2. Aufl.) 1967 (ursprünglich 1964).

3 Heitger, M.: Die Bedeutung des Normativen für den Begriff der pädagogischen Führung. In: Neue Folge der Ergänzungshefte der Viertelsjahrschrift für wissenschaftliche Pädagogik 4, 1966, S. 116.

4 Mut zur Erziehung: Beiträge zu einem Forum am 9./10. Januar 1978 im Wissenschaftszentrum Bonn-Bad Godesberg. Stuttgart 1979, S. 163.

man als den absoluten, d. h. hier: als den nicht mehr hintergehbaren, auf nichts anderes mehr zurückführbaren Ausgangspunkt ansehen kann? Gibt es eine bestimmte Grundentscheidung, die die notwendige Voraussetzung jedes vernünftigen Gesprächs, über das, was der Mensch sein und tun soll, ist?

Der absolute Anfang in diesem Sinn ist zweifellos die Lebensbejahung. Ohne Zustimmung zur Welt und damit zum menschlichen Leben ist jeder Versuch, ein System von Verhaltensregeln für eben dieses Leben aufzubauen, in sich widersprüchlich. Wer das Leben ablehnt, kann logischerweise nur dazu kommen, es zu beenden. Niemand hat ein Recht, einen anderen, der dies tut, zu verurteilen; aber das kann kein Erziehungsziel sein."[5]

Aus dieser „Ur-Norm" werden weitere Werte (Toleranz, Liebe, Freiheit, Gerechtigkeit, Wahrhaftigkeit) und schließlich (unter Berücksichtigung der besonderen historischen Situation) konkrete Erziehungsziele begründet:

„- Lernen von Kooperation und Solidarität, von aggressionsfreier Selbstentfaltung,
- Lernen von Streiten und Versöhnen,
- Vermeidung der Entstehung von Aggressionen (z.B. durch Befriedigung der kindlichen Grundbedürfnisse, also Vermeidung von Frustrationen), Abbau manifester Aggressionen" (Tröger 1974, S. 174).

Ludwig Kerstiens geht von einer Vorstellung des „Humanum als Inbegriff des erfüllten, guten Lebens"[6] aus. Diese Vorstellung wird in unterschiedlichen Normen konkretisiert. Als Beispiel dafür sei die Gewissenserziehung aufgeführt.[7]

Ziel der Gewissenserziehung ist für Kerstiens die Entfaltung des Gewissens und das heißt (Kerstiens 1987, S. 108f.):

– Erkenntnis der Maßstäbe des Gewissens
– Einübung eigenverantwortlichen Tuns.

Daraus ergeben sich konkrete Hinweise für die pädagogische Praxis:

„1. Gewissenserziehung muß eingebettet sein in die personale Beziehung zwischen Erzieher und Kind. Nur wenn das Kind spürt, daß der Erzieher sich ihm verstehend und liebevoll zuwendet, wächst das Vertrauen auf die Verläßlichkeit... Der Erzieher muß soweit Partner sein, daß der Heranwachsende spürt, wie dieser mitträgt, was ihn selbst beschäftigt und bedrückt...
2. In der Kindheit wird Gewissenserziehung in erster Linie Lebensordnung sein... Normen und Maßstäbe lernt das Kind nicht oder jedenfalls nicht allein dadurch, daß man ihm sie sagt. Es muß sich in ein bestimmtes Verhalten einleben, so daß es selbstverständlich ist, mit dem anderen auszukommen, zu teilen, wo immer es notwendig oder angezeigt ist, sich gegenseitig zu helfen, sich in das gemeinsame Tun einzufügen...
3. Mit wachsendem Alter wird die 'induktive Erziehung' immer mehr in den Vordergrund treten können. Erwartungen und Gebote lassen sich begründen, so daß das Kind lernen kann, sich aus eigener Einsicht einem Anspruch zu fügen. Man kann das Kind zur Selbstbesinnung veranlassen, wenn es die notwendigen Normen nicht beachtet hat.
4. Dem Jugendlichen muß ein offener Raum ohne unnötige Regelmentierungen eingeräumt werden, in dem er es lernen kann, eigene Entscheidungen zu treffen" (Kerstiens 1987, S. 111f.).

---

5 Tröger, W.: Erziehungsziele. München 1974, S.145f.
6 Kerstiens, L.: Erziehungsziel: Humanes Leben. Bad Heilbrunn 1991, S. 26.
7 Kerstiens, L.: Das Gewissen wecken. Bad Heilbrunn 1987.

1.2.2 Legitimationsprobleme

Im Vordergrund steht für die unterschiedlichen Konzepte normativer Erziehungswissenschaft das Anliegen, Orientierung im praktischen Handeln zu leisten. Dabei geht man von der zweifelsohne richtigen Einsicht aus, daß praktisches Handeln der Legitimation und damit des Rückgriffs auf Normen und Werte bedarf. Man gerät jedoch zwangsläufig in Schwierigkeiten bei der Einlösung des wissenschaftlichen Anspruchs eines solchen Konzeptes. Zwei Probleme sind dabei zu unterscheiden:

- Das Problem des methodischen Anfangs einer normativen Erziehungswissenschaft und
- das „Ableitungsproblem", nämlich das Problem des Übergangs zu konkreten Normen und Handlungsanweisungen.

1.2.2.1 Das Problem des methodischen Anfangs einer normativen Erziehungswissenschaft

Begründung von Sätzen bedeutet stets Rückführung auf andere Sätze. Doch was ist bei der Begründung von Normen das sichere Fundament? Was sind die „Prinzipien", wie Herbart formulierte, einer normativen Erziehungswissenschaft? Grundsätzlich lassen sich hier unterschiedliche Argumentationslinien unterscheiden:[8]

(1) Wertphilosophische Begründung oberster normativer Sätze
Bei der Begründung von Normen greift man hier auf oberste Werte (oberste Normen) zurück, die gleichsam als Axiome einer normativen Wissenschaft verstanden werden. Ähnlich wie der Mathematik bestimmte Axiome zugrunde liegen, gibt es hier oberste Werte, die intuitiv erkennbar sind.

Sehr deutlich ist diese Argumentation in der Wertphilosophie von Nicolai Hartmann: Werte, so Hartmann, sind weder empirisch feststellbare Gegenstände noch bloße „Bewußtseinsleistung", sondern zusammen mit den „idealen Gegenständen" der Mathematik und Logik werden sie einem eigenen „metaphysischen Bereich des Seienden" zugeordnet:

> „Sie sind ursprünglich Gebilde einer ethisch idealen Sphäre, eines Reiches mit eigenen Strukturen, eigenen Gesetzen, eigener Ordnung."[9]

Analog zu den Axiomen der Mathematik können Werte damit „a priori" erkannt werden:

> „Dem entspricht die Überzeugung, die jedes echte Werturteil begleitet, daß jeder Andere ebenso urteilen, das gleiche Wertempfinden haben müsse. Und auch hier bedeutet die Allgemeinheit und Notwendigkeit, die sich in solcher Überzeugung verrät, kein psychologisches Faktum... Aber es ist hiermit ebenso wie mit der mathematischen Einsicht. Nicht jeder ist ihrer fähig; nicht jeder hat den

---

8 Zedler, P.: Zur Logik von Legitimationsproblemen. München 1976.
9 Hartmann, N.: Ethik. Berlin (4. Aufl.) 1962, S. 151.

Blick, die ethische Reife, das geistige Niveau, den Sachverhalt zu sehen, wie er ist. Nichtsdestoweniger besteht die Allgemeinheit, Notwendigkeit und Objektivität des Werturteils in der Idee zu Recht. Denn diese Allgemeinheit bedeutet gar nicht, daß ein jeder der fraglichen Werteinsicht fähig sei. Sie bedeutet nur, daß, wer ihrer fähig ist, d.h. wer überhaupt geistig an ihren Sinn heranreicht, notwendig so und nicht anders empfinden und moralisch urteilen muß... In diesem Sinne - dem einzig in Betracht kommenden Sinn - ist das moralische Werturteil und das hinter ihm stehende primäre moralische Wertgefühl ein streng allgemeines, notwendiges und objektives" (Hartmann 1962, S. 155).

(2) Naturalistische Begründung von Normen

Hier greift man bei der Begründung von Normen auf deskriptive Aussagen über das „Wesen" des Menschen zurück. Deutlich ist diese Argumentation bei Ludwig Kerstiens. Kerstiens geht von deskriptiven Aussagen über die Individualität und Identität des Menschen aus:

„Der Mensch ist ein Individuum, ein eigenständiges Wesen. Diese Individualität ist in besonderer Weise ausgeprägt und von der Individualität aller anderen Individuen, z.B. den Tieren, unterschieden... Der Mensch ist - abgesehen von eineiigen Zwillingen - schon genetisch einmalig, weil die jeweilige Kombination von Erbfaktoren sich nicht wiederholt. Seine Entwicklung vor und nach der Geburt führt, aufgrund vieler Einflüsse und eigener Entscheidungen, zu unvorhersehbaren Ergebnissen. Er ist nicht nur einmalig, sondern einzigartig, da das Allgemeine, die 'Art', diese Weise der Individualität nicht zureichend erfaßt" (Kerstiens 1991, S. 36).

Aus diesen deskriptiven Aussagen werden normative Sätze abgeleitet: Weil der Mensch ein Individuum ist, hat er die Aufgabe, seine Individualität zu entwickeln und seine Identität heranzubilden:

„Der Mensch ist sich seiner Individualität bewußt, die Ausprägung ist ihm anheim- und aufgegeben... Diese im Selbstbewußtsein gründende Individualität bezeichnet man meistens als Identität... Der Mensch hat die Aufgabe, seine Identität aufzubauen und aufrecht zu erhalten. Das beginnt mit zunächst unreflektierten, dann bewußten Kindheitsidentifikationen, führt aber mit der Entwicklung der Reflexivität zur Auseinandersetzung mit sich selbst und zur bewußten Entscheidung für die eigene Identität" (Kerstiens 1991, S. 37).

Differenzierter angelegt sind Begründungen von Normen, die sich auf deskriptive Aussagen über die kognitive, soziale oder moralische Entwicklung stützen. So wird im Anschluß an Kohlberg aus deskriptiven Aussagen über die Stufen moralischer Entwicklung die Forderung abgeleitet, den Übergang zu der jeweils nächst höheren Stufe im Rahmen moralischer Erziehung zu unterstützen. Dabei wird zum einen auf ein oberstes „Prinzip" (einen obersten Wert) „Gerechtigkeit" zurückgegriffen (insofern steht Kohlberg durchaus auch in der Tradition wertphilosophischer Argumentation), zum anderen aber naturalistisch argumentiert mit der These, daß Moralentwicklung zu höheren Formen von Gerechtigkeit führt:

„Mit dem Wechsel auf jede höhere Stufe wird die Konzeption von Gerechtigkeit jedoch neu gestaltet. Auf der Stufe 1 bedeutet Gerechtigkeit die Bestrafung der Bösen nach der Regel 'Auge um Auge und Zahn um Zahn'. Auf der Stufe 2 besteht sie in einem Austausch von Gefälligkeiten und Vorteilen, von dem die Beteiligten gleich viel Nutzen haben. Auf den Stufen 3 und 4 drückt sich Gerechtigkeit darin aus, daß man, orientiert an konventionellen Regeln, alle Menschen so behandelt, wie sie es wünschen. Auf der Stufe 5 wird erkannt, daß alle Regeln und Gesetze sich aus der Gerechtigkeit ergeben, von einem Sozialvertrag zwischen den Regierenden und den Regierten herrühren, der entworfen wurde, die gleichen Rechte aller zu schützen. Auch die persönlich gewählten moralischen Prinzipien auf der Stufe 6 sind Gerechtigkeitsprinzipien, nämlich die Prinzipien, die jedes Mitglied einer Gesellschaft für diese Gesellschaft wählen würde, wenn es nicht wüßte, welches seine Position in der Gesellschaft sein würde und ob es nicht das am wenigsten Begünstigte sein könnte."[10]

(3) Transzendentalphilosophische Begründung von Normen

Der Grundgedanke hier ist, daß in alltäglicher oder wissenschaftlicher Argumentation immer schon bestimmte Normen vorausgesetzt werden. Aufgabe ist es, diese Normen zu explizieren und als notwendige Voraussetzung jeder begründeten Rede zugleich zur Basis praktischen Handelns anzusetzen. Diese Argumentation findet sich (in unterschiedlichen Ausprägungen) ebenso in transzendentalphilosophischen Ansätzen als auch bei Karl Otto Apel oder Jürgen Habermas. Apel geht von der These aus, daß bereits die Frage „Warum moralisch sein?" Normen voraussetzt:

„Man geht m.E. von einer falschen Voraussetzung aus, wenn man meint, Fragen wie 'Warum moralisch sein?', 'Warum logisch sein?', 'Warum vernünftig sein?' müßten entweder im Sinne einer logischen Begründung (d.h. Herleitung aus etwas anderem) oder durch eine irrationale Entscheidung beantwortet werden. In Wahrheit gibt es die hier vorausgesetzte Problemsituation gar nicht: Die Situation, daß wir noch vor der Entscheidung zum Vernünftigsein, Logischsein, Moralischsein stünden und gleichwohl schon argumentieren - oder wenigstens die Warum-Frage aufwerfen - könnten!

Affirmativ ausgedrückt: Wer ernsthaft eine dieser Warum-Fragen aufwirft, der hat spätestens damit den Boden des argumentativen Diskurses betreten, und das besagt: er kann sich durch Reflexion auf den Sinn seines Tuns davon überzeugen, daß er die Regeln, d.h. die Normen, der rationalen, kooperativen Argumentation und damit zugleich auch die ethischen Normen einer Kommunikationsgemeinschaft notwendigerweise schon anerkannt hat."[11]

Entsprechende Argumentationen finden sich auch bei Jürgen Habermas:

„Das Interesse an Mündigkeit schwebt nicht bloß vor, es kann a priori eingesehen werden. Das, was uns aus Natur heraushebt, ist nämlich der einzige Sachverhalt, den wir seiner Natur nach kennen können: die Sprache. Mit ihrer Struktur ist Mündigkeit für uns gesetzt. Mit dem ersten Satz ist die Intention eines allgemeinen und ungezwungenen Konsensus unmißverständlich ausgesprochen. Mündigkeit ist die einzige Idee, deren wir im Sinne der philosophischen Tradition mächtig sind."[12]

(4) Begründung von Normen auf der Basis von Konsens

Dabei versucht man von denjenigen Normen auszugehen, für die sich ein allgemeiner Konsens finden läßt. Im Grunde findet sich eine solche Argumentation bereits bei Wilhelm Rein. Es gibt, so seine These, eine Reihe grundlegender Normen, die in allen ethischen Systemen (von Moses über Jesus bis zu Kant und Herbart) Gültigkeit besitzen. Rein spricht hier vom „moralischen Gesetz":

„Die moralischen Werturteile, die diesem Gesetz zu Grunde liegen, lauten in gleicher Weise wie vor 4000 Jahren, als Moses die Aussprüche des Gewissens nach ägyptischer Sitte auf den Steintafeln

---

[10] Kohlberg, L.: Moralische Entwicklung und demokratische Erziehung. In: Lind, G./Raschert, J. (Hrsg.): Moralische Urteilsfähigkeit. Weinheim 1987, S. 33.

[11] Apel, K.-O.: Diskurs und Verantwortung. Frankfurt a.M. 1988, S. 352f.

[12] Habermas, J.: Technik und Wissenschaft als Ideologie. Frankfurt a.M. 1968, S. 163.

äußerlich festlegte und autoritativ in die Sanktion des Höchsten hineinschob. Oder was wäre im Laufe der Zeiten von den moralischen Forderungen des Dekalogs hinfällig geworden? Kann jemand heute behaupten, daß Lüge, Betrug, Mord, Diebstahl und Ehebruch etwas Wohlgefälliges sei? Und was wäre denn von den grundlegenden Urteilen aus der Sittenlehre Jesu als veraltet anzusehen? Ist das Gebot: Liebe deinen Nächsten, etwa hinfällig geworden? Gewiß nicht. Es gibt also tatsächlich sittliche Elemente, die mit gleicher Gewißheit und Festigkeit durch die Jahrhunderte hindurch gehen wie die Gesetze, nach denen die Himmelskörper ihre ewigen Bahnen beschreiben."[13]

Ähnlich wird argumentiert, wenn man bei der Begründung von Normen auf das Grundgesetz als einen allgemeinen Konsens zurückgreift.

Sicher mögen diese unterschiedlichen Argumentationsversuche in dem einen oder anderen Punkt durchaus plausibel sein. Doch genügen sie dem Anspruch strenger Wissenschaftlichkeit? Wie läßt sich absichern, daß die von Hartmann angesetzten Axiome die richtigen sind? Oder wie läßt sich beweisen, daß das Wesen des Menschen in seiner Individualität (und z.B. nicht in seiner Sozialität und Aggressivität) liegt? Ist Wissenschaft oder Sprache nicht ebenso auf Beherrschung ausgerichtet? Und ist nicht jeder Konsens immer auch ein historisch bestimmter und damit ein eingeengter?

1.2.2.2 Das Ableitungsproblem im Rahmen der normativen Erziehungswissenschaft

Eine zweite Schwierigkeit normativer Erziehungswissenschaft betrifft die Frage, wie der Übergang von jenen ersten Normen zu konkreten Empfehlungen für das pädagogische Handeln zu leisten ist. Wie läßt sich im Blick auf eine oberste Forderung nach „Mündigkeit" entscheiden, wie man mit einem aggressiven Schüler umgehen soll? Grundsätzlich gibt es hier zwei unterschiedliche Formen:

(1) Übergang von obersten zu konkreten Normen als Deduktion
Eine erste Möglichkeit besteht darin, daß man aus übergeordneten Normen konkrete Handlungsanweisungen deduziert. So leitet Giesecke aus dem übergeordneten Erziehungsziel „Emanzipation" konkrete Anweisungen ab:

- Emanzipation von den Eltern,
- Emanzipation von der sozialen Schicht[14]

Wenn als übergeordnetes Ziel eine generelle Forderung nach Emanzipation angesetzt wird, dann folgt daraus als Erziehungsziel Emanzipation in unterschiedlichen Bereichen. Aus der Forderung, Kinder und Jugendliche sollen unterstützt werden, sich grundsätzlich zu emanzipieren, wird die praktische Schlußfolgerung gezogen:

---

[13] Rein, W.: Pädagogik in systematischer Darstellung. Bd.1, Langensalza (2. Aufl.) 1911/12, S. 123.

[14] Giesecke, H.: Einführung in die Pädagogik. München (3. Aufl.) 1971, S. 96ff. (ursprünglich1969).

Kinder und Jugendliche sollen unterstützt werden, sich im Bereich der Familie zu emanzipieren.

Ähnlich ließen sich z.B. aus einem Wert der Tugend konkrete Forderungen deduzieren: Wenn Tugend definiert wird als Gerechtigkeit, Wahrhaftigkeit usw., dann folgt daraus deduktiv die Forderung nach Gerechtigkeit und Wahrhaftigkeit.

Die Beispiele zeigen, daß Deduktion konkreter Handlungsanweisungen aus übergeordneten Normen grundsätzlich auf der Basis begrifflicher Analysen erfolgt. Im Rahmen einer Explikation der in den jeweiligen Normen zugrundegelegten Begriffe wird festgelegt, was diese Normen für die konkreten Situationen „bedeutet".

Zugleich wird damit die Problematik eines solchen Vorgehens deutlich: Die Konkretisierung von Normen hängt von der jeweiligen Definition der dabei verwendeten Begriffe ab. Wenn Tugend anders definiert wird (z.B. als Durchsetzungsvermögen), lassen sich daraus andere konkrete Normen deduzieren.

Ein zweites Problem liegt darin, daß solche aus übergeordneten Normen deduzierten Anweisungen häufig so formuliert sind, daß sie uneingeschränkt für alle Situationen gelten. Doch kann es nicht Situationen geben, in denen die jeweilige Norm nicht gilt?

(2) Konkretisierung von Normen auf der Basis von Ziel-Mittel-Argumentation
Dabei werden oberste Normen als Ziele definiert, und es wird gefragt, auf welche Weise und mit welchen Mitteln diese Ziele erreicht werden können. Dabei lassen sich zwei Argumentationen unterscheiden:

Die erste Möglichkeit besteht darin, Entscheidungen über geeignete Mittel auf vorhandenes Wissen über die Wirkung bestimmter Maßnahmen zu stützen. So könnte z.B. eine empirische Untersuchung über die Wirkungen von Gruppenunterricht im Rahmen einer zweckrationalen Argumentation als Argument im Blick auf das Ziel „Förderung kooperativen Verhaltens" eingesetzt werden. Wenn sich in Untersuchungen bestätigt hat, daß Gruppenarbeit in der Regel zur Förderung kooperativen Verhaltens führt, wäre Gruppenarbeit hier ein geeignetes Mittel.
Eine solche Argumentation verläuft nach folgendem Schema:

- Ziel: Es soll kooperatives Verhalten von Schülern gefördert werden.
- Eine empirische Aussage über die Wirkung bestimmter Maßnahmen: Gruppenarbeit führt im allgemeinen zur Steigerung des kooperativen Verhaltens.
- Konsequenz (konkrete Norm): Im Unterricht soll verstärkt Gruppenarbeit eingesetzt werden!

Der Vorteil dieses Verfahrens liegt darin, daß hier Erfahrungswissen über zu erwartende Wirkungen bestimmter Handlungen berücksichtigt wird. Andererseits treten Probleme auf: Verfügen wir überhaupt über entsprechend sicheres Erfahrungswissen für pädagogische Situationen? Muß nicht jeweils die besondere Situation (diese Klasse, dieser Lehrer, dieser Schüler) stärker berücksichtigt werden, als es im Schema der Ziel-Mittel-Argumentation zum Ausdruck kommt?

Die zweite Möglichkeit besteht darin, Entscheidungen über geeignete Mittel nicht auf vorhandenes allgemeines Wissen zu stützen, sondern sie erst in der konkreten Situation unter Berücksichtigung der jeweiligen situativen Faktoren zu treffen. Diese Argumentation wird übrigens schon bei Herbart angedeutet: mittels „Takt" soll der Praktiker unter Bezug auf konkrete Handlungssituationen entscheiden, wie er am besten das Ziel erreicht. Die Konkretisierung der Norm erfolgt damit letztlich subjektiv und situationsabhängig. Doch wie läßt sich hier überprüfen, ob die Entscheidung für ein bestimmtes Mittel in dieser Situation angemessen ist? Wie läßt sich das Vorgehen wissenschaftlich leiten? Besteht die Gefahr, bei Entscheidungen über geeignete Mittel letztlich in einen bloßen Dezisionismus zu verfallen?

Die unterschiedlichen Konzepte normativer Erziehungswissenschaft haben den Anspruch der Erziehungswissenschaft auf Orientierung im praktischen Handeln in den Vordergrund gestellt. Doch es ist nicht gelungen, diesen Anspruch wissenschaftlich einzulösen.

Daneben ist jedoch noch ein anderes Vorgehen denkbar: Man stellt nicht den Anspruch auf Orientierung im praktischen Handeln, sondern den Anspruch auf Wissenschaftlichkeit in den Vordergrund und fragt, wie sich Erziehungswissenschaft als Wissenschaft begründen läßt. Dabei bieten sich grundsätzlich zwei unterschiedliche Wege an:

- Man versucht, in der Erziehungswissenschaft oder allgemein in den Sozialwissenschaften die Methoden der neuzeitlichen Naturwissenschaften zugrunde zu legen. Dies ist der Weg, den die verhaltenstheoretische Erziehungswissenschaft einschlug.
- Oder man versucht, für die Pädagogik oder allgemein für die Sozialwissenschaften eine eigene wissenschaftstheoretische Grundlegung zu schaffen. Dies ist das Anliegen Diltheys und der daran anschließenden Tradition der Hermeneutik, in der Erziehungswissenschaft als eine handlungstheoretische Disziplin im Gegensatz zu den Naturwissenschaften entworfen wird.

Im folgenden zweiten Hauptteil sollen verschiedene Konzepte dargestellt werden, die die Erziehungswissenschaft nach dem Vorbild der Naturwissenschaften entwerfen. Im dritten Hauptteil werden wir uns mit dem Konzept einer hermeneutischen oder handlungstheoretischen Erziehungswissenschaft befassen.

Teil 2: Erziehungswissenschaft als empirische Verhaltenswissenschaft

2.1 Empirische Erziehungswissenschaft in der 1. Hälfte des 20. Jahrhunderts

2.1.1 Historische Entwicklung

Erste Versuche, Pädagogik nach dem Vorbild der Naturwissenschaften zu entwerfen, wurden in der zweiten Hälfte des 18. Jahrhunderts unternommen. Hier ist insbesondere Ernst Christian Trapp (1745 - 1818) zu nennen, der in Halle die erste Professur für Philosophie und Pädagogik innehatte. Trapp wendet sich gegen eine theologische Fundierung der Pädagogik und fordert statt dessen in Anlehnung an die Naturwissenschaften den Rückgriff auf Beobachtung und Erfahrung. Ein wissenschaftliches System der Pädagogik, so schreibt er 1780 in seinem Hauptwerk „Versuch einer Pädagogik",

„...ist erst auf der Basis gesicherter Beobachtungen und Erfahrungen möglich: Denn wenn wir die gehörige Anzahl richtig angestellter pädagogischer Beobachtungen und zuverlässiger Erfahrungen hätten, so könnten wir ein richtiges und vollständiges System der Pädagogik schreiben."[1]

Eine zweiten Phase, Pädagogik als empirische Wissenschaft nach dem Vorbild der Naturwissenschaften zu entwerfen, setzt gegen Ende des 19. Jahrhunderts ein. Wegbereiter ist hier die Psychologie, in der seit den 60er Jahren des 19. Jahrhunderts versucht wird, sie nach dem Vorbild der Naturwissenschaften als exakte Wissenschaft zu entwerfen. Als Begründer dieser neuen, naturwissenschaftlichen Psychologie sind insbesondere Gustav Theodor Fechner (1801 - 1857), der Psychologie als „Psychophysik" proklamiert, sowie Wilhelm Wundt (1832 - 1920) zu nennen, der erstmals Psychologie als eine empirische, auf Beobachtung und Experiment basierende Disziplin konzipiert.

Etwa seit 1890 finden sich zunehmend Ansätze einer „experimentellen Pädagogik", die versucht, auch Pädagogik nach dem Vorbild der Psychologie und damit letztlich nach dem Vorbild der Naturwissenschaften als experimentelle Wissenschaft zu betreiben.[2] Um eine Grundlegung der Pädagogik als experimenteller Wissenschaft bemühen sich in Deutschland insbesondere zwei Autoren: Ernst Meumann und Wilhelm August Lay.

---

[1] Trapp, E.C.: Versuch einer Pädagogik. Paderborn 1977 (ursprünglich 1780), S. 61.

[2] Depaepe, M.: Zum Wohl des Kindes? Pädologie, pädagogische Psychologie und experimentelle Pädagogik in Europa und den USA 1890-1940. Weinheim 1993.

Ernst Meumann (1862 - 1915) war Assistent von Wilhelm Wundt und versuchte, die ihm aus der Psychologie geläufigen naturwissenschaftlichen Verfahren auf die Erziehungswissenschaft zu übertragen, wobei er unter anderem Untersuchungen über Sprachentwicklung, Lern- und Gedächtnisprobleme durchführte.

Sein Hauptwerk ist:
Meumann, E.: Abriß der experimentellen Pädagogik. Leipzig (2. Aufl.) 1920 (ursprünglich 1914).

Wilhelm August Lay (1862 - 1926) war zunächst lange Jahre Volksschullehrer und promovierte 1903 mit einer Arbeit über „Experimentelle Didaktik", in der er versuchte, psychologische Experimente für Probleme des Unterrichts, wie z.B. Fragen des Anschauungsunterrichts, zu nutzen.

Als Einführung in sein Konzept ist zu nennen:
Lay, W. A.: Experimentelle Pädagogik. Leipzig (2. Aufl.) 1912 (ursprünglich 1908).

Der Ansatz der frühen experimentellen Pädagogik wird dann in der ersten Hälfte des Jahrhunderts in unterschiedliche Richtungen weitergeführt:

Aloys Fischer (1882 - 1937) studierte ein Jahr bei Wundt und leitete seit 1918 das pädagogische und psychologische Institut der Universität München.

Als Einführung ist geeignet:
Fischer, A.: Über die Bedeutung des Experiments in der pädagogischen Forschung und die Idee einer exakten Pädagogik. In: Röhrs, H. (Hrsg.): Erziehungswissenschaft und Erziehungswirklichkeit. Frankfurt a. M. (2. Aufl.) 1967, S. 35-57.

Peter Petersen (1884 - 1952) studierte in Leipzig unter anderem bei Wundt und war später als Lehrer in Hamburg zugleich zusammen mit Lay in einem Arbeitskreis für experimentelle Didaktik tätig. Seit 1923 war er als Nachfolger von Wilhelm Rein Professor für Erziehungswissenschaft an der Universität Jena und zugleich Begründer der sog. Jena-Plan-Schule. Zusammen mit seiner Frau Else Müller-Petersen ist er der Begründer der „Pädagogischen Tatsachenforschung", einer frühen empirischen Unterrichtsforschung.

Eine Zusammenfassung der Thesen von Petersen findet sich in:
Petersen, P. und E.: Die pädagogische Tatsachenforschung. Paderborn 1965 (die für 1944 geplante Veröffentlichung kam erst 1965 zustande).

Rudolf Lochner (1895 - 1981) war nach längerer Zeit als Gymnasiallehrer und in der Erwachsenenbildung seit 1934 Professor an den pädagogischen Hochschulen Hirschberg, Celle und Lüneburg.

Eine wichtige frühe Arbeit von Lochner ist:
Lochner, R.: Deskriptive Pädagogik. Reichenberg 1927.

2.1.2 Hauptthesen

Gemeinsam ist allen Pädagogen dieser Richtung die Kritik an der traditionellen normativen Pädagogik, der fehlende wissenschaftliche Begründung, also fehlende empirische Absicherung vorgeworfen wird:

„Das ist nun, was der herkömmlichen Pädagogik, die als Begriffs- und Normenwissenschaft auftritt, zum Vorwurf gemacht werden muß: es fehlt ihr der empirische Unterbau an Kenntnis der rein tatsächlichen Verhältnisse, auf welchen alle pädagogischen Vorschriften und Normen aufgebaut werden müssen... Andererseits treten alle Vorschriften, denen die zureichende empirische Begründung fehlt, dem Praktiker als reine Gebote entgegen und sind nicht imstande, ihm zugleich jeden Augenblick und bei jedem Schritt vor Augen zu halten, warum er so und nicht anders handeln muß“.[3]

Ziel ist es, mit dem Rückgriff auf die Erziehungswirklichkeit Erziehungswissenschaft auf eine sichere Grundlage zu stellen und objektive Ergebnisse zu erzielen. Daraus ergeben sich folgende Hauptthesen:

(1) Basis der Erziehungswissenschaft sind die „pädagogischen Tatsachen“.
In den Tatsachen sieht man das gesicherte Fundament, auf dem wissenschaftliche Theorien basieren müssen:

„Alle wissenschaftlichen Systeme sind nur relativ endgültig: sie entstehen und schwinden. Nur die in ihrem Dienste festgestellten Tatsachen bleiben.“[4]

Entsprechend heißt es bei Aloys Fischer in der „Deskriptiven Pädagogik“:

„Die Tatsachen müssen jedoch darüber entscheiden, welche Begriffe auf sie angewandt werden dürfen; dazu aber müssen diese Tatsachen selbst in einer nicht schon mit Hilfe von ‘Theorien’... vollzogenen Beschreibung festgestellt worden sein.“[5]

(2) Die Erfassung von Tatsachen geschieht nicht auf der Basis mehr oder weniger zufälliger Erfahrungen, sondern mit Hilfe von Beobachtung und Experiment:

„Alte und neue Pädagogik unterscheiden sich vor allen Dingen in der Art und Weise, wie sie Erfahrungen machen, wie sie forschen. Die alte Pädagogik geht auf Wahrnehmungen, Selbstbeobachtung und Fremdbeobachtung zurück, die sich aber als nicht genügend erwiesen haben. Die experimentelle Pädagogik ergänzt und vertieft daher die alte Forschungsweise durch umsichtige Beobachtung, Statistik und Experiment“ (Lay 1912, S. 8).

Hier wird der Rückgriff auf die Naturwissenschaften bei der wissenschaftstheoretischen Grundlegung besonders deutlich: Beobachtung und Experiment sind die Methoden, denen die neuzeitlichen Naturwissenschaften ihre Erfolge verdanken. Die Verwendung dieser Verfahren, so die experimentelle Pädagogik, sichert dann auch die Wissenschaftlichkeit der Pädagogik.

---

[3] Meumann, E.: Vorlesungen zur Einführung in die experimentelle Pädagogik und ihre psychologischen Grundlagen. Bd. 1, Leipzig (2. Aufl.) 1916, S. 10f.

[4] Lay, W. A.: Experimentelle Pädagogik. Leipzig (2. Aufl.) 1912, S. 20.

[5] Fischer, A.: Ausgewählte pädagogische Schriften. Paderborn 1961, S. 147.

(3) Aus einzelnen Beobachtungen wird auf generelle Gesetze geschlossen:

„Das Ziel der empirischen Erforschung einer zusammengehörigen Gruppe von Erscheinungen ist, 'eine Theorie' dieser Erscheinungen zu gewinnen. Wir haben dann eine 'Theorie' gewonnen, wenn es gelingt, eine Gruppe solcher Erscheinungen durch ein einheitliches System von... Gesetzen zusammenzufassen und sie aus einem einheitlichen Kausalkonnex heraus zu erklären."[6]

Hier wendet die experimentelle Pädagogik das „Induktionsprinzip" an: Wiederholte einzelne Beobachtungen erlaubten es, eine Gesetzesaussage aufzustellen. So führt Lay Untersuchungen über Druck- und Schreibschrift bei Volksschülern durch. Das Ergebnis, daß in den durchgeführten Untersuchungen Volksschüler bei Schreibschrift im Durchschnitt 4,8, bei Druckschrift aber 7,9 Fehler machen, ist Basis für die Aufstellung einer Gesetzesaussage:

„Danach ist der Erfolg der orthographischen Übungen doppelt so groß, wenn man sie nicht an Druck-, sondern an Schreibschrift vornimmt" (Lay 1912, S. 126).

(4) Strittig ist in der empirischen Erziehungswissenschaft in der ersten Hälfte des Jahrhunderts, wie weit die empirische Erziehungswissenschaft zugleich Normen für das praktische Handeln aufstellen kann.

Für Lay und Meumann bleibt die experimentelle Pädagogik letztlich eine normative Disziplin, die Anweisungen für das praktische Handeln aufstellt. So heißt es bei Meumann:

„Sie [die Pädagogik] bestimmt selbst die Ziele der Erziehung, indem keine andere Wissenschaft diese Arbeit übernimmt... sie kann die gegebenen Ziele eines bestimmten Zeitalters (der Gegenwart) kritisch prüfen, ob sie der Natur des Kindes, seinen Bildungsmöglichkeiten, dem Charakter der Erziehungs-Anstalten und -Mittel, den Anforderungen der Gegenwart und den Idealen unserer Zeit entsprechen, und sie kann endlich, positiv, Grundprinzipien und Normen für die in der Erziehung geltenden Ideale aufstellen - nicht mehr und nicht weniger wie die Ethik sittliche Ideale formuliert" (Meumann 1920, S. 8f.).

Entsprechend finden sich bei Lay und Meumann fortwährend konkrete Anweisungen, wie die Anweisung, im Rechtschreibunterricht die Wörter in Schreibschrift, nicht in Druckschrift vorzugeben.

Hinter dieser Position steht die Vorstellung, daß die Kenntnis von Gesetzmäßigkeiten pädagogischen Handelns so etwas wie eine „natürliche Erziehung" ermöglicht, die gemäß diesen Gesetzen erfolgt. Meumann sieht in der experimentellen Forschung damit die objektive Instanz,

„...die frei von den politischen, sozialen und religiösen Nebeneinflüssen im Geiste reiner Wahrheitsforschung das Zweckmäßige, Wertvolle und Brauchbare in den 'modernen Ideen' der Erziehungsreform zu scheiden sucht von dem Unzweckmäßigen und Wertlosen" (Meumann 1920, S. 3).

Rudolf Lochner teilt ursprünglich diese Auffassung, indem er zwischen einer deskriptiven und einer normativen Erziehungswissenschaft unterscheidet.[7] Er hat jedoch später seine Auffassung revidiert und Erziehungswissenschaft ausschließlich

---

6 Meumann, E.: Abriss der experimentellen Pädagogik. Leipzig (2. Aufl.) 1920, S. 26.

7 Lochner, R.: Deskriptive Pädagogik. Reichenberg 1927, S. 4.

auf die Untersuchung von Aussagen über die Erziehungswirklichkeit beschränkt. Denn nur auf diese Weise, so seine Überzeugung, ist überhaupt Allgemeingültigkeit, das heißt wissenschaftlich gesicherte Erkenntnis möglich.

"Eine normative Erziehungswissenschaft kann nicht anerkannt werden; denn indem ich ein Verhalten lehre, menschliches Tun zu verbessern beabsichtige, überschreite ich den Boden der Wissenschaft."[8]

Entsprechend heißt es 1963 in der „Deutschen Erziehungswissenschaft":

„Allgemein gültige Sätze kann man nur im Raum einer wertfreien Wissenschaft formulieren; in ihnen kann nur ausgesagt werden, was geschieht, nicht aber, was geschehen soll."[9]

2.1.3 Forschungsmethodik

2.1.3.1 Beobachtung und Experiment

Beobachtung und Experiment werden als die grundlegenden Forschungsmethoden einer experimentellen Pädagogik angesehen. Dabei wird Beobachtung abgegrenzt von mehr oder minder zufälliger Erfahrung und als „beabsichtigte, zielbewußte Wahrnehmung" verstanden:

„Wir verlangen für die experimentell-pädagogische Forschung die umsichtige Beobachtung, die Beobachtung, die alle Umstände, unter denen die Erscheinung vor sich geht, ins Auge zu fassen und anzugeben sucht" (Lay 1912, S. 8).

Das Experiment ist eine systematisch herbeigeführte und unter vereinfachten Bedingungen durchgeführte Beobachtung:

„Man wartet daher nicht mehr wie beim Wahrnehmen und Beobachten, bis die Erscheinung sich einstellt, sondern man führt sie absichtlich selbst herbei. Man vereinfacht zudem die Umstände in der Weise, daß man womöglich nur eine Ursache nach der anderen wirken läßt, um so nacheinander den Anteil der Ursachen an den Wirkungen festzustellen. Man macht also Beobachtungen an absichtlich und unter vereinfachten Umständen herbeigeführten Erscheinungen, d.h. man stellt Experimente an…" (Lay 1912, S. 10).

Die experimentelle Pädagogik hat eine Fülle von derartigen Experimenten durchgeführt, die sich z.B. mit dem Erlernen der Rechtschreibung oder den Wirkungen wiederholter Übungen befassen. Exemplarisch sei ein von Lay durchgeführtes Experiment zum Vergleich von Druck- und Schreibschrift aufgeführt:

„Künstlich aufgebaute Wörter (z.B. Listrom, Wirstin, Tramwo, Sterrlith, Nohmasch usw.) wurden an der Wandtafel in gleicher Zahl und Schwierigkeit mit gleich viel Wiederholungen abwechselnd in Schreib- und Druckschrift den Schülern dargeboten. Die Wörter wurden von den Schülern nachher aufgeschrieben und der Versuchsleiter stellte nach einheitlichem Maßstabe die Fehlerzahl fest. Es wurde verglichen in Schreib- und Druckschrift: 1. das laute Lesen, 2. das Abschreiben ohne

8 Lochner, R.: Erziehungswissenschaft im Abriß. Hannover (2. Aufl.) 1947, S. 8.
9 Lochner, R.: Deutsche Erziehungswisenschaft. Meisenheim 1963, S. 434.

Sprechen, 3. das Abschreiben mit Sprechen, 4. das Buchstabieren, 5. das stille Abschreiben, 6. das Lautieren.
Schon diese Vorversuche ließen deutlich erkennen, daß die Schreibschrift der Druckschrift beträchtlich überlegen sei. Die später angestellten verbesserten Hauptversuche mit 6-7- und 11-jährigen Volksschülern und mit 16- und 18-jährigen Seminaristen - im ganzen 17 Klassenversuche - ergaben im Durchschnitt:
a) für Volksschüler
Schreibschrift **4,8**, Druckschrift **7,9** Fehler pro Schüler,
b) für Seminaristen
Schreibschrift **0,43**, Druckschrift **0,88** Fehler pro Schüler" (Lay 1912, S. 125).

Mit Beobachtung und Experiment übernehmen Lay und Meumann die Forschungsmethoden der neuzeitlichen Naturwissenschaften. Sichere Erkenntnis, so die These, läßt sich dann erzielen, wenn man sich soweit wie möglich der in den Naturwissenschaften bewährten Methoden bedient. Das bedeutet, daß es Aufgabe der Erziehungswissenschaft ist, Verhalten in pädagogischen Situationen zu beobachten: Beobachtung wird nicht als Erfassung innerer Zustände verstanden, sondern ist Verhaltensbeobachtung.

2.1.3.2 Die pädagogische Tatsachenforschung von Else und Peter Petersen

Eine andere Form der Beobachtung der pädagogischen Wirklichkeit haben Else und Peter Petersen entwickelt. Auch hier ist es zunächst das Ziel, das Verhalten von Kindern in pädagogischen Situationen zu erfassen:

„Wie die Untersuchung von Kranken und die Beobachtung Kranker unter Einfluß ärztlicher Behandlung immer das Kernstück der Medizin sein wird, so wird die Untersuchung der kindlichen Äußerungen und die eingehende Beobachtung der Kinder unter den erzieherischen Einwirkungen immer das Kernstück der Erziehungswissenschaft sein."[10]

Aber während die experimentelle Pädagogik gleichsam das Modell einer Laboruntersuchung entwickelt, um einzelne Faktoren möglichst genau zu erfassen, konzipieren Else und Peter Petersen ein frühes Modell sog. Feldforschung: Die pädagogische Tatsachenforschung verläuft in realen Unterrichtssituationen, ohne daß hier einzelne Faktoren in Experimenten systematisch verändert werden.

Petersen/Petersen haben dafür folgenden Protokollbogen entwickelt:

[10] Petersen, P. und E.: Die pädagogische Tatsachenforschung. Paderborn 1965, S.129f..

Zeit	Aufnahmeverlauf	Leistung	Deutungen Bemerkungen Berichtigungen Ergänzungen	Aus-wertung Ein-ordnung
8.04	Gong. L schickt alle an ihre Plätze		Der Gongschlag ist ein Ordnungszeichen	
8.07	A. geht an seinen Ranzen			warten
8.08	Er wartet am Tisch auf Hannele, die ein Buch holt. A. zu H.: 'Was soll ich rechnen?' H.: '30 - 10'		Helfer gibt auf Wunsch d. Schulneulings Rechenaufgaben	stoffliche Beziehung zu Helfer
8.09	A.: 'Hierhin schreiben?' Er zeigt auf die Kästchen. H. nickt. A. schreibt 30 -, fragt 'weniger 10?' H. antwortet nicht. A. schreibt 10 = (die 0 ist wieder falsch herum geschrieben)		Vertrauen des Sch. N. zum Helfer, aber zugleich Bindung an den Lehrer, da die Helferkinder in der Woche vorher vom L orientiert worden sind, was sie zu tun haben	Frage an Helfer Ausführung usw. je nach dem Forschungszweck

(Petersen 1965, S. 153)

Was Else und Peter Petersen hier eingeführt haben, ist eine frühe Form empirischer Unterrichtsforschung, wobei sie jedoch einen anderen Weg einschlagen als die experimentelle Pädagogik in der Tradition von Lay und Meumann: Während Lay und Meumann so etwas wie eine frühe Laboruntersuchung fordern, bei der sie die Reduzierung unterrichtlicher Faktoren betonen, ist für Petersen Tatsachenforschung gleichsam ein Konzept einer Feldforschung, bei der Beobachtungen in realen Unterrichtssituationen durchgeführt werden. Dabei liegt auch für Else und Peter Petersen das Schwergewicht zunächst auf der Beschreibung des Verhaltens. Sie überschreiten aber den Rahmen einer reinen Verhaltensbeobachtung, wenn bei der Arbeit mit dem Protokollbogen das Verhalten auch interpretiert wird: Daß der Schüler A zum Helfer Vertrauen hat, ist nicht mehr reine Beobachtung, sondern ist eine Interpretation seines Verhaltens.

2.1.4 Konsequenzen für die pädagogische Praxis

Sowohl bei den frühen experimentellen Pädagogen als auch bei Petersen wird empirisches Wissen genutzt, um daraus Konsequenzen für die pädagogische Praxis zu gewinnen. Bei Lay wird aus der empirischen Feststellung, daß Schüler bei Schreibschrift weniger Fehler machen, die Forderung abgeleitet, im Erstschreib-Unterricht mit Schreibschrift zu arbeiten. Grundsätzlich entsprechend argumentiert auch Petersen, wenn er auf der Basis empirischer Untersuchungen über den Anteil von Sitzenbleibern in Volksschulen und höheren Schulen versucht, ein neues Konzept, nämlich das Konzept der Jena-Plan-Schulen mit der Abschaffung von Jahrgangsklassen und der Einführung von älteren Schülern als „Helfern", entwickelt.

Als Literatur hierzu ist zu nennen:
Petersen, P.: Der kleine Jena-Plan. Weinheim 1974 (ursprünglich 1927).
Dietrich, Th.: Die Pädagogik Peter Petersens. Bad Heilbrunn (6. Aufl.) 1995.

2.1.5 Beurteilung

Die frühe empirische Erziehungswissenschaft in der ersten Hälfte des 20. Jahrhunderts hat versucht, das Programm der Wissenschaftlichkeit der Pädagogik mit Rückgriff auf die Methodologie der Naturwissenschaften einzulösen. Wissenschaftlich gesicherte Ergebnisse, so die Hauptthese, lassen sich nur gewinnen, wenn man sich so eng wie möglich an den strengen Gang der Naturwissenschaften anlehnt. Dabei sind dann die „Tatsachen" der pädagogischen Praxis das feste Fundament erziehungswissenschaftlicher Theoriebildung.

So beeindruckend dieses Programm auch ist, so werden andererseits bereits in der ersten Hälfte dieses Jahrhunderts die Schwierigkeiten deutlich, denen man sich dabei ausgesetzt sieht. Folgende Fragen treten auf:

(1) Lassen sich überhaupt „Tatsachen" in der Erziehungspraxis hinreichend eindeutig identifizieren und isolieren? Lay und Meumann haben in Anlehnung an Laboruntersuchungen versucht, einzelne Faktoren zu identifizieren. Werden dabei relevante andere Faktoren außer acht gelassen? Petersen hat sich demgegenüber darum bemüht, empirische erziehungswissenschaftliche Forschung als Feldforschung zu betreiben, in der aber wesentlich komplexere Situationen auftreten.

(2) Lassen sich überhaupt Gesetze pädagogischen Handelns analog zu den Naturwissenschaften entdecken? Spielen hier nicht die jeweiligen besonderen Faktoren der Situation eine wesentlich stärkere Rolle?

(3) Läßt sich Erziehungswissenschaft überhaupt als reine Verhaltenswissenschaft betreiben, oder muß man nicht zwangsläufig das Augenmerk auch auf die Bedeutung des jeweiligen Handelns richten? Deutet nicht die pädagogische Tatsachenforschung von Petersen, bei der unter der Hand der verhaltenstheoretische Ansatz dadurch erweitert wird, daß nach der Bedeutung dieser Situation gefragt wird, darauf hin, daß in pädagogischen Situationen auch die Absichten, Ziele, Gedanken und Empfindungen stärker thematisiert werden müssen?

(4) Wie läßt sich überhaupt aus deskriptiven Aussagen über die Erziehungswirklichkeit zu präskriptiven oder normativen Empfehlungen für das praktische Han-

deln übergehen? Benötigt man hier nicht doch den Rückgriff auf eine normative Erziehungswissenschaft, die erste Normen festlegt?

(5) Lassen sich schließlich die beiden seit Herbart klassischen Grundsätze der Erziehungswissenschaft, die Forderung nach wissenschaftlicher Überprüfbarkeit der Ergebnisse und die Forderung, praktisches Handeln wissenschaftlich zu leiten, miteinander vereinbaren? Gibt es überhaupt so etwas wie wissenschaftliche Leitung praktischen Handelns? Oder muß nicht, wie Rudolf Lochner dann bei der Weiterführung seines Ansatzes in den 50er Jahren proklamiert hat, Erziehungswissenschaft den Anspruch auf Leitung praktischen Handelns verwerfen zugunsten einer Erziehungswissenschaft, deren ausschließliches Ziel „Erkenntnis um ihrer selbst" ist?

Im Grunde sind das eben die Fragen, die die wissenschaftstheoretische Diskussion bis Ende des 20. Jahrhunderts bestimmen.

2.2 Erziehungswissenschaft auf der Basis des Kritischen Rationalismus

2.2.1 Historische Entwicklung

Die empirische Erziehungswissenschaft in der ersten Hälfte des 20. Jahrhunderts basiert auf einem relativ naiven Wissenschaftsverständnis, das von zwei Grundannahmen geprägt ist:

- von der Grundannahme, es gäbe so etwas wie objektive Tatsachen, die sich mit Hilfe von Beobachtungen und Experimenten erfassen lassen und das Fundament erziehungswissenschaftlicher Theoriebildung darstellen,
- von der Grundannahme, man könne analog zu den Naturwissenschaften auf der Basis einzelner Beobachtungen so etwas wie allgemeine Gesetzesaussagen aufstellen.

Beide Prämissen sind jedoch so nicht haltbar: Weder lassen sich „objektive Tatsachen" erkennen, weil jede Kenntnis immer schon von begrifflichen Unterscheidungen Gebrauch macht, noch läßt sich von einzelnen Beobachtungen induktiv auf generelle Gesetzesaussagen schließen, die auch für zukünftige Situationen gelten.

Diese Probleme haben seit den 30er Jahren im sog. Kritischen Rationalismus zu einer Änderung der Wissenschaftstheorie empirischer Wissenschaften geführt, die dann in den 70er Jahren in der Erziehungswissenschaft bzw. allgemein den Sozialwissenschaften rezipiert wurde. Zu nennen sind hier:

Karl R. Popper (1902 - 1994) promovierte 1928 in Wien bei dem Psychologen Karl Bühler und hatte zugleich in Wien Verbindung zum „Wiener Kreis", einer deutlich an den Naturwissenschaften orientierten Variante des Empirismus.1934 erschien Poppers „Logik der Forschung", die im wesentlichen eine Auseinandersetzung mit der Position des klassischen Empirismus liefert und bis heute das Grundlagenwerk des Kritischen Rationalismus darstellt. Popper lehrte von 1936 bis 1949 in Christchurch, Neuseeland und war von 1949 bis 1969 Professor für Logik und Wissenschaftsmethodologie an der London School of Economics and Political Science.

Als Einführung empfiehlt sich immer noch Poppers Hauptwerk:
Popper, K. R.: Logik der Forschung. Tübingen (10. Aufl.) 1994 (ursprünglich 1934).
Ferner findet sich eine gute Einführung in dem Sammelband:
Popper, K. R.: Lesebuch (Hrsg. von D. Miller). Tübingen 1995.

Hans Albert (geb. 1921) lehrt seit 1963 an der Universität Mannheim Soziologie und Wissenschaftslehre. Durch ihn ist Poppers Konzept des Kritischen Rationalismus in die wissenschaftstheoretische Diskussion der Sozialwissenschaften im deutschen Sprachraum eingebracht worden.

Als wichtige Einführung ist zu nennen:
Albert, H.: Traktat über kritische Vernunft. Tübingen (5. Aufl.) 1991 (1. Aufl. 1965).

2.2.2 Hauptthesen

(1) Das Prinzip der kritischen Prüfung

Ausgangspunkt für den Kritischen Rationalismus ist das „Induktionsproblem“: Im traditionellen Empirismus meint man, aus einzelnen Beobachtungen auf allgemeine Gesetzesaussagen schließen zu können. Um es an einem konkreten Beispiel zu verdeutlichen: Im Rahmen der empirischen Untersuchung wird festgestellt, daß Kinder ihre Schulleistung verbessern, nachdem sie von der Lehrerin gelobt worden sind. Daraus wird dann eine Gesetzesaussage geschlossen: „Immer, wenn Kinder gelobt werden, verbessern sich ihre Schulleistungen“.

Daß dieses Vorgehen problematisch ist, zeigt schon die Alltagserfahrung: Sicher werden sich in konkreten Situationen immer wieder Kinder finden lassen, deren Schulleistungen steigen, nachdem sie gelobt wurden. Aber das sind immer nur Einzelbeobachtungen, die uns nicht berechtigen, hier so etwas wie ein Naturgesetz anzunehmen. Im Grunde ist diese Erfahrung der Ausgangspunkt für Poppers Kritik am Induktivismus:

„Die empirischen Wissenschaften können nach einer weitverbreiteten, von uns aber nicht geteilten Auffassung durch die sogenannte induktive Methode charakterisiert werden...

Nun ist es aber nichts weniger als selbstverständlich, daß wir logisch berechtigt sein sollen, von besonderen Sätzen, und seien es noch so viele, auf allgemeine Sätze zu schließen. Ein solcher Schluß kann sich ja immer als falsch erweisen: Bekanntlich berechtigen uns noch so viele Beobachtungen von weißen Schwänen nicht zu dem Satz, daß alle Schwäne weiß sind.“[1]

Generelle Gesetzesaussagen sind, so Popper, grundsätzlich nicht verifizierbar, da sie über bisherige Erfahrungen hinausgehen: Die Beobachtung noch so vieler weißer Schwäne sagt nichts über die Wahrheit des Satzes „alle Schwäne sind weiß“ aus. Aber generelle Gesetzesaussagen sind falsifizierbar: Die Beobachtung eines einzigen schwarzen Schwanes reicht aus, um die generelle Aussage „alle Schwäne sind weiß“ zu falsifizieren.

Daraus entwickelt Popper das „Prinzip der kritischen Prüfung“: Dabei versucht man nicht, Gesetzesaussagen zu verifizieren, sondern Gesetzesaussagen werden als Hypothesen verstanden und möglichst strengen Prüfungen unterzogen. Theorien, bei denen es trotz solcher strenger Prüfungen nicht gelungen ist, sie zu falsifizieren, werden als „bewährt“ beibehalten. Popper spricht hier von „Prüfung durch empirische Anwendung“:

„Diese... Prüfung soll feststellen, ob sich das Neue, das die Theorie behauptet, auch praktisch bewährt, etwa in wissenschaftlichen Experimenten oder in der technisch-praktischen Anwendung. Auch hier ist das Prüfungsverfahren ein deduktives: Aus dem System werden (unter Verwendung bereits anerkannter Sätze) empirisch möglichst leicht nachprüfbare bzw. anwendbare singuläre Folgerungen (‘Prognosen’) deduziert... Über diese... Folgerungen wird nun im Zusammenhang mit der praktischen Anwendung, den Experimenten usw., entschieden. Fällt die Entscheidung positiv aus, werden die singulären Folgerungen anerkannt, verifiziert, so hat das System die Prüfung vorläufig bestanden; wir haben keinen Anlaß, es zu verwerfen. Fällt eine Entscheidung negativ aus, werden Folgerungen falsifiziert, so trifft ihre Falsifikation auch das System, aus dem sie deduziert wurden.

---

1 Popper, K. R.: Logik der Forschung. Tübingen (10. Aufl.) 1994, S 3.

Die positive Entscheidung kann das System immer nur vorläufig stützen; es kann durch spätere negative Entscheidungen immer wieder umgestoßen werden. Solange ein System eingehenden und strengen deduktiven Nachprüfungen standhält und durch die fortschreitende Entwicklung der Wissenschaft nicht überholt wird, sagen wir, daß es sich bewährt" (Popper 1994, S. 8).

(2) Die Festlegung der empirischen Basis

Dem klassischen Empirismus zufolge sind Tatsachen die Basis für die Aufstellung wissenschaftlicher Aussagen. Doch Tatsachen, so Popper, sind keineswegs objektiv gegeben, sondern immer nur auf dem Hintergrund von begrifflichen Unterscheidungen und damit letztlich auf dem Hintergrund von Theorien:

„Wir können keinen wissenschaftlichen Satz aussprechen, der nicht über das, was wir 'auf Grund unmittelbarer Erlebnisse' sicher wissen können, weit hinausgeht... jede Darstellung verwendet allgemeine Zeichen, Universalien, jeder Satz hat den Charakter einer Theorie, einer Hypothese. Der Satz: 'Hier steht ein Glas Wasser' kann durch keine Erlebnisse verifiziert werden, weil die auftretenden Universalien nicht bestimmten Erlebnissen zugeordnet werden können (die 'unmittelbaren Erlebnisse' sind nur einmal 'unmittelbar gegeben', sie sind einmalig). Mit dem Wort 'Glas' z. B. bezeichnen wir physikalische Körper von bestimmtem gesetzmäßigem Verhalten, und das gleiche gilt von dem Wort 'Wasser'. Universalien sind nicht auf Klassen von Erlebnissen zurückführbar..." (Popper 1994, S. 61).

Zur Lösung dieses Problems greift Popper wieder auf das Prinzip der Kritischen Prüfung zurück. Auch Basissätze können nicht „bewiesen", wohl aber einer kritischen Prüfung unterzogen werden:

„Aber niemals zwingen uns die logischen Verhältnisse dazu, bei bestimmten ausgezeichneten Basissätzen stehenzubleiben und gerade diese anzuerkennen oder aber die Prüfung aufzugeben; jeder Basissatz kann neuerdings durch Deduktion anderer Basissätze überprüft werden; wobei unter Umständen die gleiche Theorie wieder verwendet werden muß oder auch eine andere. Dieses Verfahren findet niemals ein 'natürliches' Ende. Wenn wir ein Ergebnis erzielen wollen, bleibt uns also nichts anderes übrig, als uns an irgendeiner Stelle für (vorläufig) befriedigt zu erklären.

Es ist verständlich, daß sich auf diese Weise ein Verfahren ausbildet, bei solchen Sätzen stehenzubleiben, deren Nachprüfung 'leicht' ist, d.h. über deren Anerkennung oder Verwerfung unter verschiedenen Prüfern eine Einigung erzielt werden kann; wenn eine solche nämlich nicht erzielt wird, wird man das Verfahren weiter fortführen oder die Prüfung von neuem beginnen" (Popper 1994, S. 69f.).

Auch empirische Basissätze sind keine bloßen Beobachtungen, sondern sind „Festsetzung". Wissenschaft ist also keine genaue Abbildung der Wirklichkeit, sondern ein begriffliches Netz, das uns hilft, Probleme zu lösen, dessen Bewährung immer wieder kritisch zu prüfen ist:

„So ist die empirische Basis der objektiven Wissenschaft nichts 'Absolutes'; die Wissenschaft baut nicht auf Felsengrund. Es ist eher ein Sumpfland, über dem sich die kühne Konstruktion ihrer Theorien erhebt; sie ist ein Pfeilerbau, dessen Pfeiler sich von oben her in den Sumpf senken - aber nicht bis zu einem natürlichen, 'gegebenen' Grund. Denn nicht deshalb hört man auf, die Pfeiler tiefer hineinzutreiben, weil man auf eine feste Schicht gestoßen ist: wenn man hofft, daß sie das Gebäude tragen werden, beschließt man, sich vorläufig mit der Festigkeit der Pfeiler zu begnügen" (Popper 1994, S. 75f.).

(3) Das Programm einer wertfreien Sozialwissenschaft

Der Kritische Rationalismus war von Popper ursprünglich als Wissenschaftstheorie der Naturwissenschaften konzipiert worden. Das Prinzip der kritischen Prüfung wird dann aber zugleich zur Universalmethode und auf die Sozialwissenschaften übertragen. Auch eine Sozialwissenschaft hat die Aufgabe, bewährte Theorien zu entwickeln, d.h. generelle Gesetzesaussagen aufzustellen, die jeweils möglichst strengen Prüfungen zu unterziehen sind.

Dabei greift der Kritische Rationalismus auf die These der Wertfreiheit im Anschluß an Max Weber zurück: Angesichts des Scheiterns früherer Versuche, Werturteile (d.h. Normen darüber, was getan werden soll) objektiv zu begründen, sah Weber nur die Möglichkeit, zwischen Tatsachenaussagen und Wertaussagen zu unterscheiden und empirische Sozialwissenschaft auf die Aufstellung von Tatsachenaussagen zu beschränken:

„...Wir sind der Meinung, daß es niemals Aufgabe einer Erfahrungswissenschaft sein kann, bindende Normen und Ideale zu ermitteln, um daraus für die Praxis Rezepte ableiten zu können."[2]

Dieselbe Argumentation findet sich bei Popper und Albert in der Auseinandersetzung mit der „Kritischen Theorie" in der Tradition von Horkheimer, Adorno und Habermas: Eine normative Sozialwissenschaft, so Albert, führt unweigerlich dazu, „Werturteile zu dogmatisieren und ihrer kritischen Prüfung zu unterziehen".[3]

Allerdings ist diese Forderung der Wertfreiheit offenbar nicht vollständig realisierbar: Festlegungen von Forschungsmethoden sind nicht „objektiv", sondern sind Sache der Entscheidung und damit normative Festlegungen: „Zur Untersuchung der Situation X soll der Fragebogen Y angewandt werden!". Schließlich ist auch die These der Wertfreiheit selbst eine Norm: „In wissenschaftlichen Aussagen dürfen keine Wertungen aufgestellt werden!".

Albert versucht, diese Einwände aufzufangen, indem er bei der Wertproblematik zwischen Wertbasis, Wertungen im Objektbereich einer Wissenschaft und Werturteilen innerhalb der Wissenschaft unterscheidet.[4]

- Zur Wertbasis zählen diejenigen Normen, die wissenschaftliches Vorgehen leiten, z.B.:
  „Zur Überprüfung der Theorie X soll das Verfahren Y angewandt werden!"
  „Der Begriff Z soll so und so verwendet werden!".
  Auch im Kritischen Rationalismus ist unbestritten, daß Wissenschaft solche Normen voraussetzt. Aber es handelt sich dabei nicht um Normen, die innerhalb der Wissenschaft aufgestellt werden, sondern die sozusagen auf einer Meta-Ebene liegen und festlegen, wie Wissenschaft vorgehen soll.
- Bei den Wertungen im Objektbereich einer Wissenschaft handelt es sich um Aussagen, die über Wertungen gemacht werden, z.B.:
  „32% aller Eltern setzen Selbständigkeit als wichtiges Erziehungsziel an".
- Im Unterschied zur Wertbasis und den Wertungen im Objektbereich werden Werturteile als diejenigen normativen Sätze definiert, die innerhalb einer Wis-

2 Weber, M.: Gesammelte Aufsätze zur Wissenschaftslehre. Tübingen 1968, S. 149.
3 Albert, H.: Konstruktion und Kritik. Hamburg 1972, S. 61.
4 Z.B. Albert, H.: Wertfreiheit als methodisches Prinzip. In: Topitsch, E. (Hrsg.): Logik der Sozialwissenschaften. Köln (5. Aufl.) 1968, S. 181-210.

senschaft aufgestellt werden. Solche normativen Sätze finden sich z.B. innerhalb der Pädagogik Herbarts: „Der Unterricht soll dem Denkprozeß folgen!".

Die Forderung nach Wertfreiheit bezieht sich im Kritischen Rationalismus ausschließlich auf die eigentlichen Werturteile: Wissenschaft, so das Ergebnis, setzt mit der Wertbasis selbstverständlich Wertentscheidungen voraus, aber darf selbst innerhalb der Wissenschaft keine Normen aufstellen.

(3) Eine empirische Wissenschaft liefert Erklärungen, Prognosen und Technologien für praktisches Handeln.
Empirische Wissenschaft ist im Kritischen Rationalismus zunächst keine praktische, sondern eine theoretische Disziplin: Ihr primäres Ziel ist es nicht, Anweisungen für praktisches Handeln zu geben, sondern unsere Kenntnis über die Welt zu vermehren. Trotzdem hat sie zugleich eine praktische Aufgabe:

> „Daß auch eine im Sinne Webers wertfreie Sozialwissenschaft einen wichtigen Beitrag zur Gestaltung der sozialen Praxis leisten kann, dürfte kaum zu bestreiten sein. Sie kann nämlich bei der Klärung von Handlungsalternativen mitwirken, Probleme der Realisierbarkeit und der Kompatibilität von Zielsetzungen lösen und darüber hinaus zur Grundlage für die Entwicklung sozialtechnologischer Systeme werden, die unter Berücksichtigung der in Betracht kommenden Ziele und Mittel zu konstruieren sind" (Albert 1972, S. 219).

Empirische Wissenschaft erfüllt diese Aufgabe, indem sie dem Praktiker Erklärungen, Prognosen und Technologien zur Verfügung stellt. Damit bietet sie Informationen über Ursachen einer Situation, über die zu erwartenden Folgen und über geeignete Mittel zur Erreichung von Zielen an.

Erklärung, Prognose und Technologie verlaufen nach Auffassung des Kritischen Rationalismus nach demselben Schema, das im Anschluß an Popper von Karl G. Hempel und P. Oppenheim 1948 präzisiert wurde und deshalb in der Literatur meist als Hempel-Oppenheim-Schema (H-O-Schema) bezeichnet wird. Popper verdeutlicht dieses Schema an dem immer wieder verwendeten recht trivialen Beispiel „das Zerreißen eines Fadens":

> „Einen Vorgang 'kausal erklären' heißt, einen Satz, der ihn beschreibt, aus Gesetzen und Randbedingungen deduktiv ableiten. Wir haben z. B. das Zerreißen eines Fadens 'kausal erklärt', wenn wir festgestellt haben, daß der Faden eine Zerreißfestigkeit von 1 kg hat und mit 2 kg belastet wurde. Diese 'Erklärung' enthält mehrere Bestandteile; einerseits die Hypothese: 'jedesmal, wenn ein Faden mit einer Last von einer gewissen Mindestgröße belastet wird, zerreißt er' - ein Satz, der den Charakter eines Naturgesetzes hat; andererseits die besonderen, nur für den betreffenden Fall gültigen Sätze [in unserem Beispiel sind es zwei]: 'Für diesen Faden hier beträgt diese Größe 1 kg', und: 'Das an diesem Faden angehängte Gewicht ist ein 2-kg-Gewicht'.
> Wir finden also zwei verschiedene Arten von Sätzen, die erst gemeinsam die vollständige 'kausale Erklärung' liefern: (1) allgemeine Sätze - Hypothesen, Naturgesetze - und (2) besondere Sätze, d. h. Sätze, die nur für den betreffenden Fall gelten - die 'Randbedingungen'. Aus den allgemeinen Sätzen kann man mit Hilfe der Randbedingungen den besonderen Satz deduzieren: 'Dieser Faden wird, wenn man dieses Gewicht an ihn hängt, zerreißen'. Wir nennen diesen Satz eine (besondere oder singuläre) Prognose" (Popper 1994, S. 31f.).

An diesem Beispiel läßt sich das H-O-Schema gut verdeutlichen: Gegeben ist zunächst ein bestimmter Sachverhalt, der erklärt werden soll (das „Explanandum"): „Dieser Faden ist gerissen".

Die Erklärung besteht dann aus zwei Teilen.

- Einer generellen Gesetzesaussage:
  „Jedesmal, wenn ein Faden mit einer Last von einer bestimmten Mindestgröße belastet wird, zerreißt er",
- Singularen Aussagen, Randbedingungen, die für den betreffenden Fall gelten. In diesem Beispiel:
  „Für diesen Faden beträgt die Mindestgröße für das Zerreißen ein Kilogramm" und
  „Das an diesem Faden angehängte Gewicht beträgt zwei Kilogramm."

Damit ergibt sich folgende allgemeine Form des H-O-Schemas wissenschaftlicher Erklärungen:

Explanans	(1) generelle Gesetzesaussagen
	(2) singulare Randbedingungen
Explanandum	(3) singulare Aussagen

Je nachdem, was gegeben ist, läßt sich dieses Schema auch für Prognosen und Technologien anwenden:

Bei Prognosen sind Randbedingungen (dieser Faden wird mit zwei Kilogramm belastet) und generelle Aussagen gegeben. Daraus läßt sich dann eine Prognose ableiten: „Dieser Faden wird in Kürze reißen".

Bei der technologischen Anwendung ist ein Ziel gegeben: „Es soll vermieden werden, daß dieser Faden reißt!". Gegeben sind ferner bestimmte Randbedingungen: „Dieser Faden hat eine Belastbarkeit bis ein Kilogramm". Gesucht sind hier generelle Gesetzesaussagen, die dann in technologischen Regeln formuliert werden: „Um zu vermeiden, daß dieser Faden reißt, darf er nicht mit einem Gewicht von mehr als zwei Kilogramm belastet werden!"

Damit ergibt sich folgendes Schema für Erklärung, Prognose und technologische Anwendung:

	Erklärung: Was ist die Ursache?	Prognose: Was hat das für Konsequenzen?	Technologie: Wie ist das Ziel zu erreichen?
Gesetzesaus-sagen	gesucht	gegeben	gesucht
Randbe-dingungen	gesucht	gegeben	gegeben
Explanan-dum	gegeben	gesucht	als Ziel gegeben

(4) Die kritische Prüfung von Normen

Wenn das Prinzip der kritischen Prüfung als Universalprinzip angesetzt wird, dann liegt es nahe, es über die Wissenschaft hinaus anzuwenden. Für Popper und insbesondere für Albert ist das Prinzip der kritischen Prüfung zugleich das Prinzip rationaler Praxis:

„Man wird vielmehr die Methodologie der kritischen Prüfung, die im Rahmen der Behandlung des Erkenntnisproblems skizziert wurde, als allgemeine Alternative zur klassischen Lehre betrachten und sie auf Überzeugungen aller Art, also auch auf normative Konzeptionen und Wertmaßstäbe, anwendbar machen können...
Wenn es darauf ankommt, ethische Aussagen und Systeme nicht als Dogmen, sondern als Hypothesen zu behandeln, dann muß es grundsätzlich zulässig sein, Alternativen in Erwägung zu ziehen und neue Perspektiven zu entwerfen, aus denen sich andere Lösungen ethischer Probleme ergeben als die bisher üblichen... Für eine kritische Moralphilosophie kann es nicht darauf ankommen, die jeweils herrschende Moral mit einer fragwürdigen Rechtfertigung zu verstehen, um sie fester im Bewußtsein der Menschen und in den sozialen Zuständen zu verankern. Ihre Aufgabe besteht vielmehr darin, sie kritisch zu beleuchten, ihre Schwächen herauszuarbeiten und Gesichtspunkte für ihre Verbesserung zu entwickeln.“[5]

2.2.3 Die Rezeption des Kritischen Rationalismus bei Wolfgang Brezinka

In den USA wurden seit 1930 die empirischen Sozialwissenschaften kontinuierlich weiterentwickelt. In Deutschland brach 1933 die Entwicklung ab. Erst in den 50er Jahren beginnt in der Erziehungswissenschaft in Anlehnung an Psychologie und Soziologie die Rezeption empirischer Forschung. Noch 1962 stellt Heinrich Roth die Forderung nach einer „realistischen Wende in der pädagogischen Forschung“ auf:

„Meine These ist nun, daß die Pädagogik als Wissenschaft diese realistische Wendung zur wissenschaftsmethodischen Sicherung ihrer Erfahrungsgrundlage nachzuvollziehen hat, weil ihre wissenschaftliche Situation es erfordert und der Stand ihres wissenschaftlichen Selbstverständnis es erlaubt.“[6]

Dabei liegt das Schwergewicht dieser Rezeption empirischer Forschung zunächst auf der Ebene der Forschungspraxis: Es werden Verfahren aus anderen Sozialwissenschaften übernommen, ohne daß zunächst die Leistungsfähigkeit eines solchen Vorgehens wissenschaftstheoretisch eingeschätzt werden konnte.

Die Rezeption wissenschaftstheoretischer Überlegungen in der empirischen Erziehungswissenschaft beginnt dann erst in den 70er Jahren insbesondere durch Wolfgang Brezinkas Rezeption des Kritischen Rationalismus.

Wolfgang Brezinka (geb. 1928) studierte Psychologie, Pädagogik, Philosophie und Staatswissenschaft. Nach einigen Jahren Berufstätigkeit als Psychologe und Heilpädagoge wurde er Dozent bzw. Professor für Pädagogik an den Universitäten

[5] Albert, H.: Traktat über kritische Vernunft. Tübingen (5. Aufl.) 1991, S. 73, 75.

[6] Roth, H.: Die realistische Wendung in der pädagogischen Forschung. 1967, S.116. In: Röhrs, H.: Erziehungswissenschaft und Erziehungswirklichkeit. Frankfurt (2. Aufl.) 1967, S. 179-191 (ursprünglich 1962).

Innsbruck und Würzburg. Von 1967 bis zu seiner Emeritierung war er an der Universität Konstanz tätig.

Brezinka ist von Haus aus kein Wissenschaftstheoretiker, sondern praktischer Pädagoge, der sich für konkrete Fragen der Erziehung verantwortlich fühlt. Seine früheren Veröffentlichungen behandeln eher praktische Fragen, wie Aufgaben der Schulleitung oder der Elternvertretung. Und auch in den späteren Schriften der 80er Jahre stehen dann praktische Fragen wie z.B. nach den Zielen von Erziehung in einer „wertunsicheren Gesellschaft" im Mittelpunkt.

Seine wissenschaftstheoretische Position hat er insbesondere in dem Buch „Von der Pädagogik zur Erziehungswissenschaft" (1971) dargestellt. Eine veränderte 4. Auflage erschien 1978 unter dem Titel „Metatheorie der Erziehung", in der jedoch die ursprüngliche wissenschaftstheoretische Position Brezinkas weniger deutlich zum Ausdruck kommt.

Brezinkas Position läßt sich in fünf Hauptthesen formulieren:

(1) Erziehungswissenschaft distanziert sich von traditionellen normativen Ansätzen der Pädagogik, deren fehlende Absicherung kritisiert wird:

„Es mangelt an Informationen über die Erziehungswirklichkeit, aber an deren Stelle sind 'Wesensbestimmungen', Werturteile und Normen, Glaubensbekenntnisse, politische Programme und Handlungsappelle im Übermaß vorhanden. Tatsachenaussagen und Werturteile werden so naiv miteinander vermengt, daß nur schwer zu erkennen ist, was man jeweils vor sich hat."[7]

(2) Erziehungswissenschaft wird definiert als System von generellen Aussagen über die Erziehungswirklichkeit.

„...als 'Erziehungswissenschaft' werden Aussagensysteme bezeichnet, die in intersubjektiv nachprüfbaren Sätzen über den Wirklichkeitsbereich (Objektbereich) 'Erziehung' informieren" (Brezinka 1971, S.34).

(3) Generelle Gesetzesaussagen können in Erklärungen, Prognosen und Technologien für praktisches Handeln transformiert werden.

Brezinka steht hier deutlich in der Tradition des Kritischen Rationalismus: Erziehungswissenschaft kann über zu erwartende Wirkungen pädagogischen Handelns informieren und damit geeignete Mittel zur Erreichung gegebener Ziele zur Verfügung stellen:

„Wenn wir die Zukunft unserer Gesellschaft nicht dem Zufall und unserer Kinder nicht bloßem Gutdünken ausliefern wollen, dann muß auch die Erziehung möglichst rational geplant und durchgeführt werden. Wir müssen wissen, ob und unter welchen Bedingungen die erzieherischen Handlungen und Einrichtungen den Zwecken gemäß sind, um derentwillen sie Überhaupt geschehen bzw. da sind. Das läßt sich nur durch empirische Forschung erfahren und in wissenschaftlichen Theorien ausdrücken. Das Nachdenken über die richtigen Zwecke, die philosophierende Auslegung des Lebens im Ganzen, die Förderung der Motivation zum sittlich guten Handeln und der Entwurf erziehungspolitischer Programme werden deswegen nicht überflüssig. Es hat sich jedoch schon auf vielen Gebieten gezeigt, daß die detaillierten Erkenntnisse über die Wirklichkeit, die wir brauchen, um vernünftig handeln zu können, am besten dadurch zu gewinnen sind, daß man die Regeln der wissenschaftlichen Methode befolgt" (Brezinka 1971, S. 14).

---

[7] Brezinka, W.: Von der Pädagogik zur Erziehungswissenschaft. Weinheim u.a. 1971, S. 7.

(4) Im Blick auf die intersubjektive Überprüfbarkeit erziehungswissenschaftlicher Aussagen muß Erziehungswissenschaft wertfrei sein:

„Aus der Forderung nach intersubjektiver Prüfbarkeit wissenschaftlicher Aussagen ergeben sich noch vor jeder Festlegung von Forschungstechniken und von Methoden der Prüfung bestimmte Anforderungen an die Sprache der Wissenschaft. Von den verschiedenen Zwecken, denen die Sprache dienen kann, kommt für die wissenschaftliche Erkenntnis nur einer in Betracht: die Darstellung von Gegenständen und Sachverhalten. Von Formulierungen, die den Ausdruck eigener Gefühle, die Erregung von Gefühlen bei anderen oder die Aufforderung zu einem Verhalten bezwecken, müssen wissenschaftliche Theorien freigehalten werden. In ihnen ist nur der deskriptive (beschreibende und interpretierende) Sprachgebrauch zulässig, während der präskriptive (verschreibende) und der emotive (gefühlsansprechende) ausgeschlossen bleiben sollen" (Brezinka 1971, S. 59).

(5) Neben die Erziehungswissenschaft wird eine „praktische Pädagogik" gestellt, die ein System von Empfehlungen für das praktische Handeln in der pädagogischen Praxis darstellt, aber selbst keine Wissenschaft ist:

„Die praktische Fragestellung lautet: was soll erzieherisch getan werden? Welche Ziele sollen die Erzieher verfolgen? Wie sollen sie handeln, damit diese Ziele erreicht werden? Hier wird nach Anweisungen für die Gestaltung der Erziehungspraxis gefragt. Das Interesse gilt einer wertenden Deutung der historischen Situation im Hinblick auf erziehende Aufgaben und ihre Durchführung. Es wird Wissen gesucht, das möglichst unmittelbar für die künftige Erziehung verwendbar ist. Die der praktischen Betrachtungsweise entsprechenden Gedankensysteme enthalten neben empirischen und logischen Behauptungssätzen auch Werturteile und normative Festsetzungen. Sie zeichnen bestimmte Phänomene als gut oder schlecht, erwünscht oder unerwünscht aus; sie empfehlen bestimmte Stellungnahmen oder Handlungen und lehnen andere ab. Die entsprechenden Sätze sind präskriptiver Art" (Brezinka 1971, S. 164).

2.2.4 Transformation des Kritischen Rationalismus: Wissenschaftstheoretische Grundlagen empirischer Erziehungswissenschaft

Neben Brezinka gibt es seit den 70er Jahren eine Reihe weiterer Ansätze, empirische Erziehungswissenschaft auf der Basis neuerer wissenschaftstheoretischer Konzepte abzusichern. Hier einige Autoren:

Rolf Prim und Herbert Tilmann haben 1973 versucht, die Wissenschaftstheorie des Kritischen Rationalismus als Grundlage für eine kritisch rationale Sozialwissenschaft zu nutzen, wobei sie zugleich Poppers Konzept auch für probabilistische Aussagen, die allgemein sind, aber nur mit einer bestimmten Wahrscheinlichkeit gelten, ausweiten.[8]

Lutz Rössner versteht sich selbst aus Vertreter einer analytisch-empirischen Wissenschaft, bei der er sich wie Brezinka vorwiegend auf Popper und Albert beruft.

---

[8] Prim, R./ Tilmann, H.: Grundlagen einer kritisch-rationalen Sozialwissenschaft. Wiesbaden (7. Aufl.) 1997, S. 89ff.

Erziehungswissenschaft hat die Aufgabe, über die Welt der Erziehung zu informieren und auf der Basis von Technologien Menschen bei der Lösung praktischer Probleme zu helfen:

„Über die 'Welt der Erziehung' (die Erziehungswirklichkeit) werden wir daher ebenfalls durch Beschreibungen, Erklärungen und Voraussagen informiert (aufgeklärt); durch die Informationen, die die Erziehungswissenschaft enthält, können wir uns in der Erziehungswirklichkeit orientieren... Spezifische wissenschaftliche Tätigkeit, z.B. erziehungswissenschaftliche, soll dem Menschen bei der Lösung spezifischer, z.B. erzieherischer Probleme, bei der Erreichung spezifischer, z.B. erzieherischer, Ziele helfen."[9]

Felix von Cube proklamiert in den 70er Jahren unter Berufung auf den Kritischen Rationalismus eine technologische „konstruktive Erziehungswissenschaft". Im Mittelpunkt stehen dabei Fragen der „Entwicklung und Optimierung von Erziehungs- bzw. Lehrstrategien"[10].

Karl Josef Klauer (geb. 1929) war von 1976 bis zu seiner Emeritierung Professor für Pädagogik an der Universität Aachen. Klauer proklamiert allgemein unter Berufung auf die „analytische Philosophie" eine empirisch-rationale Pädagogik. Dabei wird zwischen einer deskriptiven Pädagogik und einer präskriptiven Pädagogik unterschieden. Die deskriptive Pädagogik beschreibt und erklärt Erziehungswissenschaft. Die präskriptive Pädagogik enthält technologische Aussagen über geeignete Mittel zur Erreichung von Zielen.[11]

Helmut Heid (geb. 1934) ist seit 1969 Professor für Allgemeine Pädagogik an der Universität Regensburg. Er steht in der Tradition empirisch-analytischer Sozialwissenschaft, erweitert aber dieses Konzept in Bezug auf Fragen der „pädagogischen Handlungsrationalität".[12]

In den 80er Jahren hat sich das Interesse von wissenschaftstheoretischen Überlegungen stärker zu forschungsmethodischen Fragen verschoben: Zunehmende empirisch-pädagogische Forschungsarbeiten korrespondieren zugleich mit einem Rückgang an wissenschaftstheoretischen Überlegungen. Bezüge auf wissenschaftstheoretische Konzepte findet man in einzelnen Übersichtsartikeln oder in Einleitungskapiteln zu forschungsmethodischen Arbeiten, aber sie stehen nicht im Mittelpunkt.

Dabei lassen sich in einzelnen Punkten Gemeinsamkeiten, aber auch Unterschiede zu der Position des Kritischen Rationalismus feststellen:

---

9 Rössner, L.: Einführung in die analytische Erziehungswissenschaft. Freiburg i. Br. 1979, S. 139f.

10 Cube, F. von: Erziehungswissenschaft. Stuttgart 1977, S. 61.

11 Klauer, K. J.: Revision des Erziehungsbegriffs. Düsseldorf 1973.

12 Heid, H.: Das Subjekt als Objekt erziehungswissenschaftlicher Forschung? In: Pollak, G./Heid, H. (Hrsg.): Von der Erziehungswissenschaft zur Pädagogik. Weinheim 1994, S. 133-147. Vgl. Heid, H.: Über Zweifel an der Möglichkeit, Pädagogik als empirische Wissenschaft zu betreiben. In.: Max-Planck-Institut für Bildungsforschung (Hrsg.): Pädagogik als empirische Wissenschaft. Berlin 1996, S. 17-60.

(1) Vorausgesetzt wird im wesentlichen ein Prinzip der kritischen Prüfung: Generelle Sätze werden als Hypothesen aufgefaßt, die mit Hilfe unterschiedlicher empirischer Verfahren überprüft werden. Zugleich besteht jedoch ein deutlicher Unterschied: Poppers Prinzip der Falsifikation war zunächst auf deterministische Gesetzesaussagen bezogen, die jedoch in den Sozialwissenschaften so gut wie nie anzutreffen sind: Für eine generelle Aussage wie „Gruppenarbeit steigert kooperatives Verhalten" lassen sich zweifelsohne Gegenbeispiele finden. Trotzdem mag eine solche generelle Aussage „im Allgemeinen" bewährt sein. In der sozialwissenschaftlichen Forschungspraxis wird somit ein für Wahrscheinlichkeitsaussagen geltendes schwächeres Falsifikationsprinzip zugrundegelegt, das sich im „Signifikanzkriterium" wiederfindet: Man überlegt, wie hoch die Wahrscheinlichkeit ist, zufällig ein abweichendes Ergebnis zu erhalten. Wenn die tatsächlich beobachteten Ergebnisse eine solche erwartbare Wahrscheinlichkeit übersteigen, wird die Aussage verworfen. Wenn die Abweichung darunter liegt, wird sie „im Allgemeinen" als bewährt beibehalten.

(2) Das Hempel-Oppenheim-Schema für Erklärung, Prognose und Technologie wird in der Regel beibehalten, aber dann auf Wahrscheinlichkeitsaussagen ausgeweitet. Damit läßt sich eine Aussage wie „Gruppenarbeit fördert kooperatives Verhalten" in Erklärungen, Prognosen und Technologien umwandeln:

- Man kann die Tatsache, daß Ralf sich nicht kooperativ verhält, dadurch erklären, daß er nicht an Gruppenarbeit teilgenommen hat. Dabei ist zu beachten, daß Gruppenarbeit hier zwar eine, aber nicht die einzige Erklärung kooperativen Verhaltens darstellt. Möglicherweise lassen sich auch andere Erklärungen finden, also andere generelle Aussagen (z.B. Verstärkung fördert kooperatives Verhalten), auf deren Basis sich dieselbe Situation erklären ließe.
- Man kann Prognosen aufstellen: Wenn Ralf an Gruppenarbeit teilnimmt, wird sich sein kooperatives Verhalten verbessern.
- Man kann die Gesetzesaussage technologisch wenden: Um kooperatives Verhalten zu fördern, ist Gruppenarbeit ein geeignetes Mittel.

Im Unterschied zu deterministischen Gesetzesaussagen erhalten wir also bei Wahrscheinlichkeitsaussagen nicht unbedingt zutreffende Erklärungen, Prognosen und Technologien: Es kann auch andere Erklärungen für das nicht kooperative Verhalten geben. Und es kann ebenso sein, daß Gruppenarbeit in diesem Fall nicht zu kooperativem Verhalten führt.

(3) Popper hat nachdrücklich betont, daß empirische Basissätze nicht allein auf Beobachtung beruhen, sondern im Zusammenhang mit theoretischen Aussagen stehen. Auf diese These wird in der Forschungspraxis in der Regel jedoch nicht zurückgegriffen. Zur Überprüfung von Hypothesen dienen Beobachtungen, wobei Beobachtung als Erfassung wahrnehmbaren Verhaltens definiert und auf unterschiedliche Arten methodisch gestützt wird. Im Sinn des Kritischen Rationalismus handelt es sich dabei um bestimmte Operationen, die als Basissätze akzeptiert sind, ohne daß der Status solcher Operationen in der Forschungspraxis reflektiert wird.

(4) Relativ weit akzeptiert ist die These der Wertfreiheit: Empirische Untersuchungen stellen keine Normen auf (also nicht „Gruppenarbeit soll verstärkt eingeführt werden!"), sondern beschränken sich auf die Zusammenstellung von generellen Aussagen, aus denen lediglich technologische Regeln abgeleitet werden:
„Gruppenarbeit führt häufig zu einer Steigerung kooperativen Verhaltens"
„Um kooperatives Verhalten zu steigern, ist Gruppenarbeit ein geeignetes Mittel".

(5) Zugleich wird aber die Trennung zwischen Entscheidungen und Aussagen unscharf: Begriffliche und forschungsmethodische Festlegungen werden keineswegs einem metawissenschaftlichen Gebiet zugeordnet, sondern sind beträchtlicher Teil wissenschaftlicher Theoriebildung überhaupt: Im Rahmen empirischer Erziehungswissenschaft finden sich ausführliche Diskussionen über Begriffe wie „Teamarbeit", „Gruppenarbeit", „Projektarbeit" usw. Es werden Methoden wie Beobachtungsverfahren, aber auch konkrete Interventionsmethoden (z.B. zur Einführung von Gruppenarbeit) angegeben. Wissenschaft wird hier eher ein System von Regeln, weniger ein System von Aussagen - ein Sachverhalt, der im Kritischen Rationalismus nicht thematisiert wird.
Grundsätzlich lassen sich für diese Veränderungen im wissenschaftlichen Vorgehen zwei Deutungen angeben:

- als unzureichende Rezeption oder Trivialisierung des Kritischen Rationalismus,[13]
- oder als Kennzeichen dafür, daß die Wissenschaftstheorie des Kritischen Rationalismus der Forschungspraxis nicht adäquat ist und daher der Abänderung bedarf.

[13] Pollak, G.: Krisen und Verluste. In: Pollak, G./Heid, H. (Hrsg.): Von der Erziehungswissenschaft zur Pädagogik. Weinheim 1994, S. 12ff.

2.3 Forschungsmethodik der verhaltenstheoretischen Erziehungswissenschaft

Verhaltenstheoretische Erziehungswissenschaft, so das Ergebnis des vorangegangenen Kapitels, ist durch zwei Grundsätze gekennzeichnet:

- Ziel der Erziehungswissenschaft ist die Erfassung von Zusammenhängen,
- Gegenstand der Erziehungswissenschaft ist beobachtbares Verhalten.

Daraus ergibt sich als Ziel für eine Forschungsmethodik, Verhalten zu beobachten.

Nun ist das eine Vorgehensweise, die durchaus auch im Alltag bekannt ist: Eltern stellen fest, daß ihr Kind am Montag besonders aggressiv ist, wenn es am Sonntag viel ferngesehen hat. Dabei haben sie zweifelsohne Beobachtungen gemacht: festgestellt, daß ihr Kind am Wochenende besonders viel fernsieht, und irgendwie auch festgestellt, daß es am Montagmorgen „aggressiver" ist, viel schimpft, mault, häufig seine Schwester schlägt usw. Sie haben somit im Grunde Methoden angewandt, die auch in der verhaltenstheoretischen Erziehungswissenschaft geläufig sind. Was ist dann der Unterschied? Er liegt in der, „Intersubjektivität" des Vorgehens, der Forderung, daß sich jedermann von der Gültigkeit der Ergebnisse überzeugen kann. Die Beobachtungen im Alltag mögen lediglich bloße Einbildung gewesen sein, oder es mag sein, daß zwischen Fernsehen und aggressivem Verhalten überhaupt kein Zusammenhang besteht, sondern daß das aggressive Verhalten ganz andere Ursachen hat. Wissenschaftliches Vorgehen bedeutet demgegenüber, daß die Überprüfung in einem von jedermann nachvollziehbaren Prozeß erfolgt.

Als Kriterien für die Kontrollierbarkeit oder Intersubjektivität sind in der empirischen Sozialforschung Gütekriterien festgelegt: Objektivität, Reliabilität und Validität:

- Objektivität besagt, daß unterschiedliche Beobachter bei der Durchführung und Messung zu dem gleichen Ergebnis kommen.
- Reliabilität besagt, daß man bei wiederholten Messungen zu demselben Ergebnis gelangt oder daß die Ergebnisse möglichst wenig voneinander abweichen.
- Validität besagt, daß das Meßverfahren tatsächlich das mißt, was es messen soll.

Gemäß dieser Gütekriterien wäre eine gelegentliche Beobachtung aggressiven Verhaltens im Alltag keine wissenschaftliche Untersuchung:

- Sie ist vermutlich nicht objektiv: Es wäre denkbar, daß andere Beobachter zu völlig anderen Ergebnissen gelangen - etwa zu dem Ergebnis, daß die Probleme der Kinder daran liegen, daß die Eltern am Montagmorgen immer zu wenig ausgeschlafen sind.

- Es ist durchaus denkbar, daß die Einschätzung auch nicht reliabel ist - es könnte z.B. davon abhängen, wie ausgeschlafen die Eltern am Montag sind, ob sie das Verhalten ihres Sohnes als aggressiv bzw. nicht aggressiv sehen.
- Und möglicherweise ist die Einschätzung auch nicht valide: Zu fragen ist zunächst, ob Maulen und Schimpfen „wirklich“ ein Zeichen von Aggressivität darstellt oder ob es nicht eher Ausdruck von Müdigkeit sein kann.

Doch wie würde eine wissenschaftliche Untersuchung auf der Basis dieser Frage verlaufen? Als Beispiel sei hier eine der klassischen empirischen Untersuchungen von Bandura und Mitarbeitern 1963 über aggressives Verhalten aufgeführt: [1]

96 Vorschulkinder wurden in vier Gruppen (A-D) eingeteilt:

- Gruppe A beobachtet 10 Minuten lang aggressives Verhalten bei einem Erwachsenen: Er kniff einer Puppe in die Nase, schlug ihr mit dem Hammer auf den Kopf, schlug sie zu Boden und beschimpfte sie zugleich (z.B. „Hau sie nieder!“).
- Gruppe B beobachtet denselben Erwachsenen in einem Film.
- Gruppe C sah einen Zeichentrickfilm, in dem eine Katze dieselben Handlung durchführte.
- Gruppe D beobachtete keine aggressiven Verhaltensweisen.

Anschließend wurden die Kinder ca. 20 Minuten lang beim Spielen (wobei ihnen auch die Puppe aus dem Film zur Verfügung stand) beobachtet. Als Ergebnis stellen die Autoren fest, daß die Kinder der Gruppe A-C doppelt soviel aggressive Verhaltensweisen zeigten, wie die Kinder der Gruppe D.

An diesem Beispiel lassen sich die Hauptschritte einer empirischen Untersuchung gut verdeutlichen.

2.3.1 Schritt 1: Die Hypothesenbildung

In der Tradition der empirischen Sozialforschung steht am Anfang einer empirischen Untersuchung immer eine Hypothese, eine Annahme über den Zusammenhang zwischen verschiedenen Faktoren. Bei der Untersuchung von Bandura war dies eine Hypothese über den Zusammenhang zwischen der Beobachtung aggressiven Verhaltens in Filmen und aggressivem Verhalten selbst. Entsprechend lassen sich für andere Situationen zahllose andere Hypothesen aufstellen wie z.B. über den:

---

[1] Bandura, A./Ross, D./Ross, S.A: Imitation of film-inediated aggressive models. In: Journal of Abnormal and Social Psychology, 66, 1963, S. 3-11.

- Zusammenhang zwischen Gruppenarbeit und kooperativem Verhalten,
- Zusammenhang zwischen dem Menschenbild einer Führungskraft und ihrer Bereitschaft, an Weiterbildung teilzunehmen,
- Zusammenhang zwischen Teilnehmerorientierung und Lernerfolg in der Erwachsenenbildung.

Die Beispiele zeigen, daß eine Hypothese grundsätzlich zwei unterschiedliche Variablen hat, die üblicherweise in abhängige und unabhängige Variable unterschieden werden:

- Die abhängige Variable (AV) ist diejenige, von der man annimmt, daß sie sich in Abhängigkeit von der anderen Variablen verändert.
- Die unabhängige Variable (UV) ist diejenige, die sich unabhängig von der abhängigen Variablen ändert und z.B. in einem Experiment durch den Versuchsleiter systematisch verändert wird.

Für obige Beispiele würde dann gelten:

unabhängige Variable UV	**abhängige Variable AV**
Beobachtung aggressiven Verhaltens	aggressives Verhalten
Teilnehmerorientierung in Erwachsenenbildung	Lernerfolg der Teilnehmer

In der Forschungspraxis hat sich eingebürgert, die am Anfang einer Untersuchung stehenden Hypothesen als sogenannte 0-Hypothesen zu formulieren, die keinen Zusammenhang zwischen den untersuchten Variablen unterstellen.

In dem Beispiel von Bandura würde dann die 0-Hypothese lauten: „Beobachtung aggressiven Verhaltens führt zu keiner Veränderung des aggressiven Verhaltens selbst".

Die gegenteilige Annahme wird als Alternativhypothese bezeichnet: „Die Beobachtung aggressiven Verhaltens führt zu einer Veränderung des aggressiven Verhaltens selbst".

In der Forschungspraxis ist es eher die Ausnahme, daß man einen Zusammenhang zwischen zwei Faktoren untersucht. Meist gibt es mehrere unabhängige und möglicherweise auch mehrere abhängige Variablen, zwischen denen ein Zusammenhang angenommen wird. Oder es werden Mediator-Variablen angesetzt, das sind zusätzliche Faktoren, von deren Vorhandensein das Bestehen bestimmter Zusammenhänge abhängig gemacht wird.

2.3.2 Schritt 2: Operationalisierung unabhängiger und abhängiger Variablen

Die Hypothese „Beobachtung aggressiven Verhaltens führt zu einer Steigerung der Aggressivität" läßt sich nicht unmittelbar überprüfen. Der Begriff „aggressiv" ist hierbei noch zu unscharf: Es kann durchaus sein, daß verschiedene Personen darunter etwas Unterschiedliches verstehen. Um zu objektiven Ergebnissen zu gelangen, muß der Begriff „Aggressivität" zunächst in möglichst eindeutig überprüfbare Verhaltensweisen übersetzt werden. Dabei werden UV und AV beobachtbaren Situationen zugeordnet.

Die Übersetzung der in der Hypothese auftretenden Begriffe in beobachtbare Verhaltensbegriffe bezeichnet man als „Operationalisierung":

> „Unter Operationalisierung versteht man die Schritte der Zuordnung von empirisch erfaßbaren, zu beobachtenden oder zu erfragenden Indikatoren zu einem theoretischen Begriff. Durch Operationalisierung werden Messungen der durch einen Begriff bezeichneten empirischen Erscheinung möglich."[2]

Die Operationalisierung besteht also darin, daß man bestimmte überprüfbare Verfahren (Operationen) festlegt, mit deren Hilfe sich eindeutig entscheiden läßt, ob der mit einem betreffenden Begriff bezeichnete Sachverhalt (z.B. „aggressives Verhalten") tatsächlich vorliegt oder nicht. Doch wie läßt sich nun eine solche Operationalisierung durchführen? Grundsätzlich bieten sich hierfür zwei Möglichkeiten: Beobachtung und Befragung.

2.3.2.1 Operationalisierung durch systematische Beobachtungen

Bandura hat seiner damaligen Untersuchung folgende Operationalisierung von „Aggressivität" zugrundegelegt:

- jemanden schlagen,
- jemanden treten,
- jemanden zu Boden werfen,
- jemanden beschimpfen.

Mit Hilfe dieser Operationalisierung wird der unscharfe Begriff „Aggressivität" in eindeutig (oder zumindest relativ eindeutig) beobachtbare Verhaltensweisen übersetzt: Ob ein Kind ein anderes tritt oder schlägt, läßt sich wesentlich eindeutiger beobachten. Operationalisierung steigert somit die Objektivität: Verschiedene Beobachter werden hier eher zu übereinstimmenden Ergebnissen gelangen, als wenn sie pauschal Aggressivität einschätzen müssen.

---

[2] Atteslander, P.: Methoden der empirischen Sozialforschung. Berlin/New York (8. Aufl.) 1995, S. 61.

An dem Beispiel der Operationalisierung von Aggressivität werden bereits zwei Probleme operationaler Definitionen deutlich:

- Zum einen sind auch die operationalen Definitionen nie reine Beobachtungen, sondern enthalten grundsätzlich ein Stück Interpretation. Das wird vor allem bei Grenzfällen deutlich: War das Treten Aggressivität oder geschah es im Spiel? Handelt es sich bei der Äußerung um Beschimpfung, oder liegt hier nur ein rauher Umgangston vor? Ergebnis ist: Es gibt grundsätzlich keine reine Verhaltensbeobachtung, sondern jede Verhaltensbeobachtung ist immer ein Stück Interpretation, bei der ich die Bedeutung des Verhaltens berücksichtigen muß.
- Zum anderen stellt sich bei der Operationalisierung das Validitätsproblem: Ist Treten, Schlagen, Beschimpfen wirklich dasselbe wie aggressives Verhalten? Hinter dieser Frage steht die Feststellung, daß jede Operationalisierung die Bedeutung des Begriffs verändert. Man hätte aggressives Verhalten auch anders operationalisieren können. Eine Möglichkeit wäre eine Befragung beim Interaktionspartner: Inwieweit erlebt er das Verhalten als aggressiv? Jede Operationalisierung beinhaltet also eine Festlegung und ist damit Entscheidungssache.

Operationalisierung mag etwa bei Begriffen wie „Aggressivität" noch verhältnismäßig einfach sein. Es gibt aber zahlreiche Situationen, in denen die Operationalisierung einen sehr komplexen Prozeß darstellt. Wie ist die „Qualität" einer Schulentwicklung zu operationalisieren? Oder wie soll man die Leistungsfähigkeit einer Arbeitsgruppe oder den Transfer eines Seminars operationalisieren?

Trotzdem werden auch in solchen Situationen im Grunde die gleichen Schritte durchgeführt: Es sind, wie man üblicherweise formuliert, beobachtbare („objektive") Indikatoren festzulegen, mit deren Hilfe sich entscheiden läßt, ob eine Situation unter einen bestimmten Begriff fällt oder nicht. So könnte ein Indikator für den Erfolg einer Vorlesung bei den Studierenden etwa der Unterschied bei den Teilnehmern zwischen dem Beginn und dem Ende der Vorlesung sein: Eine im wesentlichen konstante Teilnehmerzahl wäre ein Indikator für die Qualität der Veranstaltung, bei einem Schwund von 80% würde man der Veranstaltung die Qualität absprechen. Indikatoren für den Erfolg eines Kindergartenteams könnten etwa die Zahl von Neuanmeldungen oder Anfragen sein, für den Erfolg eines Seminars die Zahlen neuer Anfragen oder Anmeldungen von Teilnehmern, die aufgrund von Empfehlungen anderer Teilnehmer kommen.

Die Beispiele zeigen, daß die Festlegung von Indikatoren häufig ein recht aufwendiger Prozeß ist. Dabei sind, wie bei der Operationalisierung allgemein, wieder zwei Grundsätze zu beachten (vgl. Atteslander 1995, S. 262):

- Die Indikatoren müssen eindeutig definiert sein: Es muß beobachtbar sein, ob der Indikator vorliegt oder nicht.
- Die Indikatoren müssen so beschaffen sein, daß sie tatsächlich in Bezug auf den ursprünglichen Begriff relevant sind. So wäre Teilnehmerschwund bei einer

Vorlesung kein zuverlässiger Indikator, wenn es sich dabei um eine Pflichtveranstaltung handelt, die alle Studierenden besuchen müssen.

Indikatoren können damit auch nicht ein für allemal festgelegt werden: Je nach der Situation kann Teilnehmerschwund ein geeigneter oder nicht geeigneter Indikator sein. Das bedeutet, daß die Festlegung von Indikatoren häufig nur im Zusammenhang eingehender Analysen erfolgen kann.

Arbeitsanregung:
Frau Klein möchte in ihrer Schulklasse kooperatives Verhalten fördern und führt deshalb verstärkt Gruppenarbeit ein. Sie will den Erfolg ihrer Maßnahme überprüfen und muß dafür „kooperatives Verhalten" operationalisieren. Dafür hat sie folgende Indikatoren festgelegt:

- Wie häufig lassen Schüler einander ausreden?
- Wie groß ist die Offenheit der Schüler untereinander?
- Wie lange dauern Arbeitsbesprechungen?

Wie beurteilen Sie diese Operationalisierung?

Vermutlich haben Sie herausgefunden: Die Indikatoren dürften nur zu einem geringen Teil brauchbar sein:

- Einander ausreden lassen mag als Indikator für kooperatives Verhalten geeignet sein: Wer andere nicht ausreden läßt, ist vermutlich wenig kooperativ. Auf der anderen Seite ist aber Kooperation offensichtlich mehr als einander ausreden lassen.
- „Offenheit" als Indikator ist problematisch: Zum einen ist Offenheit nicht operationalisiert und damit nicht objektiv überprüfbar. Zum anderen stellt sich das Validitätsproblem: Hat Offenheit überhaupt etwas mit kooperativem Verhalten zu tun? - Eine Arbeitsgruppe kann sehr wohl offen sein, sie arbeitet damit aber noch nicht kooperativ.
- Länge von Arbeitsbesprechungen könnte als Indikator für die Effizienz von Besprechungen dienen, hat aber wenig mit kooperativen Verhalten zu tun und ist hierfür als Indikator ungeeignet.

2.3.2.2 Operationalisierung durch Fragebögen

Eine zweite mögliche Form der Operationalisierung besteht in der Übersetzung in einen Fragebogen oder ein standardisiertes Interview mit fest formulierten Fragen. Das „Prinzip" ist dabei im Grunde dasselbe wie bei der Beobachtung: Ein allgemeiner Begriff wird in eine Reihe konkreter Fragen übersetzt, und die Antworten auf diese Fragen werden als Indikatoren für die zugrundeliegenden Begriffe definiert.

So könnte man „kooperatives Verhalten“ durch eine Reihe von Fragen operationalisieren:

- Wie oft unterstützt Dich Deine Kollegin?
- Wie weit findest Du die Äußerungen Deines Kollegen hilfreich?
- Gibt es Situationen, in den Du allein nicht auf eine Lösung gekommen wärst?
- Kannst Du Dich mit fachlichen Fragen an Deine Kollegen wenden?
- Erhältst Du von Deinen Kollegen wichtige Informationen?

Die einzelnen Äußerungen sind dann „subjektive Indikatoren“ für den Begriff „kooperatives Verhalten“.

Bereits dieses Beispiel zeigt die Vor- und Nachteile eines Fragebogens: Der Vorteil liegt darin, daß Befragungen in vielen Situationen schneller durchführbar sind als Beobachtungen: Kooperatives Verhalten ist schwieriger beobachtbar als eine Befragung. Fragebögen werden insbesondere dann eingesetzt, wenn die Erhebungssituation relativ selten auftritt oder es um Einstellungen geht, die schwer beobachtbar sind. So läßt sich sehr schwer beobachten, ob Inhalte eines Seminars in der Praxis tatsächlich umgesetzt wurden. Leichter ist es, hier einen Fragebogen zu erstellen.

Der Nachteil des Fragebogens liegt demgegenüber darin, daß Befragungen immer nur verbales Verhalten erfassen und verbale Äußerungen und tatsächliches Verhalten nicht unbedingt übereinstimmen. Wenn jemand angibt, daß er Inhalte eines Seminars in der Praxis umsetzt, dann mag das den Tatsachen entsprechen, kann aber ebenso sein, daß er „Umsetzung“ sehr weit auslegt oder daß er annimmt, daß eine positive Antwort von ihm erwartet wird. Die Beantwortung von Fragen resultiert nie allein aus der Frage selbst, sondern zugleich aus den Einstellungen und Überlegungen des Betreffenden: wie er die Frage versteht, wie weit er bereit ist, Schwächen zuzugeben, wie weit er den Fragebogen überhaupt akzeptiert.

2.3.3 Schritt 3: Quantifizierung

Um herauszufinden, ob Fernsehen am Wochenende Aggressivität steigert oder Gruppenarbeit kooperatives Verhalten fördert, reicht es nicht aus, lediglich zu beobachten, ob Susanne am Montag aggressiv ist oder ob Schüler sich kooperativ verhalten. Die Ergebnisse müssen verglichen und das heißt: quantifiziert werden. Quantifizierung bedeutet die Zuordnung von Meßgrößen zu einzelnen Beobachtungen: Wie häufig verhält sich Susanne aggressiv? Ist kooperatives Verhalten stärker geworden? Wieviele Inhalte wenden Teilnehmer von Seminaren an?

Dabei lassen sich unterschiedliche Meß- oder Skalierungsverfahren unterscheiden:

(1) Nominal-Skala
Bei der Nominal-Skala werden einzelne Aussagen lediglich verschiedenen Klassen zugeordnet:

In welchem Studiengang sind Sie eingeschrieben? ( ) Diplomstudiengang ( ) Lehramt ( ) Magister ( ) Sonstige Studiengänge

Auch Ja-Nein-Fragen sind nominal skaliert:

Haben Sie in den letzten 6 Monaten Fortbildungveranstaltungen besucht? ( ) Ja ( ) Nein

Nominal-Skalen sind bei der Zuordnung zu bestimmten Klassen sehr hilfreich, aber in vielen Situationen zu grob. Hierfür ein Beispiel: um aggressives Verhalten festzustellen, wäre folgende Nominal-Skala sicherlich zu grob:

Welche Verhaltensweisen zeigt Ihr Kind am Montag besonders deutlich? ( ) treten ( ) schlagen ( ) schimpfen

(2) Ordinal-Skala

Eine Ordinal-Skala setzt eine Rangordnung der Objekte voraus: Die Ergebnisse lassen sich auf einer Rangordnung anordnen, aber die Abstände zwischen den einzelnen Kategorien der Rangordnung können unterschiedlich sein. Ein Beispiel für eine Ordinal-Skala wäre:

Welchem Semester gehören Sie an: ( ) 1. und 2. Semester ( ) 3. Semester und später, aber noch vor Abschluß des Grundstudiums ( ) Hauptstudium

Wenn jemand die zweite Kategorie ankreuzt, ergibt sich daraus, daß er in einem höheren Semester ist als bei Kategorie 1. Andererseits aber ist Kategorie 2 nicht „das Doppelte" von Kategorie 1.

Bei Ordinal-Skalen lassen sich keine Mittelwerte bilden (dazu müßten die Abstände zwischen einzelnen Kategorien festgelegt werden), obwohl im Alltag häufig so vorgegangen wird. Deutliches Beispiel dafür sind Noten: Eine Zwei besagt zunächst lediglich, daß diese Note besser ist als die Note drei oder vier, aber sie ist nicht doppelt so gut.

Ordinal-Skalen werden insbesondere bei Fragebögen häufig eingesetzt und erlauben hier eine schnellere Einschätzung. Möglichkeiten dafür sind:

- **Rating-Skala**
  Bestimmte Sachverhalte werden nach ihrer Rangordnung eingeordnet:

Wie wichtig ist Ihrer Meinung nach dieses Buch für Ihre (spätere) Berufspraxis?					
0	1	2	3	4	5
völlig unwichtig					sehr wichtig

- **Semantisches Differential (Polaritätsprofil)**
  Hier wird eine Person oder Situation in Bezug auf gegensätzliche Eigenschaften (alt - jung, ausgeglichen - wechselhaft, traditionell - innovativ) eingeschätzt:

Wie schätzen Sie Ihren unmittelbaren Vorgesetzten ein?								
wechselhaft	-3	-2	-1	0	+1	+2	+3	ausgeglichen
traditionell	-3	-2	-1	0	+1	+2	+3	innovativ
weich	-3	-2	-1	0	+1	+2	+3	hart

- **Rangordnungen**
  Hier werden verschiedene Situationen, Objekte usw. auf einer Rangordnung angeordnet:

> Welche Seminarthemen sollten im nächsten Jahr verstärkt angeboten werden? Bitte bilden Sie eine Rangordnung:
> ( ) EDV-Seminare
> ( ) Rhetorik
> ( ) Persönlichkeitsentwicklung
> ( ) Führungskräftetraining

(3) Intervall-Skalen
Hier sind die Abschnitte zwischen den einzelnen Kategorien gleich, aber der 0-Punkt ist willkürlich festgelegt.

Ein Beispiel dafür ist die Angabe des Geburtsjahres: Gleiche Abstände zwischen den Jahren bedeuten gleiche Zeitabstände: Der Abstand zwischen 1952 und 1956 ist genauso groß wie der zwischen 1954 und 1958. Aber der 0-Punkt ist willkürlich festgesetzt: Damit macht es keinen Sinn zu sagen, daß jemand, der 1960 geboren ist, 1 % älter ist als jemand, der 1940 geboren ist.

(4) Ratio- bzw. Relations-Skalen
Hier besteht ein absoluter 0-Punkt, so daß die Abstände quantitativ miteinander in Beziehung gesetzt werden können. Beispiele dafür sind Häufigkeit und Dauer. Eine Ratio-Skala wäre eine systematische Verhaltensbeobachtung für aggressives Verhalten, wenn man die Häufigkeit einzelner Verhaltensweisen durch Striche markiert. Damit ergäbe sich folgendes Beobachtungsschema:

beschimpft andere Schüler	II
tritt andere Schüler	IIII

2.3.4 Schritt 4: Festlegung der Verhaltensstichprobe

- **Welche Personen befrage oder beobachte ich?**
  Wenn ich herausfinden möchte, welche Auswirkungen ein Führungskräfte-Seminar auf das Verhalten von Führungskräften in einem Unternehmen hat, so habe ich bei der Befragung zu überlegen, wen ich auswähle: Alle Führungskräfte oder einen kleinen Teil, die Mitarbeiter oder die Kollegen? Das gleiche gilt aber für Beobachtung: Welche Führungskräfte beobachte ich, nur einen Teil der Führungskräfte oder alle?
- **In welchen Situationen führe ich die Erhebung durch?**
  Das gilt insbesondere für Beobachtungen: Soll die Führungskraft in Abteilungsgesprächen, in Einzelgesprächen mit einem Mitarbeiter, bei Personalgesprächen beobachtet werden?

Üblicherweise geht man hier in zwei Schritten vor, indem man zunächst die Grundgesamtheit festlegt: Für welche Personen und Situationen soll die Untersuchung insgesamt gelten? Daraus wird dann eine Verhaltensstichprobe ausgewählt:

(1) Festlegung der Grundgesamtheit
Bleiben wir bei unserem Eingangsbeispiel: Für welche Personen soll die Hypothese über den Zusammenhang zwischen Fernsehen und aggressivem Verhalten gelten? Nur für die beobachteten Kinder? Für alle Kinder in einem Kindergarten? Für alle Kindergartenkinder? Für alle Vorschulkinder?

Kompliziert wird die Definition der Grundgesamtheit dadurch, daß möglicherweise verschiedene Perspektiven zu berücksichtigen sind. Das gilt z.B. für eine Untersuchung über die Auswirkungen eines Seminars. Hier können ja offenbar nicht nur die Teilnehmer des Seminars etwas zu den Auswirkungen sagen, sondern ebenso auch Mitarbeiter, Kollegen, Kunden usw. Dementsprechend muß bei der Grundgesamtheit interne und externe Sichtweise unterschieden werden:

- Wie ist die Einschätzung der Betroffenen selbst (interne Sicht)?
- Wie ist die Einschätzung von außen (externe Sicht)?

Bei der Beobachtung ist darüber hinaus festzulegen, welche Situationen überhaupt untersucht werden sollen. Bezieht sich die Erfassung aggressiven Verhaltens nur auf die Kindergartensituation oder auch auf die häusliche Situation, das Spiel mit anderen, den Umgang mit Eltern?

(2) Festlegung der Stichprobe
In Einzelfällen kann man die Grundgesamtheit insgesamt beobachten oder befragen, z.B. dann, wenn die Grundgesamtheit nur wenige Kinder oder die Teilnehmer eines bestimmten Seminars umfaßt. In der Regel wird man aber auswählen müssen, wen man befragt oder beobachtet und in welcher Situation die Daten erhoben werden. Daraus ergeben sich zwei mögliche Stichproben:

- **die Personenstichprobe**
  aus denjenigen Personen, die befragt oder beobachtet werden,
- **die Verhaltensstichprobe**
  ist ausschließlich für die Beobachtung relevant: In welchen Situationen soll in die Beobachtung durchgeführt werden: im Kindergarten, zu Hause, wann?

Durch die Festlegung der Stichprobe können die Ergebnisse verzerrt werden. Nehmen wir an, man führt eine Verhaltensbeobachtung zur Hypothese „durch Beobachtung aggressiven Verhaltens steigt Aggressivität bei Vorschulkindern" lediglich im benachbarten Kindergarten durch. Dann ist damit zu rechnen, daß die Ergebnisse verzerrt sind: Möglicherweise hat die Aggressivität der Kinder hier etwas mit der besonderen Wohnsituation oder den Erziehern zu tun. Außerdem haben wir dabei nicht diejenigen Kinder erfaßt, die keinen Kindergarten besuchen. Möglicherweise bestehen Unterschiede zwischen Land- und Stadtkindern.

Es gibt unterschiedliche Verfahren, Stichproben so festzulegen, daß sie möglichst wenig verzerrt sind:

- **Einfache Zufallsstichprobe**
  Grundprinzip hierbei ist, daß jedes Element der Grundgesamtheit die gleiche Chance hat, in die Stichprobe aufgenommen zu werden. Praktisch geht man dabei in der Regel so vor, daß man aus der Liste aller Personen der Grundgesamtheit (z.B. aller Vorschulkinder, aller Besucher der Volkshochschule in den letzten zwei Jahren) nach dem Zufallsprinzip eine bestimmte Zahl von Personen auswählt.
- **Geschichtete Zufallsstichprobe**
  Wenn die Grundgesamtheit sehr heterogen ist oder sich in unterschiedliche Teilgruppen aufgliedert, kann es zweckmäßig sein, eben diese Unterschiede bei der Auswahl der Zufallsstichprobe zu berücksichtigen. Eine Untersuchung über aggressives Verhalten von Vorschulkindern kann man schichten nach Alter, Geschlecht, Stadt - Land usw. Oder man unterscheidet bei der Umsetzung von Führungskräfte-Seminaren nach älteren und jüngeren Führungskräften oder bestimmten Bereichen.

- **Cluster- oder Klumpenstichprobe**
  Hier werden jeweils „Klumpen" oder „Cluster" nebeneinanderliegender Elemente untersucht. So kann man nach dem Zufall mehrere Kindergärten auswählen und dann alle Kinder dieser Kindergärten beobachten. Oder man wählt aus der Gesamtheit von 60 Seminaren 10 Seminare aus und befragt alle Teilnehmer dieser Seminare.

Wie man dabei jeweils konkret vorgeht, wird von der betreffenden Situation, aber auch von der zur Verfügung stehenden Zeit abhängen.

2.3.5 Schritt 5: Festlegung des Erhebungsdesigns

Wird die Untersuchung zu einem Zeitpunkt oder zu unterschiedlichen Zeitpunkten durchgeführt? Werden verschiedene Gruppen verglichen? Grundsätzlich bieten sich hierbei verschiedene Möglichkeiten:

- **Querschnittuntersuchung**
  Hierbei werden zu einem Zeitpunkt oder in einer kurzen Zeitspanne alle Befragungen oder Beobachtungen durchgeführt. Man erhält somit Informationen über das Verhalten zu diesem Zeitpunkt.
- **Längsschnittuntersuchung**
  Hierbei werden Untersuchungen zu verschiedenen Meßzeitpunkten durchgeführt. So kann man z.B. den Transfer von Seminarinhalten in den beruflichen Alltag unmittelbar nach Abschluß des Seminars sowie ein halbes Jahr später erheben.
- **Experimentelles Design**
  Wenn nach einem Führungsseminar mehr Teilnehmer Mitarbeitergespräche durchführen, so ist damit noch nichts über die Wirkungen des Seminars gesagt. Es kann sein, daß die größere Zahl von Mitarbeitergesprächen auf ganz andere Faktoren (z.B. eine Aufforderung der Unternehmensleitung, verstärkt Mitarbeitergespräche durchzuführen) zurückzuführen ist. In einer solchen Situation ist es sinnvoll, zwei Gruppen zu vergleichen: Eine Gruppe, die an den Trainingsmaßnahmen teilgenommen hat, mit einer, die nicht teilgenommen hat.

Das klassische Verfahren einer solchen Versuchs-Kontroll-Gruppen-Untersuchung ist das Experiment. Ein Experiment muß drei Bedingungen genügen:[3]

- Es werden mindestens zwei experimentelle Gruppen (Versuchs- und Kontrollgruppe) gebildet.
- Die Versuchspersonen werden den beiden experimentellen Gruppen nach dem Zufall zugewiesen.
- Die unabhängige Variable wird vom Forscher manipuliert, d.h. die Versuchsgruppe wird bestimmten Maßnahmen unterzogen.

---

3 Diekmann, A.: Empirische Sozialforschung. Reinbek 1995, S. 296.

Ein solches experimentelles Design wäre z.B. für die Untersuchung aggressiven Verhaltens geeignet: Man beobachtet vor Beginn der Maßnahme aggressives Verhalten und wählt zwei gleiche experimentelle Gruppen aus, führt in einer Gruppe (der Versuchsgruppe) bestimmte Maßnahmen (häufiges Fernsehen) durch und beobachtet abschließend wieder beide Gruppen. Damit ergibt sich folgendes Erhebungsdesign:

Versuchsgruppe	Kontrollgruppe
Beobachtung Vortest	Beobachtung Vortest
Maßnahme X	–
Beobachtung Nachtest	Beobachtung Nachtest

In der Praxis wird man ein solches klassisches experimentelles Design nicht immer realisieren können und gelangt damit zu quasi-experimentellen Untersuchungen, die sich im Aufbau soweit als möglich an Experimente annähern, dabei aber einzelne Bedingungen verletzen: Die experimentellen Gruppen werden nicht nach dem Zufall ausgewählt, oder die Versuchsgruppe wird nicht manipuliert .

2.3.6 Schritt 6: Durchführung des Vortests

In der Regel ist es zweckmäßig, das gesamte Untersuchungsdesign zunächst einmal an einer geringen Zahl von Personen zu erproben (Pretest):

- Greifen die Beobachtungskategorien?
- Sind die einzelnen Items in der Befragung eindeutig oder mißverständlich?
- Lassen sich Versuchs- und Kontrollgruppe eindeutig unterscheiden?
- Ist die Beobachtung überhaupt realisierbar?
- Treten besondere Störeffekte auf?

2.3.7 Schritt 7: Durchführung der Erhebung

Auch hier stellen sich eine Reihe praktischer Fragen:

- Wie werden die befragten oder beobachteten Personen informiert?
- Wie definiert der Untersucher seine Rolle?

Auch bei der Durchführung der Beobachtung und Befragung können Verzerrungen auftreten:

- Bei Befragungen stellt der Rücklauf häufig eine Verzerrung der Ergebnisse dar: Wenn nur ca. 20% der ehemaligen Teilnehmer einen Fragebogen über die Ein-

schätzung der Seminare zurückschicken, so ist zu vermuten, daß damit die Ergebnisse nicht mehr repräsentativ sind.
- Schließlich wird auch die Befragung oder Beobachtung die Ergebnisse beeinflussen: Möglicherweise treten allein durch die Anwesenheit eines Beobachters weniger Konflikte auf, als es ansonsten der Fall wäre.

2.3.8 Schritt 8: Auswertung der Daten

Auswertung von Daten ist in der Regel ein recht aufwendiger Prozeß. Im wesentlichen stehen dabei drei Aufgaben an.

- **Kodierung der Daten**
  Die Eingabe in entsprechende statistische Programmpakete,
- **deskriptive Auswertung**
  Die Erfassung von Prozentwerten, Mittelwerten, Streuungen,
- **interferenzstatistische Auswertung**
  Untersuchung der Zusammenhänge zwischen verschiedenen Variablen. Grundlage dafür sind in der Regel Annahmen über die Wahrscheinlichkeit bestimmter Veränderungen. Wenn ein bestimmtes Training keine Auswirkung auf die Zahl der Mitarbeitergespräche hat, so wird man erwarten, daß das Ergebnis in der Versuchs- und Kontrollgruppe nach Durchführung der Seminare im wesentlichen gleich sein wird. Möglicherweise führen einige Führungskräfte mehr Mitarbeitergespräche durch, andere weniger. Auch wenn nur ein geringfügiges Ansteigen der Mitarbeitergespräche zu verzeichnen ist, wird man die 0-Hypothese noch nicht verwerfen, sondern den Unterschied eher anderen Faktoren zuschreiben. Erst wenn die Wahrscheinlichkeit, ein bestimmtes Ergebnis zufällig zu erhalten, unter einem bestimmten Wert (dem sog. Signifikanzniveau) liegt, wird man die 0-Hypothese verwerfen und den Unterschied den jeweiligen Seminaren zuschreiben.

Halten wir hier mit der Darstellung ein. Die verhaltenstheoretische Forschung, so das Ergebnis, hat ein umfangreiches Methodenrepertoire unter der Zielsetzung entwickelt, Zusammenhänge zwischen verschiedenen Faktoren zu erheben. Die einzelnen Regeln sozialwissenschaftlicher Forschung, wie wir sie hier angedeutet haben, sind nichts anderes als Versuche, die Kontrollierbarkeit der Beobachtung sicherzustellen und forschungsmethodisch umzusetzen.

Es gibt zahlreiche Einführungen in die Methoden der empirische Sozialwissenschaft:
Atteslander, P.: Methoden der empirischen Sozialforschung. Berlin/New York (8. Aufl.) 1995.
Bartz, J.: Lehrbuch der Statistik. Berlin (2. Aufl.) 1985.
Diekmann, A.: Empirische Sozialforschung. Reinbek 1995.
Roth, E. Sozialwissenschaftliche Methoden. München/Wien (3. Aufl.) 1993.
Schnell, R./Hill, P. B./Esser, E.: Methoden der empirischen Sozialforschung. München/Wien (5. Aufl.) 1995.

2.4 Pädagogische Praxis in der Tradition der verhaltenstheoretischen Erziehungswissenschaft

Die verhaltenstheoretische Erziehungswissenschaft ist durch drei Grundsätze gekennzeichnet:

- Gegenstand der Erziehungswissenschaft ist beobachtbares Verhalten.
- Verhalten wird mit Hilfe genereller Gesetzesaussagen erklärt.
- Auf der Basis solcher genereller Gesetzesaussagen lassen sich Technologien aufstellen: um ein Ziel X zu erreichen, ist eine Maßnahme Y ein geeignetes Mittel.

Die pädagogische Praxis in der Tradition der verhaltenstheoretischen Erziehungswissenschaften ist nichts anderes als eine genaue Anwendung dieses Konzeptes:

- Gegenstand der pädagogischen Praxis ist das Verhalten von Kindern, Jugendlichen oder Erwachsenen, nicht aber irgendwelche inneren Einstellungen.
- Verhalten wird auf der Basis von generellen Gesetzesaussagen erklärt.
- Erziehung bedeutet Anwendung technologischen Wissens mit der Zielsetzung, das Verhalten von Kindern, Jugendlichen und Erwachsenen zu verändern.

Die praktische pädagogische Literatur der 70er und 80er Jahre ist voll von Anwendungen dieser Grundsätze auf unterschiedliche Situationen. Zwei Anwendungsbeispiele möchten wir Ihnen in diesem Kapitel vorstellen: die pädagogische Verhaltensmodifikation und das Verhaltenstraining.

2.4.1 Die pädagogische Verhaltensmodifikation

In den 70er und 80er Jahren wird zunehmend versucht, empirisches Wissen für alltägliche Situationen in der pädagogischen Praxis nutzbar zu machen. Dabei geht es insbesondere um die Lerntheorien in der Tradition von Thorndike und Skinner, auf die man als wissenschaftliche Basis praktischen und pädagogischen Handelns zurückgreift. Es entstehen in dieser Zeit eine Fülle von Handreichungen für Lehrer, Erzieher, Eltern, Vorgesetzte, die mit dem Anspruch auftreten, Methoden zur Veränderung von Verhalten zu vermitteln. Auch heute noch gehört diese Verhaltensmodifikation, wie sie dann bezeichnet wird, sozusagen zu den Standardverfahren in der Erziehungspraxis.[1]

Grundlage der Verhaltensmodifikation sind insbesondere die Gesetze des „Operanten Konditionierens“ :

---

[1] Vgl. z.B. Fliegel, S. u.a.: Verhaltenstherapeutische Standardmehoden. München (2. Aufl.) 1989. Reinecker, H.: Grundlagen der Verhaltenstherapie. München (2. Aufl.) 1994.

- Wenn ein Verhalten von einem angenehmen Reiz begleitet oder gefolgt wird, erhöht sich die Auftretenswahrscheinlichkeit (Verstärkung des Verhaltens).
- Wenn ein Verhalten von einem negativen Reiz begleitet oder gefolgt wird, sinkt die Auftretenswahrscheinlichkeit (Bestrafung).
- Wenn ein Verhalten von keinem Reiz begleitet oder gefolgt wird, sinkt die Auftretenswahrscheinlichkeit (Extinktion oder Löschung).

Daneben gibt es noch Spezifizierungen dieser Gesetze wie das Gesetz der Gegenkonditionierung:

- Wenn ein Verhalten gelöscht und ein gegenteiliges Verhalten gleichzeitig verstärkt wird, sinkt die Auftretenswahrscheinlichkeit des ursprünglichen Verhaltens und es wird das gegenteilige Verhalten aufgebaut.

All diese Gesetzesaussagen sind nichts anderes als Spezifizierungen des Reiz-Reaktions-Schemas: Es werden bestimmte Reize (Verstärkung, Bestrafung, Extinktion) gesetzt, die zu bestimmten Wirkungen führen. Die Lerngesetze sind als generelle Gesetzesaussage verstanden, die dann (hier wird das Hempel-Oppenheim-Schema sozusagen wörtlich angewandt) Erklärungen, Prognosen und technologische Anwendungen ermöglichen:

- Es kann störendes Verhalten dadurch erklärt werden, daß dieses Verhalten von anderen Personen (der Lehrerin, dem Vorgesetzten, anderen Schülern) verstärkt wurde.
- Es lassen sich Prognosen aufstellen, daß das störende Verhalten auftreten wird, wenn die Lehrerin das Verhalten weiterhin verstärkt.
- Es kann schließlich eine technologische Regel formuliert werden: Um zu erreichen, daß ein störendes Verhalten in Zukunft nicht mehr gezeigt wird, sollte es nicht beachtet (gelöscht) und statt dessen ein positives Verhalten verstärkt werden.

Wir möchten Ihnen im folgenden das Vorgehen der Verhaltensmodifikation an einem konkreten Beispiel verdeutlichen:

Fall Claudia: Claudia, 7. Klasse in einer Gesamtschule, fällt in der letzten Zeit zunehmend dadurch auf, daß sie in den Unterricht hineinruft. Sie kommentiert das Verhalten anderer Schüler „Nun mach schon mal!“, beklagt sich „Schon wieder rechnen“ und ruft Antworten zu Fragen dazwischen. Die Lehrerin versucht erst, sie im Guten zu ermahnen. Aber das Verhalten ändert sich nicht, sondern nimmt im Gegenteil eher noch zu.

Auf der Basis des operanten Konditionierens läßt sich das Verhalten von Claudia erklären: Sie hat gelernt, in den Unterricht hereinzurufen, weil ihr Verhalten offensichtlich in der Vergangenheit verstärkt wurde. Das bedeutet, daß vermutlich Ermahnung und Zurechtweisung der Lehrerin nicht, wie sie beabsichtigte, das Verhalten einschränken, sondern als Verstärkung fungieren und damit das Verhalten von Claudia stabilisieren. Entsprechend könnte aber das operante Konditionieren auch genutzt werden, um das Verhalten zu verändern. Im einzelnen würde man dabei in folgenden Schritten vorgehen:

(1) Erhebung der Grundrate

Entsprechend dem Ansatz der verhaltenstheoretischen Erziehungswissenschaft muß Problemverhalten zunächst einmal beobachtet und gemessen werden: Tritt es tatsächlich besonders häufig auf - oder bildet sich die Lehrerin das nur ein?

Aufgabe der Lehrerin ist es also zunächst, die „Grundrate“ zu erheben, d.h. zu beobachten, wie oft das Verhalten tatsächlich auftritt. Dabei folgt die Erhebung der Grundrate den in den vorangegangenen Kapiteln dargestellten Schritten:

- Das Verhalten ist zu operationalisieren. Dies dürfte bei dem genannten Beispiel unproblematisch sein: Hineinrufen in den Unterricht ist hinreichend eindeutig beobachtbar und braucht damit nicht weiter operationalisiert zu werden.
- Die Quantifizierung ist festzulegen. Dabei empfiehlt sich hier eine Häufigkeitsbeobachtung: Es wird gemessen, wie oft das Verhalten in einem bestimmten Zeitraum auftritt.
- Schließlich ist die Verhaltensstichprobe festzulegen: In welchen Situationen soll das Verhalten beobachtet werden?

Die Lehrerin entscheidet sich für die nächsten vier Unterrichtsstunden.

Datum	Häufigkeit
17.11., 1. Std.	𝍸 III
17.11., 2. Std.	𝍸 𝍸 II
20.11.	𝍸 𝍸 IIII
24.11.	𝍸 𝍸

(2) Festlegung des Ziels

Auch das Ziel muß operationalisiert werden: Es soll erreicht werden, daß Claudia nicht mehr in den Unterricht hineinruft, sondern sich meldet und nur spricht, wenn sie aufgerufen wird!

(3) Auswahl geeigneter Verstärker

In der Literatur unterscheidet man hier verschiedene Verstärker:

- Materielle Verstärker (z.B. Süßigkeiten, Spielzeug),
- Aktivitätenverstärker (eine für die betreffende Person positive Tätigkeit wie z.B. Sport, einen Ausflug machen, etwas lesen, Zeit für Computerspiele),
- soziale Verstärker (z.B. Lob, Anerkennung, mit jemandem reden, jemanden anschauen),
- Token-Verstärker (Zuteilung von „Token“ oder Wertmarken, die dann nach einem festgelegten Schlüssel umgetauscht werden können).

Dabei läßt sich nicht von vornherein sagen, welcher Reiz bei einer bestimmten Person als Verstärker wirkt. Es kann sein, daß z.B. Süßigkeiten bei Claudia überhaupt nicht als Verstärker wirken. Andererseits aber scheint das Ermahnen der Lehrerin als sozialer Verstärker zu fungieren. Letztlich ist auszuprobieren, was ein geeigneter Verstärker ist.

In diesem Beispiel liegt es nahe, auf soziale Verstärkung zurückzugreifen. Mögliche soziale Verstärker können sein: Claudia ansprechen, ihr zunicken, sie rannehmen, sie loben.

(4) Festlegung des Verstärkerplans

In dieser Situation bietet sich die Gegenkonditionierung an:

- Das Problemverhalten wird gelöscht (Extinktion): Die Lehrerin geht überhaupt nicht auf das Zwischenrufen ein.
- Ein gegenteiliges Verhalten wird verstärkt: Wenn Claudia sich im Unterricht meldet, wird dieses Verhalten verstärkt, sie wird rangenommen.

In der Literatur wird hierbei noch zwischen kontinuierlicher und intermittierender Verstärkung (bzw. Löschung, Bestrafung) unterschieden:

- Kontinuierlich ist eine Verstärkung dann, wenn jedes Verhalten verstärkt wird.
- Intermittierend ist eine Verstärkung, wenn nur ein bestimmter Anteil des Verhaltens verstärkt wird.

Ziel kontinuierlicher Verstärkung ist es, ein neues Verhalten aufzubauen, während intermittierende Verstärkung eher dazu führt, es zu stabilisieren - vermutlich ist Ihnen aufgefallen: Hierbei handelt es sich um zusätzliche generelle Gesetzesaussagen auf der Basis des verhaltenstheoretischen Ansatzes. Damit ergibt sich folgender Verstärkerplan:

- Das Zwischenrufen von Claudia wird kontinuierlich gelöscht.
- Das Melden von Claudia wird zunächst kontinuierlich und in einer späteren Phase intermittierend verstärkt.

(5) Durchführung

In den nächsten Wochen wendet die Lehrerin dieses Verfahren konsequent an. Wichtig ist, darauf zu achten, ob andere Verstärker den Prozeß beeinflussen: Wenn die Lehrerin Claudias Zwischenrufe konsequent ignoriert, aber andere Schülerinnen sich regelmäßig lauthals darüber beschweren, kann es sein, daß die Kommentare der anderen Schülerinnen als Verstärker fungieren und damit das Verhalten immer noch verstärkt wird.

(6) Erfolgskontrolle

Das Verstärkerprogramm schließt mit einer zweiten Beobachtungsphase ab. Dafür kann das gleiche Beobachtungsschema wie bei der Erhebung der Grundrate genutzt werden. So ergibt sich nach einem Zeitraum von drei Monaten:

Datum	Häufigkeit
08.12., 1. Std.	II
08.12., 2. Std.	III
11.12.	I
15.12.	I

Das Problemverhalten ist deutlich zurückgegangen.

Arbeitsanregung:
Versuchen Sie, ein ähnliches Verstärkerprogramm für Ihren Arbeitsbereich zu entwickeln und (wenn möglich) auszuprobieren. Wo treten Schwierigkeiten auf?

Versuchen Sie anhand dieses praktischen Beispiels, das Konzept der verhaltenstheoretischen Erziehungswissenschaft schon jetzt zu beurteilen: Wo sehen Sie Stärken dieses Ansatzes? Wo sind Problempunkte und Gefahren?

Wir werden auf die Beurteilung im 5. Kapitel dieses Teils zurückkommen.

2.4.2 Das Verhaltenstraining

Das Verhaltenstraining ist ein Verfahren, das seit den 70er Jahren insbesondere in den Bereichen Erwachsenenbildung und Weiterbildung immer wieder angewandt wurde und auch heute noch angewandt wird.[2] Zielstellung des Verhaltenstrainings ist es, daß die Teilnehmerinnen und Teilnehmer ihr Verhalten verändern und neues Verhalten lernen. Dabei können unterschiedliche Schwerpunkte gesetzt sein:

- das Verhalten von Eltern im Umgang mit ihren Kindern (Elterntraining),
- das Verhalten in schwierigen Kommunikationssituationen (Kommunikationstraining),
- das Verhalten von Führungskräften im Umgang mit Mitarbeitern (Führungstraining),
- das Verhalten von Schülern (Schülertraining),
- das Verhalten von Verkäufern (Verkaufstraining) usw.

Auch das Verhaltenstraining basiert auf den in den vorangegangenen Kapiteln dargestellten Grundsätzen verhaltenstheoretischer Erziehungswissenschaft. Daraus ergibt sich ein festes Schema, das wir an einem Beispiel verdeutlichen möchten:

Frau Scholz will in der Volkshochschule ein Elterntraining durchführen. Auf der Basis des verhaltenstheoretischen Ansatzes würde sie in folgenden Schritten vorgehen:

---

[2] Vgl. z.B. Ullrich de Muynck, R./Ullrich, R.: Das Assertiveness-Training-Programm ATP: Einüben von Selbstvertrauen und sozialer Kompetenz. (3 Bde.). München 1976.

(1) Festlegung und Operationalisierung des Lernziels
Ziel eines Verhaltenstrainings ist es, daß die Teilnehmerinnen und Teilnehmer neues Verhalten erlernen. Das bedeutet zunächst, daß das Ziel auch hier wieder operationalisiert werden muß.

Robert F. Mager[3], dessen 1961 erstmals erschienenes Buch „Preparing Objectives for Programmed Instruction" in den 70er Jahren einer der Klassiker für verhaltenstheoretischen Unterricht war, bestimmt Operationalisierung von Lernzielen durch folgende drei Merkmale:

– Eindeutige Beschreibung des Verhaltens, das der Lernende zeigen muß, wenn er das Lernziel erreicht hat. Was damit gemeint ist, verdeutlicht Mager an der Operationalisierung des Lernziels „Musikverständnis entwickeln":

  „Stellen wir uns die Schlüsselfrage zu dieser Beschreibung. Was tut der Lernende, wenn er nachweist, daß er das Ziel erreicht hat? Was tut er, wenn er Musik 'versteht'? Sie werden jetzt sicher erkennen, daß die Beschreibung des Zieles keine Antwort auf diese Frage enthält. Da mit dieser Beschreibung weder irgendein Verhalten ausgeschlossen noch näher bestimmt wird, müßte man jede der folgender Verhaltensweisen als Zeichen für das Musikverständnis gelten lassen:
  a) Der Lernende seufzt ekstatisch, wenn er Bach hört.
  b) Der Lernende kauft eine Hi-Fi-Einrichtung und Schallplatten im Werte von 500 Dollar.
  c) Der Lernende beantwortet 95 Auswahl-Antwort-Fragen zur Musikgeschichte richtig.
  d) Der Lernende schreibt einen flüssigen Aufsatz über die Bedeutung von 37 Opern.
  e) Der Lernende sagt, 'Mann, glaub mir, ich bin Fachmann. Es ist einfach großartig'.
  Wir möchten damit natürlich nicht sagen, daß es nicht ein erstrebenswertes Ziel sei, 'Musikverständnis zu entwickeln'.
  Nur hat bei einer so vagen Formulierung niemand die geringste Ahnung, was derjenige, der dieses Ziel ausgewählt hat, sich darunter vorgestellt haben mag. Es kann durchaus ein wichtiges Ziel sein, doch ist aus der angeführten Beschreibung nicht zu entnehmen, was gemeint ist" (Mager 1965, S. 15).

– Beschreibung der notwendigen Bedingungen, unter denen das Verhalten gezeigt werden soll. Dabei kann es sich um erlaubte oder verbotene Hilfsmittel handeln oder die Angabe der Situation, in der das Verhalten gezeigt werden soll.
– Bestimmung des Beurteilungsmaßstabes. Dabei werden die Grenzen festgelegt, wann ein Verhalten als noch annehmbar gilt. Beurteilungsmaßstab können zeitliche Begrenzung (innerhalb von fünf Minuten) oder die Mindestzahl richtiger Antworten (wenigstens 80%) sein.

Was heißt das für das Elterntraining? Nehmen wir an, Frau Scholz hat sich zunächst als Ziel für den zweiten Seminarabend gesetzt: „Die Eltern sollen lernen, besser auf ihre Kinder einzugehen!" Eine solche Zielformulierung reicht noch nicht aus. „Auf ihre Kinder eingehen" ist nicht operationalisiert. Welches Verhalten muß jemand zeigen, wenn er auf jemand anderen eingeht?

---

3 Mager, R. F.: Lernziele und Unterricht. Weinheim/Basel 1965.

Eine Möglichkeit der Operationalisierung bietet hier das „Aktive Zuhören" im Anschluß an Thomas Gordon.[4] Grundprinzip dabei ist es, die in den Äußerungen des Gesprächspartners anklingenden Empfindungen zu verbalisieren:

Kind: „Die Schule ist blöd!"

Vater: „Du hast keine Lust, in die Schule zu gehen!"

Auf der Basis dieses Ansatzes läßt sich das Ziel „auf Kinder eingehen" operationalisieren : „Die Teilnehmer sollen lernen, auf Äußerungen ihrer Kinder mit aktivem Zuhören zu antworten!".

Damit ist das Verhalten, das gezeigt werden soll, beschreibbar . Es fehlen aber noch die notwendigen Bedingungen und der Beurteilungsmaßstab:

- Bedingungen, unter denen das Verhalten gezeigt werden soll, wären Äußerungen des Kindes, in denen es eigene Probleme andeutet (es macht wenig Sinn, auf die Frage „Wie spät ist es?" mit aktivem Zuhören zu antworten).

Als Beurteilungsmaßstab könnte man genauer festlegen, welche Äußerungen als aktives Zuhören gelten. Dazu könnte gehören:

- Stellen von Fragen gilt nicht als aktives Zuhören,
- wörtliches Wiederholen des Satzes gilt nicht als aktives Zuhören.

Damit ergibt sich folgende operationalisierte Lernzielformulierung:
„Die Teilnehmer sollen lernen, mit aktivem Zuhören zu antworten, wenn ihre Kinder von Problemen berichten!".

(2) Durchführung eines Vortests
Entsprechend dem klassischen Konzept verhaltenstheoretischer Erziehungswissenschaft wäre auch hier zunächst ein Vortest durchzuführen, um festzustellen, wie weit die Eltern ohnehin schon aktives Zuhören anwenden. Vorstellen könnte man sich ein Rollenspiel, anhand dessen beobachtet wird, ob die Teilnehmer das aktive Zuhören anwenden.

(3) Durchführung der Trainingseinheit
In dieser Phase lernen die Teilnehmer aktives Zuhören.
Denkbar wären etwa folgende Möglichkeiten:

- Information über das Vorgehen bei aktivem Zuhören,
- der Leiter führt aktives Zuhören in einem Gespräch vor,
- die Teilnehmer üben aktives Zuhören anhand von vorgegebenen einzelnen Äußerungen,
- die Teilnehmer üben in Kleingruppen aktives Zuhören.

---

4 Vgl. z.B. Gordon, T.: Familienkonferenz. Hamburg 1972.

Dabei wird auch im Aufbau einer solchen Trainingseinheit immer wieder auf lerntheoretische Gesetzmäßigkeiten des verhaltenstheoretischen Ansatzes zurückgegriffen:

- Vormachen des aktiven Zuhörens basiert auf dem Gesetz des Beobachtungs- oder Modellernens: Beobachtung eines Verhaltens führt dazu, daß dieses Verhalten in Zukunft häufiger auftritt.
- Die Leiterin arbeitet mit Verstärkung, indem sie richtiges Verhalten der Teilnehmer durch Nicken, „mh" oder positive Anmerkungen verstärkt.
- Schließlich stellt die allmähliche Steigerung im Schwierigkeitsgrad das „Shaping-Verfahren" dar, bei dem komplexe Verhaltensweisen schrittweise aufgebaut werden: Die Teilnehmer lernen aktives Zuhören zunächst in einfachen Situationen anhand einzelner Äußerungen und üben dann in zunehmend schwierigeren Situationen in Kleingruppen und dann möglicherweise in einem Rollenspiel.

(4) Lernerfolgskontrolle

Zum Abschluß wäre denkbar, die Eingangsübung nochmals zu wiederholen: Eine Rollenspiel-Situation wird aufgezeigt und anhand derer überprüft, inwieweit die Teilnehmer aktives Zuhören anwenden können.

Arbeitsanregung:

(1) Kennen Sie Unterricht, Seminare, Trainings, bei denen auch heute noch das Konzept der verhaltenstheoretischen Erziehungswissenschaft (zumindest in Teilen) zugrundegelegt wird?

(2) Wählen Sie eine Situation, in der Sie selbst jemandem etwas beibringen möchten (das kann eine Unterrichts- oder Trainingsstunde oder eine andere Situation sein). Wie würden Sie auf der Basis des verhaltenstheoretischen Konzeptes dabei vorgehen? Versuchen Sie, dabei die in den vorangegangenen Abschnitten dargestellten Vorgehensweisen anzuwenden.

(3) Diskutieren Sie anhand dieser Beispiele Vorteile und Probleme des verhaltenstheoretischen Ansatzes.

2.5 Wissenschaftstheoretische Diskussion um die verhaltenstheoretische Erziehungswissenschaft

Wolfgang Brezinkas Buch „Von der Pädagogik zur Erziehungswissenschaft“ aus dem Jahr 1971 hatte ein Programm formuliert, an das seit Mitte der 60er Jahre eine zunehmende Zahl von Wissenschaftlern große Hoffnungen setzten:

- Der Rückgriff auf das Wissenschaftsprogramm der empirischen Naturwissenschaften bzw. des Kritischen Rationalismus bot, so schien es, die Möglichkeit, das für die Pädagogik lange Zeit kennzeichnende fruchtlose Nebeneinander verschiedener Meinungen zu überwinden und auch hier zu wissenschaftlichen Ergebnissen zu gelangen.
- Zugleich aber kann, so schien es, die Erziehungswissenschaft als verhaltenstheoretische Disziplin auch den traditionellen Anspruch der Pädagogik, praktisches Handeln verläßlich zu leiten, einlösen. Sie kann dies allerdings nicht, indem sie dem Praktiker sagt, was er tun solle. Aber sie kann auf der Basis empirischer Gesetzesaussagen aufzeigen, was Wirkungen verschiedener Maßnahmen sind oder wie sich Ziele erreichen lassen.

Diese Erwartungen haben sich jedoch nicht erfüllt. Statt dessen stellte sich heraus, daß die verhaltenstheoretische Erziehungswissenschaft von drei zentralen Problemen belastet ist, die in den 70er Jahren immer wieder diskutiert wurden, aber nicht gelöst werden konnten:

(1) Das Problem der Komplexität
Die verhaltenstheoretische Erziehungswissenschaft war mit dem Anspruch aufgetreten, für praktisches Handeln verläßliches technologisches Wissen („Um A zu tun, sollte B getan werden!“) zur Verfügung zu stellen. Das jedoch ist nicht gelungen. Wohl gibt es eine Fülle von empirischen Untersuchungen, daraus ergibt sich jedoch kein Gesamtbild.

Ursache dafür ist die Komplexität der Erziehungspraxis: Veränderungen entstehen aus dem komplexen Ineinanderwirken zahlreicher, sich wiederum untereinander beeinflussender Faktoren. Diese Komplexität läßt sich im Rahmen eines Gedankenexperimentes verdeutlichen:

Nehmen wir an, der Lehrerin fällt die geringe Mitarbeit der Schülerin Claudia im Unterricht auf und sie will diese Mitarbeit im Unterricht steigern. Zur theoretischen Absicherung ihres Vorgehens liegt es nahe, sich auf das „Gesetz des operanten Konditionierens“ zu stützen: Entsprechend diesem Gesetz erhöht sich die Auftretenswahrscheinlichkeit eines Verhaltens, wenn es verstärkt wird. Daraus ergäbe sich als technologische Regel, daß es zweckmäßig ist, Claudia häufiger zu loben, wenn sie einen Beitrag im Unterricht liefert.

Tatsächlich kann aber das Lob ganz unterschiedliche Wirkungen haben: Es kann die Mitarbeit von Claudia im Unterricht steigern, es kann keinen Einfluß haben, es kann sein, daß sich Claudia noch mehr zurückzieht. Ursache dafür ist die

Tatsache, daß Claudias Verhalten im Unterricht nicht nur von Belohnung und Bestrafung der Lehrerin abhängt, sondern auch von vielen anderen Faktoren:

- das Verhalten anderer Schülerinnen und Schüler,
- das sonstige Verhalten der Lehrerin (lobt sie häufig oder selten?),
- Lautstärke und Tonfall des Lobs,
- die Erfahrung von Claudia mit Lob in anderen Situationen,
- die Vorgeschichte: handelt es sich hierbei um einen Konflikt, der sich schon über längere Zeit hinweg durchhält?
- die räumliche Situation im Klassenzimmer,
- die häusliche Situation von Claudia: was erlebt sie in der Familie?
- die Einstellung Claudias gegenüber der Lehrerin: akzeptiert sie die Lehrerin oder lehnt sie die Lehrerin ab?
- die Einstellung der Lehrerin gegenüber Claudia,
- die Persönlichkeit von Claudia oder der Lehrerin.

Damit vergrößert sich für die Lehrerin die Komplexität der Situation so entscheidend, daß sie nicht mehr in der Lage ist, technologisch geleitet zu handeln: Weder ist sie in der Lage, in der konkreten Situation alle möglichen relevanten Faktoren zu diagnostizieren, noch besteht die Möglichkeit für die Erziehungspraxis, Gesetzesaussagen aufzustellen, die hinreichend viele Faktoren berücksichtigen.

Im Grunde spiegeln diese Überlegungen die Kritik an der verhaltenstheoretischen Erziehungswissenschaft wieder, wie sie in den 70er Jahren von unterschiedlichen Seiten vorgebracht wurden.[1]

(2) Das Problem subjektiver Theorien

In der Tradition der verhaltenstheoretischen Erziehungswissenschaft reduziert sich die Erforschung menschlichen Tuns auf die Erforschung von Verhalten. Mentale Zustände wie Gedanken, Empfindungen oder Gefühle bleiben, sofern sie nicht mit Hilfe von Testverfahren verhaltenstheoretisch übersetzbar sind, außer Betracht. Doch seit den 60er Jahren werden zunehmend Sachverhalte diskutiert, die sich nicht oder zumindest nicht ohne weiteres auf der Basis eines verhaltenstheoretischen Konzeptes erklären lassen.[2]

- Eines der bekanntesten Probleme der verhaltenstheoretischen Sozialwissenschaft ist der „Awareness-Effekt“ beim operanten Konditionieren:[3]
  Versuchspersonen werden aufgefordert, möglichst spontan Worte zu nennen, die ihnen gerade einfallen. Dabei werden vom Versuchsleiter bestimmte Äußerungen (z.B. Tierbezeichnungen oder Pluralformen) verbal verstärkt. Entsprechend

---

1 Vgl. Holzkamp, K.: Kritische Psychologie. Frankfurt a.M. 1971.
Kriz, J.: Methodenkritik empirischer Sozialforschung. Stuttgart 1983.

2 Herzog, W.: Modell und Theorie in der Psychologie. Göttingen 1984, S. 97ff.

3 Holzkamp, K.: Soziale Kognition. In: Graumann, C.F. (Hrsg.): Sozialpsychologie. Göttingen 1972, S. 1263-1293.

dem Gesetz des operanten Konditionierens ist zu erwarten, daß die verstärkten Äußerungen häufiger auftreten. Tatsächlich zeigt sich jedoch, daß die Häufigkeit der entsprechenden Äußerungen nur dann ansteigt, wenn den Versuchspersonen der Zusammenhang zwischen der Verstärkung und den entsprechenden Äußerungen bewußt wird. Verstärkung wirkt also, so das Ergebnis, offenbar nicht „automatisch", sondern setzt eine „Einsicht" der Versuchspersonen voraus.

- Ähnliche Probleme treten beim Modellernen auf: Gemäß der verhaltenstheoretischen Auffassung werden Verhaltensweisen gleichsam automatisch gelernt, wenn ein Verhalten beobachtet wird. Von Bandura u.a. in den 60er und 70er Jahren durchgeführte Untersuchungen deuten jedoch darauf hin, daß keineswegs jedes Verhalten durch Beobachtung gelernt wird, sondern daß Versuchspersonen durch Modellernen nur bestimmte Verhaltensweisen übernehmen, wobei diese „Auswahl" von kognitiven Prozessen (Aufmerksamkeitsprozesse, Gedächtnisprozesse, Motivationsprozesse) abhängt.[4]
- Die Bedeutung kognitiver Faktoren für die Gültigkeit von verhaltenstheoretischen Gesetzesaussagen wird auch in Untersuchungen zur Sozialpsychologie des Experiments hervorgehoben:[5] Das Verhalten einer Versuchsperson, so die Hauptthese, hängt davon ab, wie sie die Situation deutet: Was sind ihre Hypothesen über die Absichten und Ziele des Experimentes? Welche Ziele verfolgt sie bei der Ausfüllung eines Fragebogens?
- Als weiterer Einwand wird schließlich noch das „Selbstanwendungsargument" aufgeführt:[6] Die Verhaltenstheorie, so die These, ist zwar geeignet, das Verhalten anderer zu erklären, sie wird aber in der Regel nicht herangezogen, das eigene Verhalten des Forschers zu erklären - ansonsten müßte man z.B. Skinners Lerntheorie dadurch erklären, daß bestimmte Verhaltensweisen Skinners (nämlich das Schreiben seiner wissenschaftlichen Texte) letztlich nichts anderes als die Reaktion auf Verstärkungsreize darstellen - eine Konsequenz, die Vertreter der Verhaltenstheorie schwerlich zu ziehen bereit sind.

Alle diese Daten deuten darauf hin, daß die Gültigkeit verhaltenstheoretischer Untersuchungen letztlich mitbestimmt ist, von dem, was sich die Versuchsperson dabei denkt. Das aber bedeutet, daß zwischen leblosen und menschlichen Forschungsgegenständen zu unterscheiden ist. Don Bannister verdeutlicht diesen Unterschied sehr anschaulich an folgendem Beispiel:

> „Dem Meisterchemiker ist es schließlich gelungen, eine blubbernde grüne Masse herzustellen, die alles mögliche sein kann, aber ihre Eigenschaften sind noch geheimnisumwittert. Er sitzt allein in seinem Labor, das Reagenzglas in der Hand, grübelt darüber nach, was er mit der blubbernden grünen Masse machen soll. Dann, langsam, dämmert es ihm, daß die blubbernde grüne Masse allein im Reagenzglas hockt und darüber nachgrübelt, was sie mit ihm machen soll. Dieser ungewöhnliche Alptraum des Chemikers ist der Arbeitsalltag des Psychologen - die blubbernde grüne Masse fragt sich immerzu, was sie mit dir anfangen soll."[7]

---

4 Bandura, A.: Lernen am Modell: Ansätze zu einer sozial-kognitiven Lerntheorie. Stuttgart 1976.

5 Mertens, W.: Sozialpsychologie des Experiments: das Experiment als soziale Interaktion. Hamburg 1975.

6 Groeben, N./Westmeyer, H.: Kriterien psychologischer Forschung. München 1975.

7 Bannister, D./Fransella, F.: Der Mensch als Forscher. Münster 1981, S. 177.

Empirische Forschung in der Tradition des verhaltenstheoretischen Konzeptes, so der Einwand, behandelt den Menschen wie ein Objekt naturwissenschaftlicher Erkenntnis. Sie abstrahiert von den Sinn- und Bedeutungszuweisungen menschlichen Handelns ebenso wie von den Zielen und Bedürfnissen der untersuchten Personen - und sie ist damit in Gefahr, dem Gegenstand sozialwissenschaftlicher Forschung, nämlich den denkenden und handelnden Menschen nicht mehr gerecht zu werden.

(3) Das Problem der Wertfreiheit

Das Problem der Wertfreiheit war insbesondere Gegenstand des Positivismusstreites, der 1961 von Karl R. Popper und Theodor W. Adorno bei der Tübinger Arbeitstagung der Deutschen Gesellschaft für Soziologie angestoßen und dann insbesondere von Hans Albert und Jürgen Habermas weitergeführt wurde.[8]

Während auf der einen Seite Popper und im Anschluß daran Albert die Wertfreiheit als Voraussetzung für die Objektivität verteidigen, wurde diese These auf der Basis der „Kritischen Theorie" von Adorno und Habermas nachdrücklich kritisiert. Im wesentlichen werden zwei Argumente gegen eine wertfreie Wissenschaft vorgetragen:

– Die These der Wertfreiheit führt dazu, daß dadurch praktische Fragen letztlich unentscheidbar werden, da sich nur noch über Mittel, aber nicht über Ziele entscheiden läßt. Habermas kritisiert an der wertfreien Sozialwissenschaft,

  > „...daß das Fortschreiten einer auf technische Verfügung erfahrungswissenschaftlich beschränkten Rationalisierung erkauft wird mit dem proportionalen Anwachsen einer Masse von Irrationalität im Bereich der Praxis selber. Denn Orientierung verlangt Handeln nach wie vor. Aber nun wird sie zerteilt in eine rationale Vermittlung von Techniken und in eine irrationale Wahl sogenannter Wertsysteme. Der Preis für die Ökonomie der Mittelwahl ist ein freigesetzter Dezisionismus in der Wahl der obersten Ziele."[9]

  Eine wertfreie Sozialwissenschaft zielt unter der Hand auf Technokratie, die zunehmende Beherrschung von Menschen ab. Dies mündet in den in der Kritischen Theorie immer wieder vorgebrachten Einwand, daß wertfreie Sozialwissenschaft letztlich zu einer Stabilisierung bestehender Herrschaftsverhältnisse beitrage: In dem Maße, in dem sie technologisches Wissen bereitstellt, ohne die gesellschaftliche Verwendung und Nutzung dieses Wissens mit zu bedenken, trage sie zur Stützung bestehender, aber möglicherweise ungerechtfertigter Machtverhältnisse bei.

– Schließlich richtet sich die Kritik an der Wertfreiheit auch gegen die Forschungsmethodik empirischer Untersuchungen. Im Konzept der verhaltenstheoretischen Erziehungswissenschaft wird die Frage nach der Legitimation von Forschungsmethoden aus der wissenschaftlichen Diskussion ausgeklammert und dem Bereich der Wertbasis zugeordnet. Müssen aber nicht auch die Konsequenzen von Forschungsmethoden für die betreffenden Versuchspersonen unter mo-

---

[8] Adorno, T. W. u.a.: Der Positivismusstreit in der deutschen Soziologie. Neuwied/Berlin 1969. Vgl. auch Büttemeier, W./Möller, B. (Hrsg.): Der Positivismusstreit in der deutschen Erziehungswissenschaft. München 1979. Dahms, H.-J.: Positivismusstreit. Frankfurt a. M. 1994.

ralischen Gesichtspunkten innerhalb der Wissenschaft diskutiert werden? Ist ein Blindversuch, bei dem Versuchspersonen nicht wissen, daß sie beobachtet werden, moralisch vertretbar? Muß diese Diskussion über die moralische Legitimation eines Blindversuchs nicht innerhalb der Wissenschaft geführt werden? Doch kann dann Wissenschaft überhaupt noch wertfrei sein?

Diese Einwände gegen die verhaltenstheoretische Sozialwissenschaft führten Ende der 70er Jahre zu einer deutlichen Verunsicherung. Die Reaktion darauf war unterschiedlich:

- Auf der einen Seite ging die wissenschaftstheoretische Diskussion gegenüber der forschungsmethodischen und forschungspraktischen Arbeit deutlich zurück: Anstelle metatheoretisch den Wert der empirischen Erziehungswissenschaft zu diskutieren, legte man das Schwergewicht der Arbeit stärker auf die Weiterentwicklung konkreter Forschungsmethoden oder auf konkrete Untersuchungen, ohne die wissenschaftstheoretischen Grundlagen dieses Vorgehens im einzelnen zu reflektieren.
- Eine zweite Reaktion bestand darin, sich stärker der konkreten praktischen Arbeit zuzuwenden: Es entstand eine Aktionsforschung, die sich primär als praktisches Handeln und erst in zweiter Linie als Forschung sah. Es wurden immer neue Therapieverfahren entwickelt, ohne daß man auf die wissenschaftliche Überprüfung des jeweiligen Vorgehens Gewicht legte. Oder es entstand für die Unterrichtspraxis eine umfangreiche „Rezeptdidaktik" mit konkreten Anweisungen („die Zügel am Anfang straff halten und später lockern!"), die Orientierung für praktisches Handeln ohne theoretische oder empirische Absicherung geben.
  Sicher mögen solche Unterrichtskonzepte plausibel sein, aber der Anspruch auf wissenschaftliche Absicherung pädagogischen Handelns ist hier fallengelassen.
- Schließlich besteht eine dritte Reaktion in einer stärkeren Hinwendung zu hermeneutischen Verfahren: Während die Hermeneutik unter dem Eindruck der empirischen Erziehungswissenschaft bis in die 70er Jahre eher zurückgedrängt war, entsteht in den 80er Jahren zunehmend Interesse an hermeneutischen Vorgehensweisen, was dann zu einer verstärkten Rezeption des Symbolischen Interaktionismus und der Ethnomethodologie sowie zur Entwicklung der qualitativen Forschung führte (vgl. Kap. 4 - 5 von Teil 3).

---

[9] Habermas, J.: Theorie und Praxis. Neuwied/Berlin (3. Aufl.) 1969, S. 242.

Teil 3: Erziehungswissenschaft als hermeneutische Disziplin

In der Tradition der verhaltenstheoretischen Erziehungswissenschaft versucht man, die Wissenschaftlichkeit der Erziehungs- bzw. Sozialwissenschaft durch Orientierung der Naturwissenschaften zu sichern. Eine Alternative dazu besteht darin, für die Wissenschaften vom Menschen eine eigene wissenschaftstheoretische Grundlegung zu schaffen. Dies ist der Ansatz der Hermeneutik, die Erziehungswissenschaft als eine „verstehende" Wissenschaft konzipiert.

Innerhalb der hermeneutischen Begründung der Sozialwissenschaften lassen sich verschiedene Hauptrichtungen unterscheiden:

- die Begründung der Hermeneutik durch Wilhelm Dilthey zu Beginn dieses Jahrhunderts,
- die Hermeneutik in der Geisteswissenschaftlichen Pädagogik, die in der Nachfolge des Herbartianismus zu Beginn dieses Jahrhunderts und dann nochmals nach 1945 bis in die 60er Jahre die vorherrschende pädagogische Richtung war,
- die Kritische Theorie und Kritische Erziehungswissenschaft, die sich selbst im Gegensatz zur Geisteswissenschaftlichen Pädagogik sah, aber in ihrem forschungsmethodischen Kern eine hermeneutische Disziplin bleibt,
- die Hermeneutik des Symbolischen Interaktionismus und der Ethnomethodologie, wie sie im Anschluß an die Arbeiten von George Herbert Mead seit den 50er Jahren insbesondere in den USA entwickelt wurde,
- schließlich die Phase der Qualitativen Forschung, wie sie sich seit den 80er Jahren etabliert hat.

Wir wollen in dem folgenden Teil diese Konzepte genauer vorstellen.

3.1 Diltheys Begründung der Hermeneutik

3.1.1 Historische Entwicklung

Begründer der Hermeneutik als einer wissenschaftstheoretischen Grundlage der Sozialwissenschaften ist Wilhelm Dilthey.

Wilhelm Dilthey (1833 - 1911) studierte Theologie und Philosophie in Heidelberg und Berlin. Nach zweijähriger Tätigkeit als Gymnasiallehrer und sechsjähriger als Privatgelehrter wurde er Privatdozent und später Professor an den Universitäten Kiel und Breslau. Seit 1882 lehrte er Philosophie an der Universität Berlin. Dilthey verstand sich selbst primär als Historiker und Philosoph, dessen Hauptanliegen es ist, eine philosophische (heute würden wir sagen: eine wissenschaftstheoretische) Grundlegung der Geisteswissenschaften zu leisten.

Die zentralen Texte hierfür sind:
Dilthey, W.: Einleitung in die Geisteswissenschaften. In: Dilthey, W.: Gesammelte Schriften. Bd. 1, Stuttgart (5. Aufl.) 1959 (erstmals 1883).
Dilthey, W.: Der Aufbau der geschichtlichen Welt in den Geisteswissenschaften. In: Dilthey, W.: Gesammelte Schriften. Bd. 7, Stuttgart (4. Aufl.) 1958 (ursprünglich 1910).

Im Rahmen seiner Tätigkeit als Philosoph hat sich Dilthey jedoch auch mit pädagogischen Themen befaßt. So hat er von 1884 bis 1895 regelmäßig pädagogische Vorlesungen gehalten, insgesamt aber nur wenige größere pädagogische Abhandlung veröffentlicht. Dazu gehören:

Dilthey, W.: Über die Möglichkeit einer allgemeingültigen pädagogischen Wissenschaft. In: Dilthey, W.: Gesammelte Schriften. Bd. 6, v.a. S. 56-82 (ursprünglich 1888). Stuttgart (4. Aufl.) 1958a.
Dilthey, W.: Geschichte der Pädagogik, Gesammelte Schriften Bd. 9, S. 13-166.

3.1.2 Hauptthesen

(1) Gegenstand der Wissenschaftstheorie Diltheys sind Geisteswissenschaften.
Dabei ist der Ausdruck „Geisteswissenschaften“ für uns heute zumindest mißverständlich: Wir denken dabei vielleicht an philologische Disziplinen, die sich mit Texten auseinandersetzen. Dilthey faßt aber den Begriff „Geisteswissenschaften“ weiter und faßt darunter alle Wissenschaften, die sich auf den Menschen beziehen:

„Neben den Naturwissenschaften hat sich eine Gruppe von Erkenntnissen entwickelt, naturwüchsig aus den Aufgaben des Lebens selber, welche durch Verwandtschaft und durch gegenseitige Begründung miteinander verbunden sind. Geschichte, Nationalökonomie, Rechts- und Staatswissenschaften, Religionswissenschaft, das Studium von Literatur und Dichtung, von Kunst und Musik, philosophischer Weltanschauung, als Theorie und als Erkenntnis des historischen Verlaufs sind solche

Wissenschaften... Alle diese Wissenschaften beziehen sich auf die Menschen, ihre Verhältnisse zueinander und zur äußeren Natur."[1]

(2) Für diese Geisteswissenschaften sind die naturwissenschaftlichen Vorgehensweisen ungeeignet, sie bedürfen deshalb einer eigenen wissenschaftstheoretischen Grundlegung.

Der Grund dafür liegt für Dilthey darin, daß bei einer naturwissenschaftlichen Vorgehensweise verlorengeht, was für menschliche Lebensäußerungen zentral ist: das menschliche Erleben, die Bedeutungshaftigkeit von Lebensäußerungen, die Sinnhaftigkeit menschlichen Handelns. Menschliches Erleben und seine Bedeutung lassen sich mit Hilfe naturwissenschaftlicher Verfahren nicht erfassen:

„Der Mensch findet sich bestimmt von der Natur... Wir bemächtigen uns dieser physischen Welt durch das Studium ihrer Gesetze. Diese Gesetze können nur gefunden werden, indem der Erlebnischarakter unserer Eindrücke von der Natur, der Zusammenhang, in dem wir, sofern wir selber Natur sind, mit ihm stehen, das lebendige Gefühl, in dem wir sie genießen, immer mehr zurücktritt hinter das abstrakte Auffassen derselben nach den Relationen von Raum, Zeit, Masse, Bewegung. Alle diese Momente wirken dahin zusammen, daß der Mensch sich selbst ausschaltet, um aus seinen Eindrücken diesen großen Gegenstand Natur als eine Ordnung nach Gesetzen zu konstruieren...

Aber derselbe Mensch wendet sich dann von ihr rückwärts zum Leben, zu sich selbst. Dieser Rückgang des Menschen in das Erlebnis, durch welches für ihn erst die Natur da ist, in das Leben, in dem allein Bedeutung, Wert und Zweck auftritt, ist die andere große Tendenz, welche die wissenschaftliche Arbeit bestimmt. Ein zweites Zentrum entsteht. Alles, was der Menschheit begegnet, was sie erschafft und was sie handelt, die Zwecksysteme, in denen sie sich auslebt, die äußeren Organisationen der Gesellschaft, zu denen die Einzelmenschen in ihr sich zusammenfassen - all das erhält nun hier eine Einheit" (Dilthey 1958, Bd. 7, S. 82f.).

Indem im Rahmen der Naturwissenschaften Gesetzmäßigkeiten der Natur erfaßt werden, abstrahieren wir von unseren Erlebnissen, von den Bedeutungen, die ein Ereignis für Menschen hat, von den Absichten und Zwecken, die Menschen verfolgen, von dem organisatorischen Rahmen, in den diese Absichten und Zwecke eingebunden sind und in dem menschliches Handeln bestimmte Wirkungen zeitigt. Um es an einem Beispiel zu verdeutlichen: Sicherlich kann man versuchen, das Spiel eines Kindes mit Hilfe naturwissenschaftlicher Methoden zu erfassen, indem man beobachtet, wie oft, wie lange, womit das Kind spielt. Aber dabei, so die Hauptthese von Dilthey, wird übersehen, daß das Spiel für das Kind ein „Erlebnis" ist, das eine Bedeutung besitzt: Das Kind empfindet etwas dabei, spürt, daß ihm das Spiel Spaß macht, fühlt sich durch die Art des Spiels angeregt, das Spiel zu wiederholen, entwickelt im Spiel Absichten, die in anderen Handlungssituationen leitend werden und „lernt" dabei. Im „Erleben" des Spiels hat das Spiel somit für das Kind eine Bedeutung, die nicht ohne Folge für sein weiteres Handeln ist.

(3) Während es Aufgabe der Naturwissenschaften ist, Verhalten zu erklären, geht es in den Geisteswissenschaften darum, innere Zustände in ihrer Bedeutung zu verstehen.

---

[1] Dilthey, W.: Der Aufbau der geschichtlichen Welt in den Geisteswissenschaften. In: Dilthey, W.: Gesammelte Schriften. Bd. 7, Stuttgart (4. Aufl.) 1958, S. 70.

Dilthey hat dies in der Abhandlung „Ideen über eine beschreibende und vergleichende Psychologie" aus dem Jahr 1894 auf folgende Formel gebracht: „Die Natur erklären wir, das Seelenleben verstehen wir." (Dilthey 1957, Bd. 5, S. 144).

Dies ist in der Tradition der hermeneutischen Wissenschaften die zentrale Unterscheidung: Während die neuzeitlichen Naturwissenschaften auf der Basis von Gesetzesaussagen Erklärungen liefern, ist es Aufgabe der Geisteswissenschaften, menschliches Seelenleben zu verstehen, aus äußeren Zeichen ein Inneres zu erkennen (Dilthey 1957, Bd. 5, S. 318): aus dem Verhalten eines Kindes seine Gedanken und Absichten zu erschließen, die Bedeutung eines Textes zu interpretieren.

(4) Die methodische Überprüfung des Verstehens erfordert eigene, hermeneutische Methoden.
Verstehen ist kein naturwissenschaftlicher Vorgang, sondern „erwächst zunächst aus den Interessen des praktischen Lebens" (Dilthey 1958, Bd. 7, S. 207). Allerdings ist es als Bestandteil des eigentlichen Lebens häufig unzuverlässig: Ich kann mich irren, wenn ich die Bedeutung einer Handlung oder den Sinn eines Textes zu erfassen suche. Hier beginnt die Aufgabe der Hermeneutik. Hermeneutik bedeutet ursprünglich „Übersetzung" und ist dann ausgeweitet als „Lehre vom Verstehen". Hermeneutik ist für Dilthey die Methode der Geisteswissenschaften insgesamt; Hermeneutik ist die wissenschaftliche Methode zur Erfassung von Bedeutungen:

„Heute tritt nun die Hermeneutik in einen Zusammenhang, der den Geisteswissenschaften eine neue bedeutsame Aufgabe zuweist. Sie hat immer die Sicherheit des Verstehens gegenüber der historischen Skepsis und der subjektiven Willkür verteidigt."(Dilthey 1958, Bd. 7, S. 217f.)

3.1.3 Forschungsmethodik

Das Verstehen wird von Dilthey als „Wiederfinden des Ich im Du" beschrieben:

„Das Verstehen ist ein Wiederfinden des Ich im Du; der Geist findet sich auf immer höheren Stufen von Zusammenhang wieder; diese Selbigkeit des Geistes im Ich, im Du, in jedem Subjekt einer Gemeinschaft, in jedem System der Kultur, schließlich in der Totalität des Geistes und der Universalgeschichte macht das Zusammenwirken der verschiedenen Leistungen in den Geisteswissenschaften möglich. Das Subjekt des Wissens ist hier eins mit seinem Gegenstand, und dieser ist auf allen Stufen seiner Objektivation derselbe" (Dilthey 1958, Bd. 7, S. 191).

Möglich wird dieses „Wiederfinden des Ich im Du" nach Dilthey aufgrund der Tatsache, daß es bei aller Unterschiedlichkeit zwischen Menschen doch eine Reihe von Gemeinsamkeiten in der biologischen Ausstattung und den Grunderfahrungen gibt, die es erlauben, Vermutungen darüber anzustellen, was die Bedeutung bestimmter Situationen, Ergeignisse und Handlungen ist. Wir können die Bedeutung des Spiels für ein Kind erfassen, weil wir als Kinder selbst gespielt und dabei Freude und Spaß erlebt haben. Allgemein formuliert sind Handlungen und soziale Tatsachen in ihrer Bedeutung erschließbar, weil wir uns in sie hineinversetzen und sie nacherleben können:

„Die Tatbestände in der Gesellschaft sind uns von innen verständlich, wir können sie in uns, auf Grund der Wahrnehmung unserer eigenen Zustände, bis auf einen gewissen Punkt nachbilden, und mit Liebe und Haß, mit leidenschaftlicher Freude, mit dem ganzen Spiel unserer Affekte begleiten wir anschauend die Vorstellung der Welt“ (Dilthey 1959, Bd. 1, S. 36).

Allerdings können uns Erfahrungen täuschen oder für das Verständnis eines Ausdrucks bzw. einer Handlung unzureichend bleiben. Spätestens dann stellt sich die Frage, wie wir unser Verstehen methodisch absichern können.

Als Weg der Absicherung wird in der Tradition der Hermeneutik der „hermeneutische Zirkel“ verwendet. Entwickelt wurde dieses Verfahren des hermeneutischen Zirkels an Texten und deren Interpretation. Für das Verstehen eines Textes, so die Kernthese, ist ein bestimmtes Vorverständnis über die Bedeutung einzelner im Text verwendeter Begriffe wirksam. Auf der Grundlage meines Vorverständnisses verstehe ich einzelne Passagen des Textes. Andererseits wird das Verständnis dieser Passagen die Bedeutung der dabei verwendeten Begriffe präzisieren und damit zugleich das zunächst eingebrachte Vorverständnis korrigieren. Auf der Basis des veränderten Vorverständnisses über die Bedeutung von Begriffen wird man den Sinn einzelner Passagen und damit den Gesamttext neu und anders verstehen. Es entsteht somit ein Zirkel des Verstehens, nämlich eine spiralförmige Bewegung zwischen Vorverständnis und Verständnis des Textes:[2]

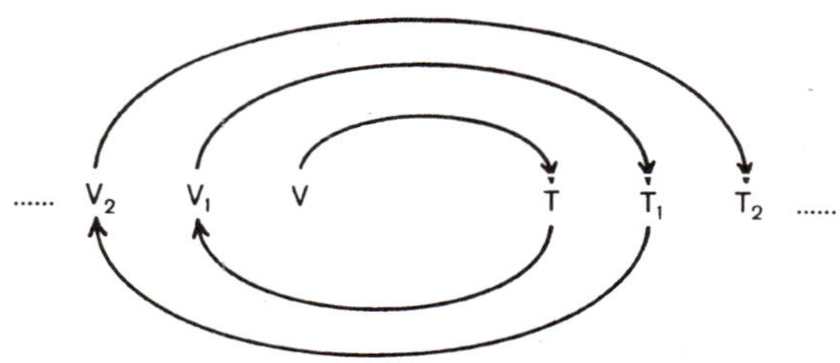

V = Vorverständnis; T = Textverständnis; V_1 = erweitertes Vorverständnis
T_1 = erweitertes Textverständnis usw.

Dieser hermeneutische Zirkel läßt sich gut auch am Lesen dieses Buches verdeutlichen: Sie verstehen den Text auf der Basis Ihres Vorverständnisses, das Sie von Erziehung, Erziehungswissenschaft und pädagogischer Praxis haben. Andererseits wird dieser Text vermutlich Ihr Vorverständnis beeinflussen: Bestimmte Sachverhalten werden Ihnen deutlicher werden, oder Sie werden sie anders sehen. Wenn Sie nach einigen Monaten nochmals den Text heranziehen, werden Sie ihn aus einer veränderten Perspektive lesen.

Allerdings ist dieser hermeneutische Zirkel noch keine Forschungsmethode im strengen Sinn: Es wird nicht gesagt, wann eine Bedeutungszuweisung „richtig“ oder gar zwingend ist, oder welche und wie viele Schritte dazu in Abhängigkeit von einem bestimmten Vorverständnis erforderlich sind.

---

[2] Danner, H.: Methoden geisteswissenschaftlicher Pädagogik. München/Basel (3. Aufl.) 1994, S. 57.

3.1.4 Konsequenzen für die pädagogische Praxis

Dilthey richtet sich bei seinem Programm einer wissenschaftstheoretischen Grundlegung der Geisteswissenschaften vor allem an Geschichte, Gesellschaftswissenschaften, Politik und schließlich an die Psychologie und wendet es nur insoweit auf die Pädagogik an, als er die Voraussetzungen zu klären sucht, unter denen Pädagogik als eine geisteswissenschaftliche Disziplin betrieben werden kann. Aufgabe der pädagogischen Wissenschaft, so schreibt er in den „Grundlinien" (einer Niederschrift für Diltheys Berliner Pädagogik-Vorlesungen), ist nicht die „Analysis des Systems in die Einzelvorgänge und deren Kausalzusammenhang", sondern die „Analysis des Zweckzusammenhangs der Erziehung"[3] und zwar sowohl des äußeren oder gesellschaftlichen Zweckzusammenhangs als auch des inneren oder seelischen Zusammenhangs der Erziehung. Mit dieser Aufgabenbestimmung verbinden sich folgende Hauptthesen:

(1) Es gibt keine allgemeingültigen, für alle Zeiten geltenden Erziehungsziele.
Dies ergibt sich aus Diltheys Grundentscheidung, Pädagogik als historisch-hermeneutische Disziplin zu betreiben: Hermeneutisch lassen sich vorfindbare Erziehungskonzepte im Blick auf die ihnen zugrundeliegenden Vorstellungen (Ziele, Aufgaben, Maßnahmen, Wege) hin untersuchen. Es läßt sich ebenso untersuchen, in welchem historisch-gesellschaftlichen Zusammenhang solche Zielsetzungen stehen und welche Bedeutung den jeweiligen Erziehungskonzepten zukam. Nicht aber ist es auf hermeneutischer Grundlage möglich zu entscheiden, welches Erziehungskonzept das „richtige" ist, welche Ziele und Zwecke durch Erziehung verfolgt werden sollen. Die historisch-hermeneutische Analyse zeigt, daß es kein allgemeingültiges Erziehungskonzept gibt, sondern daß zu unterschiedlichen Zeiten unterschiedliche Vorstellungen von Erziehung bestanden haben:

„Das von Melanchthon wie das von Comenius, das von Locke wie das von Rousseau oder von Herbart ist geschichtlich bedingt und hat immer eine geschichtliche Gültigkeit" (Dilthey 1960, Bd. 9, S. 10).

Und später heißt es:

„So muß unser Endurteil sein: diese allgemeingültige pädagogische Wissenschaft, welche von der Feststellung des Zieles der Erziehung aus die Regeln für das Geschäft derselben gibt, absehend von allen Verschiedenheiten der Völker und Zeiten, sie ist eine rückständige Wissenschaft!" (Dilthey 1960, Bd. 9, S. 177).

(2) Aufgabe der Pädagogik ist zunächst das Verstehen der Erziehungswirklichkeit.
Aufgabe der Pädagogik, so heißt es in dem bereits erwähnten Abschnitt, ist die „Analyse des Zweckzusammenhangs der Erziehung" (Dilthey .1960, Bd. 9, S. 179f.). Dabei können Gegenstand der Pädagogik grundsätzlich sowohl Situationen der pädagogischen Praxis als auch pädagogische Texte sein. Aufgabe der Pädago-

3 Dilthey, W.: Pädagogik. In: Dilthey, W.: Gesammelte Werke. Stuttgart (4. Aufl.) 1960, Bd. 9, S. 179.

gik ist es, nach der Bedeutung der jeweiligen Handlungen, Texte, Dokumente oder Lebensäußerungen zu fragen.

Allerdings hat Dilthey dieses Programm nicht systematisch ausgeführt, er wendet jedoch hermeneutische Verfahren bei der Behandlung pädagogischer Sachverhalte an. Exemplarisch sei ein Abschnitt über die Bedeutung des Spiels aus den „Grundlinien eines Systems der Pädagogik" aufgeführt (Dilthey 1960, Bd. 9, S. 206):

„Spiel und Arbeit sind beide der Ruhe oder dem bloßen passiven Aufnehmen entgegengesetzt als Weisen von Selbsttätigkeit. Aber während die Arbeit ein außerhalb dieser Tätigkeit liegendes, reelles, d.h. in die Bedürfnisse des Lebens eingreifendes Ergebnis anstrebt, auch mit Überwindung, hat das Spiel seine Befriedigung in der Tätigkeit selber. Das Kind macht noch keinen Kraftaufwand, der die realen Bedürfnisse durch zwischenliegende Akte von Arbeit in der Zukunft zu befriedigen verspricht. Ernst, Arbeit kennt es zunächst nicht. Es spielt. Der Zusammenhang des Spiels setzt sich aus Akten und Zuständen fröhlichen Genusses, der Lust, zusammen. Aber im Spiel wird der Zusammenhang ausgebildet, welcher als Fortgang von Vorstellungen durch angeregte Gefühle zu Willenshandlungen im Ernst des Lebens und der Arbeit dann wirksam wird. Das Seelenleben des Kindes vermag sich nur erst im Spiel und seinen Fiktionen auszuatmen. In dem Spiel wird die Gesundheit der Kindesseele durch solche freie Betätigung erhalten." (Dilthey 1960, Bd. 9, S. 206).

In diesem Text findet sich eine ganze Reihe hermeneutischer Aussagen, in denen die Bedeutung des Spiels für das Kind geklärt wird:

- „Das Spiel hat seine Befriedigung in der Tätigkeit selber".
- „Das Seelenleben des Kindes vermag sich nur erst im Spiel und seinen Fiktionen auszuatmen".

Daß das Spiel seine Befriedigung in der Tätigkeit selber hat, ist nicht beobachtbar, sondern wird aus dem Verhaltenszusammenhang interpretiert.

(3) Aus dem Verstehen der Erziehungswirklichkeit lassen sich situationsvariante (für eine besondere Situation gültige) Normen gewinnen.

Der Text über das Spiel zeigt diesen Übergang von hermeneutischen Aussagen zu normativen Anweisungen für die Erziehungspraxis deutlich. Es heißt hier:

„Es ist die erste Regel aller Erziehung: das Spiel ist für das Kindesleben eine notwendige Funktion, Unterstützung desselben durch den Erzieher darf nur die im Kinde angelegte Art der Vorgänge fördern und die Freiheit nicht einschränken. Wenn die Wahrnehmungsspiele die Bilder der Gegenstände entwickeln, wenn die Phantasiespiele das innere eigentümliche Leben des Kindes ausbilden, wenn die Übungsspiele Gesundheit, Stärke des Körpers und Moralität stärken und heben: so ist solcher einzelner Nutzen überall zu pflegen, aber der eigentlichen Funktion desselben einzuordnen" (Dilthey 1960, Bd. 9, S. 206).

Hier werden ganz konkrete Anweisungen für das praktische Handeln aufgestellt wie „Der Erzieher darf die Freiheit im Spiel nicht einschränken!" und „Wenn die Übungsspiele Gesundheit, Stärke des Körpers und Moralität stärken und heben, so ist solcher Nutzen zu pflegen!".

Begründet werden solche Normen bei Dilthey durch die sog. „Strukturlehre“[4], nämlich die These, daß Prozesse im psychischen Bereich grundsätzlich teleologisch verlaufen, das heißt auf bestimmte Ziele hin ausgerichtet sind:

„Jedes empfindende bewegliche Geschöpf sehen wir angemessen der Haltung, ja der Steigerung seiner Existenz und der Existenz seiner Gattung leben“ (Dilthey 1960, Bd. 9, S. 181).

Dilthey glaubt, diesen „teleologischen Strukturzusammenhang“ bei allen Lebewesen, bei der Entwicklung des einzelnen Menschen und auch in der Geschichte von sozialen und kulturellen Systemen wiederfinden zu können. Überall verläuft die Entwicklung letztlich in Richtung auf Entfaltung und Steigerung:

„Im Seelenleben erfahren wir von innen ein Verhältnis der Vorgänge als einzelner Glieder in einem Zusammenhang, welcher Erhaltung, Glück und Entwicklung der Individuen, Erhaltung und Steigerung der Art und Gattung herbeiführt... Wie die organische Natur auf Steigerung hinarbeitet, so die geschichtliche Welt auf Entfaltung und Entwicklung“ (Dilthey 1958, Bd. 6, S. 66, 67).

Wenn man also davon ausgeht, daß Entwicklung grundsätzlich in Richtung einer höheren Vollkommenheit verläuft, dann, so Dilthey, lassen sich aus der Interpretation der gegenwärtigen Situation Maßgaben gewinnen, die die Entwicklung zur Vervollkommnung unterstützen. Dilthey spricht in diesem Zusammenhang von dem „Fundamentalsatz“ der Pädagogik:

„Die allgemeinste Bedingung allgemeingültiger Regeln oder Normen des Seelenlebens, der auf es gegründeten Kultursysteme, insbesondere dann auch der Erziehung, liegt in dem teleologischen Charakter des Seelenlebens. Der Fundamentalsatz einer Pädagogik besteht also in einer Behauptung: das Seelenleben hat eine innere Zweckmäßigkeit, sonach eine ihm eigene Vollkommenheit. Folgerecht können Normen dieser Vollkommenheit gegeben, Regeln, wie sie durch die Erziehung herzustellen sei, entworfen werden“ (Dilthey 1960, Bd. 9, S. 185).

Aufgabe der Pädagogik als einer Wissenschaft ist es somit, die „Prinzipien“ zu ermitteln, nach denen sich der Prozeß der Vervollkommnung in der Entwicklung des Kindes vollzieht:

„Wie verschieden die Gestalten der Erziehung sein mögen: die Entwicklung jedes Kindes hat die Vollkommenheit der Vorgänge und ihrer Verbindungen herzustellen, die in dem teleologischen Zusammenhange des Seelenlebens zusammenwirken... Die Vollkommenheit des Seelenlebens in seinen einzelnen Vorgängen und seinem Zusammenhang ist die allgemeine im Menschen gelegene Bedingung, an welche die Erreichung jedes inhaltlichen Zieles gebunden ist. Diese Vollkommenheit ist also unter allen Umständen von der Erziehung anzustreben... Was in ihr gelegen ist, kann allgemeingültig entwickelt werden... So hat sich uns die Möglichkeit einer allgemeingültigen Pädagogik ergeben; in der Vollkommenheit der Vorgänge und ihrer Verbindungen, die in der Teleologie des Seelenlebens verbunden sind, hat sie eine sichere allgemeingültige Unterlage; in der Deskription, der Analysis und Regelgebung vermag sie den Charakter strenger Sicherheit zu erreichen“ (Dilthey 1962, Bd. 6, S. 67ff.).

Damit ist jedoch keine Zweckbestimmung, keine Festlegung auf inhaltliche Erziehungsziele innerhalb eines historisch-gesellschaftlichen Lebenszusammenhangs verbunden. So heißt es an jener berühmten Stelle aus der Abhandlung „Über die Möglichkeit einer allgemeingültigen pädagogischen Wissenschaft“ von 1888:

---

4 Vgl. Brüggen, F.: Strukturen pädagogischer Handlungstheorie. Freiburg 1980, S. 66ff.

„Nur aus dem Ziel des Lebens kann das der Erziehung abgeleitet werden, aber dies Ziel des Lebens vermag die Ethik nicht allgemeingültig zu bestimmen. Dies kann schon aus der Geschichte der Moral erkannt werden. Was der Mensch sei und was er wolle, erfährt er erst in der Entwicklung seines Wesens durch die Jahrtausende und nie bis zum letzten Worte, nie in allgemeingültigen Begriffen, sondern immer nur in den lebendigen Erfahrungen, welche aus der Tiefe seines ganzen Wesens entspringen. Dagegen hat sich jede inhaltliche Formel über den letzten Zweck des Menschenlebens als historisch bedingt erwiesen. Kein moralisches System hat bisher allgemeine Anerkennung erringen können" (Dilthey 1958, Bd. 6, S. 57).

Hier lassen sich Gemeinsamkeiten und Unterschiede zwischen Diltheys Ansatz und der Pädagogik Herbarts deutlich erkennen: Auch für Dilthey bleibt Pädagogik eine normative Disziplin, insofern sie Hinweise darauf gibt, wie Erziehung die Entwicklung zu „Steigerung" und „Vervollkommnung" unterstützen kann. Aber während Herbart von allgemeingültigen, d.h. zu allen Zeiten gültigen Normen ausgeht, betont die Tradition der Hermeneutik die historische Wandelbarkeit von Normen. Als Konsequenz daraus lassen sich, so die Tradition Diltheys, nur historisch bedingte Normen aufstellen, die für einen bestimmten Zeitraum oder für eine bestimmte Situation Geltung besitzen:

„Wir sahen, daß das inhaltliche Ziel des Lebens jederzeit geschichtlich bestimmt ist. Die Vollkommenheit des Seelenlebens in seinen einzelnen Vorgängen und seinem Zusammenhang ist die allgemeine im Menschen gelegene Bedingung, an welche die Erreichung jedes inhaltlichen Zieles gebunden ist. Diese Vollkommenheit ist also unter allen Umständen von der Erziehung anzustreben. Das Erziehungsideal einer Zeit und eines Volkes in seiner inhaltlichen Fülle und Wirklichkeit ist historisch bedingt und geartet. Dazu begegnen einander individuelle Anlage und Lebensausstattung auf der einen Seite, der entsprechende Beruf in der Gliederung der Berufsarten auf der anderen Seite, und so erst entsteht die Erziehungswirklichkeit, Kraft deren ein Mensch in seiner Zeit, seinem Volke, seiner Gesellschaft sich dem ihm angemessenen Ziel seiner Leistung entgegen entwickelt" (Dilthey 1958, Bd. 6, S. 68).

3.1.5 Beurteilung

Diltheys Konzept hat zwei entscheidende Argumente für die Frage nach der wissenschaftstheoretischen Grundlegung der Erziehungswissenschaft eingebracht:

- Zum einen wird erstmals bei Dilthey deutlich die Frage aufgeworfen, ob das Wissenschaftskonzept der Naturwissenschaften für die Erziehungswissenschaft überhaupt anwendbar ist. Wenn das Handeln von Menschen sich vom Verhalten lebloser Gegenstände dadurch grundsätzlich unterscheidet, daß Menschen ihrem Handeln eine Bedeutung geben, sind dann nicht eine eigene wissenschaftstheoretische Grundlegung und ein eigenes forschungsmethodisches Vorgehen erforderlich?
- Zum anderen ist die Kritik an allgemeingültigen Normen von Bedeutung. Im Grunde weist Dilthey hier auf eine heute geläufige Erfahrung hin: Sind nicht unsere Normen und Werte von der jeweiligen historischen Situationen bestimmt? Muß nicht der Versuch, Vorschläge für das praktische Handeln in der pädagogischen Praxis zu entwerfen, auch die besondere Situation berücksichtigen?

Andererseits ist Ihnen vermutlich bereits bei der Beschäftigung mit diesem Konzept deutlich geworden, daß bei diesem Programm eine Reihe von Fragen offen bleiben:

- Ein Problem ist die fehlende Forschungsmethodik hermeneutischen Vorgehens. Wie kann ich absichern, daß ich den anderen oder eine bestimmte historische Situation „richtig" verstehe? Bin ich nicht in Gefahr, dabei unreflektiert mein eigenes Vorverständnis der Situation überzustülpen? Reicht der hermeneutische Zirkel als Absicherung aus? Bedarf nicht auch eine Hermeneutik zusätzlicher Forschungsmethoden, um zu gesicherten Ergebnissen zu gelangen?
- Ein weiteres Problem ist die Begründung von Normen. Selbst wenn wir davon ausgehen, daß Normen grundsätzlich immer nur historische Gültigkeit besitzen, benötige ich dann nicht ein Verfahren, nach dem sich entscheiden läßt, was in dieser Situation richtig und sinnvoll ist? Kriterien für eine Begründung zeitlich begrenzter, historisch-situativer Normen fehlen bei Dilthey: Der Hinweis, daß Maßgaben und Ziele so gewählt sein sollen, daß sie eine Entwicklung zur Steigerung und Vervollkommnung ermöglichen, bleibt unscharf, da offen bleibt, was Zustände „höherer Vollkommenheit" von Zuständen geringerer Vollkommenheit unterscheidet.
- Schließlich birgt Diltheys Versuch die Gefahr in sich, daß Erziehungswissenschaft einseitig auf die Interpretation von Texten bezogen wird. Dilthey als Historiker legt das Schwergewicht seiner Überlegungen auf die Bearbeitung von Texten. In der Tradition von Dilthey wurden vorwiegend die pädagogischen Klassiker, die es zu verstehen galt, Gegenstand der Erziehungswissenschaft. Bis in die 50er und 60er Jahre war Pädagogik an zahlreichen Universitäten eine vorwiegend philologische Disziplin, bei der die Interpretation von Texten im Mittelpunkt stand. Doch muß nicht Pädagogik als eine Sozialwissenschaft betrieben werden, bei der nicht Texte, sondern die pädagogische Praxis (die Erziehungswirklichkeit selbst, wie in der Tradition der Hermeneutik formuliert) Gegenstand der Wissenschaft ist?

Die folgenden Kapitel werden zeigen, wie in der Tradition der Hermeneutik diese Fragen diskutiert und welchen neuen Antworten dabei entwickelt wurden.

Wenn Sie sich weiter mit Diltheys Konzept „einer philosophischen Hermeneutik" beschäftigen möchten, hier einige Literaturanregungen:

Danner, H.: Methoden geisteswissenschaftlicher Pädagogik. München (3. Aufl.) 1994.
Fellmann, F.: Symbolischer Pragmatismus. Reinbek 1991.
Ineichen, H.: Philosophische Hermeneutik. Freiburg/München 1991.
Jung, M.: Dilthey zur Einführung. Hamburg 1996.
Uhle, R.: Verstehen und Pädagogik. Weinheim 1989.

3.2 Geisteswissenschaftliche Pädagogik

3.2.1 Historische Entwicklung

Diltheys Grundlegung der Geisteswissenschaften bezog sich zunächst nicht speziell auf die Pädagogik. Sie wird in der Aufzählung der verschiedenen geisteswissenschaftlichen Disziplinen von ihm nicht einmal eigens erwähnt (Bd. 7, 70). Aber es liegt nahe, diesen Ansatz auf die Pädagogik zu übertragen und damit die Pädagogik nicht nach dem Vorbild der Naturwissenschaften zu sehen, sondern als eine verstehende Disziplin.

Eben das war gemeinsames Anliegen der „Geisteswissenschaftlichen Pädagogik“, der an Dilthey anknüpfenden Pädagogen. Die bekanntesten Vertreter sind:

Herman Nohl (1879-1960) promovierte 1904 bei Dilthey über „Sokrates und die Ethik“ und war danach dessen Assistent. 1908 wurde er Privatdozent für Philosophie in Jena. Nach dem Ende des ersten Weltkriegs wendete sich Nohl der Pädagogik zu und wurde 1919 Mitbegründer der Thüringer Volkshochschule in Jena. 1920-1937 (danach Lehrverbot im Nationalsozialismus) und 1945-1949 Professor für Pädagogik an der Universität Göttingen.

Als Einführung eignet sich das Kapitel „Die Möglichkeit einer allgemein gültigen Theorie“. In: Nohl, H.: Die pädagogische Bewegung in Deutschland und ihre Theorie. Frankfurt a. M. (10. Aufl.) 1988, S. 133-155 (die 1. Auflage erschien 1933 im „Handbuch der Pädagogik“).

Eduard Spranger (1882-1963) war ebenfalls ein Schüler Diltheys. Er war seit 1920 Professor an der Universität Berlin und 1946-1952 an der Universität Tübingen.

Als Einführung geeignet ist der Aufsatz:
Die Bedeutung der wissenschaftlichen Pädagogik für das Volksleben. In: Spranger, E.: Gesammelte Schriften (hrsg. von Bähr, H.W. u.a.). Bd. 6, 1980 (ursprünglich 1928).

Für die Geisteswissenschaftliche Pädagogik ist dann vor allem die Generation der Nohl-Schüler bedeutsam geworden:

Wilhelm Flitner (1889-1991) seit 1912 Gymnasiallehrer und ab 1919 Leiter der Volkshochschule Jena, 1927-1957 Professor an der Universität Hamburg.

Wichtige Schriften von Flitner sind:
Flitner, W.: Das Selbstverständnis der Erziehungswissenschaft in der Gegenwart. In: Flitner, W.: Gesammelte Schriften (hrsg. von Erlinghagen, K. u.a.), Bd. 1-11. Paderborn 1982ff. (ursprünglich 1966).
Flitner, W.: Allgemeine Pädagogik. Stuttgart (15. Aufl.) 1997 (1. Aufl. 1950).

Erich Weniger (1893-1961) war Assistent von Nohl und von 1920 - 1933 an den Pädagogischen Akademien Kiel, Altona und Frankfurt tätig. 1933 wurde er wegen „politischer Unzuverlässigkeit“ entlassen. Seit 1945 war er an der Pädagogischen

Hochschule Göttingen und seit 1949 als Nachfolger von Nohl an der Universität Göttingen.

Wichtige Veröffentlichungen von Weniger enthält der Sammelband:
Weniger, E.: Ausgewählte Schriften zur Geisteswissenschaftlichen Pädagogik. Weinheim/Basel 1975.

Theodor Litt (1880-1962) war zunächst Gymnasiallehrer und seit 1920 Nachfolger Sprangers als Professor für Philosophie und Pädagogik an der Universität Leipzig. 1937 ließ er sich aus Gegnerschaft zum Nationalsozialismus emeritieren, wurde 1945 wieder eingesetzt und wechselte 1947 an die Universität Bonn.

Als wichtige Einführung ist zu nennen:
Litt, Th.: Führen oder Wachsen lassen. In: Litt, T.: Pädagogische Schriften, hrsg. von A. Reble. Bad Heilbrunn 1995 (ursprünglich 1927), S. 9-73.

3.2.2 Hauptthesen

In dem Kapitel „Die Erziehungswirklichkeit als Ausgangspunkt der Theorie" in dem Buch „Die pädagogische Bewegung in Deutschland und ihre Theorie" gibt Nohl eine Zusammenfassung der philosophischen (heute würden wir sagen: wissenschaftstheoretischen) Grundlagen seiner Pädagogik.

Wir werden uns im folgenden vor allem an diesen Text halten, um die Hauptthesen der Geisteswissenschaftlichen Pädagogik herauszuarbeiten:

(1) Ausgangspunkt für die pädagogische Theorie ist die Erziehungswirklichkeit.

„Der wahre Ausgangspunkt für eine allgemeingültige Theorie der Bildung ist die Tatsache der Erziehungswirklichkeit als eines sinnvollen Ganzen. Aus dem Leben erwachsend, aus seinen Bedürfnissen und Idealen, ist sie da als ein Zusammenhang von Leistungen, durch die Geschichte hindurchgehend, sich aufbauend in Einrichtungen, Organen und Gesetzen - zugleich sich besinnend auf ihr Verfahren, ihre Ziele und Mittel, Ideale und Methoden in den Theorien - eine große objektive Wirklichkeit, wie Kunst und Wirtschaft, Recht und Wissenschaft ein relativ selbständiges Kultursystem, unabhängig von den einzelnen Subjekten, die in ihm tätig sind, und von einer eigenen Idee regiert, die in jedem echt erzieherischen Akt wirksam ist und doch wieder nur faßlich wird in ihrer geschichtlichen Entfaltung... Diese Erziehungswirklichkeit in ihrer Doppelseitigkeit von pädagogischem Erlebnis und pädagogischen Objektivationen ist das phaenomenon bene fundatum, von dem die wissenschaftliche Theorie auszugehen hat."[1]

Damit wendet sich die Geisteswissenschaftliche Pädagogik gegen die normative Pädagogik in der Tradition Herbarts, aber auch gegen eine empirische Grundlegung in der Tradition von Lay und Meumann. Ausgangspunkt für die pädagogische Theorie in der Geisteswissenschaftlichen Pädagogik sind konkrete pädagogische Situationen.

[1] Nohl, H.: Die pädagogische Bewegung in Deutschland und ihre Theorie. Frankfurt a. M. (10. Aufl.) 1988, S. 150f.

Ein Beispiel dafür findet sich in dem Aufsatz „Die Jugend und der Alltag“.[2] Dabei handelt es sich um einen Vortrag, den Nohl 1927 vor Jugendpflegern gehalten hat. Nohl geht es dort um die Aufgabe der Jugendpflege - wir würden heute sagen: um die Aufgabe der Sozialpädagogik. Dabei greift Nohl auf eine ganz konkrete Situation zurück:

„Vor einigen Wochen ging eine Notiz durch die Zeitungen, die jeden Jugendpfleger sehr nachdenklich machen mußte. Drei junge Menschen in Köpenick nahmen sich das Leben am Tage der Zehnjahrfeier der Gründung der Sowjetrepublik, nachdem sie noch an diesem Fest ihrer Partei teilgenommen hatten. Sie gingen in die Wohnung des einen der Kameraden, tranken Kaffee bei der Mutter, die sie scherzhaft, wie sie meinte, fragten, was sie dazu sagen würde, wenn sie sich jetzt töteten, philosophierten, wie es heißt, im Nebenzimmer, sangen und spielten dazu die Laute und erschossen sich dann plötzlich einer nach dem andern.“ (Nohl 1949, S. 98).

Entsprechend sind auch in anderen Texten die konkreten pädagogischen Erfahrungen Ausgangspunkt theoretischer Überlegungen: die Erfahrungen von starrer Methodik im Unterricht, Erfahrungen von Problemen bei der Fürsorgeerziehung oder Probleme in der Familie.

(2) Erziehungswirklichkeit wird als „sinnvolles Ganzes“ verstanden.

„Der wahre Ausgangspunkt für eine allgemeingültige Theorie der Bildung ist die Tatsache der Erziehungswirklichkeit als eines sinnvollen Ganzen“ (Nohl 1988, S. 150).

„Aber es bleibt für alle Zeit die wichtigere und immer vorangehende Erfahrung: daß geistiges Dasein eine Sinneinheit ist, und daß wir immer, wo wir geistiges Dasein verstehen wollen, von dieser Sinneinheit ausgehen und das einzelne aus ihr faßbar machen.“[3]

Doch was ist hier genau unter „Sinn“ bzw. „sinnvoll“ zu verstehen? „Sinnvoll“ wird nicht im Sinn von „richtig“ oder „gut“ verwendet. Sondern „sinnvoll“ heißt im Anschluß an Dilthey, daß Erziehungswirklichkeit für die betreffenden Personen eine Bedeutung besitzt: Die drei Jugendlichen erleben die Erziehungswirklichkeit in einer Weise, die für sie eine bestimmte Bedeutung hat, was dazu führt, daß sie ihr Leben beenden:

„Wie man es auch wenden mag: der letzte Grund war augenscheinlich eine völlige Desillusionierung, ein erschütterndes Verzweifeln dieser Jugend an ihrem Alltag. Daß solche Verzweiflung gerade an dem politischen Gedenktag zum Ausbruch kam, läßt vermuten, daß die drei den Glauben an die Ideologie ihrer Partei verloren hatten... Aber dahinter steht doch, daß diese jungen Menschen ohne diesen Glauben in der Wirklichkeit nichts mehr fanden, das sie freuen mochte, daß ihnen vor diesem Alltag graute und sie zu hoch dachten, um sich mit dem gemeinen Genuß zu betäuben, Kino, Schnaps und Mädchen, wie die tausend andern.“ (Nohl 1949, S. 98).

Der „Sinn“ dieser Situation für die Jugendlichen besteht damit offenbar:

– in den Gedanken, die sich die Jugendlichen über diese Situation machen,
– in ihren Zielen und Absichten,
– in ihren Einstellungen und Empfindungen, die sie in dieser Situation haben.

---

2 Nohl, H.: Pädagogik aus dreißig Jahren. Frankfurt a. M. 1949, S. 98ff.

3 Nohl, H.: Charakter und Schicksal. Frankfurt a. M. (3. Aufl.) 1947, S. 20f.

Allgemein: Wenn die Geisteswissenschaftliche Pädagogik davon spricht, daß die Erziehungswirklichkeit ein sinnvolles Ganzes ist, dann besagt das, daß die hier handelnden Personen der Situation eine Bedeutung geben:

- daß sie sich Gedanken über diese Situation machen,
- daß sie Ziele und Absichten verfolgen,
- daß sie Einstellungen und Empfindungen haben.

Damit ist deutlich, daß hinter diesen Überlegungen ein anderes „Menschenbild" steht als hinter der verhaltenstheoretischen Erziehungswissenschaft: Verhalten wird nicht als Reaktion auf Reize gedeutet, sondern Menschen werden als „handelnde Subjekte" gesehen, die ihrer Situation eine bestimmte Bedeutung geben und auf der Basis dieser Bedeutung handeln.

(3) Aufgabe der Pädagogik als einer „hermeneutischen Disziplin" ist es, die Bedeutung der Erziehungswirklichkeit zu erfassen.
Nohl greift hier Diltheys Unterscheidung zwischen Erklären und Verstehen auf, wobei Pädagogik sich durchaus beider Vorgehensweisen bedienen kann, aber nicht auf ein naturwissenschaftliches Erklären beschränken darf:

„In Wahrheit wird, wer immer hier erzieht, auf beiden Wegen denken müssen, kausal und verstehend" (Nohl 1947, S. S. 26).

Verdeutlicht wird der Unterschied zwischen diesen beiden Zugangsweisen an einem einfachen Beispiel:

„Ein Kind wird überraschend unaufmerksam. Ist es körperlich überanstrengt oder krank oder hat es vielleicht nur eine Wucherung in der Nase? Das ist die erste Einstellung, die sorgfältig nachgehende Beobachtung fordert. Dann kommt die Frage nach dem Erlebnis: hat das Kind versteckte Erfahrungen gemacht, die es quälen und ganz in Anspruch nehmen, z. B. sexuelle? Oder liegt ein Zustand von Willensschwäche und Tagträumen vor, dem man durch energische Konzentration beikommen muß? Oder - eine vierte Möglichkeit, an die der Lehrer meistens zuletzt denkt: ist er selbst zu langweilig und bietet dem Bedürfnis des Kindes nach Anregung keine lebendige Nahrung mehr?" (Nohl 1947, S. 26).

Man kann also diese Situation durch körperliche Überanstrengung oder Krankheit erklären. Aber man kann diese Situation auch verstehen, indem man sie als Ausdruck „versteckter Erfahrungen" deutet. Letzteres ist für die Pädagogik das Entscheidende: die Situation zu verstehen, heißt die Bedeutung zu erfassen, die die Situation für das Kind besitzt.

(4) Erziehungswirklichkeit ist das Ergebnis einer geschichtlichen Entwicklung.
„Erziehungswirklichkeit", so formuliert Nohl, ist nur faßbar in ihrer geschichtlichen Entfaltung:

„Was Erziehung eigentlich ist, verstehen wir, wenn wir nicht bei dem immerhin beschränkten persönlichen Erlebnis stehenbleiben wollen, nur aus solcher systematischen Analyse ihrer Geschichte" (Nohl 1988, S. 151).

Auch diese These hat Nohl von Dilthey aufgegriffen: Um den Sinn zu erfassen, reicht es nicht aus, von den gegenwärtigen Erfahrungen auszugehen. Man kann die Bedeutung einer Erziehungssituation immer nur im Blick auf die Geschichte erfassen. Dabei läßt sich Geschichte in zweifacher Hinsicht verstehen:

- als gemeinsame Geschichte, in der sich bestimmte Auffassungen, aber auch bestimmte Probleme heranbilden. Nohl verdeutlicht dies am Verstehen der gegenwärtigen pädagogischen Wirklichkeit in dem Buch „Die Pädagogische Bewegung in Deutschland und ihre Theorie":

  „Wenn man die pädagogische Bewegung in Deutschland verstehen will, wird man sie in dem allgemeinen Zusammenhang der kulturellen Bewegung sehen müssen, in dem sie mit allen ihren Einzelströmungen selbst doch wieder nur eine Welle ist, eine Bewegung neben andern größten historischen Ausmaßes, dem Sozialismus, der Inneren Mission, der Frauenbewegung, der sozialpolitischen Bewegung, der nationalen Bewegung, um nur die wichtigsten zu nennen, die seit der französischen Revolution und seit der Deutschen Bewegung Europa in Atem halten. Jede dieser Bewegungen hat ihren eigenen Einsatz, ihre eigene Struktur, ihre eigene pädagogische Konsequenz, und man versteht die tiefen Spannungen in unserer Pädagogik, in der sich am Ende alles sammelt, nur, wenn man sich diesen Hintergrund deutlich gemacht hat, aus dem und dem gegenüber sie sich entwickelt" (Nohl 1988, S. 3).

- als individuelle Geschichte des einzelnen Kindes, Jugendlichen oder Erwachsenen:

  „Pädagogik ist immer geschichtliches Leben, Bewegung und darum nichts Statisches, sondern ihrem Wesen nach Entwicklung, unerbittlich vorwärtsschreitend. Das gilt dem einzelnen Kind gegenüber, das heute nicht mehr dasselbe ist wie gestern, wie gegenüber der Folge der Generationen" (Nohl 1988, S. 276).

Bezogen auf das Beispiel der drei Jugendlichen bedeutet dies, die geschichtliche Entwicklung gegen Ende der 20er Jahre mit der Entwicklung der Großstädte und der steigenden Arbeitslosigkeit zu erfassen:

„Der gefährliche Widerspruch zwischen seiner Jugendhoffnung... und dem Alltag... Diese ewige Erfahrung jeder Jugend ist heute grausam verschärft gegenüber der großstädtischen Wirklichkeit mit ihrem Wohnungselend und allem Streit und Schmutz, der daran hängt, mit ihrer Arbeitslosigkeit oder Berufen, die ohne geistige Form und gute Sitte, ermüdend und schwunglos den jungen Menschen in ihrem Mechanismus wie in einem Gefängnis festhalten, ihm keine Selbständigkeit erlauben und ihn dazu mit den Minderwertigkeitsgefühlen der Arbeiterklasse belasten - 'mit der man machen kann, was man will', bis er seine Existenz wie ein Schicksal nimmt, dem er passiv ausgeliefert ist, und aus dem es nur die Flucht in den gemeinen Genuß gibt oder in den Tod" (Nohl 1949, S. 99).

Zugleich ist dabei auch die individuelle Geschichte der drei Jugendlichen zu berücksichtigen: Was waren ihre Hoffnungen, welche Bedeutung hatten für sie die Familie, was waren ihre Erfahrungen mit dem Sozialismus? Welche Hilfen und Unterstützungen hat es gegeben?

(5) Aus der historischen Betrachtung der Erziehungswirklichkeit werden Entwicklungsmöglichkeiten und Bildungsideale deutlich.
So heißt es in dem Abschnitt über die „Erziehungswirklichkeit als Ausgangspunkt der Theorie":

„Von hier aus ergibt sich die Bedeutung der Geschichte der Pädagogik: sie ist nicht eine Sammlung von pädagogischen Kuriositäten oder ein interessantes Bekanntmachen mit allerhand großen Pädagogen: sondern sie stellt die Kontinuität der pädagogischen Idee dar in ihrer Entfaltung... In diesem geschichtlichen Zusammenhang arbeitet sich der Sinn der erzieherischen Leistung immer deutlicher heraus; ihr reines Wesen, ihre Eigenart und ihre Eigenwertigkeit werden vor ihr selbst immer klarer... Indem dann aber die historische Wandelbarkeit der einzelnen Faktoren dieses Vorgangs sichtbar wird, zeigen sich seine typischen Möglichkeiten, die verschiedenen Formen, wie sie sich aus der historischen Bedingtheit und dem Vorherrschen des einen oder anderen seiner Momente ergeben" (Nohl 1988, S. 151f.).

Aus der Analyse der bisherigen Entwicklung ergeben sich, so Nohl, auch die in der Gegenwart anstehenden Aufgaben und Möglichkeiten für die Erziehung.
Diese Argumentation findet sich deutlich bei Nohls Diskussion des Todes der drei Jugendlichen: Bei der Frage, was Jugendpflege angesichts einer solchen Situation tun kann, geht er historisch vor. Er unterscheidet drei Phasen in der Entwicklung des Umgangs mit Jugendlichen:

- eine erste Phase moralischer Belehrung,
- eine zweite Phase der Verbindung von Jugendpflege und Jugendbewegung,
- und eine dritte Phase, in der es darum geht, Jugendlichen ein neues Verständnis der Arbeit und eine neue Bewertung der Großstadt zu vermitteln:

„...der tiefe Lebensstrom arbeitet sich von einer Insel-Phase, einer Periode der Abkapselung gewissermaßen, in deren Schutz er seine Kräfte entfaltete, weiter in die Welt des Alltags, und jetzt eröffnet sich erst die entscheidende Aufgabe, insbesondere für uns, diesen Alltag zu solcher geistigen Form zu bringen, daß man als junger Mensch und auch als alter in ihm leben kann" (Nohl 1949, S. 103).

Dabei läßt sich auch hier wieder zwischen einem individuellen und einem gesellschaftlichen Aspekt unterscheiden:

- Erziehung soll auf dem Hintergrund der bisherigen Entwicklung des Kindes seine individuellen Möglichkeiten ins Auge fassen,
- Erziehung soll zum anderen die allgemeine historische Entwicklung berücksichtigen, um darüber das für die gegenwärtige Zeit gültige Bildungsideal zu erfassen.

Nohl spricht in diesem Zusammenhang von der „Grundantinomie des pädagogischen Lebens" (Nohl 1988, S. 161) zwischen der Ausrichtung auf das einzelne Kind, den einzelnen Jugendlichen, und der Ausrichtung auf die „objektiven Inhalte" einer Epoche und einer Kultur:

„Hier ist das Ich, das sich aus sich und seinen Kräften entwickelt und sein Ziel zunächst in sich selbst hat, und dort sind die großen objektiven Inhalte, der Zusammenhang der Kultur und die sozialen Gemeinschaften, die dieses Individuum für sich in Anspruch nehmen und ihre eigenen Gesetze haben, die nicht nach Wille und Gesetz des Individuums fragen. Pädagogisch gewendet heißt das: das Kind ist nicht bloß Selbstzweck, sondern ist auch den objektiven Gehalten und Zielen verpflichtet, zu denen es hin erzogen wird, diese Gehalte sind nicht nur Bildungsmittel für die individuelle Gestalt, sondern haben einen eigenen Wert, und das Kind darf nicht bloß sich erzogen werden, sondern auch der Kulturarbeit, dem Beruf und der nationalen Gemeinschaft" (Nohl 1988, S. 161).

Entsprechend weist Wilhelm Flitner in seiner Allgemeinen Pädagogik auf die Spannung zwischen individueller und gesellschaftlicher Entwicklung hin, wenn er den Erzieher zum einen als Anwalt des Kindes, zum anderen aber auch als Anwalt der historisch geltenden Lebensformen ansieht:

Der Erzieher „...hat also eine eigentümliche Stellung zwischen den Zeiten und Generationen einerseits, zwischen dem objektiven Gehalt und dem subjektiven Leben seiner Zöglinge anderseits. Er ist der Anwalt der Gemeinschaften und ihrer echten Gehalte gegenüber dem Subjektiven in der Individualität seiner Zöglinge, indem er deren Streben nach Gehalt vom Gemeinleben her bestimmt, und nicht bloß von den gegenwärtigen Bedürfnissen des Gemeinlebens aus, denen die Jugend leicht zustrebt, sondern von den mehraltrigen Bedürfnissen, die das Neumodische relativieren. Und gleichzeitig ist der Erzieher Anwalt seiner Zöglinge gegen die erziehenden Mächte, indem er deren Ansprüche doppelt umgrenzt: erstens auf die echten Inhalte gegenüber den bloß konventionellen, zweitens auf die wirkenden, die der Individualität entsprechen, und durch die er Zucht und Lehre auszuüben versucht, nichtwirkende, erzieherisch tote Gehalte in die zweite Linie drängend, von wo her sie erst in tieferer Not oder, bei größerer Reife, in späterem Stadium wirksam werden“.[4]

Hier wird völlig anders argumentiert als in der Tradition einer wertfreien Verhaltenswissenschaft: Während dort Wissenschaft auf die Beschreibung und Erklärung von Sachverhalten beschränkt ist und sich jeglicher Deutung enthält, meint die Geisteswissenschaftliche Pädagogik, aus der Hermeneutik der Erziehungswirklichkeit eine normative Orientierung für das praktische Handeln gewinnen zu können. Deskriptive Aussagen über die Befolgung von Zielen in Vergangenheit und Gegenwart werden in Hinweise darüber umgewandelt, was zu tun ist, und damit normativ umgedeutet:

„In dieser ethischen Situation und aus diesen historischen Verhältnissen muß mit der Sicherheit des produktiv-objektivierenden, schaffend-entfaltenden Vorwärtsgehens diese besondere historische pädagogische Lösung erwachsen: das neue Bildungsideal...“ (Nohl 1988, S 141).

3.2.3 Forschungsmethodik

Es gibt in der Tradition der Geisteswissenschaftlichen Pädagogik kaum forschungsmethodische Diskussionen über Untersuchungen der Erziehungswirklichkeit. Das liegt zum einen daran, daß trotz der Betonung der Erziehungswirklichkeit das Schwergewicht hermeneutischer Forschung auf die Interpretation von Texten ausgerichtet war. Aber auch dort, wo Gegenstand der Diskussion die Erziehungswirklichkeit selbst ist, finden sich kaum methodische Überlegungen. Statt dessen werden bestimmte hermeneutische Verfahren mehr oder weniger intuitiv angewandt.

Trotzdem läßt sich insbesondere bei Nohl das forschungsmethodische Vorgehen der Geisteswissenschaftlichen Pädagogik beim Verstehen der Erziehungswirklichkeit im groben rekonstruieren: Es handelt sich dabei um ein Vorgehen, das man in neuerer Terminologie als „teilnehmende Beobachtung“ bezeichnen könnte und das sich in vier Schritte gliedert:

---

4 Flitner, W.: Allgemeine Pädagogik. Stuttgart (13. Aufl.) 1970, S. 115f.

(1) Beobachtung der konkreten Situation

In der Einleitung zu dem Buch „Charakter und Schicksal" spricht Nohl von der Schwierigkeit, Kinder zu verstehen, und fährt dann fort:

„Wer diesen Schwierigkeiten gewachsen sein will, braucht Kinderkenntnis, die einem aber kein Buch geben kann, sondern, zunächst jedenfalls, immer nur die eigene Beobachtung. Beobachten lernen gehört darum zum Pädagogen wie zum Arzt, und hier wie dort beginnt dies Beobachten bei dem Individuum. Pädagogische Menschenkunde erwächst wahrhaft nur im persönlichen Verkehr... man wird immer wieder von neuem damit beginnen müssen, sich unmittelbar vor das einzelne Kind zu stellen, diesen Schüler, diesen Fürsorgezögling - Auge in Auge. Nichts kann diese lebendige Erfahrung ersetzen, nie gibt es hier bloß die Unterordnung eines Falles unter die Regel, und das Lesen in der äußeren Erscheinung des Kindes behält immer etwas Künstlerisches, erfordert Blick für Zeichen, körperlichen Zustand, Haltung und Stimme, Bewegung, Kleidung und Schrift" (Nohl 1947, S. 10f.).

Jedem, der andere Personen zu verstehen sucht, ist dieses Vorgehen unmittelbar einsichtig: Ich muß die betreffende Person sehen, hören, mit ihr sprechen, auf ihre Bewegungen achten, um verstehen zu können, was in ihr vorgeht, welche Erwartungen, Ängste, Ziele und Befürchtungen sie hat.

Diese „teilnehmende" Beobachtung ist etwas anderes als eine systematische Beobachtung in der Tradition der verhaltenstheoretischen Erziehungswissenschaft. Es wird dabei nicht quantifiziert, nicht gezählt und gemessen. Teilnehmende Beobachtung im Sinne von Nohl ist auch keine neutrale deskriptive Beschreibung, sondern ist stets zugleich Interpretation und Deutung: Wir nehmen eine Fülle von Äußerungen wahr, die zusammen so etwas wie ein gemeinsames Bild ergeben:

Ein Schüler ist von seinen Eltern in die Beratung gebracht worden, weil seine Leistungen nachlassen. Ich nehme wahr, daß der Jugendliche sehr still ist, nur mit schüchterner Stimme antwortet, hilfesuchend nach seiner Mutter schaut und nur auf der vorderen Kante des Stuhls sitzt, die Arme eng an den Körper gelegt. All das nehme ich wahr und schließe aus diesen äußeren Verhaltensweisen auf sein Inneres.

(2) Der Rückgriff auf eigene Erfahrungen

Doch wie kann ich diese Verhaltensweisen verstehen? Wie kann ich aus diesen Verhaltensweisen schließen, daß der Jugendliche vermutlich Angst hat?

Im Alltag besteht hier kein Problem: Wir deuten das Verhalten des betreffenden Jungen als ängstlich, weil wir selbst diese Verhaltensweisen als Ausdruck von Angst kennen. Wir greifen bei der Bedeutung auf unsere eigene Erfahrung zurück - was übrigens auch erklärt, daß uns die Deutung von Handlungsweisen bei Personen, die uns ähnlicher und vertrauter sind und unserer eigenen Gruppe angehören, in der Regel leichter fällt, als die Deutung fremder Gruppen oder fremder Kulturen.

Für die Geisteswissenschaftliche Pädagogik ist dieses „sich in jemanden hineinversetzen" die „hermeneutische Grundregel" des Verstehens (Nohl 1949, S. 151). Schon Dilthey hatte das Verstehen als ein „Wiederfinden des Ich im Du"[5] beschrieben. Nohl spricht hier von „der Hingabe an die individuellen Gegebenheiten schlechthin, und der innigsten Berührung mit dem fremden Gegenüber" (Nohl 1947, S. 11).

---

[5] Dilthey, W.: Gesammelte Schriften. Stuttgart 1959, Bd. 7, S. 191.

Nohl wendet diese hermeneutische Grundregel explizit auf das Verständnis der Erziehungswirklichkeit an. So spricht er davon, wie wichtig es für einen Jugendrichter zum Verständnis von Jugendlichen ist, wenn er „selbst einst als Junge fast alles begangen habe, was er später abzuurteilen hatte“ (Nohl 1949, S. 151).

Im Grunde ist damit ein ganz alltägliches und durchaus plausibles Vorgehen angesprochen: Wir können bei uns selbst beobachten, daß bestimmte Verhaltensweisen mit bestimmten Einstellungen und Empfindungen einhergehen. Wir beobachten, wie wir uns verhalten, wenn wir ängstlich oder erregt sind. Und wenn wir diese Verhaltensweisen bei anderen wahrnehmen, schließen wir daraus auf die dahinterstehenden Einstellungen und Empfindungen. Wir können damit das Verhalten verstehen.

(3) Der Rückgriff auf gemeinsame Erfahrungen

So wichtig der Rückgriff auf die eigenen Erfahrungen bei der Deutung fremder Verhaltensweisen auch ist, so ist er andererseits auch problematisch: Ich kann mich irren, indem meine Erfahrungen und Empfindungen nicht die des anderen sind.

Die Geisteswissenschaftliche Pädagogik hat diese Schwierigkeit selbst gesehen. Nohl schreibt:

> „Aber genügen kann eine solche persönliche Erfahrung auch nicht, man muß in einer pädagogischen Gemeinschaft leben, die dauernd über Kindernaturen spricht...“ (Nohl 1938, S. 11).

Dilthey verwendet in diesem Zusammenhang den Ausdruck „objektiver Geist“. Doch dieser objektive Geist ist nicht irgendein geheimnisvolles Wesen, sondern nichts anderes als „das Gemeinsame eines historisch bedingten Kulturraums..., an dem jedes Subjekt Anteil hat.“[6]

Verdeutlichen wir uns das an dem Beispiel des unaufmerksamen Schülers: Ich kann ihn nicht verstehen, wenn ich nicht die Familie, die Klasse, seine weitere Umwelt mit berücksichtige. Es kann sein, daß in der Familie die Regel gilt, daß Schulleistungen als außerordentlich wichtig angesehen werden - was wiederum zusammenhängt mit der Einstellung einer bestimmten sozialen Schicht. Ich muß all diese Regeln und die sozialen, ökonomischen und politischen Gegebenheiten mit berücksichtigen, um das Tun des Jugendlichen verstehen zu können.

In dem Textauszug über den Tod der drei Jugendlichen sind diese gemeinsamen Erfahrungen deutlich angesprochen. So ist die Rede von der Arbeitslosigkeit und den Berufen,

- die ohne geistige Form und gute Sitte sind,
- die ermüdend und schwunglos sind,
- die den Menschen wie in einem Gefängnis festhalten,
- die ihm keine Selbständigkeit erlauben,
- die ihn mit Minderwertigkeitsgefühlen der Arbeiterklasse belasten.

---

[6] Danner, H.: Methoden geisteswissenschaftlicher Pädagogik. München 1979, S. 51.

(4) Die Berücksichtigung der historischen Entwicklung
In dem Textauszug ist dieser Schritt unmittelbar mit dem dritten Schritt verknüpft: Die gegenwärtige Arbeitssituation wird gedeutet als Ergebnis einer historischen Entwicklung:

„Diese ewige Erfahrung jeder Jugend ist heute grausam verschärft gegenüber der großstädtischen Wirklichkeit mit ihrem Wohnungselend und allem Streit und Schmutz, der daran hängt..."[7]

Um also diese Jugendlichen zu verstehen, muß ich bedenken, daß das Verhalten der Jugendlichen zugleich immer auch Ergebnis eines gesellschaftlichen und individuellen Entwicklungsprozesses ist. Ich muß daher die historische Entwicklung der gegenwärtig geltenden Normen und Anschauungen erfassen, aber auch die bisherige Entwicklung des Jugendlichen, seine bisherigen Erfahrungen und Erlebnisse mit berücksichtigen, um zu verstehen, warum ihm heute das Leben sinnlos erscheint.

Arbeitsanregung:
Versuchen Sie, die Schritte der teilnehmenden Beobachtung von Nohl auf die folgende Situation anzuwenden:
Im Seminar wird Susanne von der Dozentin heftig kritisiert: „So geht das nicht, Sie hätten sich gründlicher in das Thema einarbeiten müssen!". Susanne wird rot, senkt den Kopf und sagt nichts.

Versuchen Sie, diese Situation auf der Basis der hier dargestellten vier Schritte zu verstehen.

3.2.4 Konsequenzen für die pädagogische Praxis

3.2.4.1 Erziehungsziele

Die Position Nohls, die im wesentlichen der übrigen Geisteswissenschaftlichen Pädagogik entspricht, läßt sich in drei Thesen zusammenfassen:

(1) Ziel der Erziehung ist Bildung, nicht die Vermittlung von Qualifikation.
Hier grenzt sich die Geisteswissenschaftliche Pädagogik nachdrücklich von verhaltenstheoretischen erziehungswissenschaftlichen Ansätzen ab: Während es dort um die Vermittlung von Qualifikationen ging, ist Bildung einer der Grundbegriffe der Geisteswissenschaftlichen Pädagogik. Doch was heißt „Bildung"?

Zunächst sind einzelne Erläuterungen, die man in der Tradition der Geisteswissenschaftlichen Pädagogik findet, für das Verständnis wenig hilfreich. So bestimmt Nohl Bildung u.a. als „subjektive Seinsweise der Kultur", als „innere Form und geistige Haltung der Seele", deren Grundlage zunächst ein „höheres Leben" oder

[7] Nohl, H.: Pädagogik aus 30 Jahren. Frankfurt a. M. 1949, S. 99.

der „Geist“, die „Gesinnung“ oder das „Ethos“ des betreffenden Lebensgebietes ist (Nohl 1988, S. 143, 146).

Flitner bestimmt in der Allgemeinen Pädagogik Bildung als eine „Form der Funktionen, Akte und Verlaufsweisen des Lebens“ (Flitner 1970, S. 117). Nach Spranger soll der Heranwachsende, um mit seiner Lebenswelt und deren Anforderung zurecht kommen, zum Abschluß seiner Schulzeit über eine elementare „Grundbildung“ verfügen. Aufgabe jener Grundbildung ist es, in jene „Gemeinsamkeiten“ einzuführen, die für das Alltagsleben bestimmend sind.[8] Darüber hinaus finden sich zahlreiche Erläuterungen zu den anstrebenden Ergebnissen von Bildungsprozessen. Oder es wird unterschieden zwischen Allgemeinbildung und Berufsbildung sowie zwischen Bildungsprozessen, die auf den Bereich der allgemeinen öffentlichen Schule bezogen sind, und solchen, die mit dem Einsetzen der Berufsausbildung beginnen und sich durch die Ausübung eines Berufes vollziehen. Für den Bereich der Allgemeinbildung hat Wilhelm Flitner versucht, die „Gemeinsamkeiten“ näher zu bestimmen, durch die der „Bildungsgehalt“ von Fächern und Inhalten schulischen Lernens bestimmt werden kann. Dazu gehören (Flitner 1970, 105ff.):

- die Sprache,
- die „Künste“ und „Techniken“, Verfahren oder Methoden, die man können muß:

> „Es gibt allgemeine Kunstfertigkeiten, die von jedermann beherrscht werden müssen... und es gibt spezialisierte, die für einen Beruf bezeichnend sind...“ (Flitner 1970, S. 106),

- die „Sitten“, die in einer Kultur geltenden Normen und Regeln,
- die jeweiligen „Kulturgüter“, nämlich für einzelne Kulturbereiche die Religion, Literatur, Kunst oder Wissenschaft, zentrale Texte, Traditionen und Wertvorstellungen.

Die Geisteswissenschaftliche Pädagogik versteht unter Bildung somit diejenigen grundlegenden Kenntnisse, Fähigkeiten und Einstellungen, die für das Leben des einzelnen innerhalb eines Kulturraums unverzichtbar erscheinen.

(2) Es gibt keine allgemeingültigen Bildungsziele, sondern Bildung ist stets historisch bestimmt.

Hier folgt die Geisteswissenschaftliche Pädagogik dem Ansatz von Dilthey, daß es keine allgemeingültigen, das heißt zu allen Zeiten und Orten geltenden Normen gibt (Nohl 1988, S. 138ff.). Bildungsziele sind grundsätzlich „weltanschaulich-historisch bedingt“ (S. 134), es lassen sich keine gleichermaßen für alle Zeiten und zu allen Orten geltenden Erziehungsziele aufstellen, sondern nur Erziehungsziele, die für diese besondere historische Situation gelten:

> „In dieser ethischen Situation und aus diesen historischen Verhältnissen muß mit der Sicherheit des produktiv-objektivierenden, schaffend-entfaltenden Vorwärtsgehens diese besondere historische pädagogische Lösung erwachsen: das neue Bildungsideal...“ (Nohl 1988, S. 141).

---

[8] Spranger, E.: Grundlegende Bildung, Berufsbildung, Allgemeinbildung. In: Spranger E.: Gesammelte Schriften, Bd. 1, Heidelberg 1969, S. 7ff.

(3) Bildung ist damit jeweils gesellschaftlich und individuell bestimmt.

- In gesellschaftlicher Hinsicht bedeutet Bildung die Vermittlung der für die jeweilige historische Epoche bedeutsamen Kenntnisse, Methoden, Regeln und Werte.
- In individueller Hinsicht bedeutet Bildung, den einzelnen dabei zu unterstützen, seine individuelle Lebensform zu entwickeln.

Nohl spricht in diesem Zusammenhang von der Grundantinomie des pädagogischen Lebens zwischen der Entfaltung der Individualität und der Vermittlung pädagogischer Inhalte:

> „Hier ist das Ich, das sich aus sich und seinen Kräften entwickelt und sein Ziel zunächst in sich selbst hat, und dort sind die großen objektiven Inhalte, der Zusammenhang der Kultur und die sozialen Gemeinschaften, die dieses Individuum für sich in Anspruch nehmen und ihre eigenen Gesetze haben, die nicht nach Wille und Gesetz des Individuums fragen. Pädagogisch gewendet heißt das: das Kind ist nicht bloß Selbstzweck, sondern ist auch den objektiven Gehalten und Zielen verpflichtet, zu denen es hin erzogen wird, diese Gehalte sind nicht nur Bildungsmittel für die individuelle Gestalt, sondern haben einen eigenen Wert, und das Kind darf nicht bloß sich erzogen werden, sondern auch der Kulturarbeit, dem Beruf und der nationalen Gemeinschaft" (Nohl 1988, S. 161).

Theodor Litt formuliert diese Antinomie als notwendige Ergänzung von Führen und Wachsenlassen, wobei der Erzieher sowohl Anwalt des Kindes ist, als auch Anwalt des „objektiven Geistes", nämlich der Anforderungen, die in einer gesellschaftlichen Situation an den einzelnen gestellt werden:

> „Gegenüber dieser Pädagogik weichlichster Sentimentalität stabilisieren wir Recht und Pflicht des Erziehers, zu handeln - zu handeln auch da, wo nicht das Verlangen des Kindes ihn ruft. Daß solches Handeln Willkür, Eingriff, Ablenkung bedeute - dieser Vorwurf muß in genau dem Umfange in sich zusammenfallen, wie der Erzieher in seinem Tun einerseits Anwalt und Vertreter des objektiven Geistes ist, zu dessen Höhe das junge Geschlecht emporgehoben werden soll, andererseits Anwalt der Seele ist, die dieser Höhe zustrebt. Nicht von einer Seite her also, von der vorgeblichen 'Natur' des Zöglings, sondern nur aus der Bewegung zweier gleichberechtigter Gewalten läßt sich Sinn und Recht der erzieherischen Initiative bestimmen; sie waltet als Mittlerin zwischen zwei Parteien, die aus eigener Kraft nicht zueinander kommen können und doch aufeinander angewiesen sind."[9]

(4) Die Festlegung der jeweils gültigen Bildungsziele erfordert ein hermeneutisches Verfahren.

Damit wird die Verbindung zum methodischen Vorgehen der Geisteswissenschaftlichen Pädagogik hergestellt:

- Erfassung der Entwicklungsmöglichkeiten des Kindes erfordert Verstehen des Kindes:

> „Das Verhältnis des Erziehers zum Kind ist immer doppelt bestimmt: von der Liebe zu ihm in seiner Wirklichkeit und von der Liebe zu seinem Ziel, dem Ideal des Kindes... So fordert die

[9] Litt, Th.: Führen oder Wachsen lassen. In: Pädagogische Schriften. Bad Heilbrunn 1995, S. 54.

pädagogische Liebe Einfühlung in das Kind und seine Anlagen, in die Möglichkeiten seiner Bildsamkeit, immer im Hinblick auf sein vollendetes Leben“ (Nohl 1988, S. 171).

- Erfassung der objektiven Anforderung einer Situation erfordert Verstehen der Situation und der einzelnen Faktoren der historischen Entwicklung:

„Indem dann aber die historische Wandelbarkeit der einzelnen Faktoren dieses Vorgangs sichtbar wird, zeigen sich seine typischen Möglichkeiten, die verschiedenen Formen, wie sie sich aus der historischen Bedingtheit und dem Vorherrschen des einen oder anderen seiner Momente ergeben“ (Nohl 1988, S. 153).

3.2.4.2 Tradition der Individualpsychologie

Wie läßt sich aber das Konzept der Geisteswissenschaftlichen Pädagogik auf alltägliche Erziehungssituationen anwenden? Um das zu zeigen, greifen wir hier auf zwei Autoren zurück, die nicht direkt in der Tradition der Geisteswissenschaftlichen Pädagogik stehen, aber sich im Vorgehen sehr eng daran anlehnen: Alfred Adler und Rudolf Dreikurs.

Alfred Adler (1870-1937) war Schüler von Sigmund Freud, hat sich aber dann von der Psychoanalyse abgewandt und ist Begründer der „Individualpsychologie“. Er hat nach dem ersten Weltkrieg in Wien die ersten Erziehungsberatungsstellen eingerichtet.

Adler wird von Nohl ausdrücklich zu den Autoren gezählt, die nicht kausal, sondern hermeneutisch vorgehen (Nohl 1949, S. 174).

Rudolf Dreikurs (1897-1972) war Schüler von Adler und lange Zeit Direktor des Alfred-Adler-Instituts in Chicago. Er hat den Ansatz der Individualpsychologie für alltägliche Erziehungssituationen umgesetzt. Seine Handreichungen für Eltern gehören bis heute zu der Standardliteratur.

Als Einführung in seine Überlegungen schlagen wir Ihnen vor:
Dreikurs, R: Grundbegriffe der Individualpsychologie. Stuttgart (7. Aufl.) 1994.
Dreikurs, R./Blumenthal, E.: Eltern und Kinder - Freunde oder Feinde? Stuttgart (5. Aufl.) 1994.

Wie würde man in der Tradition von Adler und Dreikurs mit einem aggressiven Jugendlichen umgehen? Stellen wir uns dafür eine alltägliche Situation vor:

Bettina fällt im Kindergarten durch ihr aggressives Verhalten auf: häufig schlägt und tritt sie andere Kinder, oder wirft Gegenstände durch den Raum und schreit: „Ich will hier nicht bleiben, hier ist es doof!“. Die Erzieherin nimmt sie dann in den Arm, worauf Bettina sich in relativ kurzer Zeit beruhigt. Doch dieses Verhalten wiederholt sich in der letzten Zeit zunehmend. Wie läßt sich diese Situation erfassen, und was könnte man hier tun?

Adler und Dreikurs stehen hier deutlich in der Tradition der Hermeneutik: Menschliches Tun ist nicht kausal erklärbar, sondern besitzt eine Bedeutung. Dabei besteht die Bedeutung für die Individualpsychologie darin, daß menschliche Handlungen auf die Erreichung bestimmter Ziele ausgerichtet sind:

„Wir sind nicht in der Lage zu denken, zu fühlen, zu wollen, zu handeln, ohne daß uns ein Ziel vorschwebt... Jede seelische Erscheinung kann, wenn sie uns das Verständnis einer Person ergeben soll, nur als Vorbereitung für ein Ziel erfaßt und verstanden werden."[10]

Entsprechend formuliert Dreikurs:

„...man muß das Verhalten des Menschen teleologisch verstehen, es in seinen Zielen und Zwecken erkennen. Die teleologische Analyse menschlichen Verhaltens ist das entscheidende Grundprinzip der Individualpsychologie."[11]

Wenn menschliches Handeln als zielgerichtet gedeutet wird, stellt sich die Frage, welche Ziele dahinter stehen. Für die Individualpsychologie gibt es ein grundsätzliches Ziel, das letztlich hinter allen Verhaltensweisen anzusetzen ist: den Platz in der Gemeinschaft zu finden, das heißt in der Gemeinschaft Beachtung und Anerkennung zu erhalten:

„Wir sehen den Menschen als soziales Lebewesen an, dessen Grundbedürfnis es ist, seinen Platz in der menschlichen Gesellschaft zu finden" (Dreikurs 1994, S. 49).

Im Laufe des Lebens (Adler und Dreikurs legen hier das Schwergewicht auf die Kindheit) entwickelt jeder Mensch bestimmte typische Vorgehensweisen, seinen Platz in der Gemeinschaft zu erreichen.

Dreikurs unterscheidet in diesem Zusammenhang vier grundsätzliche Lebensstile oder, wie er formuliert, vier unterschiedliche Ziele, die ein Kind verfolgt, um bei anderen Beachtung und Anerkennung zu erreichen:[12]

- Es versucht, Aufmerksamkeit zu erreichen: Ich will beachtet werden!
- Es versucht, seine Überlegenheit zu zeigen: Ich will zeigen, wer der Stärkere ist!
- Es versucht, Vergeltung zu üben, sich zu rächen: Ich will Euch weh tun!
- Er versucht, sein Unvermögen zu demonstrieren: Ich will allein gelassen werden!

Dabei gibt es jeweils unterschiedliche Möglichkeiten, das Ziel zu erreichen: So bekommt ein Klassenclown von anderen Aufmerksamkeit. Aggressivität kann die Bedeutung haben, Überlegenheit zu zeigen, oder Aufmerksamkeit zu gewinnen. Aus diesen Grundannahmen ergeben sich für eine Intervention zwei Schritte:

(1) Der erste Schritt besteht darin, das Verhalten des Kindes zu verstehen: Welche Ziele verfolgt das Kind mit seiner Handlung?

Dreikurs nennt dafür verschiedene Möglichkeiten:

- Das jeweilige Ziel läßt sich aus der Reaktion des Erziehers auf das Verhalten des Kindes erschließen: Wenn ich ärgerlich werde, steht meistens beim Kind das

[10] Adler, A.: Praxis und Theorie der Individualpsychologie. Frankfurt a. M. 1992, S. 21.
[11] Dreikurs, R.: Grundbegriffe der Individualpsychologie. Stuttgart, (7. Aufl.) 1994, S. 49f.
[12] Z.B. Dreikurs, R./Blumenthal, E.: Eltern und Kinder - Freunde oder Feinde? München 1986.

Ziel „Aufmerksamkeit" im Hintergrund, fühle ich mich angegriffen, das Ziel „Überlegenheit" .

- Das jeweilige Ziel läßt sich aber auch aus der Reaktion des Kindes auf eine Intervention des Erziehers erschließen: Daß Susanne mit ihrem aggressiven Verhalten aufhört, wenn sie von der Erzieherin in den Arm genommen wird, deutet auf das Ziel „Aufmerksamkeit" hin.

(2) Die Intervention schließlich besteht darin, dem Kind andere und damit bessere Möglichkeiten zu zeigen, seinen Platz in der Gemeinschaft zu finden. Dreikurs nennt dafür eine Reihe von Möglichkeiten:

- gegenseitiges Vertrauen,
- Anerkennung,
- Ermutigung,
- Konsequenzen setzen.

Die Individualpsychologie zeigt sehr deutlich die Konsequenzen eines hermeneutischen Ansatzes für die Erziehungspraxis: Wenn ich davon ausgehe, daß menschliches Handeln eine Bedeutung hat, dann ergibt sich in der Tat die Forderung, zunächst die Situation zu verstehen. Ähnlich wie Nohl geht auch die Individualpsychologie dabei von der Annahme aus, daß hinter jedem Verhalten ein positives Ziel steht. Und daraus ergibt sich als Konsequenz, den einzelnen dabei zu unterstützen, dieses Ziel auf andere, bessere Weise zu erreichen.

3.2.4.3 Didaktische Analyse von Wolfgang Klafki

Zur Verdeutlichung der Konsequenzen des hermeneutischen Ansatzes für den Unterricht möchten wir Ihnen eine Anwendung der Geisteswissenschaftlichen Pädagogik vorstellen, die insbesondere auf die Lehrerbildung seit den 60er Jahren nachhaltigen Einfluß ausgeübt hat: die Bildungstheoretische Didaktik.

Die Bildungstheoretische Didaktik ist durch die früheren Arbeiten von Wolfgang Klafki bekannt geworden. Im Mittelpunkt seht dabei die „didaktische Analyse", ein Verfahren der Vorbereitung und Analyse des Unterrichts.

Wolfgang Klafki (geb. 1927) war zunächst Volksschullehrer und promovierte dann 1957 bei Weniger mit einer Arbeit über „Das pädagogische Problem des Elementaren und die Theorie der kategorialen Bildung". Von 1963 bis 1992 Professur für Pädagogik an der Universität Marburg.

Klafki stand zunächst deutlich in der Tradition der Geisteswissenschaftlichen Pädagogik, wendete sich jedoch in den 70er Jahren der Kritischen Erziehungswissenschaft zu.

Die didaktische Analyse wurde erstmals 1958 in einem von Wolfgang Klafki und Wolfgang Kramp herausgegebenen Sammelband publiziert. Der zentrale Aufsatz daraus ist:
Klafki, W.: Didaktische Analyse als Kern der Unterrichtsvorbereitung. Wiederabgedruckt in: Klafki, W.: Studien zur Bildungstheorie und Didaktik. Weinheim/Basel (ergänzte Aufl.) 1975, S. 126-153.

Die Unterrichtsvorbereitung, so Klafki, soll „eine oder mehrere Möglichkeiten zu fruchtbarer Begegnung bestimmter Kinder mit bestimmten Bildungsinhalten entwerfen.“[13] Dabei greift Klafki in der Tradition der Geisteswissenschaftlichen Pädagogik auf den Bildungsbegriff zurück: Die Bedeutung von bestimmten Themen für das Kind und für den späteren Erwachsenen soll erfaßt werden:

„Der Lehrer muß zwei Positionen einnehmen, in sich verwirklichen können: Er steht einerseits stellvertretend für den ‘Laien’, der der junge Mensch einmal werden soll, und er steht zum anderen stellvertretend für den jungen Menschen selbst und seine jeweiligen Möglichkeiten. In der Position des „Laien“ vertritt er etwa den demokratischen Staatsbürger, der sich für unsere Gesellschaft und unseren Staat mitverantwortlich wissen soll, oder das lebendige Glied der religiösen Gemeinde, zu der sich Lehrer und Schüler gemeinsam bekennen, oder den „Konsumenten“, der angesichts des Angebotes an kulturellen Erfahrungs- und Gestaltungsmöglichkeiten kritisch-geschmackvoll auszuwählen wissen sollte usf. In diesen Perspektiven muß der Lehrer sich in seiner Vorbereitung von der jeweiligen „Sache“ treffen lassen, echt und ernst; denn er kann seine Aufgabe, Kinder zu erziehen und zu lehren, nur erfüllen, wenn er den Gehalt des erziehend oder lehrend zu Erschließenden repräsentieren, in sich selbst darstellen, glaubhaft vertreten kann: Das Gedicht, das er morgen im Unterricht Kindern darbieten, mit ihnen interpretieren und nachgestaltend sprechen will, muß ihn selbst noch einmal ‘verzaubern’, erschüttern, beglücken, "stimmen" können, das Problem, dem die nächsten Physikstunden gewidmet sein sollen, muß ihn selbst noch einmal wie ein ungelöstes Rätsel zum Staunen, Fragen, Experimentieren, Hypothesen-Entwerfen anregen können... In der zweiten Position, als Stellvertreter des jungen Menschen, muß der Lehrer jenen Frage- und Verständnishorizont des ‘gebildeten Laien’ noch einmal aus der Perspektive des Kindes bzw. des Jugendlichen auf seiner jeweiligen Bildungsstufe in den Blick fassen, muß er die besonderen Fragen, Interessen, Sichtweisen des Zöglings in sich verlebendigen und auf ihre tieferen Bildungsmöglichkeiten hin abtasten“ (Klafki 1975, S. 129f.).

Klafki hat die didaktische Analyse in fünf Grundfragen aufgeschlüsselt:

„I. Welchen größeren bzw. welchen allgemeinen Sinn- oder Sachzusammenhang vertritt und erschließt dieser Inhalt? Welches Urphänomen oder Grundprinzip, welches Gesetz, Kriterium, Problem, welche Methode, Technik oder Haltung läßt sich in der Auseinandersetzung mit ihm (exemplarisch) erfassen?...

II. Welche Bedeutung hat der betreffende Inhalt bzw. die an diesem Thema zu gewinnende Erfahrung, Erkenntnis, Fähigkeit oder Fertigkeit bereits im geistigen Leben der Kinder meiner Klasse, welche Bedeutung sollte er - vom pädagogischen Gesichtspunkt aus gesehen - darin haben?...

III. Worin liegt die Bedeutung des Themas für die Zukunft der Kinder?...

IV. Welches ist die Struktur des (durch die Fragen I, II und III in die spezifisch pädagogische Sicht gerückten) Inhaltes?...

V. Welches sind die besonderen Fälle, Phänomene, Situationen, Versuche, Personen, Ereignisse, Formelemente, in oder an denen die Struktur des jeweiligen Inhaltes den Kindern dieser Bildungsstufe, dieser Klasse interessant, fragwürdig, zugänglich, begreiflich, ‘anschaulich’ werden kann?“ (Klafki 1975, S. 135, 136, 137, 140).

Im Mittelpunkt steht die Frage nach der Bedeutung bestimmter Themen und Unterrichtsinhalte, wobei Bedeutung in dreifacher Hinsicht zu verstehen ist:

- Wissensbestand einer Kultur,
- Bedeutung für das Kind,
- Bedeutung für die Zukunft des Kindes als Erwachsener.

---

[13] Klafki, W.: Studien zur Bildungstheorie und Didaktik. Weinheim (ergänzte Aufl.) 1975, S. 127.

Weitergeführt wird die didaktische Analyse in der methodischen Analyse, die sich mit der Frage der methodischen Umsetzung des Themas im Unterricht befaßt und dabei auf vier Themenbereiche konzentriert:

„1. Die Gliederung des Unterrichts in Abschnitte oder Phasen oder Stufen.
2. Die Wahl der Unterrichts-, Arbeits-, Spiel-, Übungs-, Wiederholungsformen.
3. Der Einsatz von Hilfsmitteln (Lehr- bzw. Arbeitsmittel).
4. Die Sicherung der organisatorischen Voraussetzungen des Unterrichts“ (Klafki 1975, S. 143).

Klafki hat die bildungstheoretische Didaktik auf dem Hintergrund der Kritischen Erziehungswissenschaft der 60er Jahre zu einer „kritisch konstruktiven Didaktik“ weitergeführt und dabei durch eine weitere Frage ergänzt: „Welche Bedeutung hat das Thema für die Selbstbestimmungsfähigkeit und Solidaritätsfähigkeit?“, ohne daß sich der weitere Aufbau der Analyse dadurch grundlegend verändert hat.

Literaturanregung:
Als Einführung in die bildungstheoretische Didaktik und ihre Weiterentwicklung empfehlen wir Ihnen das Kapitel „Bildungstheoretische Didaktik“ in: Meyer, H./Jank, W.: Didaktische Modelle. Frankfurt a. M. 1991, S. 131-179.

3.2.5 Diskussion Geisteswissenschaftlicher Pädagogik

Bis in die 60er Jahre war die Geisteswissenschaftliche Pädagogik gleichsam die anerkannte pädagogische Richtung. In den 60er Jahren erfolgte jedoch von zwei Seiten zunehmend Kritik:

- von Seiten der empirischen Verhaltenswissenschaft,
- von Seiten der Kritischen Theorie im Anschluß an Horkheimer, Marcuse und Adorno sowie der daran anschließende Kritischen Erziehungswissenschaft.

Beide Einwände seien hier kurz dargestellt:

(1) Kritik von Seiten der empirischen Verhaltenswissenschaft
Aus der Sicht der Tradition der empirischen Sozialwissenschaften wurde das Verstehen als unwissenschaftlich angesehen: Fehlten doch hier abgesicherte empirische Beobachtungsverfahren, nach denen sich jeder intersubjektiv und objektiv von der Wahrheit von Aussagen überzeugen konnte. Verstehen liefere nur subjektive Annahmen, die bestenfalls Hypothesen für empirische Untersuchungen bieten können, die aber auf der Basis des methodischen Ansatzes der Geisteswissenschaften weder falsifizierbar sind noch bestätigt werden können und damit letztlich als unwissenschaftlich zu gelten haben.

1934 hatte Julius Kraft aus der Tradition der empirisch analytischen Wissenschaftstheorie ein Buch mit dem Titel „Die Unmöglichkeit der Geisteswissenschaft“ geschrieben. Kraft stellt die These auf, daß es überhaupt keine von den naturwissenschaftlichen Methoden unterschiedene Geisteswissenschaft geben könne:

„Ausgehend von dem definitorisch feststehenden Unterschied von Natur- und Geisteswissenschaft, ergibt sich bei dem Versuch, Philosophie, Psychologie oder Werttheorie als Geisteswissenschaft zu deuten, immer die gleiche typische Situation: Entweder kommt dieser Deutung ein nur terminologischer Charakter zu - Geisteswissenschaft als Umbenennung -, oder sie führt auf Widersprüche, die sich aus der Grenzverwirrung von Philosophie und Empirie ergeben: der Begriff Geisteswissenschaft ist geradezu ein Ausdruck dieser Verwirrung, ebenso wie der ihr zugrundeliegende Begriff des Geistes und des Verstehens."[14]

Der Vorwurf der Unwissenschaftlichkeit gegenüber der Hermeneutik wird dann im Kritischen Rationalismus wieder aufgegriffen. Für Hans Albert ist die traditionelle Hermeneutik keine Wissenschaft mehr, sondern „eine Fortsetzung der Theologie mit anderen Mitteln" und das hermeneutische Denken ein Denken,

„...das nicht nur das Objektivitätsideal der Wissenschaft, sondern auch den kritischen Impuls, der in der wissenschaftlichen Methode und im philosophischen Rationalismus zum Ausdruck kommt, ohne Bedenken einer dogmatischen Denkweisen dienstbaren vernehmenden Vernunft zu opfern bereit ist."[15]

Ähnlich scharf ist auch die Kritik, die Wolfgang Brezinka 1971 in seinem Buch „Von der Pädagogik zur Erziehungswissenschaft" erhebt:

„Man sollte aber niemanden darüber im unklaren lassen, daß es sich bei dieser 'Hermeneutik neuer Art', die das 'Dasein' auszulegen beansprucht, um Glaubensentscheidungen und nicht um wissenschaftliche Erkenntnis handelt."[16]

(2) Kritik von Seiten der Kritischen Erziehungswissenschaft

Die Geisteswissenschaftliche Pädagogik hat sich selbst ausdrücklich als „Anwalt der Freiheit, der Mündigkeit, der Selbstbestimmung des jungen Menschen" verstanden.

Doch konnte dieser Ansatz eingelöst werden? Führt nicht, so der Einwand der Kritischen Erziehungswissenschaft, der Rückgriff auf das Verstehen bei der Aufstellung von Handlungsanweisungen unter der Hand dazu, daß das „Überlieferte, das Gegebene, das Wirkliche" als „das Richtige, Gültige, Vernünftige" unterstellt wird?

Wenn ich immer nur versuche, andere, eine gegebene Situation oder eine gegebene Tradition zu verstehen, dann bin ich eben dieser Tradition gleichsam ausgeliefert: Ich kann nicht mehr gegen diese Tradition Stellung beziehen, sie nicht mehr kritisieren, nicht mehr eine eigene Position beziehen. Es fehlt eine kritische Reflexion, die sich dann auch gegen diese Tradition richten könnte.

In gewisser Hinsicht kann dieser Vorwurf auch gegenüber dem im letzten Abschnitt behandelten Nohl-Text herangezogen werden. Nohl sieht zwar, daß die Situation der drei Jugendlichen nur zu verstehen ist im Hinblick auf die gesellschaftliche Situation. Aber er beachtet nicht, daß diese Situation selbst veränderbar ist.

Bereits Max Horkheimer hatte 1940 kritisiert, daß Dilthey den Zusammenhang zwischen menschlichem Tun und den gesellschaftlichen Bedingungen vernachläs-

---

14 Kraft, J.: Die Unmöglichkeit der Geisteswissenschaft. Frankfurt a. M. (2. Aufl.) 1957, S. 33f.

15 Albert, H.: Traktat über kritische Vernunft. Tübingen (2. Aufl.) 1969, S. 143.

16 Brezinka, W.: Von der Pädagogik zur Erziehungswissenschaft. Weinheim 1971, S. 105.

sigt.[17] Und diese Kritik wird dann in den 60er Jahren bei den Weniger-Schülern Klaus Mollenhauer, Herwig Blankertz und Wolfgang Klafki aufgegriffen. Drei Belege mögen dies verdeutlichen:

Klaus Mollenhauer (1968):

„Würde dagegen die Erziehungswissenschaft sich ausschließlich hermeneutisch verstehen, sich in der Analyse von ‚Sprach-Spielen' erschöpfen, in denen das Erziehungshandeln sich orientiert, dann bliebe gerade auch die Abhängigkeit der Sprache von sozialen Gewalten undurchsichtig, ihr ideologischer Charakter ungeklärt, ihre Funktion als Vehikel materieller Interessen verborgen. Die Analyse eines pädagogischen Erfahrungsberichtes, sei er nun von einem der sogenannten pädagogischen Klassiker oder einem Erzieher unserer Tage verfaßt, würde zwar das dort geltende Sprachspiel zum Vorschein bringen können, sie würde aber zur Kritik des Textes nur beschränkt fähig sein."[18]

Herwig Blankertz (1970):

„Geisteswissenschaftliche Pädagogik steht heute am Ausgang ihrer Epoche, weil sie ihren Praxisbezug nur nachgängig und affirmativ, nicht vorgängig und kritisch zu bewältigen vermochte... Im subjektiv-sinnverstehenden Verfahren der reinen Hermeneutik verfangen, wurden die Zwänge, die objektiv die emanzipative Tendenz der Erziehung unterdrückten, in Bewußtseinsphänomene aufgelöst, soweit sie überhaupt wahrgenommen wurden."[19]

Wolfgang Klafki (1971):

„Kein Zweifel, daß die Geisteswissenschaftliche Pädagogik die Verflechtungen zwischen Gesellschaft und Erziehung nicht oder nur ganz unzulänglich erforscht hat und daß sie daher entscheidende Voraussetzungen und vielfach ungewollte Wirkungen der Erziehung ignoriert oder verkannt hat..."[20]

In den 70er Jahren schien es, als sei die Geisteswissenschaftliche Pädagogik überholt. Aber Ende der 70er Jahre änderte sich die Situation erneut: Vor dem Hintergrund der zunehmenden Kritik an der empirischen Verhaltenswissenschaft und andererseits unter dem Eindruck, daß die Kritische Erziehungswissenschaft die in sie gesetzten Erwartungen nicht erfüllt hat, stieg wiederum das Interesse an hermeneutischen Verfahren und damit auch an der Geisteswissenschaftlichen Pädagogik.

In der gegenwärtigen Situation lassen sich gleichsam aus der Distanz Stärken und Schwächen der Geisteswissenschaftlichen Pädagogik deutlicher herausstellen, als es in der Zeit der heftigen Auseinandersetzungen zwischen empirischer Verhaltenswissenschaft, Geisteswissenschaftlicher Pädagogik und Kritischer Erziehungswissenschaft möglich war. Wichtig für die gegenwärtige Diskussion sind:

---

[17] Horkheimer, M.: Kritische Theorie. Eine Dokumentation. (hrsg. von A. Schmidt), (2 Bde.). Frankfurt a. M. 1968.

[18] Mollenhauer, K.: Erziehungswissenschaft und Emanzipation. München 1968, S. 17.

[19] Blankertz, H.: Pädagogik unter wissenschaftstheoretischer Kritik. In: Oppolzer, S. (Hrsg.): Erziehungswissenschaft 1971 zwischen Herkunft und Zukunft der Gesellschaft. Wuppertal 1971, S. 28f.

[20] Klafki, W.: Erziehungswissenschaft als kritisch-konstruktive Theorie: Hermeneutik - Empirie - Ideologiekritik. In: Klafki, W.: Aspekte kritisch-konstruktiver Erziehungswissenschaft. Weinheim/Basel 1976, S. 42.

- das hinter der Geisteswissenschaftlichen Pädagogik stehende Menschenbild: Menschen reagieren nicht einfach auf Reize, sondern werden als Subjekte gesehen, die einer Situation eine Bedeutung geben und auf der Basis dieser Deutung handeln,
- die Betonung der Geschichte: Selbstverständlich sind wir von der jeweiligen Kultur, und damit den jeweils geltenden Normen, Werten und Regeln in unserem Denken und Handeln beeinflußt.

Problematisch aus unserer Sicht sind:

- die unscharfe Begrifflichkeit. So wird „Bildung“ immer wieder in neuen Formulierungen umschrieben, bleibt aber hinsichtlich der Kriterien, die Bildung zu erfüllen hat, unscharf und führt damit zu Mißverständnissen und Unklarheiten,
- die fehlende Forschungsmethodik. Dies ist ein, wenn nicht der zentrale Schwachpunkt der Geisteswissenschaftlichen Pädagogik: Sie hat Verstehen proklamiert, aber keine Methodik des Verstehens entwickelt. Wie läßt sich absichern, daß ich tatsächlich erfasse, was die Bedeutung einer Situation für ein Kind, für einen Jugendlichen, einen Teilnehmer in der Erwachsenenbildung ist?
- fehlende Verfahren zur Überprüfung von Normen auf ihre Legitimation. Hier gilt der von der Kritischen Erziehungswissenschaft erhobene Vorwurf zu Recht: Hermeneutische Verfahren sind stets in Gefahr, das Bestehende zu stabilisieren. Historisch hat sich das auch an der Haltung der Geisteswissenschaftlichen Pädagogik in der ersten Hälfte dieses Jahrhunderts gegenüber dem Nationalsozialismus gezeigt: Obwohl zahlreiche Geisteswissenschaftliche Pädagogen in deutlichem Gegensatz zum Nationalsozialismus standen, fehlte ihnen das methodische Instrumentarium zur Kritik. Dasselbe Problem tauchte aber auch in alltäglichen Situationen auf: Das Verhalten eines aggressiven Jugendlichen zu verstehen, kann sinnvollerweise nicht bedeuten, es automatisch zu akzeptieren. Verstehen und Kritik müssen gleichzeitig möglich sein - und eben für eine solche Stellungnahme fehlt der Geisteswissenschaftlichen Pädagogik das Instrumentarium.

Die nächsten Kapitel werden zeigen, wie andere Konzepte versucht haben, diese Probleme zu lösen.

3.3 Kritische Theorie und Kritische Erziehungswissenschaft

3.3.1 Kritische Theorie

3.3.1.1 Historische Entwicklung

1937 erschien in der Zeitschrift für Sozialforschung ein Aufsatz Max Horkheimers mit dem Titel „Traditionelle und kritische Theorie", der die Grundzüge eines wissenschaftstheoretischen Ansatzes entwickelte, der als „Kritische Theorie" bezeichnet wird.

Entstehung und Entwicklung der Kritischen Theorie sind eng mit der Geschichte des 1923 gegründeten Instituts für Sozialforschung in Frankfurt am Main verknüpft. Das Institut, das seit 1932 die Zeitschrift für Sozialforschung herausgab, versteht sich als eine interdisziplinäre Einrichtung zur Erforschung von Gesellschaft und ihrer Entwicklung, in der Philosophen, Psychologen und Ökonomen zusammenarbeiteten. 1933 zwangsweise geschlossen, wurde das Institut zunächst nach New York verlegt und 1950 in Frankfurt wieder eröffnet. Alle Vertreter der Kritischen Theorie gehörten dem Institut zumindest zeitweise an. Einflußreich für die Entwicklung der Kritischen Theorie waren in der ersten Generation Max Horkheimer und Theodor W. Adorno sowie Herbert Marcuse und Erich Fromm, in der zweiten Generation Jürgen Habermas sowie Albrecht Wellmer, Klaus Offe, Alfred Schmidt und Oskar Negt.

Max Horkheimer (1895 - 1973) ist Philosoph (in seiner Dissertation und Habilitationsschrift befaßt er sich mit Kant) und war von 1926 bis 1930 Privatdozent in Frankfurt. Von 1930 bis 1933, sowie nach seiner Rückkehr aus der Emigration in die USA von 1949 bis 1960, war er Professor für Sozialphilosophie an der Universität Frankfurt. 1931 wurde er Direktor des Instituts für Sozialforschung, dessen Leitung er bis 1959 innehatte.

Eine zentrale Einführung in die Kritische Theorie ist Horkheimers Aufsatz „Traditionelle und Kritische Theorie". In: Horkheimer, M.: Gesammelte Schriften. Bd. 4, Frankfurt a.M. 1988, S. 162-225.

Theodor W. Adorno (1903 - 1969) studierte Philosophie, Musikwissenschaft, Psychologie und Soziologie, promovierte 1924 mit einer Arbeit zur Phänomenologie und habilitierte 1931 mit einer Arbeit zur Philosophie Kierkegards. 1938 emigrierte er in die USA und wurde dort Mitglied des Instituts für Sozialforschung. Mit Horkheimer kehrte er 1949 nach Frankfurt zurück und übernahm dort eine Professur für Philosophie und Musiksoziologie. 1959 übernahm er die Leitung des Instituts für Sozialforschung.

Zentrale Arbeiten sind:
Horkheimer, M./Adorno, Th.W.: Dialektik der Aufklärung. In: Adorno, Th.W.: Gesammelte Schriften, Bd. 3. Frankfurt a.M. 1997 (ursprünglich 1947).

Adorno, Th.W.: Negative Dialektik: In: Gesammelte Schriften, Bd. 6, Frankfurt a.M. 1997, S. 7-412 (ursprünglich 1966).
Zur Einführung geeignet ist ferner:
Adorno, Th.W.: Erziehung nach Auschwitz. In: Gesammelte Schriften, Bd. 10 (2). Frankfurt a.M. 1997, S. 674-690.

Jürgen Habermas (geb. 1929) war von 1955 bis 1959 Forschungsassistent am Frankfurter Institut für Sozialforschung und wurde in dieser Zeit deutlich von Max Horkheimer und Theodor W. Adorno beeinflußt. 1961 habilitierte er mit der Schrift „Strukturwandel der Öffentlichkeit" in Marburg. Von 1961 bis 1964 war er Professor für Philosophie in Heidelberg und von 1964 bis 1971 sowie seit 1983 Professor für Philosophie und Soziologie in Frankfurt am Main. 1971 bis 1983 war er (zusammen mit C.F. von Weizäcker) Direktor am Max-Planck-Institut zur Erforschung der Lebensbedingungen der wissenschaftlich-technischen Welt.

Habermas steht in der Tradition der Kritischen Theorie. Als Einführung ist seine Frankfurter Antrittsvorlesung „Erkenntnis und Interesse" aus dem Jahr 1961 geeignet:
Habermas, J.: Technik und Wissenschaft als Ideologie. Frankfurt a. M. 1968, S. 146-168.

Einführungen in die Kritische Theorie sind:
Dubiel, H.: Kritische Theorie der Gesellschaft. München (2. Aufl.) 1992.
Reijen, W. von: Philosophie als Kritik. Königstein 1984.

3.3.1.2 Hauptthesen

(1) Ausgangspunkt für die Kritische Theorie ist die These, daß Wissenschaft Teil der gesellschaftlichen Arbeit ist.
Zahlreiche Schriften Kritischer Theorie gehen der Frage nach, welche Rolle Gesellschaft und ihre Entwicklung für wissenschaftliche Erkenntnis haben und welche Rolle Wissenschaft für die gesellschaftliche Entwicklung übernehmen kann und soll. In Anlehnung an Karl Marx wird die Frage zunächst in der Weise beantwortet, daß Wissenschaft Bestandteil gesellschaftlicher Arbeit ist, die Einfluß auf die gesellschaftlichen Verhältnisse hat. Die gesellschaftlichen Verhältnisse sind der Rahmen, in dem wissenschaftliche Erkenntnisse produziert und verwendet werden.

Kritische Theorie unterscheidet sich nach Horkheimer von traditioneller Theorie dadurch, daß sie diesen Entstehungs- und Verwendungszusammenhang von Wissenschaft reflektiert:

„Dem herkömmlichen theoretischen Denken gelten... sowohl die Genesis der bestimmten Sachverhalte als auch die praktische Verwendung der Begriffssysteme, in die man sie befaßt, somit seine Rolle in der Praxis, als äußerlich. Diese Entfremdung, die in der philosophischen Terminologie als Trennung von Wert und Forschung, Wissen und Handeln sowie anderen Gegensätzen sich ausdrückt... verleiht seiner Arbeit ihren festen Rahmen".[1]

In der traditionellen Theorie wird Theorie als ein System von Sätzen über Sachverhalte begriffen. Dabei wird jedoch übersehen,

[1] Horkheimer, M.: Gesammelte Schriften. Bd. 4, Frankfurt a.M. 1988, S. 182.

- daß im Gegenstandsbereich der Sozialwissenschaften Tatsachen als soziale, von Menschen erzeugte Tatsachen veränderbar sind und
- daß das, was als Erfahrung auftritt, durch Kategorien und Begriffe geprägt ist, die ihrerseits von Sprache und Lebensform abhängen und sich damit wandeln können:

„...die Art, wie sie (die Menschen) sehen und hören, ist von dem gesellschaftlichen Lebensprozeß, wie er in den Jahrtausenden sich entwickelt hat, nicht abzulösen. Die Tatsachen, welche die Sinne uns zuführen, sind in doppelter Weise gesellschaftlich präformiert: durch den geschichtlichen Charakter des wahrgenommenen Gegenstands und den geschichtlichen Charakter des wahrnehmenden Organs" (Horkheimer 1988, S. 174).

Traditionelle Theorien unterstellen eine Unabhängigkeit der Erkenntnis vom gesellschaftlichen Geschehen und überlassen gerade dadurch die Verwendung wissenschaftlicher Erkenntnis einem scheinbar unbestimmten Zusammenhang. Eine Folge davon ist, daß Erfahrung und Erkenntnis auseinandertreten und die gesellschaftliche Praxis als ein irrationaler Prozeß erscheint:

„Subjekt und Objekt sind streng getrennt, auch wenn es sich zeigen sollte, daß in einem späteren Zeitpunkt das objektive Geschehen durch menschlichen Zugriff beeinflußt wird; dieser ist in der Wissenschaft ebenso als Faktum zu betrachten. Das gegenständliche Geschehen ist der Theorie transzendent, und die Unabhängigkeit von ihr gehört zu seiner Notwendigkeit: der Betrachter als solcher kann nichts daran ändern" (Horkheimer 1988, S. 203, 205).

Die Kritik, die Horkheimer 1937 an traditioneller Philosophie und Wissenschaft übt, ist in der wissenschaftstheoretischen Auseinandersetzung der Kritischen Theorie mit anderen Konzepten aufgegriffen und weitergeführt worden. In der Generation der älteren Vertreter Kritischer Theorie (Horkheimer, Adorno) wurde diese Kritik insbesondere gegenüber der sog. idealistischen Philosophie von Kant über Hegel bis Husserl sowie gegenüber der traditionellen empirischen Sozialforschung entfaltet. In der Generation der jüngeren Vertreter Kritischer Theorie wurde die Kritik insbesondere gegenüber dem Programm verhaltenstheoretischer Sozialwissenschaft, sowie gegenüber dem Programm geisteswissenschaftlicher Hermeneutik und gegenüber der Systemtheorie Luhmanns entfaltet.[2]

Besonders nachdrücklich wurde die Kritik an der herkömmlichen empirischen Sozialforschung im sog. Positivismusstreit vertreten, einer Auseinandersetzung über die wissenschaftstheoretischen Grundlagen der Soziologie zwischen Popper und Adorno sowie zwischen Albert und Habermas zu Beginn der 60er Jahre. Gegenüber der empirischen Sozialforschung macht Adorno geltend :

„Die empirische Sozialforschung kommt darum nicht herum, daß alle von ihr untersuchten Gegebenheiten, die subjektiven nicht weniger als die objektiven Verhältnisse, durch die Gesellschaft vermittelt sind. Das Gegebene, die Fakten, auf welche sie ihren Methoden nach als auf ihr Letztes

---

2 Zur Kritik an Philosophie vgl.: Adorno, T. W.: Negative Dialektik. Gesammelte Schriften Bd. 6, Frankfurt a.M. 1997, S. 7-412.
Zur Kritik an der verhaltenstheoretischen Sozialforschung vgl. Habermas, J.: Zur Logik der Sozialwissenschaften. Frankfurt a.M. 1970.
Zur Kritik an der Hermeneutik vgl. Habermas, J.: Der Universalitätsanspruch der Hermeneutik. In: Aple, K.-O. u.a.: Hermeneutik und Ideologiekritik, Frankfurt a.M. 1971, S. 120-159.

stößt, sind selber kein Letztes sondern ein Bedingtes. Sie darf daher nicht ihren Erkenntnisgrund - die Gegebenheit der Fakten, um welche ihre Methode sich müht - mit dem Realgrund verwechseln, einem Ansichsein der Fakten, ihrer Unmittelbarkeit schlechthin, ihrem Fundamentalcharakter. Gegen diese Verwechslung kann sie insofern sich wehren, als sie durch Verfeinerung der Methoden die Unmittelbarkeit der Daten selbst aufzulösen vermag. Daher die zentrale Bedeutung der Motivationsanalysen. Sie können freilich kaum je auf direkte Fragen sich stützen, und Korrelationen zeigen funktionelle Zusammenhänge an, klären aber nicht über kausale Abhängigkeiten auf. Daher ist die Entwicklung direkter Methoden prinzipiell die Chance der empirischen Sozialforschung, über bloße Feststellung und Aufbereitung von Fassadentatsachen hinauszugelangen“[3]

(2) Ziel Kritischer Theorie ist es, durch Aufklärung über den gesellschaftlichen Entstehungszusammenhang sozialer Tatsachen zu einer Veränderung der gesellschaftlichen Verhältnisse beizutragen.

Die Zielsetzung Kritischer Theorie und der Weg, auf dem sie diese Zielsetzung zu erreichen sucht, ergeben sich aus den Abgrenzungen gegenüber traditioneller Theorie.

Im Unterschied zu traditioneller Theorie, die soziale Tatsachen lediglich in der Regelhaftigkeit ihres Auftretens erfasse, geht es in der Kritischen Theorie darum, soziale Tatsachen aus ihrem gesellschaftlichen Entstehungszusammenhang zu erklären. Dazu sind die Regeln, Prozesse und Mechanismen zu untersuchen, durch die in einer gesellschaftlichen Ordnung jeweilige soziale Tatsachen hervorgebracht werden. Mit Bezug auf die Vielfalt sozialer Erscheinungen und die Interdependenz ihres Zusammenwirkens bei ihrer Entstehung, ist Kritische Theorie deshalb als eine Theorie der Gesellschaft angelegt:

„Die kritische Theorie der Gesellschaft hat... den Menschen als die Produzenten ihrer gesamten historischen Lebensformen zum Gegenstand. Die Verhältnisse der Wirklichkeit, von denen die Wissenschaft ausgeht, erscheinen ihr nicht als Gegebenheiten, die bloß festzustellen und nach den Gesetzen der Wahrscheinlichkeit voraus zu berechnen wären. Was jeweils gegeben ist, hängt nicht allein von der Natur ab, sondern auch davon, was der Mensch über sie vermag“ (Horkheimer 1988, S. 217).

Im Unterschied zur Ausklammerung des gesellschaftlichen Verwendungszusammenhangs wissenschaftlicher Erkenntnisse in der traditionellen Theorie, fordert Kritische Theorie die Einbeziehung und Vorwegnahme des Verwendungszusammenhangs durch eine Festlegung des Zwecks, dem die Theorie gesellschaftlich dient. Die Festlegung des Zweckes, der die Theoriebildung leitet, erfolgt als Antizipation von gesellschaftlichen Verhältnissen, in denen die Menschen selbstbestimmt und frei von Zwängen in der Lage sind, ihr Zusammenleben zu organisieren. Diese Antizipation wird für Theoriebildung wirksam als Frage nach den Ursachen und Gründen, die eine Selbstbestimmung und eine vernünftige Verfaßtheit des gesellschaftlichen Zusammenlebens verhindern. Theorie, die sich in ihren Untersuchungen von dieser Frage leiten läßt, hat eine praktische Absicht, nämlich durch Aufklärung über den gesellschaftlichen Entstehungszusammenhang von Verhältnissen, die einer Selbstbestimmung entgegenstehen, zur Veränderung der gesellschaftlichen Verhältnisse beizutragen:

---

[3] Adorno, T. W.: Gesammelte Schriften. Bd. 8, Frankfurt a.M. 1997, S. 214f. (ursprünglich 1972).

Kritische Theorie folgt „... in der Bildung ihrer Kategorien und allen Phasen ihres Fortgangs ganz bewußt dem Interesse an der vernünftigen Organisation der menschlichen Aktivität, das aufzuhellen und zu legitimieren ihr selbst auch aufgegeben ist... Bei aller Wechselwirkung zwischen der kritischen Theorie und den Fachwissenschaften, an deren Fortschritt sie sich ständig zu orientieren hat und auf die sie seit Jahrzehnten einen befreienden und anspornenden Einfluß ausübt, zielt sie nirgends bloß auf Vermehrung des Wissens als solchen ab, sondern auf die Emanzipation des Menschen des Menschen aus versklavenden Verhältnissen." (Horkheimer 1988, S. 218f.).

Ziel der Aufklärung ist die Emanzipation, die Befreiung der Menschen von überflüssigen gesellschaftlichen Zwängen. Eine positive Bestimmung von Emanzipation als der „Idee einer künftigen Gesellschaft freier Menschen" bleibt - durchaus beabsichtigt - unbestimmt, denn

„die Vernunft kann sich selbst nicht durchsichtig werden, solange die Menschen als Glieder eines vernunftlosen Organismus handeln" (Horkheimer 1988, S. 182).

Eine positive Bestimmung der Merkmale einer vernünftigen Verfaßtheit von Gesellschaft würde den Zustand vorwegnehmen, der sich erst nach Prozessen gelingender Aufklärung und nach einer Befreiung aus überflüssigen gesellschaftlichen Zwängen ergeben kann:

„Mit der Reflexion ihres Entstehungs- und der Antizipation ihres Verwendungszusammenhangs begreift sich die Theorie selbst als ein notwendiges katalysatorisches Moment desselben gesellschaftlichen Lebenszusammenhangs, den sie analysiert; und zwar analysiert sie ihn als einen integralen Zwangszusammenhang unter dem Gesichtspunkt seiner möglichen Aufhebung. Die Theorie erfaßt also eine doppelte Beziehung zwischen Theorie und Praxis: sie untersucht einerseits den geschichtlichen Konstitutionszusammenhang einer Interessenlage, der die Theorie gleichsam durch die Akte der Erkenntnis hindurch noch angehört; und andererseits den geschichtlichen Aktionszusammenhang, auf den die Theorie handlungsorientierend einwirken kann. Im einen Fall handelt es sich um die soziale Praxis, die als gesellschaftliche Synthesis Erkenntnis möglich macht; im anderen Fall um eine politische Praxis, die bewußt darauf abzielt, das bestehende Institutionensystem umzuwälzen. Durch die Reflexion ihres Entstehungszusammenhangs unterscheidet sich Kritik ebenso von Wissenschaft wie von Philosophie. Die Wissenschaften blenden nämlich den Konstitutionszusammenhang aus und verhalten sich zu ihren Gegenstandsbereichen objektivistisch; während umgekehrt Philosophie sich ihres Ursprungs als eines Ersten ontologisch nur zu sicher war. Durch die Antizipation ihres Verwendungszusammenhangs unterscheidet sich Kritik von dem, was Horkheimer traditionelle Theorie genannt hat. Sie begreift, daß ihr Geltungsanspruch allein in gelingenden Prozessen der Aufklärung und das heißt: im praktischen Diskurs der Betroffenen eingelöst werden kann."[4]

(3) Methodologische Grundlage der Kritischen Theorie ist „objektives Sinnverstehen".

„Objektives Sinnverstehen" ist darauf ausgerichtet, soziale Tatsachen von ihrem gesellschaftlichen Entstehungszusammenhang her zu verstehen. Es sollen die gesellschaftlichen Strukturen, Prozesse und Regeln angegeben werden, die soziale Tatsachen zu erklären gestatten.

Objektives Verstehen meint in diesem Sinne, die sozialen, kulturellen, ökonomischen und politischen Hintergründe zu erfassen, die gleichsam „im Rücken" der einzelnen Subjekte dazu führen, daß sie in einer bestimmten Weise denken, sprechen und handeln. Im Unterschied zum Sinnverstehen Geisteswissenschaftlicher

---

[4] Habermas, J.: Theorie und Praxis. Frankfurt a.M. 1971, S. 9f.

Hermeneutik geht es somit nicht nur darum, die Subjekte so zu verstehen, wie sie sich selbst verstehen, sondern vor dem Hintergrund der Regeln und Strukturen, durch die Deutungen und Handlungsweisen hervorgebracht werden.

Objektives Sinnverstehen setzt damit dreierlei voraus:

- Annahmen über die Regeln, nach denen der Kontext des Handelns (soziale Situationen und Strukturen) erzeugt wird,
- Annahmen über die Stabilität und den Wandel solcher Regeln,
- Annahmen über die Ansatzpunkte für einen gezielten Einfluß auf die Veränderung der Regeln, nach denen Situationen und Strukturen erzeugt werden.

Als Grundannahme über die Regeln, nach denen soziale Verhältnisse erzeugt werden, führt Horkheimer in „Traditionelle und kritische Theorie" die Annahmen von Marx über die Abhängigkeit sozialer Verhältnisse von der Ökonomie auf:

> „Die Festigkeit der Theorie rührt daher, daß bei allem Wandel der Gesellschaft doch ihre ökonomisch grundlegende Struktur, das Klassenverhältnis in seiner einfachsten Gestalt, und damit auch die Idee seiner Aufhebung identisch bleibt. Die hierdurch bedingten entscheidenden Züge des Inhalts können sich vor dem geschichtlichen Umschlag nicht ändern. Andererseits steht aber die Geschichte auch bis dahin nicht still. Die historische Entwicklung der Gegensätze, in die das kritische Denken verflochten ist, verlagert die Wichtigkeit seiner einzelnen Momente, zwingt zu Differenzierungen und verschiebt die Bedeutung der fachwissenschaftlichen Erkenntnisse für die kritische Theorie und Praxis" (Horkheimer 1988, S.203).

Daneben bedarf es jedoch zusätzlicher Kenntnisse aus anderen Wissenschaften, um die Denk- und Handlungsweisen der Subjekte zu erklären:

> „Auch in der kritischen Theorie müssen spezifische Elemente eingefügt werden, um von dieser grundlegenden Struktur zur differenzierten Realität zu gelangen. Aber ein solches Einfügen von Bestimmungen, man denke etwa an das Vorhandensein aufgestapelter Goldmengen, die Ausbreitung in noch vorkapitalistische Räume der Gesellschaft, den Außenhandel, geschieht nicht durch einfache Deduktion wie in der fachlich abgekapselten Theorie. Vielmehr gehört zu jedem Schritt die Kenntnis über Mensch und Natur, die in den Wissenschaften und in der geschichtlichen Erfahrung vorliegt" (Horkheimer 1988, S. 203).

Welche Kenntnisse über „Mensch und Natur" benötigt werden, bleibt bei Horkheimer unscharf. Entsprechend unscharf bleiben seine Annahmen über die Veränderbarkeit der Regeln, die diese sozialen Verhältnisse bestimmen. Veränderung bleibt für Horkheimer gebunden an die Antizipation einer „vernünftigen Gesellschaft" und die „geschichtlichen Kämpfe" zu ihrer Realisierung:

> „...Ziel einer vernünftigen Gesellschaft, das heute freilich nur in der Phantasie aufgehoben scheint, ist in jedem Menschen wirklich angelegt. Das ist keine befriedigende Affirmation. Die Erfüllung der Möglichkeiten hängt von geschichtlichen Kämpfen ab" (Horkheimer 1988, S.224).

Im Grunde die gleichen Analyse- und Argumentationsschritte finden sich bei Adorno in seinem Beitrag „Erziehung nach Auschwitz".[5] Adorno behandelt hier die

---

[5] Adorno, T. W.: Erziehung nach Auschwitz. In: Adorno, Th.W.: Kulturkritik und Gesellschaft II, Gesammelte Schriften Bd. 10.2, Frankfurt a.M. 1997, S. 674-690.

Frage, was im Bereich der Erziehung Auschwitz ermöglicht hat und welche Konsequenzen daraus zu ziehen sind. Ausgangspunkt der Analyse ist die Forderung, einer Wiederholung von Auschwitz entgegenzuwirken:

„Die Forderung, daß Auschwitz nicht noch einmal sei, ist die allererste an Erziehung. Sie geht so sehr jeglicher anderen voran, daß ich weder glaube, sie begründen zu müssen noch zu sollen. Ich kann nicht verstehen, daß man mit ihr bis heute so wenig sich abgegeben hat. Sie zu begründen hätte etwas Ungeheuerliches angesichts des Ungeheuerlichen, das sich zutrug… Jede Debatte über Erziehungsideale ist nichtig und gleichgültig diesem einen gegenüber, daß Auschwitz nicht sich wiederhole" (Adorno 1997, S. 674).

Unter Bezug auf diese Forderung werden von Adorno Erziehungskonzepte beleuchtet und im Kontext der gesellschaftlicher Verhältnisse, die zu Auschwitz führten, analysiert und beurteilt. Dabei werden als Merkmale des gesellschaftlichen Entstehungszusammenhangs von Auschwitz genannt:

- politische Verhältnisse und Entwicklungen wie ein „angriffslustiger Nationalismus" oder der Zerfall der „etablierten Autoritäten des Kaiserreichs",
- weitverbreitete Einstellungen wie die Bereitschaft zu einer „blinden Identifikation mit dem Kollektiv", ein „manipulativer Charakter" bzw. die Einstellung, Menschen wie Dinge zu behandeln, Kälte gegenüber Mitmenschen sowie unbewußt wirkende Mechanismen,
- weitverbreitete Erziehungskonzepte, die die Entwicklung von Einstellungen stützen, die Auschwitz ermöglicht haben. Dazu gehören insbesondere eine Erziehung zu Härte und Disziplin, zu Schmerz- und zu Angstlosigkeit.

Zwischen Erziehungskonzepten, Einstellungen und politischen Entwicklungen besteht nach Adorno zwar kein kausaler Zusammenhang, das eine bleibt jedoch nicht ohne Wirkung für das andere. Eine zureichende Erklärung von Auschwitz läßt sich deshalb nicht mit Rückgriff auf die subjektiven Motive der Täter gewinnen, sondern erfordert die Analyse des Zusammenhangs zwischen politischen Entwicklungen, Erziehungskonzepten und Einstellungen. Objektives Sinnverstehen von Auschwitz erfordert, diesen Zusammenhang zu klären.

Ebenso, wie Erziehungskonzepte im Entstehungszusammenhang von Auschwitz eine Rolle spielen, kommt ihnen auch ein Stellenwert bei der Frage zu, wie sich eine Wiederholung von Auschwitz vermeiden läßt. In einer Erziehung, die nicht auf Härte, sondern auf Wärme, nicht auf Ein- und Unterordnung, sondern auf Autonomie zielt, sieht Adorno die Chance, gesellschaftliche Verhältnisse so verändern zu können, daß Auschwitz nicht mehr möglich ist:

„Die einzig wahrhafte Kraft gegen das Prinzip von Auschwitz wäre Autonomie, wenn ich den Kantischen Ausdruck verwenden darf; die Kraft zur Reflexion, zur Selbstbestimmung, zum Nicht-Mitmachen" (Adorno 1997, S. 679).

(4) Erkenntnisleitendes Interesse ist Emanzipation.
Im Rückgriff auf grundlegende Kategorien der gesellschaftstheoretischen Analyse hat Habermas versucht, den Entstehungs- und Verwendungszusammenhang wissenschaftlicher Erkenntnis systematisch zu klären. Habermas geht davon aus, daß Gesellschaften sich über Sprache, Arbeit und Herrschaft organisieren und daß mit

diesen Medien der Vergesellschaftung allgemeine Interessen verknüpft sind, die ihrerseits in unterschiedlichen Wissenschaften wirksam werden. Mit Arbeit verknüpft ist ein gesellschaftliches Interesse an der Erweiterung technischer Verfügungsgewalt, mit Sprache und Kommunikation ein gesellschaftliches Interesse an Verständigung, mit Herrschaft, verstanden als Zwang im Dienste der Selbsterhaltung von Gruppen, ein Interesse an der Befreiung von unnötigen Zwängen:

„Die spezifischen Gesichtspunkte, unter denen wir die Wirklichkeit transzendental notwendig auffassen, legen drei Kategorien fest: Informationen, die unsere technische Verfügungsgewalt erweitern; Interpretationen, die eine Orientierung des Handelns unter gemeinsamen Traditionen ermöglichen; und Analysen, die das Bewußtsein aus der Abhängigkeit von hypostasierten Gewalten lösen. Jene Gesichtspunkte entspringen dem Interessenzusammenhang einer Gattung, die von Haus aus an bestimmte Medien der Vergesellschaftung gebunden ist: an Arbeit, Sprache und Herrschaft.“[6]

Diese gesellschaftlichen Interessen werden in der Entwicklung wissenschaftlicher Theorien wirksam. Allgemein gilt: Nach Habermas liegt den naturwissenschaftlichen Theorien und den nach dem Modell der Naturwissenschaften vorgehenden empirisch-analytischen Sozialwissenschaften ein technisches Erkenntnisinteresse zugrunde, den hermeneutischen Theorien ein praktisches Interesse und den kritisch orientierten Wissenschaften ein emanzipatorisches Erkenntnisinteresse:

„In den Ansatz der empirisch-analytischen Wissenschaften geht ein technisches, in den Ansatz der historisch-hermeneutischen Wissenschaften ein praktisches und in den Ansatz kritisch orientierter Wissenschaften jenes emanzipatorische Erkenntnisinteresse ein“ (Habermas 1968, S. 155).

Habermas belegt diese These in seiner Schrift „Erkenntnis und Interesse“ von 1968[7] anhand der Regeln, die wissenschaftlicher Praxis zugrunde liegen: Regeln im Bereich der empirisch-analytischen Wissenschaften wie das Aufstellen von gesetzesförmigen Hypothesen, die Ableitung von Prognosen, die Unabhängigkeit der Beobachtung vom Standpunkt des Beobachters weisen darauf hin, daß diesen Regeln ein Interesse an der Erweiterung von technischer Verfügungsgewalt zugrunde liegt. Entsprechend dienen die Regeln der Hermeneutik der Sicherung der lebenspraktischen Verständigung. Und schließlich versucht Habermas am Beispiel der Psychoanalyse aufzuzeigen, wie das Interesse an einer Befreiung von Zwängen dem methodischen Vorgehen der Psychoanalyse zugrunde liegt: Im Zuge einer Rekonstruktion des Entstehungszusammenhangs werden die Situationen aufgedeckt, die pathologische Verhalten verursachen. Es wird eine Selbstreflexion initiiert, die schließlich zur Aufhebung der Zwangssymptome führt. Vergleichbar der Psychoanalyse soll kritische Sozialwissenschaft den Entstehungszusammenhang gesellschaftlicher Pathologien erklären und zu deren Aufhebung beitragen.[8]

(5) Modell herrschaftsfreier sozialer Praxis und gelingender Aufklärung ist der praktische Diskurs.

Von der Grundannahme ausgehend, daß soziales Handeln stets kommunikatives Handeln ist, ist Habermas seit Anfang der 70er Jahre der Frage nachgegangen, wie

---

6 Habermas, J.: Technik und Wissenschaft als ‘Ideologie’. Frankfurt a.M. 1968, S.162.

7 Habermas, J.: Erkenntnis und Interesse. In: Habermas, J.: Technik und Wissenschaft als ‘Ideologie’. Frankfurt a.M. 1968, S. 146-168.

8 Habermas, J.: Theorie kommunikativen Handelns. Bd. 1, Frankfurt a.M. 1981, S. 8.

soziales Handeln rational abgesichert werden kann und durch welche historisch-gesellschaftlichen Entwicklungsprozesse rational abgesichertes Handeln begünstigt sowie umgekehrt behindert wird. Ersteres ist Gegenstand seiner Diskurstheorie, letzteres Gegenstand seines Hauptwerkes, der „Theorie kommunikativen Handelns".

In kommunikativem, auf Verständigung gerichtetem Handeln, so die zentrale These, wird immer schon unterstellt, daß die gemachten Äußerungen konsensfähig sind, der andere den geäußerten Behauptungen, Empfehlungen und vorgenommenen Interpretationen zustimmen kann. Werden Behauptungen, Empfehlungen, Interpretationen problematisiert, werden Begründungen und Rechtfertigungen eingefordert, um durch solche zusätzlichen Informationen den verlorengegangenen Konsens wieder herzustellen und rational zu motivieren. Werden Begründungen und Rechtfertigungen angezweifelt und problematisiert, kommt es zu einer Prüfung der mit ihnen verknüpften Geltungsansprüche; dies mit dem Ziel zu klären, ob Behauptungen wahr, Erklärungen passend, Empfehlungen angemessen, Rechtfertigungen richtig sind. Der Diskurs wird als die Einrichtung verstanden, in der über Geltungsansprüche mit Argumenten befunden wird, um zu einem „wahren Konsens" zu gelangen:

„Diskurse sind Veranstaltungen mit dem Ziel, kognitive Äußerungen zu begründen. Kognitive Elemente wie Deutungen, Behauptungen, Erklärungen und Rechtfertigungen sind normale Bestandteile der täglichen Lebenspraxis. Sie füllen Informationslücken. Sobald aber deren Geltungsansprüche explizit in Zweifel gezogen werden, ist die Beschaffung weiterer Informationen kein bloßes Problem der Verbreitung mehr, sondern ein Problem des Erkenntnisgewinns. Im Falle grundsätzlicher Problematisierungen schafft der Ausgleich von Informationsdefiziten keine Abhilfe. Wir verlangen vielmehr nach überzeugenden Gründen, und im Diskurs versuchen wir, durch Gründe zu einer gemeinsamen Überzeugung zu gelangen."[9]

Entscheidend für das Gelingen eines wahren und zugleich vernünftigen Konsenses ist nach Habermas der Vorgriff auf eine „ideale Sprechsituation", d.h. die wechselseitige Unterstellung der Teilnehmer von Diskursen, daß jeder das gleiche Recht hat, Argumente einzubringen und zurückzuweisen, und keine Einschränkung für den Austausch von Argumenten durch äußere Zwänge vorhanden ist:

„Ideal nennen wir im Hinblick auf die Unterscheidung des wahren vom falschen Konsensus eine Sprechsituation, in der die Kommunikation nicht nur nicht durch äußere kontingente Einwirkungen, sondern auch nicht durch Zwänge behindert wird, die sich aus der Struktur der Kommunikation selbst ergeben. Die ideale Sprechsituation schließt systematische Verzerrung der Kommunikation aus. Nur dann herrscht ausschließlich der eigentümlich zwanglose Zwang des besseren Arguments, der die methodische Überprüfung von Behauptungen sachverständig zum Zuge kommen läßt und die Entscheidung über praktische Fragen rational motivieren kann" (Habermas 1984, S. 119f.).

„Der Vorgriff auf eine ideale Sprechsituation gibt allein Gewähr dafür, daß wir mit einem faktisch erzielten Konsensus den Anspruch des vernünftigen Konsenses verbinden dürfen; zugleich ist dieser Vorgriff ein kritischer Maßstab, an dem jeder faktisch erzielte Konsensus an sich in Frage gestellt und darauf überprüft werden kann, ob er ein zureichender Indikator für wirkliche Verständigung ist" (Habermas 1984, S. 118f.).

---

[9] Habermas, J.: Vorstudien und Ergänzungen zur Theorie des kommunikativen Handelns. Frankfurt a.M. 1984, S. 114f.

Mit Blick auf die ideale Sprechsituation sind Diskurse somit per Definitionen herrschaftsfrei und sowohl Voraussetzung als auch Ziel gelingender Aufklärung.

„Die kontrafaktischen Bedingungen der idealen Sprechsituation können auch als notwendige Bedingungen emanzipierter Lebensformen verstanden werden. Denn die symmetrische Verteilung der Chancen bei der Wahl und der Ausübung von Sprechakten, die sich a) auf Aussagen als Aussagen, b) auf das Verhältnis des Sprechers zu seinen Äußerungen und c) auf die Befolgung von Normen beziehen, sind sprachtheoretische Bestimmungen für das, was wir herkömmlicherweise mit den Ideen der Wahrheit, der Freiheit und der Gerechtigkeit zu fassen suchten" (Habermas 1984, S. 121).

3.3.1.3 Theoriedefizite und konzeptionelle Probleme

Die bereits von Horkheimer geforderte Kritische Theorie der Gesellschaft ist ein bislang nur in Ansätzen eingelöstes Programm geblieben. Im Zuge der Arbeiten zu einer theoretisch-begrifflichen Grundlegung einer Gesellschaftstheorie in praktischer Absicht hat sich die Kritische Theorie von einer soziologischen Analyse der gesellschaftlichen Lebensverhältnisse entfernt, zugunsten einer philosophisch-wissenschaftstheoretischen Auseinandersetzung mit konkurrierenden Theorieansätzen. Diese Schwäche wird auch von den Vertretern Kritischer Theorie so gesehen.[10]

Unscharf und präzisierungsbedürftig sind die methodologischen Grundlagen „objektiven Sinnverstehens" für den Bereich sozialwissenschaftlicher Forschung. Zugespitzt läßt sich die These vertreten, daß sich objektives Sinnverstehen um so stärker auf eine Art normativer Hermeneutik reduziert, je weniger die dabei implizit beanspruchten Annahmen über Wirkungszusammenhänge zwischen individueller, institutioneller und gesamtgesellschaftlicher Entwicklung abgesichert sind.

In der Diskussion um die theoretischen Grundlagen Kritischer Theorie werden insbesondere als Problem gesehen: der Zusammenhang von Erkenntnis und Interesse[11], die sprachtheoretische Grundlegung des Sinn- und des Intersubjektivitätsbegriffs[12] sowie die Rolle von Diskursen für die Herstellung eines rationalen Konsenses und eine Entwicklung zu vernünftig organisierten Lebensverhältnissen:

„Die Unterstellung, Anmahnung und Kritik von Begründungen, ja überhaupt das Interesse an Begründungen decken ohne Zweifel nur einen Teilbereich gemeinsamen Erlebens und Handelns. Sie decken weder den Fall der Liebe, noch den Fall des Streites, noch den der bloßen Wahrnehmung des anderen, den des Ausweichens, den der praktischen Imitation, der primären Sozialisation usw. Man kann sehr gut zusammen leben auf Grund der wechselseitigen Überzeugung, daß die Begründungen des anderen falsch sind..." (Luhmann 1971, S. 320).

„Es bereitet keine besonderen Denkschwierigkeiten, sich den Anfang und den Fortgang eines solchen Diskurses vorzustellen: es gilt da nur die Rednerliste, und die 'kommunikative Kompetenz' ist tatsächlich wie eine Menge von Spielmarken unter die Teilnehmer dieses Gesellschaftsspieles

---

10 Vgl. Bonss, W./Honnetha, A. (Hrsg.): Sozialforschung als Kritik. Zum sozialwissenschaftlichen Potential der kritischen Theorie. Frankfurt a.M. 1982.

11 Vgl. Dallmayr , W. (Hrsg.): Materialien zu Habermas Erkenntnis und Interesse. Frankfurt a.M. 1974.

12 Vgl. Luhmann, N.: Systemtheoretische Argumentationen. Eine Entgegnung auf J. Habermas. In: Habermas, J./Luhmann, N.: Theorie der Gesellschaft oder Sozialtechnologie, Frankfurt a.M. 1971, S. 291-405.

gleichmäßig verteilt. Was ich mir hingegen nach den von Habermas festgelegten Spielregeln nicht vorstellen kann, ist das Ende eines Diskurses. Es ist ja weder eine vorgegebene Fragestellung zugelassen (die schon durch ihre linguistische Fragestruktur: Vorinformation + Leerstelle den Diskurs beherrschen würde), noch soll es unter den Teilnehmern des Diskurses institutionelle oder charismatische Autorität geben, noch sind schließlich Einflüsse von außen vorgesehen, die einen Drang oder Zwang zum Abschluß der Verhandlungen ausüben.

Unter diesen Umständen weiß ich nicht, wie ein Diskurs überhaupt zu einem Ende, geschweige denn zu einem Ziel kommen soll. Die Wissenschaften nämlich, die zur Kritik der Meinungen und Normen aufzubieten sind, werden - und zwar mit Recht - sogleich argumentieren, daß die Verhältnisse natürlich viel komplexer sind, als das in den herrschenden Auffassungen zum Ausdruck kommt und in je beliebigen Auffassungen zum Ausdruck kommen kann. So erzeugen die Spielregeln des Diskurses mit Notwendigkeit ein Dauer-Räsonnement, das im 'Ausdiskutieren' der Probleme bis zur psychischen oder biologischen Erschöpfung (Aus-!) der Gesprächspartner geht und am nächsten Tag ohne Erschöpfung der Komplexität weiterläuft. Denn die Komplexität ist immer größer, als ein Diskurs lang sein kann: das ist die moderne Variante der alten Maxime Ars longa, vita brevis. Es ist daher zu befürchten, daß der Diskurs nicht zu einem Konsens in der Wahrheit (was immer das sein mag) führt, sondern einzig und allein zu einem Konsens im Weiterreden: Diktatur des Sitzfleisches."[13]

Die pragmatischen Einwände gegen das Diskursmodell machen auf ein grundlegendes Problem kritischer Theorie aufmerksam: Das Fehlen konkreter Ansatzpunkte für Veränderungsprozesse, unter denen die Voraussetzungen für Emanzipation erreichbar sind. Unabhängig davon, ob als Voraussetzung für eine vernünftige Verfaßtheit der gesellschaftlichen Lebensverhältnisse das autonome Subjekt, die Veränderung der ökonomischen Regeln oder der Diskurs angesetzt wird, bleibt im Rahmen kritischer Theorie weitgehend unbestimmt, auf welchem Wege jene Voraussetzungen unter Berücksichtigung des Zusammenhangs von individueller, institutioneller und gesamtgesellschaftlicher Entwicklung erreichbar sind.

3.3.2 Kritische Erziehungswissenschaft

3.3.2.1 Historische Entwicklung

Seit Mitte der 60er Jahre wird versucht, Argumente aus der Kritischen Theorie für die Grundlegung der Erziehungswissenschaft aufzugreifen. Klaus Mollenhauer ist der erste gewesen, der sich 1964 in dem Aufsatz „Pädagogik und Rationalität"[14] explizit auf Habermas beruft und auf dieser Basis eine Erziehungswissenschaft proklamiert, die „Mündigkeit, Autonomie des Handelns und Befreiung von Dogmatismus" ausgerichtet ist (Mollenhauer 1973, S. 67). Auf die Kritische Theorie wird dann aber auch von Herwig Blankertz, Wolfgang Klafki, Hermann Giesecke und Wolfgang Lempert zurückgegriffen.

---

13 Weinrich, H.: System, Diskurs, Didaktik und die Dikatur des Sitzfleisches. In: Maciejewski, F. (Hrsg.): Theorie der Gesellschaft oder Sozialtechnologie. Frankfurt a.M. 1973, S. 156.

14 Mollenhauer, K.: Erziehung und Emanzipation. München (6. Aufl.) 1973, S. 55-74.

Klaus Mollenhauer (geb. 1928) war nach einem Lehramtsstudium an der Pädagogischen Hochschule Göttingen zunächst zwei Jahre als Grundschullehrer tätig und

studierte anschließend in Hamburg und Göttingen insbesondere bei Wilhelm Flitner und Erich Weniger. Seit 1965 war er Professor an der Pädagogischen Hochschule Berlin sowie den Universitäten Kiel und Frankfurt. Von 1972 bis 1996 hatte er einen Lehrstuhl für Allgemeine Pädagogik und Sozialpädagogik an der Universität Göttingen inne.

Als Einführungen sind zu nennen:
Mollenhauer, K.: Pädagogik und Rationalität. In: Mollenhauer, K. Erziehung und Emanzipation. München (6. Aufl.) 1973, S. 55-74.
Mollenhauer, K.: Theorien zum Erziehungsprozeß. München 1972.

Herwig Blankertz (1927 - 1983) promovierte nach einigen Jahren Berufstätigkeit in der Textilindustrie und anschließendem Studium an der Universität Göttingen 1957 bei Erich Weniger mit einer Arbeit über Neukantianismus. Von 1969 bis 1982 war er Professor für Pädagogik und Philosophie an der Universität Münster.

Als Einführung ist geeignet der Aufsatz:
Blankertz, H.: Pädagogik unter wissenschaftstheoretischer Kritik. In: Oppolzer, S. (Hrsg.): Erziehungswissenschaft 1971 zwischen Herkunft und Zukunft der Gesellschaft. Wuppertal 1971, S. 20-33.

Wolfgang Klafki (geb. 1920) war nach einem Lehramtsstudium an der Pädagogischen Hochschule Hannover zunächst einige Jahre als Volksschullehrer tätig. Ein Aufbaustudium an den Universitäten Bonn und Göttingen schloß er 1957 mit einer von Erich Weniger betreuten Dissertation „Das pädagogische Problem des Elementaren und die Kategorie der kategorialen Bildung“ ab. Von 1960 bis zu seiner Emeritierung 1992 hatte Klafki einen Lehrstuhl für Pädagogik an der Universität Marburg inne.

Als Einführung ist geeignet:
Klafki, W.: Aspekte kritisch-konstruktiver Erziehungswissenschaft. Weinheim/Basel 1976.

Hermann Giesecke (geb. 1932) war nach dem Studium an der Universität Münster (Geschichte, Latein, Soziologie, Pädagogik) zunächst drei Jahre Leiter einer Jugendbildungsstätte. 1964 promovierte er in Kiel und war anschließend als wissenschaftlicher Assistent dort tätig. Seit 1967 ist er Professor an der Pädagogischen Hochschule Göttingen.

Als Einführung ist geeignet: Giesecke, H.: Einführung in die Pädagogik, München (3. Aufl.) 1971.

Wolfgang Lempert (geb. 1930) war ab 1964 wissenschaftlicher Mitarbeiter und danach Professor am Max-Planck-Institut für Bildungsforschung in Berlin.

Als Einführung ist geeignet:
Lempert, W.: Bildungsforschung und Emanzipation. In: Uhlig, D. (Hrsg.): Theorie und Methode der Erziehungswissenschaft. Weinheim/Basel 1974, S. 479-478.

3.3.2.2 Hauptthesen

(1) Die Kritische Erziehungswissenschaft wendet sich sowohl gegen die verhaltenstheoretische Erziehungswissenschaft als auch gegen die Geisteswissenschaftlichen Pädagogik.
So heißt es bei Klaus Mollenhauer:

„Eine Erziehungstheorie, die entweder bei der Explikation dessen, was die Sache sein möchte - die Gefahr der traditionellen geisteswissenschaftlichen Pädagogik -, stehenbleibt oder sich mit der Analyse dessen, was sie ist - die Gefahr einer rein empirisch konzipierten Pädagogik -, begnügt, verfehlt damit den totalen Anspruch, den der Begriff der Rationalität enthält" (Mollenhauer 1973, S. 68.).

Dabei wird an der verhaltenstheoretischen Erziehungswissenschaft kritisiert,

„...daß derjenige Wissenschaftszweck, den er ausschließen will, in seinem eigenen Wissenschaftsbegriff als dessen Folge enthalten ist: Die 'normativ-emotionale Steuerung' des pädagogischen Verhaltens wird nämlich gerade durch den empirisch-analytischen Wissenschaftsbegriff wirkungsvoll möglich gemacht; der 'Gegenstand' der Erziehungswissenschaft wird unterlaufen, sofern dieser Gegenstand durch die dem Anspruch nach rational miteinander kommunizierenden Erziehungssubjekte bestimmt ist" (Mollenhauer 1973, S. 14.).

An der Geisteswissenschaftlichen Pädagogik wird kritisiert, daß sie sich nicht kritisch gegen „gesellschaftliche Bedingungen, Interessen und Herrschaftsansprüche" gerichtet hat:

„Die Tatsache, daß Erziehungsprozesse bis hin zu dem im Begriff des 'Pädagogischen Bezuges' von Nohl theoretisch vergegenwärtigten Grundverhältnis gesellschaftlich vermittelt sind, wurde überhaupt nicht zum Gegenstand der Reflexion. Vielmehr wurde Erziehung in einem vorgesellschaftlichen, herrschaftsfreien, unpolitischen Raum angesiedelt, in dem das Kind zu 'seinem Wohle' kommen könnte, wenn nur der Erzieher sich entschlösse, das 'Wesen des erzieherischen Verhaltens' (Nohl) zu realisieren: eine idealistische Konzeption des guten Willens und der reinen pädagogischen Gesinnung" (Mollenhauer 1973, S. 24).

(2) Aufgabe einer Kritischen Erziehungswissenschaft ist es zunächst, ideologiekritisch die Abhängigkeit der Erziehung von gesellschaftlichen Prozessen aufzuzeigen.
Hier greift die Kritische Erziehungswissenschaft das hermeneutische Vorgehen auf, das schon die Kritische Theorie bei der Analyse von Wissenschaft zugrundegelegt hatte. Auf die Erziehungswissenschaft bezogen bedeutet das, daß, wie Klaus Mollenhauer formuliert, der „gesellschaftliche Kontext" als „Basis" der Erziehung gilt:

„Der Erwachsene bleibt auch als Erziehender ein Erwachsener in einem bestimmten gesellschaftlich-politischen Kontext. Er gibt seine Berufsrolle nicht auf, wenn er Vater ist; er gibt seine Rolle als Interessenvertreter nicht auf, wenn er Lehrer ist; er gibt seine Abhängigkeit von einem Anstellungsträger nicht auf, wenn er Heimerzieher ist; er gibt seine Zugehörigkeit zu einer bestimmten sozialen Gruppe, zu einer Klasse, seine ökonomischen, seine Macht- und Prestigeinteressen nicht auf, wenn er erzieht: Kurz: die Tatsache, daß er in einem durch Herrschaft strukturierten gesellschaftlichen Kontext lebt, kann er zwar verleugnen, er kann sie aber nicht abschaffen; jedenfalls nicht im Vollzug seines pädagogischen Handelns. Unter diesem Aspekt erscheint also der gesellschaftliche

Kontext als die 'Basis' der Erziehung, seine politischen Komponenten gehören somit auch zu den Basiskomponenten des Erziehungsvorgangs."[15]

Entsprechende Äußerungen finden sich auch bei anderen Autoren. So kritisiert Wolfgang Klafki an der Geisteswissenschaftlichen Pädagogik, daß sie die „Verflechtung zwischen Gesellschaft und Erziehung nicht oder nur ganz unzulänglich erforscht hat"[16] und fordert demzufolge für eine kritische und konstruktive Erziehungswissenschaft die Einbeziehung einer ideologikritischen Fragestellung, die von der „Generalhypothese" ausgeht,

„...daß menschliche Denken und Handeln, menschliche Lebensformen, Institutionen und kulturelle Objektivationen aller Art bis hin zu den Fragen, Verfahrensweisen und Ergebnissen der Wissenschaft durch die jeweiligen gesellschaftlich-politischen Verhältnisse, durch gesellschaftlich vermittelte Interessen, Abhängigkeiten, Herrschaftsverhältnisse, Zwänge oder auch Chancen bestimmt oder doch mitbestimmt sind. Als entscheidende oder mindestens als sehr wesentliche Faktoren, die die jeweiligen gesellschaftlich-politischen Beziehungen beeinflussen, werden, in Fortführung marxistischer Denkansätze, die wirtschaftlichen Zusammenhänge, genauer: die Produktions- und Konsumtionsverhältnisse angesehen" (Klafki 1976, S. 40f.).

(3) Entsprechend der Kritischen Theorie ist auch für die Kritische Erziehungswissenschaft ein emanzipatorisches Erkenntnisinteresse leitend. Gegenstand der Erziehungswissenschaft, so schreibt Mollenhauer in der Einleitung zu dem Sammelband „Erziehung und Emanzipation", ist „die Erziehung unter dem Anspruch der Emanzipation" (Mollenhauer 1973, S. 11). Verdeutlicht wird dies anhand möglicher Untersuchungen zum Problem der Chancengleichheit:

„Das durch Untersuchungen zur Chancengleichheit erworbene Wissen darf dann kein solches sein, das zur Beherrschung von Menschen verwandt werden kann - so wie das Wissen über die Natur zu ihrer Beherrschung dient -, sondern nur ein Wissen, das die Emanzipation aus den Ungleichheiten fördert" (Mollenhauer 1973, S. 16).

Dabei wird „Emanzipation" wie schon in der Kritischen Theorie in doppelter Hinsicht bestimmt:

- Emanzipation wird verstanden als Befreiung von Herrschaft als „Befreiung zu Mündigkeit und Selbstbestimmung":

  „'Emanzipation' heißt die Befreiung der Subjekte - in unserem Fall der Heranwachsenden in dieser Gesellschaft - aus Bedingungen, die ihre Rationalität und das mit ihr verbundene gesellschaftliche Handeln beschränkt" (Mollenhauer 1973, S. 11.).

- Positiv gesehen zielt Emanzipation auf Gleichheit der Rechte und Pflichten aller Gesellschaftsmitglieder[17] und fordert damit in politischer Hinsicht zur Veränderung im Blick auf eine Gesellschaft, die, wie Giesecke 1969 formuliert, „von

---

[15] Mollenhauer, K.: Theorien zum Erziehungsprozeß. München 1972, S. 12.

[16] Klafki, W.: Aspekte kritisch-konstruktiver Erziehungswissenschaft. Weinheim 1976, S. 42.

[17] Lempert, W.: Bildungsforschung und Emanzipation. In: Ulich, D. (Hrsg.): Theorie und Methode der Erziehungswissenschaft. Weinheim/Basel (2. Aufl.) 1974.

Herrschaft von Menschen über Menschen möglichst frei ist“ [18] auf. In pädagogischer Hinsicht wird eine Erziehung proklamiert, die auf Mündigkeit und Selbstbestimmung zielt: „Mündigkeit ist demnach das Ziel aller Erziehungsmaßnahmen“ (Giesecke 1971a, 70).

Entsprechend formulieren Mollenhauer und Klafki:

„Für die Erziehungswissenschaft konstitutiv ist das Prinzip, das besagt, daß Erziehung und Bildung ihren Zweck in der Mündigkeit des Subjektes haben; dem korrespondiert, daß das erkenntnisleitende Interesse der Erziehungswissenschaft das Interesse an Emanzipation ist.“ (Mollenhauer 1973, S. 10.)

„Kritische Theorie in diesem Sinne schließt ein ganz bestimmtes Erkenntnisinteresse mit ein, nämlich ein auf Gestaltung oder Veränderung der Praxis gerichtetes Interesse. Die besondere Richtung dieses Interesses der Theorie ist von uns häufig durch Begriffe wie ‘Mündigkeit’, ‘Selbstbestimmung’, ‘Freiheit’, ‘Demokratisierung, ‘Emanzipation’ als Wertungskriterien bezeichnet worden. Wir verstanden Erziehungswissenschaft also als Forschung und Theoriebildung im Hinblick auf die Klärung des Problems der Selbstbestimmung, der Demokratisierung, der Emanzipation in pädagogischer Perspektive.“[19]

Die Analyse der gesellschaftlichen Basis von Erziehung erfordert ein hermeneutisches Vorgehen. Aber im Unterschied zu der früheren Hermeneutik versteht sich die Kritische Erziehungswissenschaft als eine normative Disziplin: Indem sie eine begründete Kritik an Normen zu leisten versucht, setzt sie selbst ein Wissen über das voraus, was richtig und was falsch ist, d.h. sie bleibt normativ.

3.3.3 Forschungsmethodik der Kritischen Erziehungswissenschaft

Die Kritische Erziehungswissenschaft versteht sich ursprünglich als wissenschaftstheoretisches Programm eines neuen Ansatzes der Erziehungswissenschaft. Dabei standen zunächst forschungsmethodische Fragen zugunsten allgemein wissenschaftstheoretischer Überlegungen im Hintergrund. Trotzdem stellt sich die Frage, wie sich ein solches Programm forschungsmethodisch umsetzen läßt.

Allerdings hat die Kritische Erziehungswissenschaft keine eigene Forschungsmethodik entwickelt - nicht zuletzt aus dem Grund, weil man die Festlegung von Forschungsmethoden als Einschränkung gesehen hat.[20] Sie stützt sich stattdessen auf Vorhandene Konzepte:

– die Verknüpfung von empirischen und hermeneutischen Verfahren,
– der Rückgriff auf die pädagogische Handlungsforschung.

---

[18] Giesecke, H.: Einführung in die Pädagogik. München (3. Aufl.) 1971a, S. 95 (ursprünglich 1969).

[19] Klafki, W. u.a.: Funk-Kolleg Erziehungswissenschaft. Bd. 3, Frankfurt a. M. 1971, S. 264.

[20] Mollenhauer, K.: Das Problem einer empirisch-positivistischen Pädagogik. In: Heitger, M.: Neue Folge der Ergänzungshefte zur Vierteljahrsschrift für wissenschaftliche Pädagogik. Heft 5, Bochum 1966, S. 53-64.

3.3.3.1 Verbindung von Empirie und Hermeneutik

Am deutlichsten wird dieses Programm der forschungsmethodischen Umsetzung in dem 1969 erstmals erschienenen Aufsatz „Bildungsforschung und Emanzipation" von Wolfgang Lempert. Lempert fordert hier eine Bildungsforschung, die „vom emanzipatorischen Interesse" geleitet ist, wobei zur Erreichung dieses Ziel empirische und hermeneutische Verfahren aufgegriffen werden:

„...das emanzipatorische Interesse fordert sowohl empirisch-analytische Informationen - als Bedingungen der technischen Emanzipation von der Natur - als auch historisch-hermeneutische Interpretationen - als Bedingungen der kommunikativen Emanzipation in der Gesellschaft."[21]

Dieselbe Auffassung wird auch bei Mollenhauer und Blankertz vertreten:

„Die irrationalen Elemente der Erziehungswissenschaft können zwar durch konsequente Empirie reduziert werden. Würde die Erziehungswissenschaft aber solche Reduktion als ihre ausschließliche Aufgabe betrachten, dann würde sie dem Irrationalismus außerhalb ihres Verfahrens um so größeren Raum geben. Der Irrationalität ist nicht durch Empirie allein, sondern nur zusammen mit Hermeneutik beizukommen. Hermeneutik darf aber nicht nur verstehender Nachvollzug eines subjektiv so oder so Gemeinten, sondern sie muß zugleich und in diesem Verstehen Kritik sein" (Mollenhauer 1973, S. 68).

Das heißt, Kritische Erziehungswissenschaft benötigt empirische Verfahren zur Erforschung von Zusammenhängen zwischen verschiedenen Faktoren: Um z.B. zu entscheiden, welches Schulangebot zu einem höheren Maß an Chancengleichheit führt, ist die Bildungsbeteiligung sozialer Schichten an unterschiedlichen Schulformen zu untersuchen. Und um Anhaltspunkte dafür zu gewinnen, welche Form schulischer Bildung einer Entwicklung zu Autonomie im Vergleich zu anderen Formen mehr entgegensteht, sind u.a. Bildungsgänge in ihrer Wirkung auf Autonomie hin zu untersuchen. Das aber führt zwangsläufig zur Anwendung empirischer Verfahren.

Zum anderen greift die Kritische Erziehungswissenschaft auf hermeneutische Verfahren zurück, und zwar insbesondere dann, wenn es im Rahmen ideologiekritischer Untersuchungen um die Analyse von Entscheidungen über die konkrete Gestaltung von Erziehungs- und Bildungsprozessen im Blick auf zugrundeliegende gesellschaftlich vermittelte Interessen und Abhängigkeiten geht. Deutlich wird das insbesondere bei Klafki, der zwar Ideologiekritik als eigene Forschungsmethodik aufgreift, dabei aber ausschließlich auf hermeneutische Fragestellung zurückgreift :

„Ideologiekritik muß hier jeweils zwei Frageaspekte verfolgen: Pädagogische Zielsetzungen, Theorien, Einrichtungen, Lehrpläne, Methoden, Medien sind erstens daraufhin zu untersuchen, ob sich in ihnen unreflektierte gesellschaftliche Interessen ausdrücken, zweitens darauf hin, ob bestimmte gesellschaftliche Gruppen ihre Interessen bewußt hinter bestimmten Zielsetzungen, Theorien usw. verbergen, um bei anderen Menschen bzw. Kindern und Jugendlichen Ideologien, falsches Bewußtsein zu erzeugen. Z.B. kann in der Zielsetzung 'Erziehung zu sozialer Verträglichkeit' das Interesse verborgen sein, eine bestimmte Verteilung von wirtschaftlicher und gesellschaftlicher Macht unter anderem dadurch zu sichern, daß in jungen Menschen Abwehr gegen gewerkschaftliche Lohnkämpfe, Mitbestimmungsforderungen usw. aufgebaut wird." (Klafki 1976, S. 53).

---

[21] Lempert, W.: Bildungsforschung und Emanzipation. In: Ulich, D. (Hrsg.): Theorie und Methode der Erziehungswissenschaft. Weinheim (2. Aufl.) 1974, S. 487.

Aus pädagogischen Theorien, pädagogischen Einrichtungen oder Lehrplänen gesellschaftliche Interessen zu erschließen, ist eine hermeneutische Frage nach den (verdeckten) gesellschaftlichen Zielen und Funktionen.

Allerdings ist dieser kombinatorische Rückgriff auf empirische und hermeneutische Verfahren nicht unbestritten: Wenn empirische Verfahren letztlich unter einem technischen Erkenntnisinteresse stehen, steht dann nicht die Anwendung dieser Verfahren der Forderung nach Emanzipation entgegen? Und welche praktischen Ansatzpunkte sind im Bereich von Erziehung und Bildung vorhanden, um praktisch emanzipatorisch wirksam zu werden?[22]

Derartige Überlegungen führen dazu, daß man sich um eine andere forschungsmethodische Umsetzung bemüht hat: die Handlungsforschung.

3.3.3.2 Handlungsforschung

Die sogenannte Handlungs- oder Aktionsforschung ist ursprünglich keine genuine Forschungsmethodik der Kritischen Theorie oder Kritischen Erziehungswissenschaft. Der Begriff „Aktionsforschung" stammt von Kurt Lewin, der 1946 Aktionsforschung „als eine Forschung im Dienst sozialer Unternehmungen oder sozialer Technik" kennzeichnet. Im Anschluß daran wurde dieses Konzept der Aktionsforschung in der Tradition der empirischen Sozialwissenschaften weiterentwickelt, wobei mögliche empirische Forschungsmethoden wie Interview, Fragebogen, Ratingskalen usw. verwendet wurden.

Seit Beginn der 70er Jahre wird in der Tradition der Kritischen Erziehungswissenschaft zunehmend auf Handlungsforschung zurückgegriffen. Dahinter steht die Zielsetzung, sie als ein Modell emanzipatorischer Sozialforschung in Abgrenzung zur herkömmlichen empirischen Sozialforschung zu entwickeln:

- 1972 erscheint der Sammelband „Aktionsforschung" von Fritz Haag[23], in dem unter Berufung auf Habermas Aktionsforschung in eine Sozialwissenschaft eingeordnet wird, die das Ziel verfolgt,

  > „...in gemeinsamen Arbeits- und Lernverhältnissen zu arbeiten und darüber zu kommunizieren, um in diesen gemeinsamen Arbeits-, Lern- und Selbstreflexionsprozessen zum Abbau von Herrschaft beizutragen" (Haag u.a. 1972, S. 42).

- Wolfgang Klafki ordnet die Handlungsforschung seit der ersten Hälfte der 70er Jahre deutlich der Kritischen Erziehungswissenschaft zu und sieht sie auf Mündigkeit und Emanzipation hin ausgerichtet. So schreibt er im Vorwort zu den 1975 erschienenen Buch „Handlungsforschung im pädagogischen Feld":

  > „Handlungsforschung - Aktionsforschung (action research) oder 'aktivierende Sozialforschung' genannt - bezeichnet einen jungen Ansatz gesellschaftswissenschaftlicher, hier: erziehungswissenschaftlicher Forschung, der sich bewußt und gezielt als direkter Beitrag zur Veränderung

---

[22] Vgl. Feuerstein, Th.: Emanzipation und Rationalität einer kritischen Erziehungswissenschaft. München 1973.

[23] Haag, F. u.a. (Hrsg.): Aktionsforschung. München 1972.

pädagogischer Praxis, als Innovationsforschung im Prozeß der Reform pädagogischer Handlungsfelder versteht."[24]

- Heinz Moser, der einer der bekanntesten Vertreter pädagogischer Handlungsforschung in den 70er Jahren war, fordert ausdrücklich eine „Aktionsforschung als Kritische Theorie", die „eben... nicht jeder beliebigen Methodologie ausgesetzt werden kann."[25]

Dabei wird in der Tradition der Kritischen Erziehungswissenschaft Handlungsforschung durch folgende Merkmale bestimmt:

(1) Handlungsforschung zielt primär nicht auf Erkenntnis, sondern auf Lösung praktischer Probleme:

„Handlungsforschung ist in ihrem Erkenntnisinteresse und damit ihren Fragestellungen von Anfang an auf gesellschaftliche bzw. pädagogische Praxis bezogen, sie will der Lösung gesellschaftlicher bzw. praktisch-pädagogischer Probleme dienen."[26]

Und entsprechend formuliert Thomas Heinze:

„Der Anspruch gesellschaftskritischer Handlungsforschung besteht darin, Forschung als praktischen Veränderungsprozeß zu organisieren und sie als gesellschaftliches Handeln zu verstehen, dessen Verlauf und Ziele über die ständige Rückkoppelung von Forschungsfragestellungen mit praktischen Erfahrungen konkretisiert werden" (Heinze u.a. 1981, S. 57.).[27]

Aus der Ausrichtung auf die Lösung praktischer Probleme ergibt sich, daß Handlungsforschung nicht wertfrei ist, sondern Partei ergreift und Stellung bezieht. Handlungsforschung versteht sich damit als Konsequenz der Forderung nach Emanzipation und Mündigkeit:

„In den Erörterungen über Handlungsforschung, die seit dem letzten Jahr in der Erziehungswissenschaft und in den Sozialwissenschaften in der Bundesrepublik geführt worden sind, verbindet sich das Plädoyer der Befürworter dieses Forschungstyps fast durchweg mit einem pädagogisch-politischen, gesellschaftskritischen Erkenntnis- und Veränderungsinteresse, das in Leitformeln wie individuelle und gesellschaftliche Mündigkeit bzw. Emanzipation, oder konsequente Demokratisierung der Gesellschaft und der Erziehung seinen Ausdruck findet" (Klafki 1973, S. 502).

(2) Handlungsforschung beansprucht, das traditionelle Subjekt-Objekt-Verhältnis zwischen Forscher und Forschungsobjekt (den Versuchspersonen) in ein Subjekt-Subjekt-Verhältnis umzuwandeln.

Daraus ergibt sich eine Veränderung im methodischen Vorgehen: Während herkömmliche Verfahren der Sozialforschung wie ein Fragebogen ein Subjekt-Objekt-Verhältnis unterstellen, wird insbesondere bei Moser der Diskurs als das zentrale

---

[24] Klafki, W.: Handlungsforschung im pädagogischen Feld. In: Heinze, T. u.a. (Hrsg.): Handlungsforschung im pädagogischen Feld. München 1975a, S. 7.

[25] Moser, H.: Aktionsforschung als kritische Theorie der Sozialwissenschaften. München (2. Aufl.) 1978, S. 62.

[26] Klafki, W.: Handlungsforschung im Schulfeld. In: Zeitschrift für Pädagogik 19, 1973, S. 488.

[27] Heinze, T./Loser, F./Thiemann, F.: Praxisforschung. München u.a. 1981.

Verfahren begriffen, um Veränderungen mit den Betroffenen zusammen zu planen und abzusprechen:

„Mit dem Diskurs wird ein zentrales Moment der Aktionsforschung angesprochen; er ist die zentrale Instanz des wissenschaftlichen Prozesses, ähnlich wie im Rahmen der traditionellen Sozialforschung das Experiment. Wird in der traditionellen empirischen Forschung die Wahrheitsfrage über die experimentelle Methode gestellt, so in der Aktionsforschung über den Diskurs.“ [28]

„Bedeutet doch bereits das Demokratisierungskriterium, wie es den skizzierten Diskurs fundiert, daß der Diskurs nicht bestimmten Gruppen vorbehalten werden darf, oder: Wissenschaftliche Forschung müßte ihre Objekte gerade im Sinne dieser Demokratisierung verstärkt beteiligen, ja ihnen die Rolle von Subjekten zubilligen“ (Moser 1978, S. 137).

Zur Verdeutlichung dieses Ansatzes soll hier ein konkretes Beispiel aus der großen Zahl von Handlungsforschungsprojekten der 70er Jahre dargestellt werden, das Projekt „Aktionsforschung als Stadtteilarbeit“, das 1974 im Zusammenhang mit dem Psychologischen Institut der Universität Heidelberg durchgeführt wurde.[29]

Konkret ging es dabei darum, eine Sommerfreizeit mit türkischen und deutschen Kindern durchzuführen. Der Verlauf des Projektes wird von den Autoren in folgende Phasen untergliedert:

„Antizipationsphase
In der Antizipationsphase besteht die pädagogisch-therapeutische Tätigkeit der Betreuer darin, an unmittelbaren Erfahrungen der Kinder anzuknüpfen. Es wurde in gemeinsamer Diskussion zwischen Kindern und Betreuern ein Handlungsziel entworfen: Indianerhütten bauen. Die Vorschläge der Betreuer sollen den Kindern Raum zur Entfaltung ihrer eigenen Vorstellungen lassen.
Von den Betreuern wird nur vorgeschlagen, etwas Großes aus Holz zu bauen. Ertan, ein türkischer Junge aus der Gruppe, assoziiert dazu: ‘Indianerhütten’. Dieser Vorschlag wird von den anderen Kindern akzeptiert. Der unmittelbare Erfahrungshintergrund besteht für Ertan darin, daß er schon im Emmertsgrund Holzhütten gebaut hat...

Koordinationsphase
In der Koordinationsphase versuchen die älteren Kinder gemeinsam mit den Betreuern, den Hüttenbau zu planen. Sie fertigen Planskizzen an, überlegen, welches Material und Werkzeug sie benötigen und entscheiden, wer es mit wem herbeischafft. Die Betreuer beteiligen sich nur wenig an dieser Planung und meist nur dann, wenn sie von den Kindern dazu aufgefordert werdet...

Zwischenziel:
Die Mädchen sollen möglichst gleichberechtigt einbezogen werden, d.h. es sollen ihnen die - durch die geschlechtsspezifische Sozialisation fehlenden - handwerklichen Kompetenzen vermittelt, und es soll ihr Vertrauen in eigene, verändernde und produktive Tätigkeit gefördert werden.

Handlungsstrategie:
Die weiblichen Betreuer sollen sich die notwendigen Fertigkeiten aneignen und dabei die Mädchen in diesen Lernprozeß einbeziehen.

Realisierung der Handlungsstrategie:
Siggi (eine Betreuerin) hilft Beatrix und Ramona, große Nägel mit dem Hammer einzuschlagen. Gleichzeitig werden die Mädchen gegen Jungen unterstützt, die ebenfalls Bretter annageln und den Mädchen ‘Unfähigkeit’ beweisen wollen. Schließlich sehen aber die Jungen ein, daß die Mädchen wirklich Bretter annageln können“ (Autorenkollektiv 1976, S. 52f.).

---

[28] Moser, H.: Methoden der Aktionsforschung: eine Einführung. München 1977, S. 65.
[29] Autorenkollektiv: Aktionsforschung. In: Psychologie Heute. 1976 (5), S. 49-55.

An diesem Beispiel lassen sich die oben genannten Merkmale von Handlungsforschung gut verdeutlichen:

- Zielsetzung des Handlungsforschungs-Projektes ist es, Veränderungen in Gang zu setzen. Dabei geht es hier darum, daß die Jugendlichen „über die gemeinsame Tätigkeit Hütten bauen ein Gruppenbewußtsein im Sinne einer solidarischen Gemeinschaft entwickeln" (Autorenkollektiv 1976, S. 53). Ziel ist also nicht die Gewinnung von Erkenntnis, sondern die Veränderung, in diesem Fall: die Veränderung der sozialen Beziehung zwischen verschiedenen Jugendlichen.
- Die Entscheidungen über konkrete Ziele und Mittel solcher Veränderungen werden in einem „Diskurs mit den Betroffenen", aber nicht gleichsam am grünen Tisch der Wissenschaft und über den Kopf der Betroffenen hinweg getroffen. Diskurs heißt dabei gemeinsames Beraten darüber, was getan werden soll: In gemeinsamen Diskussionen zwischen Kindern und Jugendlichen (Autorenkollektiv 1976, S. 52) wird ein Handlungsziel entworfen (Indianerhütten bauen) und werden Entscheidungen miteinander besprochen und getroffen.

Zugleich wird an diesem Beispiel deutlich, daß ein solches Konzept von Handlungsforschung im Grunde keine Forschung mehr darstellt: Es geht hier nicht um die Gewinnung von Erkenntnissen, die für andere Situationen nutzbar gemacht werden. Statt dessen geht es um die Durchführung einer ganz konkreten Aktion. In diesem Zusammenhang ist das Vorgehen ebenso plausibel wie der Versuch, gemeinsame Aktionen in einem Diskurs mit den Betroffenen zu besprechen. Das heißt aber, Handlungsforschung hat hier letztlich ein anderes Anliegen als sozialwissenschaftliche Forschung und ist mit ihr im Grunde nicht vergleichbar. Sie ist nicht Forschung, sondern ist, wie Haag u.a. selbst formulieren, „die zu ihrem Selbstbewußtsein gelangende alltägliche Praxis" (Haag, u.a. 1972, S. 41).

3.3.4 Konsequenzen für die pädagogische Praxis

Bereits im vorausgegangenen Abschnitt sind praktische Konsequenzen Kritischer Erziehungswissenschaft deutlich geworden: Emanzipatorische Pädagogik auf der Basis der Kritischen Erziehungswissenschaft bestand zu einem großen Teil aus praktischen Projekten, die die Veränderung konkreter Situationen zum Ziel hatten. Daneben finden sich eine Reihe von weiteren Schwerpunkten, in denen auf der Basis der Kritischen Erziehungswissenschaft Stellung zu konkreten praktischen Fragen bezogen wird. Drei Beispiele seien hier genannt:

(1) Schulkritik unter dem Anspruch von Emanzipation
Kritische Erziehungswissenschaft legt das Schwergewicht auf die Kritik an bestehenden Formen gesellschaftlicher Erziehung. Von daher ist es nicht verwunderlich, daß die Kritik am bestehenden Schulsystem besonderen Raum einnimmt. Die Schule, so die immer wieder vorgetragene These, ist eingespannt in einen bestehenden Herrschaftsapparat. Von daher erfordert emanzipatorische Erziehung zu-

nächst die Veränderung des Schulsystems.[30] Dabei richtet sich die Schulkritik insbesondere gegen zwei Bereiche:

- gegen das dreigliedrige Schulsystem, dem die Gesamtschule als eine im Blick auf Emanzipation bessere Schulform gegenübergestellt wird,
- gegen die Schulbürokratie und ihre Vorgaben, in der in besonderem Maße ein Instrument der Herrschaft gesehen wird.

(2) Erziehungsziele unter dem Anspruch auf Emanzipation

Vor dem Hintergrund eines übergeordneten Ziels Emanzipation wird hier versucht, weitere Ziele für Erziehung und Unterricht festzulegen. Exemplarisch seien die von Giesecke angesetzten Ziele für den Sozialkundeunterricht in der differenzierten Gesamtschule aufgeführt, die Giesecke im Rahmen der Gutachten der Bildungskommission des Deutschen Bildungsrates entwickelt hat.[31]

Im Rückgriff auf ein übergeordnetes Ziel, Schülerinnen und Schüler „zur kritischen Beteiligung am gegenwärtigen und zukünftigen Leben" zu befähigen (Giesecke 1971, S. 56), werden für den Sozialkundeunterricht folgende Teilziele angegeben:

„Teilziel 1: Untersuchung aktueller Konflikte
Der Unterricht muß wichtige aktuelle politisch-gesellschaftliche Probleme und Konflikte aufgreifen und dem gemeinsamen, didaktisch-organisierten Nachdenken unterwerfen. Im Sinne dieses Teilziels geht es in erster Linie um das Training der politischen Urteils- und Vorstellungsfähigkeit angesichts tatsächlicher, zur Entscheidung stehender politischer Fragen...

Teilziel 2: Schulung systematischer Denk- und Vorstellungszusammenhänge
Dieses eben genannte Lernziel bedarf der Ergänzung durch die Schulung systematischer Denk- und Vorstellungszusammenhänge, sonst führt die additive Folge von konflikt-orientierten Unterrichtseinheiten nicht zu der nötigen Reichweite des politischen Bewußtseins...

Teilziel 3: Geschichtsunterricht
Beide bisher genannten Lernziele bedürfen der Ergänzung durch einen neu zu durchdenkenden Geschichtsunterricht. Ohne historisches Bewußtsein verliert auch das aktuelle und auf die Zukunft bezogene politisch-kritische Bewußtsein ein wichtiges Fundament...

Teilziel 4: Training selbständiger Informationsentwicklung und Informationsverarbeitung
Die mit diesem Teilziel gemeinten Fähigkeiten und Fertigkeiten sollen den Schüler zunehmend unabhängig von den didaktischen Hilfen der Schule machen. Im einzelnen gehört zu diesem Teilziel:

1. die gezielte Benutzung von Lexika und anderen Nachschlagewerken;
2. die - möglichst mit Exkursionen verbundene - Inanspruchnahme öffentlicher Informationsdienstleistungen, zum Beispiel der Presse- und Informationsbüros von Behörden, Verbänden, Gewerkschaften, Industriebetrieben usw.;
3. die planmäßige Übung der Informationsermittlung und Informationsordnung aus dem Material der Presse und sonstiger Massenmedien;
4. das Training kooperativer Ermittlungs-, Darstellungs- und Diskussionsmethoden in Gruppensituationen" (Giesecke 1971, S. 56).

---

[30] Vgl. z.B. Gamm, H.-J.: Kritische Schule. München 1970.
Wellendorf, F.: Schulische Sozialisation und Identität. Weinheim/Basel (Neuausgabe) 1979.

[31] Giesecke, H.: Unterrichtsziele im Sozialkundeunterricht in der differenzierten Gesamtschule. In: Beckmann, U. u.a.: Lernziele der Gesamtschule. Bd. 12, Stuttgart (3. Aufl.) 1971, S. 55-59.

(3) Emanzipatorischer Unterricht

Einen dritten Schwerpunkt bilden die Versuche, emanzipatorischen Unterricht zu entwerfen. Exemplarisch sei hier ein Beispiel aufgeführt, daß Dieter Kohrs 1974 als Vorschlag für den Literaturunterricht in der Primarstufe unter dem Thema „Konfliktsituation in Texten" veröffentlicht hat. Ausgangspunkt ist explizit die Forderung nach Emanzipation:

> „Wenn man Sozialisation als dialektischen Prozeß der Anpassung an gesellschaftliche Gruppen, ihre Normen und Wertmaßstäbe und der Distanzierung von gesellschaftlichen Zwängen und als Bedingung für konformes wie autonomes Verhalten versteht, dann muß es Ziel sein, die Emanzipation des Individuums zu ermöglichen, d.h. die Fähigkeit des Schülers zu fördern, in einem Prozeß der Integration das gesellschaftlich Notwendige zu tun und sich zugleich von starren und einseitigen Identifizierungen an Verhaltensformen seiner Umwelt freizumachen, um eine personale Identität und damit Ich-Stärke und Selbstbewußtsein aufzubauen…
> Deshalb muß der Literaturunterricht den mündigen Leser im Auge haben, der Einflüsse und Manipulationen durch die Gesellschaft durchschauen kann und gesellschaftlich notwendige Kommunikationsmuster zu gebrauchen vermag sowie Texte zur kritischen Selbstaufklärung und zur Reflexion über seine eigenen Rollenvorstellungen benutzen kann."[32]

Gegenstand des Unterrichts ist unter dieser Zielsetzung dann nicht nur Literatur im traditionellen Verständnis, sondern sind Texte verschiedener Art, wie z.B. auch eine Bildgeschichte (Kohrs 1974, S. 286):

[32] Kohrs, P.: Konfliktsituationen in Texten. In: Die Scholle. Heft 5, Ansbach 1974, S. 282.

Als Anregung für die unterrichtsmethodische Gestaltung heißt es:

„– Den Zusammenhang der Bilderfolge erklären;
- erklären, warum Adam sich auf dem dritten Bild freut und auf dem vierten Bild ein betroffenes Gesicht macht (er glaubt, Evchen würde das Sprichwort: 'Der Klügere gibt nach' auf ihre eigene Person beziehen);
- eine mögliche Situation nennen, die der Bildgeschichte vorausgeht (Streit um das Fernsehprogramm);
- erkennen, daß Evchen das Problem auf 'raffinierte' Weise zu ihrem eigenen Vorteil löst (Adam wird 'hereingelegt', indem ihm die Lösung 'suggeriert' wird);
- Möglichkeiten nennen, wie Adam jetzt reagieren könnte und wie die Bildgeschichte weitergehen könnte;
  den Text an eigene Vorstellungen anschließen, alternative Lösungstrategien nennen und diese durch ein Rollenspiel bzw. in schriftlicher Form belegen: z.B. sich durch Absprache einigen, etwas versprechen, losen, drohen" (Kohrs 1974, S. 285f.).

3.3.5 Diskussion der Kritischen Erziehungswissenschaft

Seit Ende der 70er Jahre wird es um die Kritische Erziehungswissenschaft stiller. Es gibt keine bedeutsamen Versuche, das wissenschaftstheoretische Konzept der Kritischen Erziehungswissenschaft weiter zu entwickeln. Und in den Veröffentlichungen von Blankertz, Giesecke, Mollenhauer, Lempert oder Klafki stehen Kritische Erziehungswissenschaft und die Forderung nach Emanzipation keineswegs mehr im Mittelpunkt.

In dem Buch „Vergessene Zusammenhänge" aus dem Jahr 1983[33] expliziert Mollenhauer kein wissenschaftstheoretisches Konzept Kritischer Eziehungswissenschaft, sondern es werden relativ unabhängig von wissenschaftlichen Überlegungen „Erfahrungen" in der Erziehung reflektiert. Dabei sind es für Mollenhauer historische Texte (z.B. Texte von Augustinus, Comenius, Brecht u.a.) und auch Gemälde (von Velasquez und Rembrandt), anhand derer bestimmte pädagogische Erfahrungen wie „Bildsamkeit" oder „Selbstättigkeit" erläutert werden. Und es wird dann unter ausdrücklicher Berufung auf eine Tradition des „alteuropäischen Begriffs von Menschlichkeit" Erziehung bestimmt:

„Das Erziehen des Kindes sollte nicht nach dem Modell der Bearbeitung, Formung, Veränderung eines Materials gedacht werden, sondern als Unterstützung sich entwickelnder Kraft, als dialogische Beziehung, als Ruf und Antwort, oder wie immer diese Sichtweise im Verlauf unserer Geschichte in Metaphern gekleidet wurde" (Mollenhauer 1983, S. 90).

Auch Giesecke greift auf historische Erfahrungen zurück, wenn er die Idee von „Kindlichkeit" kritisiert:

„Die Idee von der Kindlichkeit des Kindes ist nicht zeitlos gültig, sie hatte nur Sinn unter den Bedingungen und Perspektiven der modernen bürgerlichen Gesellschaft, dem Mittelalter zum Beispiel war sie unbekannt. Insofern sie aber eine geschichtliche Idee ist, die keinerlei unabänderliche biologischen Grundlagen hat, kann sie auch historisch obsolet werden... Meine These ist nun, daß der Zeitpunkt dafür gekommen ist, daß wir - abgesehen von den ersten Lebensjahren - von dieser Idee - Kindlichkeit des Kindes - Abschied nehmen müssen, damit auch vom traditionellen Begriff von Er-

[33] Mollenhauer, K.: Über Kultur und Erziehung. München 1983.

ziehung, und daß wir gut daran tun, Kinder wieder wie kleine, aber ständig größer werdende Erwachsene zu behandeln"[34]

Hintergrund für diese Abkehr von der ursprünglichen Position der Kritischen Erziehungswissenschaft dürfte nicht zuletzt sein, daß die Kritische Erziehungswissenschaft es nicht vermocht hat, ihr Programm einzulösen. Dabei sind im einzelnen folgende Probleme ausmachen:

(1) Das Problem abgesicherten empirischen Wissens über den Zusammenhang von Erziehung und Gesellschaft

Objektives Sinnverstehen im Sinne kritischer Theorie setzt die Kenntnis über Wirkungszusammenhänge zwischen Erziehung und Gesellschaft voraus. Erst in Kenntnis der Wirkungen, die familiäre Erziehung, Schule und andere am Bildungsprozeß beteiligte Institutionen auf die Entwicklung von Einstellungen und andere Komponenten sozialer Praxis haben, läßt sich die Bedeutung bestimmen, die Erziehung und Bildung für die Entwicklung gesellschaftlicher Verhältnisse hat. Innerhalb Kritischer Erziehungswissenschaft blieben empirische Studien eine Ausnahme, Untersuchungen über den Zusammenhang von Erziehung und Gesellschaft auf den Bereich historischer Studien beschränkt.[35]

(2) Das Problem der begrifflichen Präzisierung von „Emanzipation"

Emanzipation wird bei Horkheimer verstanden als ein Prozeß, der sich auf Gesellschaft als Ganzes bezieht, nicht auf den Entwicklungsprozeß einzelner Subjekte. Mit der Verwendung des Begriffs Emanzipation als eines Ziels oder Zwecks von Erziehung entsteht das Problem, sowohl den Beitrag von Erziehung und Bildung für eine gesellschaftlich organisierte Selbstbestimmung näher bestimmen zu müssen, als auch darüber den Begriff von Emanzipation für individuelle Entwicklungsprozesse zu präzisieren.

In der Tradition der Kritischen Erziehungswissenschaft wird der Begriff „Emanzipation" eher mit Hilfe anderer Ausdrücke umschrieben als explizit definiert. So versteht Mollenhauer Emanzipation als ein Interesse „an der Aufhebung von Verdinglichung und Selbstentfremdung des Menschen"[36]. Klafki erläutert Emanzipation mit Hilfe der Begriffe „Selbstbestimmung", „Freiheit", „Recht auf individuelles Glück"[37] Es ist auch die Rede von „Selbstherrschaft", „Selbstfindung", „Selbstreflexion", „Identität", „Weltaneignung" und „Selbstverwirklichung".

Dabei liegt das Problem darin, daß bei solchen Umschreibungen der Begriff „Emanzipation" unscharf bleibt: Nur, so lautet der immer wieder dagegen vorgebrachte Einwand, wenn „Emanzipation" hinreichend als Prozeß oder als Zustand eindeutig definiert ist, läßt sich überhaupt erst entscheiden, wie weit eine bestimmte

---

[34] Giesecke, H.: Das Ende der Erziehung. Stuttgart 1985, S. 10.

[35] Vgl. u.a. Blankertz, H.: Bildung und Zeitalter der großen Industrie. Hannover 1969.

[36] Blankertz, H.: Pädagogische Theorie und empirische Forschung. In: Heitger, M.: Neue Folge der Ergänzungshefte zur Vierteljahresschrift für wissenschaftliche Pädagogik. Heft 5, Bochum 1966, S. 74.

[37] Klafki, W.: Rückblick und Selbstkritik - Erziehungswissenschaft als kritische Theorie. In: Klafki, W. u.a.: Funk-Kolleg Erziehungswissenschaft. Bd. 3, Frankfurt a. M. 1971, S. 265.

Praxis emanzipatorisch ist oder nicht. Noch weiter geht Rössner mit der Forderung, Emanzipation zu operationalisieren:

„Nur wenn das Globalziel 'Emanzipation' eindeutig beschrieben ist, wenn es also bestimmtes Verhalten fordert und anderes Verhalten verbietet (ausschließt), kann eine emanzipatorische Didaktik und somit eine 'Theorie der Praxis' emanzipatorischer Unterrichtsplanung entworfen werden, kann somit emanzipatorischer Unterricht mit 'Erfolgskontrolle' praktiziert werden... Aber: Der Anspruch wird nicht eingelöst. Die große Veränderung, der neue Mensch, die neue Gesellschaft und die neue Menschheit müssen ausbleiben, weil niemand darüber informiert wird, worauf hin denn verändert werden soll, das Ziel also unklar bleibt, und weil damit folgerichtig auch niemand weiß, wie Emanzipation nun erreicht werden soll bzw. wann dieser Zustand erreicht ist… Die Emanzipation oder Kritische Pädagogik und in ihrer Nachfolge die Didaktik kann nicht leisten, was zu leisten sie vorgibt, weil sie - im Gefolge der Kritischen Theorie - von einer Totalität und Totaldeutung ausgeht. Das aus der Sinndeutung dieser Totalität des sozialen Daseins 'abgeleitete' Erziehungsziel 'Emanzipation' hat entsprechend einen totalen Spielraum; es verbietet nichts, ist leer“[38]

(3) Das Problem der Begründung von Emanzipation

Wenn Emanzipation das oberste normative Kriterium für praktisches Handeln darstellt, dann stellt sich natürlich die Frage nach der Begründung eines solchen Kriteriums. In der Tat hat die Kritische Erziehungswissenschaft die Notwendigkeit betont, daß die Forderung nach Emanzipation einer eigenen systematischen Begründung bedarf,

„...um sie zu legitimieren und zugleich den Verdacht abzuweisen, es handele sich hier, wie bei anderen Werturteilen auch, um eine beliebig überholbare historische Entscheidung“ (Mollenhauer 1973, S. 11).

Dabei lassen sich in der Tradition der Kritischen Erziehungswissenschaft drei unterschiedliche Argumentationen aufzeigen:

- Hermann Giesecke versucht, die Forderung nach Emanzipation aus dem „gesellschaftlichen Prozeß der Demokratisierung“[39] abzuleiten. Geschichte wird letztlich als (nicht gradlinig verlaufender) „Demokratisierungsprozeß“ verstanden, wobei dann die Forderung nach Emanzipation Teil dieses allgemeinen Demokratisierungsprozesses ist.
- Klaus Mollenhauer greift auf Habermas zurück, indem er die These aufstellt, daß mit Vernunft schon immer Mündigkeit vorausgesetzt sei:

  „Die Vernunft hat ein Interesse an Mündigkeit, Autonomie des Handelns und Befreiung von Dogmatismus. Sie ist, als wissenschaftliche Praxis, nicht nur ein faktisches Moment einer aufgeklärten Gesellschaft, sondern enthält auch zugleich den Willen zur Rationalität. Sie ist, wie Habermas formuliert, entschieden für Gerechtigkeit, Wohlfahrt, Frieden, entschieden gegen Dogmatismus, sie ist 'dezidierte Vernunft'“ (Mollenhauer 1973, S. 67f.).

- Und schließlich hat Herwig Blankertz versucht, die Forderung nach Mündigkeit aus einer Analyse der Struktur von Erziehung zu gewinnen:

---

[38] Rössner, L.: Erziehungswissenschaft und Kritische Pädagogik. Stuttgart u.a. 1974, S. 54f., 61.

[39] Giesecke, H.: Einführung in die Pädagogik. München 1971a (3. Aufl.), S. 194. Vgl. Giesecke, H.: Bildungsreform und Emanzipation. München 1973, S. 31ff.

„Denn emanzipativ im pädagogischen Sinne ist die Eigenstruktur der Erziehung selbst, sofern und insoweit sie sich gegen alle überformenden und überwältigenden, nicht-pädagogischen Normauflagen durchsetzt... Der emanzipatorische Charakter der Erziehung ist auch dann gegeben, wenn die Erwachsenen, wenn Pädagogen, Erzieher, Lehrer und Eltern unter politischem religiösem oder anderem weltanschaulich bedingten Druck gehalten sind, nur die Bewahrung des Vorgegebenen zu wünschen, nur Gehorsam, Einübung, Nachahmung und Nachfolge zu verlangen. Denn selbst dann liegt das Ziel darin, daß der Nachwuchs schließlich das Tradierte selbständig, nämlich auf sich selbst gestellt, in eigener Verantwortung und unter Berücksichtigung der dann durch Außenwirkungen eintretenden, im einzelnen nicht vorhersehbaren strategischen Lagen verwaltet, interpretiert und verteidigt."[40]

(4) Forschungsmethodische Probleme der Kritischen Erziehungswissenschaft

Eines der entscheidenden Probleme der Kritischen Erziehungswissenschaft dürfte die fehlende forschungsmethodische Absicherung gewesen sein: Die grundsätzliche Kritik an empirischen und hermeneutischen Verfahren führt dazu, daß der Rückgriff auf eben solche Verfahren zunehmend problematisch wird. Andererseits aber gelang es nicht, eine objektiv-sinnverstehende Methodologie für erziehungswissenschaftliche Forschung zu entwickeln oder Handlungsforschung als eine Theorie der Veränderung pädagogischer Praxis zu entfalten, die den Ansprüchen einer Theorie gerecht würde. In Bezug auf die forschungsmethodische Umsetzung blieb die Kritische Erziehungswissenschaft Programm.

(5) Praktische Probleme emanzipatorischer Erziehung

Ende der 70er Jahre verstärkte sich zugleich die Kritik an der sich auf die Kritische Erziehungswissenschaft berufenden emanzipatorischen Pädagogik. Insbesondere folgender Vorwurf wurde hier erhoben:

Emanzipatorische Erziehung ist eine einseitige Kritik an allem Bestehenden. Emanzipation war immer in besonderem Maße als Befreiung von undurchschauten oder überflüssigen Abhängigkeiten verstanden. Die Konsequenz daraus ist, daß auch emanzipatorische Erziehung das Schwergewicht auf eben diese Befreiung von Abhängigkeiten gelegt hat. Neben dem Vorwurf einer angemaßten Überlegenheit des Aufklärers trug ihr das den Vorwurf ein, unkritisch auch Tradierungswürdiges verändern zu wollen. Entsprechend heißt es bei Ludwig Kerstiens:

„Der junge Mensch soll lernen, daß die gesellschaftlichen Verhältnisse veränderlich sind, damit er daran mitwirken kann, sie nach seiner Überzeugung besser zu gestalten. Aber wenn man deswegen die bestehenden Verhältnisse immer nur in ihrer Negativität interpretiert, gerät man in ideologische Einseitigkeit. Es ist in der gesellschaftlichen Ordnung doch auch manches, das besser ist als früher, das verteitigenswert ist gegen neue ideologische und autoritäre Herrschaft."[41]

Das Programm einer Kritischen Erziehungswissenschaft in Anlehnung an die Kritische Theorie blieb ungeachtet der wichtigen Studien, die daraus hervorgingen, bis heute uneingelöst. Möglicherweise auch deshalb, weil das Anliegen, den Zusam-

---

[40] Blankertz, H.: Pädagogische Theorien und erzieherische Praxis im Spiegel des Verständnisses von Wissenschaftstheorie und Wissenschaftspraxis: In: König, E./Zedler, P. (Hrsg.). Erziehungswissenschaftliche Forschung. Paderborn 1982, S. 73

[41] Kerstiens, L.: Modelle emanzipatorischer Erziehung. Bad Heilbrunn 1974, S. 76.

menhang von Erziehung und Gesellschaft verläßlich zu klären und unter dem Interesse an Emanzipation auch noch zu einer emanzipatorisch wirksamen Praxis unmittelbar beizutragen, nur bruchstückhaft eingelöst werden konnte. Das Anliegen begründeter Kritik an bestehenden pädagogischen Verhältnissen ist zweifellos berechtigt. Daraus ergibt sich, daß auch Erziehungswissenschaft sich nicht völlig neutral gegenüber gesellschaftlichen Regeln und Normen und der von ihnen ausgehenden „Herrschaft“ verhalten kann, sondern dies beim Aufbau einer wissenschaftstheoretischen Grundlegung mit berücksichtigen muß. Damit verbindet sich die Frage, wie geklärt werden kann, was zu verändern nötig und auf welchem Wege die Veränderung möglich ist.

3.4 Symbolischer Interaktionismus und Ethnomethodologie

Ein zweiter hermeneutischer Ansatz neben der Tradition der Geisteswissenschaftlichen Pädagogik wurde innerhalb der Soziologie seit der ersten Hälfte des 20. Jahrhunderts entwickelt. Zu nennen sind hier:

- der Symbolische Interaktionismus von George Herbert Mead, Herbert Blumer und Erving Goffman,
- die Ethnomethodologie im Anschluß an Harald Garfinkel.

Zwischen einzelnen Autoren dieser beiden Richtungen gibt es eine Reihe von Überschneidungen, so daß sie in diesem Kapitel zusammengefaßt werden. Wir wollen Ihnen zunächst die einzelnen Autoren vorstellen.

3.4.1 Historische Entwicklung

George Herbert Mead (1863-1931) war zunächst Lehrer, mußte den Lehrerberuf aber wegen Disziplinproblemen aufgegeben. Anschließend wurde er Ingenieur und studierte danach Philosophie und Psychologie. Von 1894 bis 1931 war er Professor für Philosophie und Sozialpsychologie an der Universität Chicago.

Meads Hauptthese ist, daß Interaktion nicht auf der Basis eines Reiz-Reaktions-Prinzips verläuft, sondern über Symbole (Gesten, Sprache) vermittelt wird. In diesem Zusammenhang wird die Unterscheidung zwischen „Me, I and Self" eingeführt:

- „Me" (das soziale Selbst) ist durch die Rolle festgelegt, die einer Person in einer Gruppe zugewiesen wird: eine Rolle im Spiel, die Rolle des Wissenschaftlers usw.
- „I" (das Ich als Subjekt) ist die Reaktion des Individuums auf das „Me".
- „Self" (Identität) ergibt sich aus dem Zusammenspiel von „Me" und „I".

Meads Hauptwerk ist seine nach die Tod herausgegebene Hauptvorlesung über Sozialpsychologie: Mead, G. H.: Geist, Identität und Gesellschaft. Frankfurt a. M. 1973 (ursprünglich 1934).

Herbert Blumer (1900-1987) war Schüler Meads und später Professor für Soziologie an den Universitäten Michigan, Hawaii, Chicago und Berkeley. Blumer hat den Begriff „Symbolischer Interaktionismus" eingeführt und versucht, dessen Grundsätze zu formulieren.

Als Einführung ist folgender Aufsatz geeignet:
Blumer, H.: Der methodologische Standort des Symbolischen Interaktionismus. In: Arbeitsgruppe Bielefelder Soziologen (Hrsg.): Alltagswissen, Interaktion, gesellschaftliche Wirklichkeit. Rheinbek 1973, S. 80-146 (ursprünglich 1969).

Erving Goffman (1922-1982) studierte Soziologie an den Universitäten Toronto und Chicago. Goffman war seit 1958 an der Universität in Berkeley und seit 1968 als Professor für Anthropologie und Soziologie an der University of Pennsylvania in Philadelphia tätig. Für Goffman ist menschliches Handeln durch die Übernahme bestimmter Rollen (Rolle des Arztes, des Vaters) gekennzeichnet, wobei der einzelne diese Rolle jeweils individuell ausfüllt, indem er sich z.B. als engagiert zeigt oder deutlich macht, daß er sich von der Rolle distanziert.

Als Einführung ist geeignet:
Goffman, E.: Interaktion: Spaß am Spiel/Rollendistanz. München 1973.

Harold Garfinkel (geb. 1917) war Schüler von Talcott Parsons an der Harward University und seit 1954 an der University of California in Berkeley. Garfinkel ist Begründer der „Ethnomethodologie", die sich selbst als Ableger des Symbolischen Interaktionismus versteht. Die Ethnomethodologie legt besonderes Gewicht auf die Regeln sozialen Handelns: Im Unterschied zur Ethnologie als der Untersuchung fremder Kulturen untersucht die Ethnomethodologie, wie weit alltägliches Handeln durch Regeln geleitet ist.

Als Einführung geeignet ist der Aufsatz:
Garfinkel, H.: Studien über Routinegrundlagen von Alltagshandeln. In: Steinert, H. (Hrsg.): Symbolische Interaktion. Stuttgart 1973, S. 280-293 (ursprünglich 1967).

Zum Abschluß noch zwei allgemeine Literaturhinweise zur Einführung in die verschiedenen Konzepte des Symbolischen Interaktionismus und der Ethnomethodologie:
Helle, J. J.: Verstehende Soziologie und Theorie des Symbolischen Interaktionismus. Stuttgart (2. Aufl.) 1992.
Treibel, A.: Einführung in soziologische Theorien der Gegenwart. Opladen 1992, S. 107-129.

3.4.2 Hauptthesen

In dem Aufsatz „Der methodologische Standort des Symbolischen Interaktionismus" formuliert Herbert Blumer drei Grundsätze des Symbolischen Interaktionismus, die im wesentlichen auch für die anderen hier genannten Autoren zutreffen bzw. teilweise von ihnen ergänzt wurden:

(1) Menschen reagieren nicht auf Reize, sondern handeln aufgrund der Bedeutung, die sie einer Situation geben.
Blumer führt diese These als erste Prämisse des Symbolischen Interaktionismus auf:

„Die erste Prämisse besagt, daß Menschen 'Dingen' gegenüber auf der Grundlage der Bedeutungen handeln, die diese Dinge für sie besitzen. Unter 'Dingen' wird hier alles gefaßt, was der Mensch in seiner Welt wahrzunehmen vermag - physische Gegenstände, wie Bäume oder Stühle; andere Menschen, wie eine Mutter oder einen Verkäufer; Kategorien von Menschen, wie Freunde oder Feinde; Institutionen, wie eine Schule oder eine Regierung; Leitideale wie individuelle Unabhängigkeit oder

Ehrlichkeit; Handlungen anderer Personen, wie ihre Befehle oder Wünsche; und solche Situationen, wie sie dem Individuum in seinem täglichen Leben begegnen."[1]

So kann das Verhalten einer Kollegin für mich eine bestimmte Bedeutung besitzen: Ich deute es als engagiert. Dabei wird die Bedeutung einer bestimmten Situation, einem Gegenstand oder einem Verhalten zugewiesen: Ich deute das Verhalten als engagiert, jemand anderes möglicherweise als arrogant. Und je nach der Deutung wird sich mein Handeln ändern: Ich spreche die Kollegin an, wenn ich ihr Verhalten als engagiert deute, oder ich ziehe mich zurück, wenn ich es als arrogant deute. Entsprechend wird dem selben Wald von unterschiedlichen Personen eine unterschiedliche Bedeutung gegeben: Für einen Spaziergänger hat der Wald eine andere Bedeutung als für einen Ökologen, Straßenplaner oder ein Liebespaar. Je nach der unterschiedlichen Bedeutung wird der „Umgang" mit dem Wald jeweils ein anderer sein.

(2) Gegenstände, Personen und Situationen besitzen für alle Personen einer Gruppe eine gemeinsame Bedeutung, die durch Regeln festgelegt ist.

Blumer spricht diese „gemeinsame Bedeutung" von Gegenständen, Personen und Situationen in der zweiten Prämisse des Symbolischen Interaktionismus an:

„Die zweite Prämisse besagt, daß die Bedeutung solcher Dinge aus der sozialen Interaktion, die man mit seinen Mitmenschen eingeht, abgeleitet ist oder aus ihr entsteht...
Die Bedeutung eines Dinges für eine Person ergibt sich aus der Art und Weise, in der andere Personen ihr gegenüber in bezug auf dieses Ding handeln. Ihre Handlungen dienen der Definition dieses Dinges für diese Person. Für den symbolischen Interaktionismus sind Bedeutungen daher soziale Produkte, sie sind Schöpfungen, die in den und durch die definierenden Aktivitäten miteinander agierender Personen hervorgebracht werden" (Blumer 1973, S. 81, 83f.).

Goffman spricht in diesem Zusammenhang von dem „Rahmen", auf dessen Basis wir eine Situation als etwas definieren:

„Ich gehe davon aus, daß wir gemäß gewissen Organisationsprinzipien für Ereignisse - zumindest für soziale - und für unsere persönliche Anteilnahme an ihnen Definitionen einer Situation aufstellen; diese Elemente, soweit mir ihre Herausarbeitung gelingt, nenne ich 'Rahmen'."[2]

An anderer Stelle heißt es:

„Wenn der einzelne in unserer westlichen Gesellschaft ein bestimmtes Ereignis erkennt, neigt er dazu - was immer er sonst tut -, seine Reaktion faktisch von einem oder mehreren Rahmen oder Interpretationsschemata bestimmen zu lassen... Dies deshalb, weil die Anwendung eines solchen Rahmens oder einer solchen Sichtweise von den Betreffenden so gesehen wird, daß sie nicht auf eine vorhergehende oder `ursprüngliche´ Deutung zurückgreift; ein primärer Rahmen wird eben so gesehen, daß er einen sonst sinnlosen Aspekt der Szene zu etwas Sinnvollem macht. Primäre Rahmen können verschiedenen Organisationsgrad haben. Einige lassen sich sehr schön als ein System von Gegenständen, Postulaten und Regeln darstellen; andere - und zwar die meisten - scheinen keine deutliche Gestalt zu haben und führen nur zu einem Verstehen, liefern einen Ansatz, eine Perspektive. Doch wie hoch auch der Organisationsgrad sei, jeder primäre Rahmen ermöglicht dem, der ihn

---

1 Blumer H.: Der methodologische Standort des Symbolischen Interaktionismus. In: Arbeitsgruppe Bielefelder Soziologen (Hrsg.): Alltagswissen, Interaktion und gesellschaftliche Wirklichkeit. Reinbek 1973, S. 81.

2 Goffman, E.: Rahmen-Analyse. Frankfurt a. M. 1977, S. 19.

anwendet, die Lokalisierung, Wahrnehmung, Identifikation und Benennung einer anscheinend unbeschränkten Anzahl konkreter Vorkommnisse, die im Sinne des Rahmens definiert sind. Dabei sind ihm die Organisationseigenschaften des Rahmens im allgemeinen nicht bewußt, und wenn man ihn fragt, kann er ihn auch nicht annähernd vollständig beschreiben, doch das hindert nicht, daß er ihn mühelos und vollständig anwendet" (Goffman 1977, S. 31).

Dabei wird zwischen natürlichem und sozialem Rahmen unterschieden: Der natürliche Rahmen sind die grundlegenden Begriffe, auf deren Basis wir natürliche Ereignisse verstehen. Der soziale Rahmen sind „Verhaltensregeln", die das Verhalten der betreffenden Person festlegen und zugleich die Basis für das Verständnis der „Rolle" dieser Person liefern. So ist die Rolle des Patienten durch bestimmte Verhaltensregeln („Verpflichtungen") festgelegt: Ärzte und Krankenschwestern erwarten von Patienten bestimmte Verhaltensweisen und deuten deren Verhalten auf dem Hintergrund dieser Regeln:

„Verhaltensregeln wirken auf das Individuum im allgemeinen auf zwei Arten ein, und zwar einerseits direkt, als Verpflichtungen, die das Verhalten des Individuums selbst erzwingen, und andererseits indirekt, als Erwartungen, die die Handlungsweise anderer ihm gegenüber moralisch verpflichtend festlegen. Eine Krankenschwester ist z. B. verpflichtet, den Anweisungen des Arztes bei der Behandlung ihrer Patienten zu folgen. Auf der anderen Seite hegt sie die Erwartung, daß ihre Patienten bereit sind, zu kooperieren, indem sie ihr erlauben, sie gemäß den Anweisungen zu behandeln. Diese Bereitschaft kann von den Patienten her gesehen als Verpflichtung gegenüber ihrer Krankenschwester angesehen werden, womit der interpersonelle Charakter der Handelnder-Empfänger-Beziehung vieler Regeln hervorgehoben wird: Was des einen Verpflichtung, ist oft des anderen Erwartung" (Goffman 1977, S. 56).

(3) Gegenstände, Personen und Situationen besitzen für eine Person darüber hinaus eine „subjektive Bedeutung", bei der allgemeine Verhaltensregeln von der betreffenden Person interpretiert werden.

Diese These findet sich in Blumers Prämissen des Symbolischen Interaktionismus:

„Die dritte Prämisse besagt, daß diese Bedeutungen in einem interpretativen Prozeß, den die Person in ihrer Auseinandersetzung mit den ihr begegnenden Dingen benutzt, gehandhabt und abgeändert werden" (Blumer 1973, S. 81).

Als Erläuterung heißt es:

„Wenn die Bedeutung von Dingen aus den sozialen Interaktionen heraus aufgebaut wird, und wenn sie vom einzelnen aus dieser Interaktion abgeleitet wird, so ist es ein Fehler anzunehmen, daß der Gebrauch einer Bedeutung durch einen einzelnen nur die reine Anwendung der so gewonnenen Bedeutung ist. Dieser Fehler beeinträchtigt ernsthaft die Arbeit vieler Wissenschaftler, die im übrigen dem Ansatz des symbolischen Interaktionismus folgen. Sie übersehen, daß der Gebrauch von Bedeutungen durch einen einzelnen in seinen Handlungen einen Interpretationsprozeß beinhaltet" (Blumer 1973, S. 84).

Goffman hat diese These im Rahmen der sog. interaktionistischen Rollentheorie ausgeführt: Die Rolle des Patienten ist nicht nur durch allgemeine Verhaltensregeln (die an eine Position geknüpften Erwartungen) definiert, sondern zugleich durch die jeweilige subjektive Interpretation der Rolle. Goffman kritisiert an der traditionellen Rollentheorie, daß zwischen Rolle und dem tatsächlichen Rollenverhalten nicht unterschieden wird:

„Die Rolle kann... als die typische Reaktion von Individuen in einer besonderen Position definiert werden. Die typische Rolle muß natürlich vom tatsächlichen Rollenverhalten eines konkreten Individuums in einer gegebenen Position unterschieden werden. Zwischen der typischen und der tatsächlichen Reaktion können wir gewöhnlich einen Unterschied erwarten, wenn auch nur deshalb, weil die Position eines Individuums, in dem jetzt gebräuchlichen Sinn, in gewisser Weise von der variierenden Art abhängen wird, wie es selbst seine Situation sieht und definiert.“[3]

Der Unterschied zwischen Rolle und Rollenverhalten ergibt sich daraus, wie die betreffende Person ihre Rolle „sieht und definiert“. Goffman verdeutlicht dies an dem Beispiel eines Kindes auf dem Karussell:

„Genauso wie ein Reiter auf einem Karussellpferd disqualifiziert werden kann, weil er sich als unfähig erweist, das Reiten zu 'bewältigen', wird ein Reiter schon zu Beginn der Fahrt aus seinem Sattel entfernt, weil er keine Karte besitzt oder weil er - ohne Begleitung seiner Eltern - bei der Leitung Befürchtungen wegen seiner Sicherheit erweckt“ (Goffman 1973, S. 119).

Zugleich wird jedoch die Rolle individuell interpretiert und ausgefüllt:

„Der Reiter wirft sich mit vollem Ernst in die Rolle. Er spielt sie mit Verve und anerkanntem Einsatz aller seiner Fähigkeiten. Wenn er in jeder Runde an seinen Eltern vorbei kommt, läßt er vorsichtig die Hand los, winkt grimmig lächelnd und wirft ihnen eine Kußhand zu... Ein Reiter schlägt vielleicht den Takt zur Musik, indem er mit einer Hand oder einem Fuß gegen das Pferd klopft, ein frühes Zeichen, daß man völlig Herr der Lage ist. Ein anderer versucht vielleicht vorsichtig, sich in den Sattel zu stellen oder von einem Pferd auf das andere überzuwechseln, ohne dabei die Plattform zu berühren. Wieder ein anderer hält sich vielleicht mit der Hand an dem Pfosten fest und beugt sich dann so weit wie möglich zurück und schaut dabei zum Himmel empor, um schwindlig zu werden. Die Respektlosigkeit beginnt, man hält sich vielleicht an dem hölzernen Ohr oder Schweif des Pferdes fest“ (Goffman 1973, S. 119f., S. 121).

(4) Unklarheit über die Bedeutung einer Situation führt zu Orientierungsproblemen im praktischen Handeln.

Diese These wird in den „Krisenexperimenten“ von Garfinkel deutlich: Studenten wurde die Anweisung gegeben, geltende Regeln zu verletzen. Das Ergebnis war bei den jeweiligen Interaktionspartnern regelmäßig Orientierungslosigkeit:

„Studenten wurden aufgefordert, bekannten oder befreundeten Personen gegenüber in einer ganz gewöhnlichen Konversation darauf zu bestehen, daß die Person den Sinn ihrer Alltagsbemerkungen genau erklären soll, und dabei keinerlei Hinweis zu geben, daß dieses Ansinnen in irgendeiner Form ungewöhnlich wäre. Die folgenden Exzerpte sind typisch für die Berichte...
(Vp) Hallo, Ray. Wie geht es deiner Freundin?
(E) Was meinst du mit 'Wie geht es ihr?' Physisch oder geistig?
(Vp) Ich meine, wie geht es ihr? Was ist los mit dir? (Er schaut irritiert.)
(E) Nichts. Ich möchte nur, daß du etwas genauer erklärst, was du meinst...

Das Opfer winkt fröhlich.
(Vp) Wie geht's?
(E) Wie geht es mir in bezug worauf? Meine Gesundheit, meine Finanzen, meine Schulaufgaben, meinen Seelenfrieden, meine...
(Vp) (Rot im Gesicht und plötzlich außer Kontrolle.) Schau: Ich wollte nur höflich sein. Wenn ich ehrlich bin, ist es mir total wurscht, wie es dir geht.“[4]

---

[3] Goffman, E.: Interaktion: Spaß am Spiel/Rollendistanz. München 1973, S. 104.
[4] Garfinkel, H.: Studien über Routinegrundlagen von Alltagshandeln. In: Steinert, H. (Hrsg.): Symbolische Interaktion. Stuttgart 1973, S. 284f.

In einem anderen Experiment wurden Studierende angewiesen, in einem Restaurant einen anderen Gast als Kellner zu behandeln:

„Eine Studentin ging zum Mittagessen in ein Restaurant in der Nähe der Universität. Ihr Gastgeber (der in das Experiment eingeweiht war) wies sie auf einen Herrn als mögliche Versuchsperson (Vp) hin. Sie begann das Gespräch folgendermaßen:

Vl: 'Ich hätte gerne einen Tisch an der Westseite, einen ruhigen Platz, wenn es möglich ist. Und wie sieht die Speisekarte aus?'
Vp: (wandte sich der Vl zu und schaute an ihr vorbei in Richtung Eingangshalle) sagte, 'Äh, äh, gnädige Frau, sicherlich.'
Vl: 'Sicherlich gibt es noch etwas zu essen. Was empfehlen Sie mir denn heute?'
Vp: 'Ich weiß nicht, Sie sehen, ich warte...'
Vl: (unterbricht ihn) 'Bitte lassen Sie mich nicht hier stehen, während Sie warten. Sind Sie doch so nett und führen Sie mich an einen Tisch.'
Vp: 'Aber gnädige Frau, --' (Er begann sich von der Tür wegzudrücken und in einem leicht gekrümmten Bogen um die Vl herumzukurven);
Vl: 'Mein lieber Mann --' (hierauf errötete die Vp; die Augen des Herrn rollten und öffneten sich weit).
Vp: 'Aber -- sie -- ich -- o je!' (Er schien die Fassung zu verlieren).
Vl: (nahm den Herrn am Arm und ging mit ihm, ihn leicht vor sich her schiebend, in Richtung zur Tür des Speiseraums).
Vp: (ging langsam, blieb jedoch plötzlich mitten im Raum stehen, drehte sich um und schaute zum erstenmal die Vl direkt und sehr taxierend an, nahm seine Taschenuhr heraus, warf einen Blick darauf, hielt sie an sein Ohr, steckte sie zurück und murmelte) '0 je'.
Vl: 'Es kostet Sie nur einen Augenblick, mich an einen Tisch zu führen und meine Bestellung aufzunehmen. Dann können Sie zurückgehen und auf Ihre Kunden warten. Schließlich bin ich auch ein Gast und ein Kunde.'
Vp: (stutzte, ging steif zum nächsten leeren Tisch, hielt einen Stuhl bereit, damit sich die Vl setzen konnte, verbeugte sich leicht, murmelte 'ganz zu Ihren Diensten', eilte zur Tür, hielt an, drehte sich um und blickte mit verwirrtem Gesichtsausdruck auf die Vl zurück).“.[5]

Dabei werden geltende Regeln außer Kraft gesetzt: die Regel, daß man zwar den Kellner, aber nicht einen anderen Gast darum bitten darf, einen zum Platz zu führen, oder die Regel alltäglicher Kommunikation, was man auf die Frage „Wie geht es dir?“ antworten soll. Das führt dazu, daß die Gesprächspartner orientierungslos werden.

3.4.3 Forschungsmethodik

Ähnlich wie die Geisteswissenschaftliche Pädagogik sehen sich auch Symbolischer Interaktionismus und Ethnomethodologie im Gegensatz zur Methodologie der traditionellen empirischen Verhaltenswissenschaft. Haupteinwand ist, daß in der empirischen Verhaltenswissenschaft Untersuchungskriterien „von außen“ aufgestellt werden, die aber den handelnden Personen nicht gerecht werden. Blumer verdeutlicht das am Beispiel der Operationalisierung: Die Operationalisierung von

[5] Mehan, H./Wood, H.: Fünf Merkmale der Realität. In: Weingarten, E./ Sack, F./ Schenkein, J. (Hrsg.): Ethnomethodologie. Beiträge einer Soziologie des Alltagshandelns. Frankfurt a. M. 1976, S. 51.

„Intelligenz" mit Hilfe eines Testes kann eben nicht erfassen, was Intelligenz für die betreffenden Personen im Alltag tatsächlich bedeutet:

„Die operationalisierte Konzeption oder Annahme, wie zum Beispiel die Konzeption von Intelligenz, bezieht sich auf etwas, von dem man annimmt, daß es in der empirischen Welt in verschiedenen Formen und verschiedenen Umgebungen vorhanden ist. So betrachtet man, als Beispiel, Intelligenz im empirischen Leben als in so unterschiedlichen Dingen vorhanden wie in der geschickten militärischen Planung eines Armeegenerals, in der erfinderischen Ausnutzung einer Marktsituation durch einen Unternehmer, in den wirksamen Überlebenstechniken eines benachteiligten Slumbewohners, in der klugen Auseinandersetzung eines Bauern oder eines primitiven Stammesmitglieds mit den Problemen seiner Welt, in der Verschmitztheit delinquenter schwachsinniger Mädchen aus einem Erziehungsheim und in der Gestaltung des Gedichtvortrages durch einen Dichter. Es sollte direkt klar sein, wie lächerlich und unbegründet es ist zu glauben, daß die Operationalisierung von Intelligenz durch einen bestimmten Intelligenztest ein zufriedenstellendes Bild von Intelligenz zu liefern vermag. Will man ein empirisch zufriedenstellendes Bild von Intelligenz entwickeln, ein Bild, dem man empirische Gültigkeit zuerkennen kann, so ist es unerläßlich, Intelligenz in ihrem Wirken im tatsächlichen empirischen Leben einzufangen und zu erforschen, statt sich nur auf eine spezialisierte und gewöhnlich willkürliche Auswahl eines Bereiches ihrer vermuteten Ausprägung zu verlassen" (Blumer 1973, 113).

Die Alternative dazu ist, „direkt in die empirische soziale Welt zu gehen" (Blumer 1973, S. 114), um die Bedeutung der jeweiligen Situation für die handelnden Personen zu erfassen. Blumer unterscheidet zwischen Exploration und Inspektion:

Exploration ist der Versuch, eine den Bedeutungen der handelnden Personen entsprechende Beschreibung der jeweiligen Situation zu liefern:

„Exploration ist per Definition eine flexible Vorgehensweise, in der der Wissenschaftler von einer zu einer anderen Untersuchungsmethode wechselt, im Verlauf seiner Studie neue Beobachtungspositionen einnimmt, in der er sich in neue Richtungen bewegt, an die er früher nicht dachte, und in der er seine Meinung darüber, was wichtige Daten sind, ändert, wenn er mehr Informationen und ein besseres Verständnis erworben hat. In dieser Hinsicht steht die explorative Forschung im Gegensatz zu der vorgeschriebenen und begrenzten Verfahrensweise, die von dem gegenwärtigen wissenschaftlichen Programm gefordert wird...

Wegen ihrer flexiblen Beschaffenheit ist die explorative Untersuchung nicht an irgendeinen bestimmten Satz von Techniken gebunden. Ihr Leitsatz ist es, sich jeder ethisch vertretbaren Vorgehensweise zu bedienen, die die Wahrscheinlichkeit dafür bietet, daß man ein genaueres Bild dessen gewinnt, was in dem Gebiet des sozialen Lebens vor sich geht. Aus diesem Grunde kann es direkte Beobachtung einschließen, das Interviewen von Personen, das Zuhören bei ihren Gesprächen, die Beschaffung von Lebensgeschichten, den Gebrauch von Briefen und Tagebüchern, das Heranziehen öffentlicher Protokolle, die Durchführung von Gruppendiskussionen und das Auszählen von Einzelelementen, falls dies lohnend erscheint. Bei der Benutzung keiner dieser Vorgehensweisen braucht ein Programm befolgt zu werden; die einzelne Vorgehensweise sollte an ihre jeweiligen Umstände angepaßt werden und entsprechend ihrer Angemessenheit und Fruchtbarkeit gesteuert werden" (Blumer 1973, S. 122f.).

Inspektion dagegen ist die Analyse dieser Beschreibung. Dabei grenzt sich Blumer wiederum nachdrücklich von der empirischen Verhaltensforschung ab und fordert ein flexibles Vorgehen unterschiedlicher Vorgehensweisen:

„Solch eine Inspektion ist nicht vorgefertigt, routinisiert oder vorgeschrieben; sie wird dies nur, wenn wir schon wissen, worum es geht, und daher auf einen bestimmten Test zurückgreifen können, wie im Fall eines Technikers. Die Inspektion ist vielmehr flexibel, phantasievoll, schöpferisch und frei, neue Richtungen einzuschlagen. Diese Art der Prüfung kann auch bei einem sozialen Objekt vorgenommen werden oder bei einem Prozeß oder einer Beziehung oder irgendeinem der Elemente, die in der theoretischen Analyse eines bestimmten Bereichs oder Aspekts des empirischen sozialen Lebens benutzt werden. Man wendet sich den empirischen Gegebenheiten des analytischen Elements zu, betrachtet sie in ihren unterschiedlichen konkreten Einbettungen, sieht sie von unterschiedlichen Positionen her an, stellt Fragen in bezug auf ihre allgemeine Beschaffenheit, geht zurück und prüft sie von neuem, vergleicht sie miteinander und erforscht auf diese Art die Beschaffenheit des analytischen Elementes, das die empirischen Gegebenheiten widerspiegelt" (Blumer 1973, 127).

Symbolischer Interaktionismus und Ethnomethodologie wenden damit Methoden an, die Menschen auch in ihrem alltäglichen Handeln verwenden. Deutlich ist dies in der im Anschluß an Garfinkel entwickelten Konversationsanalyse. Basis dafür ist die Annahme, daß die wissenschaftlichen Forschungsmethoden „ganz und gar die soziologischen Untersuchungs- und Denkmethoden der Gesellschaftsmitglieder selbst sind"[6]

Zur Verdeutlichung sei folgendes Beispiel der Konversationsanalyse einer Telefonsequenz aufgeführt:

„(Telefonklingeln)

AAA (Berater)	BBB (Anruferin)
hier vier-eins-sieben-sieben	
	ja guten tag herr doktor von hollander
guten tag."[7]	

Diese Anfangssequenz dieses Telefongespräches wird folgendermaßen interpretiert:

„Aussage (1): 'Der Berater identifiziert sich selbst durch Nennung seiner Telefonnummer';
Aussage (2): - (Fortsetzung von Aussage 1): 'nicht durch Namensnennung';
Aussage (3): 'Der Name des Beraters wird als Anrede von der Anruferin genannt'
Aussage (4): - (Fortsetzung von Aussage 3): 'die sich ihrerseits selbst nicht vorstellt';
Aussage (5): 'Der Berater spricht also mit einem Teilnehmer, der für ihn anonym bleibt';
Aussage (6): ' Damit ist eine für ein normales Telefongespräch ungewöhnliche Situation definiert'" (Dittmann 1979, S.16).

Zurückgegriffen wird bei dieser Interpretation auf das alltägliche Regelverständnis der Beteiligten. Dittmann spricht hier vom Alltagswissen der Analysatoren: „Teilbestände des 'alltagspraktischen Wissenbestandes', die sich auf die gesellschaftliche, die soziale Wirklichkeit und die Rolle von Sprache in ihr beziehen" (Dittmann 1979, 17) werden verwendet, um die Regeln, nach denen sich Gespräche vollziehen, explizit zu machen.

---

6 Garfinkel, H./Sacks, H.: Über formale Strukturen. In: Weingarten, E./Sack, F./Schenkein, J. (Hrsg.): Ethnomethodologie. Beiträge einer Soziologie des Alltagshandelns. Frankfurt a. M. 1976, S. 134.

7 Dittmann, J.: Einleitung - Was ist, zu welchen Zwecken und wie treiben wir Konversationsanalyse? In: Dittmann, J. (Hrsg.): Arbeiten zur Konversationsanalyse. Tübingen 1979, S.16.

3.4.4 Konsequenzen für die pädagogische Praxis: Das interaktionistische Rollenspiel

Wir möchten Ihnen die Konsequenzen von Symbolischem Interaktionismus und Ethnomethodologie für die pädagogische Praxis an einem Beispiel aufzeigen, dem Rollenspiel:

Das Rollenspiel ist ein im Unterricht, aber ebenso in der Erwachsenenbildung oder der beruflichen Bildung durchaus geläufiges Verfahren: Ein Vater hat Probleme mit seinem heranwachsenden Sohn. Im Rollenspiel kann er neue Handlungsmöglichkeiten ausprobieren: mehr zuhören, seine Kritik nicht als Vorwurf sondern als Ich-Botschaft formulieren usw. Eine Mitarbeiterin kann mit Kritik ihrer Vorgesetzten nicht umgehen. Im Rollenspiel wird eine solche Situation dargestellt: Eine Teilnehmerin „spielt" die Rolle der Vorgesetzten, eine andere die Rolle der Mitarbeiterin.

Nun steht das Rollenspiel nicht notwendigerweise auf der Basis des Symbolischen Interaktionismus, sondern kann ebenso in der Tradition des Verhaltenstrainings und damit des verhaltenstheoretischen Ansatzes stehen. Je nach den wissenschaftstheoretischen Grundlagen werden jedoch Zielsetzung und Vorgehen deutlich unterschiedlich sein:

In der Tradition der Verhaltenstheorie ist Ziel des Rollenspiels, neues Verhalten einzuüben. Umgesetzt wird das dadurch, daß ein Trainer das neue Verhalten vorführt und die Teilnehmer dieses Verhalten anschließend üben.

In der Tradition des Symbolischen Interaktionismus werden andere Ziele für das Rollenspiel gesetzt:

- dem Teilnehmer die Regeln und Erwartungen deutlich zu machen, die in einer bestimmten Situation an ihn gestellt werden: Was erwartet die Vorgesetzte von ihrer Mitarbeiterin in einem Kritikgespräch?
- den Teilnehmer aber zugleich dabei zu unterstützen, die Situation zu interpretieren, d.h. sich darüber klar zu werden, wie weit er bereit ist, diese Rolle (Mitarbeiter) in dieser Situation auszuführen oder wie weit er sich von der Rolle distanziert.

Daraus ergibt sich folgendes methodisches Vorgehen:

- In einer ersten Phase des Rollenspiels (dem „Darstellungsspiel") wird die Situation geklärt. Eine konkrete Situation (z.B. das letzte Kritikgespräch mit der Vorgesetzten) wird geschildert und dann im Rollenspiel dargestellt. Dabei kommt es nicht darauf an, jetzt schon eine „gute" Lösung zu finden, sondern die Situation möglichst realistisch zu erleben. Günstig ist in vielen Fällen dabei ein Rollentausch: Die Mitarbeiterin übernimmt die Rolle ihrer Vorgesetzten und erlebt damit die Erwartungen, die eine Vorgesetzte an eine Mitarbeiterin stellt - und macht sich damit die Regeln bewußt, die in einem Kritikgespräch zwischen Vorgesetztem und Mitarbeiter gelten.

- In einem zweiten Schritt werden diese Regeln und Erwartungen geklärt. Das kann dadurch geschehen, daß Erwartungen an die Rolle geklärt werden, das können aber auch Eindrücke der Beobachter sein.
- In einem dritten Schritt werden andere Möglichkeiten gesammelt: Was hätte getan werden können, um diese Situation besser zu bewältigen? Man kann hier ein Brainstorming durchführen, bei dem alle Ideen der Teilnehmerinnen zusammengetragen werden. Es können von außen neue Möglichkeiten (Ich-Botschaften im Anschluß an Gordon, Aktives Zuhören usw.) genannt werden.
- Der vierte Schritt schließlich führt dazu, daß die betroffene Teilnehmerin ihre Rolle selbst interpretiert und die für sie passende Möglichkeit wählt. Das kann verbal geschehen: Sie überlegt sich, welche der Möglichkeiten für sie passend ist und wie sie sie ausführen möchte. Oder es kann in einer zweiten Phase des Rollenspiels (dem „Lösungsspiel“) geschehen, wobei die betreffende Teilnehmerin ihre eigene Rolle ausprobiert und dabei erlebt, wie sie diese Rolle deutet, wie weit sie sie übernimmt, wie weit sie sich dabei engagiert oder sich davon distanziert, und welche Auswirkungen das für die Interaktion besitzt.

Ein entscheidender Unterschied zum verhaltenstheoretischen Konzept liegt beim interaktionistischen Rollenspiel darin, daß es nicht die „richtige“ Lösung für konkrete Probleme gibt: Letztlich kann immer nur die betreffende Teilnehmerin für sich selbst die Situation deuten, ihre Rolle für sich passend ausfüllen und entsprechende Lösungsmöglichkeiten entwickeln.

3.4.5 Diskussion des Symbolischen Interaktionismus

Symbolischer Interaktionismus und Geisteswissenschaftliche Pädagogik sind zwei Konzepte, die ursprünglich unabhängig voneinander entwickelt wurden. Gemeinsam ist beiden die These, daß menschliches Handeln eine Bedeutung besitzt und daß Menschen auf der Basis dieser Bedeutung handeln. Dabei ist der Symbolische Interaktionismus erst in den 70er Jahren verstärkt in den Sozialwissenschaften und damit in der Erziehungswissenschaft rezipiert worden.

Vier Faktoren dürften die Rezeption des Symbolischen Interaktionismus unterstützt haben:

(1) Zum einen liefert der Symbolische Interaktionismus einen begrifflich weiter ausdifferenzierten Rahmen als die Geisteswissenschaftliche Pädagogik: Die Unterscheidung von gemeinsamer und subjektiver Bedeutung führt die begrifflich unzureichend geklärte Rede vom „Sinn“ in der Tradition der Geisteswissenschaftlichen Pädagogik weiter. Dabei werden zugleich die Bedingungen und Begrenzungen von Verstehen präzisiert: Was bei Dilthey programmatisch als „Wiederfinden des Ich im Du“ angenommen wird, wird als Vorgang des Fremdverstehens eingehend in seinen Möglichkeiten und Begrenzungen analysiert. Damit ermöglicht der Symbolische Interaktionismus eine präzisere Analyse der Bedeutungen.

(2) Der Symbolische Interaktionismus ist von Anfang an auf das Verständnis realer Situationen ausgerichtet, während die Geisteswissenschaftliche Pädagogik immer in Gefahr war, das Augenmerk vorwiegend auf die Interpretation von Texten zu richten. Von daher bietet der Symbolische Interaktionismus direkte Anknüpfungsmöglichkeiten für die Erziehungswissenschaft, die primär eine Handlungs- und keine Textwissenschaft ist.

(3) Als Stärke bei der neueren Rezeption des Symbolischen Interaktionismus erwies sich auch, daß dieser nicht mit einer normativen Theorie belastet ist. Der Symbolische Interaktionismus ist ursprünglich wertfrei und damit leichter rezipierbar.

(4) Schließlich bieten Symbolischer Interaktionismus und Ethnomethodologie Ansatzpunkte für pädagogisches Handeln. Das interaktionistische Rollenspiel ist eine deutliche Anwendung eines theoretischen Konzeptes.

Allerdings blieb die Rezeption eher auf Teilbereiche beschränkt. Drei Gründe dürften dafür maßgeblich gewesen sein:

(1) Ein zentrales Problem ist auch hier die fehlende forschungsmethodische Absicherung des Vorgehens. Die Forderung, in den Sozialwissenschaften die Methoden der im Alltag handelnden Personen zu übernehmen, macht sozialwissenschaftliches Vorgehen zugleich anfällig für Irrtümer und Mißverständnisse, denen handelnde Personen auch im Alltag unterliegen. Hier hat erst die Phase der qualitativen Forschung (vgl. Kap. 5) seit den 70er Jahren die Entwicklung deutlich weitergeführt.

(2) Ein zweites Problem ist der Verzicht auf die Diskussion von Wertfragen. Damit wird der Symbolische Interaktionismus einerseits besser verwendbar, andererseits aber auch anfällig im Blick auf unterschiedliche Zielsetzungen.

(3) Schließlich bleiben die praktischen Konsequenzen eher auf einzelne Teilbereiche wie das Rollenspiel beschränkt. Hier fällt der Symbolische Interaktionismus auch gegenüber der Geisteswissenschaftlichen Pädagogik zurück: Im Anschluß an Klafki kann eine Lehrerin Unterricht vorbereiten. Doch wie sollte eine solche Vorbereitung auf der Basis des Symbolischen Interaktionismus verlaufen? Oder wie kann ein Beratungsgespräch methodisch geführt werden?

Insgesamt liegt das Schwergewicht des Symbolischen Interaktionismus auf der theoretischen Konstruktion: Das Begriffssystem der Hermeneutik wird im Vergleich zur Geisteswissenschaftlichen Pädagogik weiter differenziert. Aber ungelöst bleiben die oben genannten Probleme:

- die Frage der Legitimation von Normen und Werten,
- die forschungsmethodische Absicherung,
- die Entwicklung von methodischem Handwerkszeug zur Lösung konkreter praktischer Probleme.

3.5 Qualitative Sozialforschung

3.5.1 Historische Entwicklung

Im wesentlichen unabhängig von der Geisteswissenschaftlichen Pädagogik und auch der Kritischen Erziehungswissenschaft erfolgt Anfang der 70er Jahre im deutschsprachigen Raum eine neue Hinwendung zu hermeneutischen Verfahren. Es entsteht ein neues Forschungskonzept, daß sich selbst als „Qualitative Forschung" bezeichnet.

Im groben lassen sich bei der Entstehung der qualitativen Forschung folgende Phasen unterscheiden:

(1) Ende der 60er, Anfang der 70er Jahre beginnt in der deutschsprachigen Sozialwissenschaft die Rezeption des Symbolischen Interaktionismus: Jürgen Habermas und Lothar Krappmann sowie in der Erziehungswissenschaft Klaus Mollenhauer und Michael Brumlik greifen insbesondere auf Mead, Goffman und Cicourel zurück.[1]

Darüber hinaus entstehen Anfang der 70er Jahre Sammelbände mit Arbeiten aus der Tradition des Symbolischem Interaktionismus und der Ethnomethodologie.[2]

Auf forschungsmethodischer Ebene ist gleichzeitig eine erste Anwendung neuer „qualitativer Verfahren" zu verzeichnen:

- das narrative Interview, das durch die Arbeiten von Fritz Schütze im Rahmen soziologischer Feldforschung bekannt wurde[3],
- die Objektive Hermeneutik, die von Ulrich Oevermann und Mitarbeitern in einem zusammen mit Lothar Krappmann und Kurt Kreppner durchgeführten Forschungsprojekt „Elternhaus und Schule" am Max-Planck-Institut für Bildungsforschung in Berlin entwickelt wurde.[4]

---

1 Vgl. Habermas, J.: Zur Logik der Sozialwissenschaften. Frankfurt a. M. 1970, S. 185ff. Krappmann, L.: Soziologische Dimension der Identität. Stuttgart 1969. Mollenhauer, K.: Theorien zum Erziehungsprozeß. München 1972. Brumlik, M.: Der symbolische Interaktionismus und seine pädagogische Bedeutung. Frankfurt a. M. 1973.

2 Vgl. Arbeitsgruppe Bielefelder Soziologen (Hrsg.): Alltagswissen, Interaktion und gesellschaftliche Wirklichkeit (2 Bde.). Reinbek 1973; Bühl, W. (Hrsg.): Verstehende Soziologie. München 1972. Steinert, H. (Hrsg.): Symbolische Interaktion. Arbeiten zu einer reflexiven Soziologie. Stuttgart 1973.

3 Schütze, F.: Zur Hervorlockung und Analyse von Erzählungen thematisch relevanter Geschichten im Rahmen soziologischer Feldforschung. In: Arbeitsgruppe Bielefelder Soziologen (Hrsg.): Kommunikative Sozialforschung. München 1976, S. 159-260.

4 Vgl. z.B. Oevermann, U. u.a.: Die Methodologie einer 'objektiven Hermeneutik' und ihre allgemeine forschungslogische Bedeutung in den Sozialwissenschaften. In: Soeffner, H. G. (Hrsg.): Interpretative Verfahren in den Sozial- und Textwissenschaften. Stuttgart 1979, S. 352-433. Vgl. dazu Reichertz, J.: Die objektive Hermeneutik - Darstellung und Kritik. In König, E./Zedler, P. (Hrsg.): Bilanz qualitativer Forschung. Bd. II: Methoden. Weinheim 1995, S. 379-424; Garz, D./Kraimer, K. (Hrsg.): Qualitativ-empirische Sozialforschung. Opladen 1991.

(2) In der 2. Hälfte der 70er Jahre verlagert sich das Schwergewicht auf die wissenschaftstheoretische Diskussion über qualitative und quantitative Verfahren. Es wird versucht, qualitative Forschung in Abgrenzung gegenüber quantitativer Forschung zu etablieren, wobei als ein Hauptkritikpunkt die fehlende Praxisrelevanz quantitativer Forschung hervorgehoben wird. Dabei wird eine Schwarz-Weiß-Position aufgebaut, in der qualitative und quantitative Forschung durch pauschale Gegensatzpaare wie flexibel-fixiert, konkret-abstrakt, subjektiv-objektiv gekennzeichnet sind.

(3) Seit den 80er Jahren verlagert sich das Schwergewicht der Diskussion von der wissenschaftstheoretischen auf die forschungspraktische Ebene: Anstelle mehr oder weniger unfruchtbarer Diskussionen über die qualitative Forschung zu führen, werden verstärkt konkrete Forschungsmethoden entwickelt. Hier sind unter anderem zu nennen:

- verschiedene Formen des qualitativen Interviews (narratives Interview, problemzentriertes Interview, focussiertes Interview, Konstruktinterview),
- biographische Methoden,
- Struktur-Lege-Techniken,
- Deutungsmusteranalysen,
- teilnehmende Beobachtung und ethnographische Beschreibungen.

(4) Seit den 90er Jahren stellt qualitative Forschung eine etablierte sozialwissenschaftliche Forschungsmethodik dar, die ebenso methodischen Standards zu genügen hat wie die klassische quantitative Forschung: Bei einem qualitativen Interview hat man ebenso methodische Standards zu beachten wie bei der Durchführung einer Fragebogenuntersuchung. Damit lassen sich nicht mehr pauschal quantitative und qualitative Verfahren gegenüberstellen, sondern in jedem Bereich werden methodisch abgesicherte oder methodisch fragwürdige Verfahren angewandt.

Darüber hinaus hat sich die Grenze zwischen qualitativen und quantitativen Verfahren zunehmend verwischt: Quantitative Verfahren sind nie reine Beobachtung, sondern schließen stets auch Interpretation mit ein. Damit kann es nicht mehr Ziel forschungsmethodischen Vorgehens sein, jede Interpretation auszuschließen, es kann nur darum gehen, sie methodisch zu kontrollieren. Schließlich erweisen sich in der Forschungspraxis auch zunehmend Verknüpfungen von quantitativen und qualitativen Verfahren als sinnvoll: Es werden qualitative Interviews mit Fragebogenuntersuchungen oder standardisierten Interviewfragen kombiniert, qualitative und quantitative Inhaltsanalysen durchgeführt usw.

Von den zahlreichen Sammelbänden zur qualitativen Forschung seien genannt:

Flick, U.: Qualitative Forschung. Reinbek 1995.

Lamnek, S.: Qualitative Sozialforschung. Bd. 2: Methoden und Techniken. Weinheim (2. Aufl.) 1993.

König, E./Zedler, P. (Hrsg.): Bilanz qualitativer Sozialforschung (2 Bde.). Weinheim 1995.

Friebertshäuser, B./Prengel, A.: Handbuch qualitative Forschungsmethoden in der Erziehungswissenschaft. Weinheim 1997.

Der qualitativen Forschung liegt die Wissenschaftstheorie der Hermeneutik zugrunde, wie sie bereits in dem vorangegangenen Kapitel dargestellt wurde:

- Menschliches Handeln besitzt eine Bedeutung, und Menschen handeln aufgrund dieser Bedeutung.
- Ziel qualitativer Forschung ist es, diese Bedeutung zu erfassen.

Darüber hinaus gibt es kein einheitliches Konzept qualitativer Forschung, sondern unterschiedliche Vorgehensweisen. Drei theoretische Konzepte möchten wir Ihnen vorstellen: das Forschungsprogramm subjektiver Theorien, die „Objektive Hermeneutik“ im Anschluß an Oevermann sowie das Konzept der „Grounded Theory“.

3.5.2 Das Forschungsprogramm subjektiver Theorien

3.5.2.1 Theoretische Grundlagen

Anfang der 80er Jahre wurden von Hanns D. Dann, Manfred Hofer, Jörg Schlee und Dieter Wahl Arbeiten über die „subjektiven Berufstheorien von Lehrern“ durchgeführt. Es wurde untersucht, wie das Handeln von Lehrern durch ihre subjektiven Annahmen über Schüler beeinflußt wird.[5] Weitergeführt wurde dieser Ansatz in dem „Forschungsprogramms subjektiver Theorien“ von Norbert Groeben.[6]

Ausgangspunkt dafür war die Frage, was Lehrerinnen und Lehrern im Unterricht „durch den Kopf geht“, wenn sie bestimmte Interventionen durchführen. Was denkt ein Lehrer, wenn er einen Schüler ermahnt: Er diagnostiziert bestimmte Sachverhalte (daß der Schüler unruhig ist). Er versucht, die Situation zu erklären, indem er bestimmte Ursachen für das Verhalten des Schülers annimmt. Er stellt Prognosen auf, und er entscheidet sich auf der Basis von Ziel-Mittel-Annahmen für eine bestimmte Maßnahme. Er wendet damit ein Vorgehen ähnlich dem wissenschaftlichen Vorgehen an, indem er ein Schema von Erklärung, Prognose und Technologie zugrundelegt, wie es aus dem verhaltenstheoretischen Konzept geläufig ist, sich jedoch davon moralisch unterscheidet, daß den Ursache-Wirkungs-Annahmen subjektive Vorstellungen, die „subjektiven Theorien“ zugrunde liegen.

Die klassische Definition des Begriffs „subjektive Theorie“ findet sich bei Groeben u.a. (1988, S. 19). Unter „subjektiver Theorie“ wird hier verstanden:

„Kognitionen der Selbst- und Weltsicht,
als komplexes Aggregat mit (zumindest impliziter) Argumentationsstruktur,
das auch die zu objektiven (wissenschaftlichen) Theorien parallelen Funktionen
der Erklärung, Prognose, Technologie erfüllt.“

---

5 Dann, H. D. u.a.: Analyse und Modifikation subjektiver Theorien von Lehren. Konstanz 1982. Hofer, M.: Sozialpsychologie erzieherischen Handelns. Toronto/Göttingen/Zürich 1986. Schlee, J./Wahl, D.: Veränderung Subjektiver Theorien von Lehrern Oldenburg 1987.

6 Vgl. z.B. Groeben, N. u.a.: Forschungsprogramm subjektiver Theorien. Tübingen 1988.

Daneben führen Groeben u.a. (1988, S. 22) noch eine „enge" Definition an, die durch zwei zusätzliche Merkmale gekennzeichnet ist:

- Subjektive Theorien sind „im Dialog-Konsens aktualisierbar und rekonstruierbar,
- die „Akzeptierbarkeit" subjektiver Theorien als „objektiver Erkenntnis" ist zu prüfen.

Nun sind die in der engeren Definition aufgeführten Merkmale wissenschaftstheoretisch nicht unproblematisch:

- Der Verweis auf Dialog-Konsens legt die Erforschung subjektiver Theorien auf bestimmte Verfahren fest, wogegen das Argument spricht, daß ein Forschungsgegenstand soweit als möglich unabhängig von bestimmten Forschungsmethoden zu definieren ist.
- Die These von der Akzeptierbarkeit subjektiver Theorien als objektive Erkenntnis deutet darauf hin, daß Groeben u.a. hier unter der Hand das wissenschaftstheoretische Konzept der verhaltenstheoretischen Sozialwissenschaft zugrunde legen und von einer Vorstellung „objektiver Erkenntnis" ausgehen, die in dieser Form nicht haltbar ist (vgl. Groeben u.a. 1988, S. 48ff., S. 221ff.).

Während die engere Definition den Begriff „subjektive Theorien" auf die spezifische Konzeption von Groeben festlegt, dürfte die weitere Definition (mit Ausnahme der These der Strukturparallelität) einen Konsens abdecken. Subjektive Theorien sind definiert als komplexes Aggregat von Kognitionen der Selbst- und Weltsicht, das die Funktion der Erklärung, Prognose und Technologie erfüllt.

Der Begriff „Aggregat von Kognitionen der Selbst- und Weltsicht" läßt sich genauer bestimmen, indem man subjektive Theorien in einzelne Bestandteile unterteilt:[7]

- Subjektive Konstrukte sind die für die betreffende Person bei der Rede über eine Situation relevanten Begriffe. So kann für eine Lehrerin das Verhalten eines Schülers unter das Konstrukt „stört" fallen, für eine andere Lehrerin vielleicht unter das Konstrukt „überfordert" oder „Provokation".
- Subjektive Diagnosehypothesen (subjektive Daten) sind Beschreibungen und Deutungen von Situationen auf der Basis der jeweiligen Konstrukte
  „Peter stört den Unterricht"
  „Peter ist überfordert"
  „Peter will nicht provozieren".
- Subjektive Ziele sind diejenigen Ziele, die eine Person für sich persönlich als wichtig ansetzt. Beispiele können sein:
  „Vorrangiges Ziel ist für mich, in meiner Klasse Ruhe zu halten."
  „Mir ist es wichtig, daß die Schüler sich möglichst frei entfalten können!"

---

[7] Vgl. Groeben u.a. 1988, S. 47ff.; König, E./Volmer, G.: Systemische Organisationsberatung. Weinheim (5. Aufl.) 1997, S. 141ff.

- Subjektive Erklärungshypothesen geben Auskunft darüber, was jemand als Ursache für eine bestimmte Situation (für die besondere Unruhe in der Klasse) annimmt. Beispiele dafür sind:
  „Weil die Schüler am Wochenende soviel fernsehen, sind sie am Montag im Unterricht besonders unruhig."
  „Weil Peter mich provozieren will, stört er den Unterricht immer wieder".
  Die Beispiele machen deutlich, daß es sich bei diesen Erklärungshypothesen um zusammengesetzte Wenn-Dann-Aussagen handelt: „Wenn Schüler am Wochenende viel Fernsehen, dann sind sie am nächsten Tag besonders unruhig".
- Subjektive Strategien sind Annahmen über geeignete Mittel zur Erreichung von Zielen und entsprechen damit den technologischen Regeln in der Tradition der verhaltenstheoretischen Erziehungswissenschaft. Beispiele sind:
  „Um die Klasse ruhig zu kriegen, ist es zweckmäßig, mit einer Gruppenarbeit anzufangen."
  „Um Peter zur Mitarbeit zu bewegen, muß er viel gelobt werden!"

Diese Bestimmung von subjektiven Theorien definiert dann den Gegenstand qualitativer Interviews: Ziel ist es, die subjektiven Konstrukte, subjektiven Ziele, subjektiven Diagnose- und Erklärungshypothesen sowie subjektiven Strategien des jeweiligen Gesprächspartners für eine bestimmte Situation zu erfassen.

3.5.2.2 Forschungsmethodik des qualitativen Interviews

Das gleichsam klassische Forschungsinstrument zur Erhebung subjektiver Theorien ist das qualitative Interview: Im Unterschied zu dem standardisierten Interview in der Tradition des verhaltenstheoretischen Konzeptes, bei dem einzelne Antworten als Reaktion auf die als Reize bestimmten Items gedeutet werden, geht das qualitative Interview von einem handlungstheoretischen Modell aus und versucht, die Bedeutung, die bestimmte Gegenstände, Sachverhalte, Handlungen für eine Person haben, zu erfassen.

Es gibt gegenwärtig eine breite Palette unterschiedlicher Interviewverfahren, die sich danach unterscheiden lassen, wie stark der Interviewer das Gespräch lenkt. Während im narrativen Interview der Gesprächspartner möglichst frei und unbeeinflußt erzählt, können auf der anderen Seite auch die Behauptungen des Interviewpartners mit Hilfe von „Störfragen" in Frage gestellt werden, um genauer herauszufinden, was der Betreffende tatsächlich meint.

Übersichten zu qualitativen Interviews finden sich bei:
Friebertshäuser, B.: Interviewtechniken - ein Überblick. In: Friebertshäuser, B./Prengel, A. (Hrsg.): Handbuch qualitative Forschungsmethoden in der Erziehungswissenschaft. München 1997, S. 371-395;
Lamnek, S.: Qualitative Sozialforschung. Bd. 2, München (2. Aufl.) 1993, S. 35-124.

Das Standardverfahren qualitativer Interviewführung ist das Leitfadeninterview, bei dem der Interviewverlauf durch mehrere offene Fragen gegliedert ist, zu denen der Interviewpartner dann „seine subjektive Sicht“ darstellt.
Wir möchten Ihnen im folgenden eine bestimmte Form des Leitfadeninterviews, nämlich das „Konstruktinterview“ anhand eines konkreten Beispiels, einer Untersuchung über die subjektiven Theorien von Lehrerinnen und Lehrern zur Schulentwicklung (das sind Organisationsentwicklungsprozesse an Schulen) vorstellen:[8]

(1) Vorbereitung des Interviews
Hierbei stehen folgende Aufgaben an:

- Festlegung von Untersuchungsziel und Verwendungszweck: Die Festlegung des Ziels ist für den gesamten weiteren Verlauf entscheidend. Zunächst muß geklärt werden, was genau untersucht werden soll und wozu die Daten verwendet werden.
  Auf das Beispiel bezogen:
  Untersuchungsziel ist es, die subjektiven Theorien von Lehrerinnen und Lehrern über Schulentwicklung herauszufinden.
  Verwendungszweck ist, auf dieser Basis Möglichkeiten zur Verbesserung von Schulentwicklungsprozessen zu entwickeln.
- Festlegung der Stichprobe: Die Festlegung der Stichprobe ist aus quantitativen Untersuchungen geläufig. Bei qualitativen Interviews ist die Stichprobe in der Regel jedoch wesentlich geringer. In vielen Fällen genügen 10 bis 20 Interviews, um gesicherte Ergebnisse zu erhalten.
  Bezogen auf die Untersuchung zur Schulentwicklung: Befragt werden jeweils drei bis vier Lehrerinnen und Lehrer aus unterschiedlichen Schulformen (Grundschule, Hauptschule, Realschule, Gymnasium und Gesamtschule) sowie jeweils eine Person aus der Schulleitung, so daß sich eine Stichprobe von ca. 20 Personen ergibt.
- Festlegung der Leitfragen: Leitfragen sind offene Fragen, die den Gang des Gespräches strukturieren. Dabei ist es zweckmäßig, sich auf wenige Leitfragen (im allgemeinen drei bis sieben) zu beschränken, um den Gesprächspartner nicht zu sehr einzuengen.
  In dem Beispiel wurden für Lehrerinnen und Lehrer, an deren Schule bereits Schulentwicklungsprozesse laufen, folgende Leitfragen entwickelt:
  Wie, in welchen Schritten ist der Schulentwicklungsprozeß bislang an Ihrer Schule verlaufen?
  Wie beurteilen Sie den Schulentwicklungsprozeß?
  Was ist positiv, wo sind Probleme aufgetreten?
  Welche Faktoren unterstützen den Schulentwicklungsprozeß?
  Welche Faktoren behindern den Schulentwicklungsprozeß?
  Was sollte getan werden, um Schulentwicklung zu verbessern?

---

[8] Das Beispiel stammt aus einer derzeit an der Universität Paderborn laufenden Untersuchung von F. Söll. Zum methodischen Vorgehen vgl.: König, E/Volmer, G.: Systemische Organisationsberatung. Weinheim (5. Aufl.) 1997, S. 141ff.

(2) Durchführung des Interviews

Qualitative Interviews basieren auf einer „Fremdheits-Annahme", daß das, was der Interviewpartner antwortet, dem Interviewer zunächst grundsätzlich fremd ist und nicht unmittelbar mit dem eigenen Sprachverständnis gleichgesetzt werden darf. Wenn bei einer Befragung über Widerstand von Lehrern gegenüber Schulentwicklung der Interviewpartner davon spricht, daß Schulentwicklung von oben aufgesetzt ist, dann besteht die Gefahr, daß der Interviewer sein eigenes Verständnis der Situation (Schulentwicklung als Vorgabe durch das Ministerium) hier zugrundelegt und von der Voraussetzung ausgeht, der Interviewpartner meine dasselbe. Möglicherweise meint der Gesprächspartner aber an dieser Stelle, daß an der Schule ein enger Kreis besteht, der alle inhaltlichen Vorgaben betrifft. Grundsätzlich darf ich nicht davon ausgehen, daß ich von vornherein die Bedeutung der vom Interviewpartner verwendeten Konstrukte verstehe, sondern muß sie erst erfragen. Dafür bieten sich verschiedene Möglichkeiten:

- Fokussieren einer konkreten Situation: Dahinter steht die Erfahrung, daß Mißverständnisse seltener auftreten, je mehr man sich über konkrete Situationen unterhält. Um genauer zu erklären, was der Interviewpartner meint, ist es von daher zweckmäßig, eine konkrete Situation aufzugreifen:
  „Können Sie eine konkrete Situation schildern, in der Ihnen deutlich wurde, daß Schulentwicklung von oben aufgesetzt wird?".
- Nachfragen „getilgter" Erfahrungen: Hierbei geht man von der Annahme aus, daß in den Äußerungen grundsätzlich nur ein Teil der für die betreffende Person relevanten Erfahrungen geäußert, ein Teil aber „getilgt" wird.
  Wenn der Interviewpartner äußert:
  „Eigentlich hält sich die Schulleitung recht bedeckt", dann stehen hinter einer solchen Äußerung eine Reihe von Erfahrungen, die aber nicht expliziert werden und bei denen es sinnvoll ist, genauer nachzufragen:
  „Wer genau in der Schulleitung hält sich bedeckt?"
  „ 'Eigentlich' heißt was? Gibt es auch noch eine andere Seite?".
- Paraphrasieren und strukturieren: Hier wiederholt der Interviewer Äußerungen des Interviewpartners: „Das heißt also, daß Ihr Schulleiter nicht hinter der Schulentwicklung steht, weil von ihm keine Anstöße kommen".

3.5.3 Die Objektive Hermeneutik

3.5.3.1 Theoretische Grundlagen

Die Objektive Hermeneutik, wie sie insbesondere von Ulrich Oevermann seit den 70er Jahren entwickelt wurde, versteht sich als ein Verfahren der „sinnverstehenden Soziologie"[9] und damit als hermeneutisches Verfahren. Sie grenzt sich

---

[9] Oevermann, U.: Kontroversen über sinnverstehende Soziologie. Einige wiederkehrende Probleme und Mißverständnisse in der Rezeption der „objektiven Hermeneutik". In: Aufenanger, S./Lenssen, M. (Hrsg.): Handlung und Sinnstruktur. München 1986, S. 19-83.

aber deutlich von Konzepten wie dem Forschungsprogramm subjektiver Theorien ab, die auf die Erfassung subjektiver Bedeutungen oder, wie Oevermann formuliert, auf die Erfassung „subjektiver Entwürfe, Definitionen und Konstruktionen sozialer Wirklichkeit" gerichtet sind.[10] Demgegenüber ist es Zielsetzung der Objektiven Hermeneutik, die „objektive Bedeutungsstruktur" oder „latente Sinnstruktur" von Texten (dabei kann es sich um Interviewprotokolle, aber auch um Malerei, Musik, Architektur usw. handeln) zu erfassen:

„Unabhängig davon, um welche objekttheoretischen Fragestellungen es in einer konkreten soziologischen Untersuchung, in der mit den Verfahren der objektiven Hermeneutik gearbeitet wird, jeweils geht, bilden für die strukturale Hermeneutik die objektive Bedeutungsstruktur einzelner Handlungen oder Äußerungen oder die latente Sinnstruktur einer Sequenz von Äußerungen oder Handlungen, so wie sie in den primären Daten dieser Methodologie: den Protokollen von Äußerungen und Handlungen vorliegen, immer den primären Gegenstand der methodischen Operation der Sinnauslegung." (Oevermann 1986, S. 22).

Doch was sind „latente Sinnstrukturen"? Oevermann gibt dazu folgende Erläuterungen:

„Der Begriff der latenten Sinnstruktur nimmt eine Ebene der Realität eigener Art in Anspruch, die sowohl von der für die Verhaltenstheorie relevanten Realität des beobachtbaren Verhaltens als auch von der für die Handlungstheorie und den symbolischen Interaktionismus bedeutsamen Realität der subjektiven Entwürfe, Definitionen und Konstruktionen von sozialer Wirklichkeit strikt zu trennen ist..." (Oevermann u.a. 1983, S. 97f.).

„Kriterium für die Gültigkeit der Auslegung dieser Sinnstrukturen sind genau jene Regeln, die in der Realität selbst an der Erzeugung der Sinnstrukturen beteiligt waren und über die der Interpret mehr oder weniger gut per Sozialisation in seiner gesellschaftliche Lebenspraxis verfügt... Da die Sinnstrukturiertheit von sozialen Abläufen und Objektivationen regelgeleitetes Handeln zwingend voraussetzt, gründet sich die methodologische Geltungsbegründung von Interpretationen auf die Geltung von Regeln und auf deren naturwüchsige Existenz, zudem darauf, daß die Regeln, da von Naturgesetzen wesensmäßig unterschieden, einen von diesen unabhängigen, eigenständigen Anspruch auf Geltung erheben"(Oevermann 1986, S. 22f.).

Die latente Sinnstruktur ist somit durch die jeweils geltenden Regeln bestimmt, die von Menschen in Anspruch genommen werden, wenn sie sinngeleitet handeln oder das Handeln anderer deuten. Zielstellung der Objektiven Hermeneutik ist es damit, die Bedeutung einer Situation aufgrund geltender Regeln zu erfassen.

Dies läßt sich gut an einem der klassischen Beispiele, an dem Oevermann das Vorgehen der Objektiven Hermeneutik konkretisiert, belegen: seiner Interpretation der „Buletten-Szene" aus dem Jahr 1979:[11] Die Familie ist zum Abendessen versammelt, an dem diesmal zwei Gäste teilnehmen. Die Mutter hat Buletten gemacht, die Gäste loben das Essen, woraufhin der Vater folgenden Kommentar über die Kochkunst der Mutter abgibt: „Na, die kann se ganz gut" (Oevermann u.a. 1979, S. 355). Es ist durchaus denkbar, daß der Vater damit der Mutter ein Kompliment machen wollte. Faktisch aber stellt diese Äußerung eine Abwertung dar:

---

10 Oevermann, U. u.a.: Die Methodologie einer „Objektiven Hermeneutik". In: Zedler, P./Moser, H. (Hrsg.): Aspekte qualitativer Sozialforschung. Opladen 1983, S. 97f.

11 Oevermann, U. u.a.: Die Methodologie einer „objektiven Hermeneutik" und ihre allgemeine forschungslogische Bedeutung in den Sozialwissenschaften. In: Soeffner, H.-G. (Hrsg.): Interpretative Verfahren in den Sozial- und Textwissenschaften. Stuttgart 1979, S. 354f.

- Das Wort „die“ deutet daraufhin, daß es sich bei dem guten Essen um eine Ausnahme handelt: „aber alles andere...“
- Der Zusatz „ganz“ ist eine Abschwächung: „ganz gut“ ist nicht „sehr gut“ und nicht „gut“.
- Schließlich wird die Abwertung noch dadurch verstärkt, daß der Vater seine Äußerung nicht an die Mutter, sondern an die Gäste richtet.

An diesem Beispiel läßt sich die Unterscheidung zwischen subjektivem Sinn und objektiver Bedeutung gut aufzeigen: Die subjektive Zielsetzung des Vaters mag es gewesen sein, ein Kompliment zu machen. Die objektive Bedeutung dagegen besteht darin, daß diese Äußerung faktisch eine Disqualifikation der Mutter darstellt. Und sie ist eine Disqualifikation aufgrund geltender Regeln, in diesem Fall bestimmter sprachlicher Regeln, die festlegen, wie Komplimente zu formulieren sind.

Latente Sinnstrukturen einer Situation bestehen also aufgrund geltender Regeln; Zielstellung der Objektiven Hermeneutik ist es, eben diese durch Regeln bestimmte „objektive Bedeutung“ (die latente Sinnstruktur) konkreter Situationen und Handlungsverläufe zu erfassen.

Eine gute Übersicht über das Konzept der Objektiven Hermeneutik geben:
Aufenanger, S./Lenssen, M. (Hrsg.): Handlung und Sinnstruktur. München 1986.
Reichertz, J.: Die objektive Hermeneutik - Darstellung und Kritik. In König, E./Zedler, P. (Hrsg.): Bilanz qualitativer Forschung. Weinheim 1995, Bd. 2, S. 379-424.

3.5.3.2 Forschungsmethodik der Objektiven Hermeneutik

Ulrich Oevermann hat versucht, die Schritte der Objektiven Hermeneutik zu präzisieren. Dabei hat er unterschiedliche Formen des Vorgehens dargestellt:

(1) Die Feinanalyse
Hier wird in die Interpretation in folgende Schritte aufgegliedert: [12]

1. Explikation des einem Interakt (einer Äußerung) unmittelbar vorausgehenden Kontextes
2. Paraphrase der Bedeutung des Interaktes
3. Explikation der Intention des interagierenden Subjektes (d.h. der subjektiven Ziele des Sprechers)
4. Explikation der objektiven Motive als Interakt und reiner objektiver Konsequenzen. Hierbei wird die aufgrund geltender Regeln bestehende Bedeutung der Äußerung erfaßt
5. Explikation der Funktion eines Interaktes in der Verteilung von Interaktionsrollen
6. Charakterisierung der sprachlichen Merkmale des Interakts

---

[12] Oevermann, U. u.a.: Die Methodologie einer „objektiven Hermeneutik“ und ihre allgemeine Forschungslogische Bedeutung in den Sozialwissenschaften. In: Soeffner, H. G. (Hrsg.): Interpretative Verfahren in den Sozial- und Textwissenschaften. Stuttgart 1979, S. 394ff.; vgl. auch Oevermann 1986, S. 111ff.

7. Extrapolation der Interpretation des Interakts auf durchgängige Kommunikationsfiguren
8. Explikation allgemeiner Zusammenhänge.

(2) Die Sequenzanalyse
Hierbei wird zunächst die erste Äußerung betrachtet unter der Zielsetzung,

„...gewissermaßen gedankenexperimentell und unter Ausblendung eines möglicherweise zur Verfügung stehenden Kontextwissens möglichst viele Kontextbedingungen zu entwickeln und aufzulisten versuchen..." (Oevermann u.a. 1979, S. 415)

Oevermann verdeutlicht das Vorgehen am Beispiel der Äußerung „Mutti, wann krieg ich denn endlich mal was zu essen, ich habe Hunger":

„Zunächst wird man intuitiv typische Situationen - wie Geschichten entwerfen, in denen diese Äußerung als sinnvolle hätte fallen können, damit man über anschauliches Material verfügt, an dem die Erfüllungsbedingungen der Äußerung möglichst allgemein bestimmt werden können. Wir begnügen uns hier aus Platzgründen mit drei typischen Beispielen, die sich in wesentlichen Punkten unterscheiden.

1. Die Äußerung hätte ein kleines Kind zu einer Zeit machen können, zu der es normalerweise Essen gibt, oder nachdem es schon mehrere Male um Essen gebeten hatte.
2. Ein berufstätiger Ehemann, der - wie hierzulande in bestimmten Schichten sehr verbreitet - seine Frau mit Mutti adressiert, sitzt nach seiner Rückkehr von der Arbeit seit längerem am Küchentisch oder kommt aus der Wohnstube vom Fernsehen ins Eßzimmer.
3. Ein krankes älteres Kind ruft aus seinem Schlafzimmer die Mutter.

Betrachtet man die Beispiele genauer, so haben sie drei für die pragmatische Erfüllung der Äußerung wesentliche Kontextbedingungen gemeinsam:

1. Der Sprecher der Äußerung muß wirklich Hunger haben und es darf für den Adressaten der Äußerung nicht überraschend sein, daß er Hunger hat.
2. Der Sprecher kann in Anspruch nehmen, daß zum Zeitpunkt seiner Äußerung das Essen schon überfällig ist; entweder, weil die normale Essenszeit schon überschritten ist oder weil er auf eine Forderung nach einem Essen außerhalb der Reihe schon eine Zusage erhalten hatte, und er nun mit Recht ungeduldig sein kann.
3. Dem Sprecher kann vom Adressaten der Äußerung nicht zugemutet werden, sich selbst um das Essen zu kümmern, und es gehört zu den Pflichten des Adressaten, für das Essen zu sorgen" (Oevermann u.a. 1979, S. 416).

Die „objektive Bedeutung" der Äußerung wird dann erschlossen, indem man die tatsächlich gewählte Formulierung mit diesen Möglichkeiten vergleicht:

Im nächsten Schritt konfrontieren wir die Liste der möglichen sinnvollen Kontexte der Äußerung mit dem tatsächlichen Kontext, in dem sie gefallen ist: Der Sprecher war ein sechsjähriger Junge, die Äußerung fiel, nachdem die Familie gerade zum Abendessen am Eßtisch Platz genommen hatte. Auf dem Tisch standen Brot, Aufschnitt, Butter und Tomaten. Mit dem Essen konnte jeder beginnen. Er mußte sich nur Brote schmieren. Der Vergleich zeigt, daß der faktisch vorliegende Kontext in der Liste der gedankenexperimentell entworfenen, die Normalitätsbedingungen der Äußerung erfüllenden Kontextbedingungen nicht enthalten ist. Was bedeutet dann objektiv diese Äußerung?...

In unserem Beispiel läßt sich offensichtlich keiner der normalen, gedankenexperimentell konstruierbaren Kontexttypen mit dem faktisch gegebenen Kontext zur Deckung bringen. Daraus schließen wir, daß eine durch Abweichung von der Normalität indizierte Besonderheit des Falles zur

Motivierung der Äußerung angenommen werden muß. Es könnte sein, daß vom sechsjährigen Sohn bisher noch nicht verlangt wurde, sich die Brote selbst zu schmieren. Dies wäre schon ein fallspezifisches Charakteristikum, denn in unserer Kultur wird in Mittelschichten von Kindern dieses Alters diese Form der Selbständigkeit verlangt. Eine solche Besonderheit ließe erkennen, daß die Familie diesen Sohn sozial kleiner typisiert als es normalerweise der Fall ist. Aus unseren Beobachtungen wissen wir jedoch, daß dieses Kind durchaus nicht selten sich seine Brote selbst zubereitet und dabei auch keine Ausführungsschwierigkeiten hat.

Als die Geltungsbedingungen erfüllender Kontexttyp bliebe dann noch die Möglichkeit, daß das Kind in dieser Situation den Wunsch hat, bewußt oder unbewußt, von der Mutter so behandelt zu werden, als ob er noch ein kleines Kind wäre. Dies würde auf Identitätsschwierigkeiten oder auf Nachholbedarf an mütterlicher Zuwendung oder auf Eifersucht gegenüber einem kleineren Geschwister verweisen. Von Interesse ist hier, daß selbst die Lesart des dritten Beispiels (Ehemann kommt nach Hause und verlangt das Essen) hierzu noch passen würde, auch wenn sie vom realen Kontext ausgeschlossen ist: Der Junge könnte die Phantasie haben, er wäre so mächtig wie jener 'traditionalistische' Ehemann. Eine solche Potenzphantasie würde den anderen der beiden Pole bezeichnen, zwischen denen der unsichere Identitätsentwurf des Jungen hin und her schwankt" (Oevermann u.a. 1979, S. 417, 417f.).

Als weiteres Anwendungsbeispiel für die Sequenzanalyse wählen wir keine Untersuchung von Oevermann, sondern ein stärker erziehungswissenschaftliches Beispiel, nämlich ein Interview, das Jochen Kade in den 80er Jahren im Rahmen einer Untersuchung über Erwachsenenbildung und Identität durchgeführt hat. [13]

Zielsetzung dabei ist zu klären, „in welchem Sinne die Erwachsenenbildung in modernen Gesellschaften von den Teilnehmern zur Lösung ihrer Identitätsprobleme in Anspruch genommen wird" (Kade 1989, Umschlagtext). Dafür werden qualitative Interviews durchgeführt, die dann mit Hilfe der Objektiven Hermeneutik ausgewertet werden.

Als Beispiel seien folgender Abschnitt eines Interviews und die von Kade gegebene Interpretation in Auszügen aufgeführt:

„Interviewer: Ja vielleicht mögen Sie ungefähr mir Ihr Alter sagen.
Frau Erker: Ich bin 40 Jahre alt, genau.
I: Ach ja, genauso alt wie ich.
E: Aha, Leidensgenosse. (Lachen)
I: Ja, die Kriegsgeneration.
E: Na ja, davon habe ich Gott sei Dank nichts mitbekommen. Und Sie?
I: Ja nicht bewußt, aber ich weiß, daß ich unter Bomben in Hamburg geboren bin... Und was machen Sie beruflich?
E: Ich bin beim Deutschen Fernmeldeamt beschäftigt als Beamtin im gehobenen Dienst..., ganz fest angestellt..., sicher...

Der Interviewer stellt Frau Erker frei ('vielleicht'), ihm ihr Alter zu sagen. Dabei erfragt er zudem nur das ungefähre Alter. Zugleich benennt er sich als Adressaten der Antwort ('Sie mir'), stellt damit mit seiner Frage eine Beziehung zwischen zwei Personen her und tritt nicht hinter seinem Untersuchungsinteresse zurück. Frau Erker bleibt mit ihrer Antwort nicht im Horizont der Frage des Interviewers. Sie nennt ihr Alter nicht ungefähr, sondern gibt es genau an: 'Ich bin 40 Jahre alt, genau'... Frau Erkers Aussage ist mehr als nur eine Antwort auf die Frage des Interviewers. Sie sagt ihr genaues Alter, weil es für sie von Bedeutung ist. Auf die Interaktionssituation des Interviews bezogen, übernimmt sie mit ihrer Aussage die Handlungsinitiative...

Die Frage des Interviewers ['Und was machen sie beruflich?'] markiert einen zweifachen Bruch: Thema sind nicht mehr die gemeinsamen Kriegserfahrungen, sondern Frau Erkers Beruf.

---

13 Kade, J.: Erwachsenenbildung und Identität. Weinheim 1989.

Der Interviewer baut durch seine Frage - ähnlich wie zuvor bei der Frage nach dem Alter - wieder die asymmetrische Struktur eines Interviews auf: strukturell, insofern als die Frage-Antwort-Struktur wieder aufgenommen wird; inhaltlich, insofern Alter und Beruf typische Fragen im Kontext eines traditionellen Interviews sind.

Frau Erker thematisiert ihren Beruf unter den Aspekten Institution, Status, Sicherheit: 'Ich bin beim Deutschen Fernmeldeamt beschäftigt als Beamtin im gehobenen Dienst, ganz fest angestellt, /I:Ja/ sicher' (2:2). Diese Thematisierung läßt sich als Hinweis auf die Bedeutung interpretieren, die der Beruf für Frau Erker vornehmlich hat. Von Belang sind zunächst jedenfalls primär nicht die bestimmte Tätigkeit und der Arbeitsinhalt, sondern dem gegenüber äußere Aspekte des Berufs, nämlich Institution, Status und Sicherheit.

Welche Bedeutung liegt in der Institution, dem Deutschen Fernmeldeamt? Es handelt sich um ein staatliches Dienstleistungsunternehmen; also weder um einen kleinen, unbekannten Betrieb noch um ein wirtschafts- und gewinnorientiertes Unternehmen. Soweit sie ihr Selbstbewußtsein über die Institution gewinnt, in der sie arbeitet, hat Frau Erker teil an einer bedeutenden öffentlichen Aufgabe. Sie kennzeichnet ihren beruflichen Status: sie ist erstens 'Beamtin' und zweitens im 'gehobenen Dienst'. Beamtin bedeutet, Frau Erker hat eine so gut wie unkündbare Dauerstellung im öffentlichen Dienst, eine sogenannte Lebensstellung. Zur Kennzeichnung ihres Berufes wählt Frau Erker nicht die männliche bzw. geschlechtsneutrale Bezeichnung 'Beamter', sondern die weibliche Form 'Beamtin', was darauf hindeutet, daß sie in bezug auf ihren Beruf ein Selbstbewußtsein als Frau hat. Durch die Formulierung 'Beamtin im gehobenen Dienst' verortet Frau Erker sich in der Hierarchie: nach unten grenzt sie sich insbesondere gegen den mittleren Dienst ab, nach oben gegen den höheren Dienst" (Kade 1989, S. 71f., 72f., 74).

An diesem Beispiel lassen sich die für Kade wichtigen Schritte der Objektiven Hermeneutik verdeutlichen:

- Kennzeichnend für die Objektive Hermeneutik ist die „sequenzielle Feinanalyse" (Sequenzanalyse) des Textes (Kade 1989, S. 51): Der Text wird nicht global, sondern Satz für Satz interpretiert.
- Die Interpretation richtet sich auf zwei Ebenen: zum einen auf die Analyse der Interaktionsstruktur in der Interviewsituation, zum anderen auf die Analyse der Aussagen des Interviewten (Kade 1989, S. 62).
- Die Feinanalyse basiert, wie bereits Oevermann immer wieder hervorhebt, auf dem Sprachverständnis eines kompetenten Sprechers und versucht zu erfassen, was gemäß geltenden Sprachregeln als „auffällig" im Text erscheint: Warum bezeichnet sich die Verfasserin als „Beamtin" und nicht als „Beamter"? Warum betont sie den „gehobenen Dienst"? Warum spricht sie nicht statt dessen von ihrer Aufgabe und ihrer Tätigkeit?
  Grundthese ist, daß eben diese Formulierungen eine besondere Bedeutung besitzen: Es wird das Bewußtsein der Interviewpartnerin als Frau hervorgehoben und die berufliche Sicherheit als Beamtin:

  „So bekräftigt Frau Erker, was die Beamtenstellung für sie bedeutet: sie ist 'ganz fest angestellt, sicher'(2:3). Die berufliche Sicherheit erscheint Frau Erker in irgendeiner Weise an ihrem Beruf hervorhebenswert" (Kade 1989, S. 75).

- Die Interpretationen der Feinanalyse werden dann im weiteren Verlauf überprüft: Bestätigt sich auch an anderen Abschnitten, daß die berufliche Sicherheit für Frau Erker eine besondere Bedeutung hat? Lassen sich daraus grundsätzliche Muster erkennen?

An beiden Beispielen lassen sich auch Probleme der Objektiven Hermeneutik aufzeigen:

- Die Sequenzanalyse basiert auf der Sprachkompetenz des Auswerters. Es kann aber sein, daß die Bedeutung, die der Auswerter in einer Situation sieht, nicht mit der des Interviewpartners übereinstimmt: Hat die Formulierung „Beamtin“ für Frau Erker tatsächlich eine besondere Bedeutung, oder folgt sie nicht möglicherweise einer rein rhetorisch in Anspruch genommenen Regel, nach der man zwischen „Beamter“ und „Beamtin“ sprachlich unterscheidet?
- Die Objektive Hermeneutik kann aufzeigen, daß zum Verständnis konkreter Situationen die Geltung von Regeln unterlegt werden muß. Doch wie gelangt man von der Analyse der latenten Sinnstrukturen einer einzelnen Situation zu situationsübergreifenden Theorien? Was kann „Theorie“ in diesem Zusammenhang überhaupt heißen?
- Oevermann (weniger Kade) greift bei der Interpretation des öfteren auf psychoanalytische Erklärungsmuster zurück. Damit wird aber ein theoretisches Erklärungsmodell zugrundegelegt, das zumindest nicht unumstritten ist. Es besteht die Gefahr, daß bei der Interpretation der Auswerter ein Übergewicht gegenüber dem Interviewpartner erhält: Der Interviewer „weiß“ möglicherweise auf dem Hintergrund psychoanalytischer Theorien die „wahren“ Motive. Wie aber lassen sich solche Interpretationen absichern?

3.5.4 Grounded Theory

Die „Grounded Theory“ ist eine forschungsmethodische Analyse von Daten. Sie dient zur Auswertung von Interviews, Beobachtungen, Protokollen usw. Entwickelt wurde sie von zwei Soziologen, Anselm Strauss, der in der Tradition des Symbolischen Interaktionismus steht und Barney Glaser, der aus der Tradition der verhaltenstheoretischen Forschung stammt.

Die Grounded Theory ist letztlich nichts anderes als ein Regelsystem zur Auswertung von qualitativen Daten mit der Zielsetzung, diesen Prozeß methodisch zu lenken und damit nachvollziehbar und überprüfbar zu machen. Dabei wird die Analyse von Daten in eine Reihe von Schritten zerlegt:

(1) Konzeptualisierung der Daten
Hier werden einzelne Daten, wie Beobachtungen oder ein Abschnitt aus dem Interview, bestimmten Begriffen zugeordnet.
Strauss/Corbin verdeutlichen dies an folgendem Beispiel:

„Sie befinden sich in einem ziemlich teuren, aber beliebten Restaurant... Die Küche ist offen, so daß Sie sehen können, was dort vor sich geht... Während Sie auf Ihr Essen warten, bemerken Sie eine Dame in Rot. Sie scheint einfach nur in der Küche herumzustehen, aber Ihr gesunder Menschenverstand sagt Ihnen, daß ein Restaurant keine Dame in Rot bezahlen würde, nur damit sie dort herumsteht - besonders nicht in einer Küche in vollem Betrieb. Ihre Neugier ist geweckt, also entschließen Sie sich, eine induktive Analyse durchzuführen... Sie bemerken, daß die Frau aufmerksam im Küchenbereich herumschaut, einem Arbeitsplatz, wobei sie dieses und jenes genauer beobachtet und sich merkt, was abläuft. Sie fragen sich, was tut sie hier? Dann nennen Sie es beobachten. Was beobachten? Küchenarbeit."[14]

Einzelne Beobachtungen werden bestimmten Konzepten (relativ konkreten Begriffen) wie „Arbeitsplatz", „Beobachtung", „Küchenarbeit" zugeordnet.

(2) Entdecken und Benennen von Kategorien
In einem zweiten Schritt werden übergeordnete allgemeine Kategorien entwickelt. Eine Möglichkeit dafür besteht darin, zu fragen, worum es bei den einzelnen Situationen oder Handlungen geht. Auf obiges Beispiel bezogen:

„Als Beispiel könnten wir das Konzept Überwachen wählen und fragen: Warum überwacht sie den Arbeitsfluß? Die Zufriedenheit der Gäste? Die Qualität der Bedienung?... Oder das Beraten, das sie mit dem Chefkoch durchführt?... Hier können wir schlußfolgern, daß Überwachen, Beraten und Beobachten alle zu derselben Sache zu gehören scheinen - Arbeit, die sich auf das Beurteilen und Aufrechterhalten des Arbeitsflusses bezieht" (Strauss/Corbin 1996, S. 47f.).

Als „Name" (als Bezeichnung der Kategorie) wird dann der Begriff „Speisen-Dirigentin" gewählt.

(3) Entwickeln von Kategorien in Bezug auf ihre Eigenschaften und Dimensionen
Dabei werden Eigenschaften definiert als Kennzeichen einer Kategorie und Dimension als die Anordnung auf einem Kontinuum.

Strauss/Corbin verdeutlichen dies am Beispiel der Kategorie „beobachten":

Kategorie	Eigenschaft	Dimensionale Ausprägung (pro Ereignis)
Beobachten	Häufigkeit Ausmaß Intensität Dauer	oft ---------- nie viel ---------- wenig hoch ---------- niedrig lang ---------- kurz

(Strauss/Corbin 1996, S. 53)

(4) Axiales Kodieren
Dabei werden die einzelnen Kategorien in ein zusammenhängendes Kategoriensystem eingeordnet, indem man Verbindungen zwischen den Kategorien und Subkategorien herstellt.

Als Grundlage dafür bieten Strauss/Corbin ein „paradigmatisches Modell" (Strauss/Corbin 1996, 78f.), das zentrale Faktoren eines Handlungsprozesses auflistet, die dann als Grundlage für ein Kategoriensystem dienen können. Dabei werden unterschieden:

---

[14] Strauss, A./Corbin, J.: Groundet Theory: Grundlagen Qualitativer Sozialforschung. Weinheim 1996, S. 45.

- Ursachenbedingungen (z.B. Brechen eines Beins),
- Phänomene (z.B. Schmerz),
- Kontext (z.B. Bedingungen, unter denen Schmerz auftritt),
- intervenierende Bedingungen (z.B. vorhandene oder fehlende Hilfsmittel wie ein langer Weg, um Hilfe zu holen),
- Handlungsstrategien (z.B. abwarten),
- Konsequenzen (z.B. Schmerz kommt wieder).

(5) Selektives Kodieren
Hier wiederholt sich das axiale Kodieren nochmals mit der Zielsetzung, den „roten Faden“ und die „Kernkategorien“ (die „Grounded Theory“) zu erfassen.

Übrigens: Vielleicht ist Ihnen aufgefallen, daß die Grounded Theory stellenweise zwischen einem Handlungs- und einem Verhaltensmodell schwankt. Dem Selbstverständnis nach versteht sich die Grounded Theory als Handlungsmodell (im Zentrum stehen die in konkreten Situationen ausgeführten Handlungen, mit denen bestimmte Ziele verfolgt werden). Das paradigmatische Modell ist aber fast eher ein verhaltenstheoretisches Modell. Bei einem Handlungsmodell wäre es naheliegend, eine eigene Hauptkategorie „Bedeutung der Situation“ (ggf. unterschieden nach subjektiven Theorien und allgemein geltenden Regeln) einzuführen.

Arbeitsanregung:
Versuchen Sie, das Vorgehen der Grounded Theory in einer konkreten Situation auf der Basis von Interviews oder Beobachtungen anzuwenden.

Als Einführung ist auch das im vorangegangenen Abschnitt zugrundegelegte Buch:
Strauss, A./Corbin, J.: Groundet Theory: Grundlagen Qualitativer Sozialforschung. Weinheim 1996.

3.5.5 Konsequenzen für die pädagogische Praxis

Wenn man auf der Grundlage eines handlungstheoretischen Modells davon ausgeht, daß Menschen auf der Basis der Bedeutungen, die sie bestimmten Ereignissen, Gegenständen oder anderen Personen geben, handeln, dann ergibt sich als Konsequenz zunächst einmal, die Bedeutung, die eine bestimmte Situation besitzt, zu klären.

Die qualitative Forschung liefert dabei ein Erhebungsinstrumentarium, das in der Praxis sehr wohl angewandt werden kann. Ähnlich wie ich in der Praxis einen Fragebogen einsetzen kann, um den Erfolg eines Seminars zu messen, kann ich qualitative Interviews verwenden. Und ähnlich wie bei Fragebogen zahllose Fehler in der Formulierung von Items, der Anordnung der Fragen oder der Auswertung gemacht werden, kann ein qualitatives Interview methodisch korrekt oder fehlerhaft sein.

Wir beschränken uns hier auf einige Beispiele:

- Susanne will im Altenheim einen Kurs für Senioren anbieten. Dabei stellt sich zunächst die Frage, was die potentiellen Teilnehmerinnen und Teilnehmer ansprechen könnte. Anstatt hier einen Fragebogen einzusetzen, wendet sie offene Interviews an und fragt Bewohnerinnen, aber auch Mitarbeiter oder Kollegen, die im Bereich Altenheim tätig sind, nach möglichen Themen für Veranstaltungen für ältere Menschen.
- Franz arbeitet in der Organisationsabteilung eines größeren Unternehmens. Er hat den Auftrag, eine Abteilung zu unterstützen, in der sich in letzter Zeit Spannungen häufen. Er führt teilnehmende Beobachtung und Interviews durch.
- In einem Schulentwicklungsprojekt geht es darum, die Erwartungen von Eltern an die Schule genauer zu klären. Auch hier empfehlen sich wiederum Interviews, vielleicht verknüpft mit Gruppendiskussionen.
- An der Universität soll die Studienberatung verbessert werden. Durchgeführt werden zunächst Interviews mit Studierenden: Wo liegen aus Sicht der Betroffenen die Probleme, und was könnten mögliche Änderungen sein?
- In einer 13. Klasse geht es um das Thema Berufswahl. Schülerinnen und Schüler lernen die Durchführung qualitativer Interviews und führen sie dann mit Angehörigen der entsprechenden Berufe durch: Wie sieht eine Grundschullehrerin ihren Beruf? Wo sieht sie Chancen, wo Probleme? Was würde sie für die Gestaltung des Studiums empfehlen?

Arbeitsanregung:
Überlegen Sie selbst: Wo könnten Sie qualitative Erhebungsverfahren anwenden? Wählen Sie sich eine konkrete Situation und entwickeln Sie dafür ein Untersuchungsdesign und versuchen Sie, eine solche Untersuchung durchzuführen (ggf. empfiehlt es sich, dafür noch zusätzliche Literatur heranzuziehen).

3.5.6 Beurteilung

Die Diskussion um die qualitative Forschung war, wir haben das schon in 3.5.1 angedeutet, lange Zeit von einer Alternative quantitativer-qualitativer Forschung geprägt. Mittlerweile ist eine solche pauschale Gegenüberstellung im wesentlichen überwunden. Qualitative gleichermaßen wie quantitative Forschung stellen jeweils ein umfangreiches Instrumentarium mit zum Teil sehr differenzierten Forschungsmethoden dar. Dabei läßt sich keineswegs pauschal sagen, daß das eine Konzept besser als das andere ist. Es hängt von den Zielen und Zwecken Ihrer Fragestellung ab, was Sie anwenden. Wir beschränken uns hier auf einige wenige Einschätzungen der qualitativen Forschung aus unserer Sicht:

- Eine Stärke qualitativer Forschung liegt darin, daß sie zum Verständnis einer Situation keine Kategorien von außen zugrundegelegt, sondern die für die Betroffenen relevanten Konstrukte zu erfassen sucht. Wenn man eine Fragebogenuntersuchung über Problempunkte in der Studienberatung einer Universität durchführt, benötigt man zuvor ein Vorverständnis über mögliche Problempunkte. Wenn man statt dessen ein qualitatives Interview durchführt, kann man leichter die für die Betreffenden relevanten Konstrukte und Themen erheben. Von daher sind qualitative Verfahren ein geeignetes Hilfsmittel, um neue Gesichtspunkte zu erfassen.

- Dagegen steht der Zeitaufwand, den qualitative Untersuchungen benötigen. Es gibt die Anekdote aus Oevermanns Forschungsgruppe „Elternhaus und Schule", bei der im Endeffekt von ca. 20 Ordnern mit Protokollen kaum mehr als 10 Seiten ausgewertet wurden. Und auch dann, wenn man effizientere Verfahren verwendet, muß man für die Auswertung von einer Stunde Interviewzeit gut zwei Stunden Auswertungszeit einplanen. Umfangreiche qualitative Untersuchungen sind deshalb nur in Ausnahmefällen (z.B. in Rahmen von Forschungsprojekten) möglich. Wenn es darum geht, die Verteilung bestimmter Auffassungen einer größeren Population zu erfassen, sind quantitative Untersuchungen häufig geeigneter und effizienter als qualitative.
- Ein Problem, das insbesondere Anfänger häufig unterschätzen, besteht in den methodischen Anforderungen hinsichtlich Vorbereitung, Durchführung und Auswertung qualitativer Verfahren: Welche Leitfragen sind geeignet? Passen diese Leitfragen zu meinem Gesprächspartner? In welcher Reihenfolge sollen die Leitfragen angeordnet werden? Wie kann ich im Interview Kontakt zum Gesprächspartner aufbauen? Wie gehe ich damit um, daß der Gesprächspartner Informationen zurückhält? Wie kann ich im Interview mit dem Gesprächspartner „mitgehen" und trotzdem beim Thema bleiben?

Teil 4: Erziehungswissenschaft auf Basis der Systemtheorie

4.1 Allgemeine Systemtheorie

4.1.1 Historische Entwicklung

Seit den 40er Jahren mehren sich Zweifel an der Leistungsfähigkeit klassischer Wissenschaften. Das betrifft gleichermaßen die Naturwissenschaften und die Sozialwissenschaften: Zusammenhänge in komplexen technischen Abläufen oder gesellschaftlichen Prozessen lassen sich auf der Basis der klassischen Wissenschaftsprogramme nicht mehr hinreichend erklären und steuern. Diese Situation führte in den 40er Jahren zu dem Aufkommen neuer Wissenschaftskonzepte, mit deren Hilfe man versucht, komplexe Prozesse adäquater zu beschreiben und zu steuern:

- die Informationstheorie im Anschluß an Claude E. Shannon und Warren Weaver[1], die auf einem Sender-Empfänger-Modell basiert,
- die Kybernetik in der Tradition von W. Ross Ashby[2] und Norbert Wiener[3], die den Begriff der Rückkopplung einführt haben,
- die Spieltheorie von Johann von Neumann und Oskar Morgenstern[4], die das Verhalten in komplexen Entscheidungssituationen theoretisch zu erklären sucht,
- der Operations-Research-Ansatz im Anschluß an West C. Churchman, Russel L. Ackoff und E. Leonard Arnoff, der als Theorie komplexer Steuerungsprozesse in den USA zunächst für die optimale Steuerung militärischer Aktionen und dann nach dem Krieg insbesondere in Großbritannien im Rahmen von Stadt- und Verkehrsplanung eingesetzt wurde.[5]

All diese Ansätze versuchten, komplexe Prozesse auf der Basis neuer Begriffsysteme zu beschreiben, um daraus neue Steuerungsmöglichkeiten zu gewinnen. Gemeinsam ist den Ansätzen aber auch, daß sie relativ einseitig an einzelnen Gebieten (z.B. Kybernetik an der Steuerung von Maschinen) ausgerichtet waren und Versuche, diese Modelle zu einer Universaltheorie zu machen, nicht überzeugten.

Aus dieser Situation entstand das Anliegen, ein neues theoretisches Modell zur Beschreibung, Analyse, Erklärung und Steuerung komplexen Prozesse in unter-

---

1 Shannon, C. E./Weaver, W.: Mathematische Grundlagen der Informationstheorie. München/Wien 1976.

2 Ashby, R. W.: Einführung in die Kybernetik. Frankfurt a. M. 1974 (ursprünglich 1956).

3 Wiener, N.: Kybernetik. Reinbek 1968.

4 Neumann, J. von/Morgenstern, O.: Spieltheorie und wirtschaftliches Verhalten. Würzburg (2. Aufl.) 1967 (ursprünglich 1944).

5 Churchman, C. W./Ackoff, R. L./Arnoff, E. L.: Operations Research. Eine Einführung in die Unternehmensforschung. Wien (5. Aufl.) 1971 (ursprünglich 1957).

schiedlichen Bereichen zu entwickeln, das die unterschiedlichen Anwendungsbereiche in Technik, Biologie, Organisation und Gesellschaft gleichermaßen umfassen sollte. Als ein gemeinsamer Nenner wurde dabei auf den Begriff „System" zurückgegriffen: Ziel war es, eine allgemeine Systemtheorie zu entwerfen, in der Kybernetik, Informationstheorie, Spieltheorie und Operations Research als unterschiedliche Spezialfälle verstanden werden. Zwei Schwerpunkte sind in diesem Zusammenhang besonders zu nennen: die ersten Jahrgänge der Zeitschrift „General Systems" sowie das Konzept einer Allgemeinen Systemtheorie von Ludwig von Bertalanffy:

Vor dem Hintergrund mehrerer interdisziplinärer Konferenzen in den ausgehenden 40er und frühen 50er Jahren wurde 1955 die Zeitschrift „General Systems" als Forum dieses neuen Wissenschaftskonzeptes gegründet. Die ersten Ausgaben enthielten eine Reihe programmatischer Artikel von W. Ross Ashby, Ludwig von Bertalanffy und A.D. Hall und R.E. Fagen, in denen die Grundbegriffe und das theoretische Verständnis der neuen Systemtheorie expliziert werden. Hier findet sich auch die von Hall und Fagen neu eingeführte und bis heute grundlegende Definition des Systembegriffs: „a system is a set of objects together with relationships between the objects and between their attributes."[6]

Ludwig von Bertalanffy (1901 - 1972) studierte in Wien Philosophie und Biologie und war zunächst Professor am Zoologischen Institut der Universität Wien. 1949 folgte er einem Ruf nach Amerika und war u.a. an den Universitäten in Montreal, Stanford, Edmonton und Buffalo tätig. Gegen Ende der 30er Jahre hatte Bertalanffy (aber hier noch stärker auf dem Hintergrund der Biologie) das Konzept einer Allgemeinen Systemtheorie proklamiert, das dann zentral für „General Systems" und 1968 in seinem Hauptwerk „General Systems Theory" zusammengefaßt wurde.

Bertalanffy, L. von: General Systems Theory. New York 1968.
Als Einführung ist geeignet:
Bertalanffy, L. von: ...aber vom Menschen wissen wir nichts. Düsseldorf/Wien 1970, v.a. S. 122-139.

Die ausgehenden 50er und die 60er Jahre waren dann die große Zeit der Allgemeinen Systemtheorie, wobei man versuchte, allgemeine Grundgesetze von Systemen (gleichgültig, ob es sich dabei um mathematische, technische, biologische oder gesellschaftliche Systeme handelt) zu erfassen.

Seit den 70er Jahren ist demgegenüber wieder eine stärkere Ausdifferenzierung festzustellen: Das Schwergewicht verlagert sich auf Anwendung, Konkretisierung und Weiterentwicklung der Allgemeinen Systemtheorie in verschiedenen Bereichen. Zu nennen sind u.a. die Anwendung der Systemtheorie im Bereich Ökologie durch Frederik Vester sowie im Bereich Management durch Gilbert Probst:

Frederik Vester (geb. 1925) ist Biochemiker und war Inhaber des Lehrstuhls für „Interdependenz von technischen und sozialen Wandel" an der Bundeswehrhochschule München. Vester ist durch zahlreiche Bücher, Fernsehserien und Ausstel-

---

[6] Hall, A. D./Fagen, R. E.: Definition of system. In: Händle, F./Jensen, S.: Systemtheorie und Systemtechnik. München 1974, S. 127.

lungen bekannt geworden, in denen Umweltprobleme auf systemtheoretischer Basis diskutiert werden.

Als Einführung sei genannt:
Vester, F.: Unsere Welt - ein vernetztes System. München 1983.

Gilbert Probst (geb. 1950) war ursprünglich an der Hochschule St. Gallen und ist seit 1987 Professor an der Universität Genf. In der Konzeption des „Systemischen Managements" versucht Probst, die Allgemeine Systemtheorie (insbesondere vermittelt über Vester) mit dem Ansatz des Radikalen Konstruktivismus zu verbinden.

Als Einführung ist geeignet:
Probst, G.: Selbst-Organisation. Berlin/Hamburg 1987.
Ullrich, H./Probst, G.: Anleitung zum ganzheitlichen Denken und Handeln. Bern/Stuttgart 1988.
Einführungen in die Allgemeine Systemtheorie:
Müller, K.: Allgemeine Systemtheorie. Opladen 1996.
Saldern, M. von: Erziehungswissenschaft und neue Systemtheorie. Berlin 1991.
Jensen, S.: Systemtheorie. Stuttgart u.a. 1983.

4.1.2 Hauptthesen

Ludwig von Bertalanffy gibt folgende Definition der Allgemeinen Systemtheorie:

„Die allgemeine Systemtheorie ist eine Disziplin, die sich mit den allgemeinen Eigenschaften und Gesetzen von Systemen beschäftigt. Ein System ist definiert als eine Menge von in Wechselbeziehungen stehenden Elementen oder durch eine ähnliche Proposition. Die Systemtheorie beschäftigt sich mit jenen Prinzipien, die für Systeme überhaupt gelten, unabhängig von der Natur des Systems, dessen Bestandteilen und den Beziehungen oder 'Kräften', die zwischen ihnen bestehen. Die Systemkomponenten brauchen nicht einmal materieller Natur zu sein; z.B. in der Systemanalyse einer geschäftlichen Unternehmung sind die Komponenten von der verschiedensten Art, wie Gebäude, Maschinen, Angestellte, Geldwerte, der Kundenstamm usf."[7]

Die Allgemeine Systemtheorie stellt zunächst ein Begriffssystem zur Beschreibung komplexer Prozesse dar. An die Stelle der Grundbegriffe „Verhalten" in der Verhaltenstheorie bzw. „Handlung" und „Verstehen" in der Hermeneutik tritt hier der Grundbegriff „System", der dann mit Hilfe weiterer Begriffe wie „Element" oder „Relation" präzisiert wird. Daraus ergeben sich folgende Hauptthesen:

(1) Ein System ist definiert als eine Menge von Elementen.
Es gibt in der Literatur zahllose Standardbeispiele, in denen Elemente von Systemen verdeutlicht werden:

- Elemente des Systems Zelle sind Zellkern und Zellplasma,
- Elemente des technischen Systems Heizung sind Thermostat und Heizkörper.

Entsprechend lassen sich Systeme wie ein Auto, eine Universität oder ein Lebewesen in einzelne Elemente zerlegen.

[7] Bertalanffy, L. von: ...aber vom Menschen wissen wir nichts. Düsseldorf/Wien 1970, S. 122f.

Bei dieser Unterscheidung zwischen Element und System ist eins wichtig: Elemente sind nicht ein für allemal gegeben, sondern was als Element betrachtet wird, hängt von der Perspektive des Beobachters ab. Bertalanffy gibt dafür eine Reihe von Beispielen:[8]

- So kann das Zellplasma je nach der Perspektive als Element des umfassenderen Systems Zelle oder als eigenes System betrachtet werden, das dann wiederum in neue Elemente zerlegt wird.
- Vom physikalischen Standpunkt gliedert sich das Protoplasma in einzelne physikalische Partikel, vom chemischen Standpunkt in Fermente.

Ähnlich wie Verhalten und Handlung ist also System und Element nicht etwas, das wir in der Wirklichkeit objektiv wiederfinden. Die Begriffe „System" und „Element" definieren gleichsam unsere Brille, unter der wir die Wirklichkeit betrachten.

(2) Systeme sind durch Wechselbeziehungen (Regelkreise) zwischen den Elementen gekennzeichnet.
Hier unterscheidet sich die Systemtheorie grundlegend vom klassischen Ursache-Wirkungs-Denken: Nicht ein Element A wirkt auf B, sondern A und B beeinflussen sich gegenseitig dergestalt, daß A auf B einwirkt und B auf A:

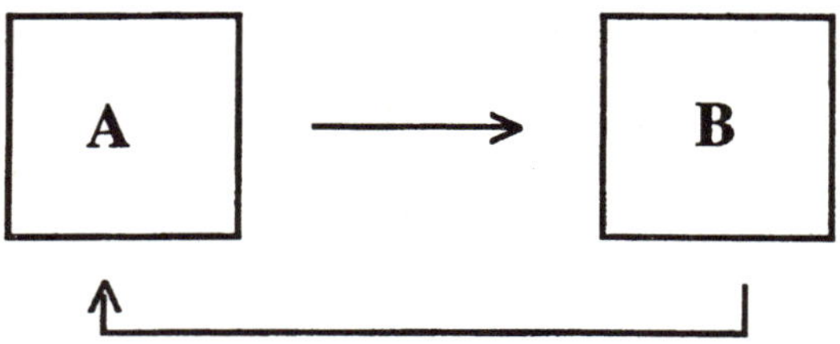

Das klassische Standardbeispiel dafür ist der Regelkreis zwischen Thermostat und Heizung:

„Er hat als 'Sinnesorgan' ein Thermometer sowie ein 'Erfolgsorgan', das den Zufluß von Brennmaterial (oder Elektrizität) nach Bedarf reguliert. Fällt die Außentemperatur, so 'merkt' dies das Thermometer und gibt Brennstoff frei; wird aber Überschreitung des Sollwertes der Temperatur gemeldet, so wird der Zufluß gedrosselt, so daß sich das System auf die gewünschte Temperatur einspielt" (Bertalanffy 1970, S. 117).

Dabei ist für Bertalanffy dieses kybernetische Regelkreismodell nur ein Spezialfall von Wechselbeziehungen, die z.B. bei Wechselwirkungen des Stoffwechsels in der Zelle wesentlich komplexere Formen annehmen können.

(3) Systeme sind durch eine Systemgrenze von der Umwelt abgegrenzt.
Dieses Merkmal findet sich in der klassischen Definition von Hall/Fagen und läßt sich gut anhand alltäglicher Beispiele verdeutlichen: die Systemgrenze, die ein

[8] Bertalanffy, L. von: Das biologische Weltbild. Bern 1949, S. 42ff.

Auto von der Umwelt abgrenzt, Systemgrenzen, die Lebewesen voneinander oder einzelne Zellen voneinander abgrenzen.

Je nachdem, ob diese Systemgrenze durchlässig ist, wird zwischen offenen und geschlossenen Systemen unterschieden:

- Bei geschlossenen Systemen (als Standardbeispiel fungiert häufig das Sonnensystem) erklärt sich der Zustand des Systems allein aus dem System heraus.
- Offene Systeme stehen im Austausch zu der Umwelt. Bertalanffy führt als Beispiel die Flamme auf (sie steht im Austausch mit der umgebenden Luft), aber auch lebende Systeme: Tierische, pflanzliche und menschliche Populationen sind offene Systeme. Das bedeutet aber auch, daß sie durch Einflüsse von außen zerstört werden können: Ein Ökosystem kann durch den Menschen beeinflußt und letztlich zum Zusammenbruch gebracht werden.

(4) Systeme sind hierarchisch gegliedert.
Ein Element eines Systems kann zugleich selbst System und in Elemente einer weiteren Stufe aufgegliedert sein. Hierarchische Gliederung von Systemen ist somit nichts anderes als Untergliederung eines Systems in Subsysteme.

(5) Systeme sind durch „Emergenz" gekennzeichnet.
Ein System kann Eigenschaften annehmen, die sich nicht aus den Eigenschaften der Elemente erklären lassen. Ein klassisches Beispiel ist die Viskosität und Transparenz des Wassers, die sich nicht aus den Eigenschaften der Elemente Wasserstoff und Sauerstoff ableiten läßt.

(6) Systeme tendieren zu einem Gleichgewichtszustand (Homöostase).
Dabei werden verschiedene Arten von Gleichgewicht unterschieden:

- statisches Gleichgewicht: Der Systemzustand konvergiert unabhängig von jeder Anfangsbedingung oder Störung zu einem Gleichgewicht,
- periodische Schwankungen: Ein System schwankt periodisch zwischen verschiedenen Grenzwerten,
- dissipative Strukturen: Ein System läuft aufgrund von Reibungsverlusten auf einen stabilen Zustand hin.

Bertalanffy führt als Beispiel die Erhaltung der Körpertemperatur auf:

„Das Prinzip ist, daß sinkende Bluttemperatur an gewisse Hirnzentren zurückgemeldet wird; diese schalten temperatursteigernde Stoffwechselmechanismen ein und restituieren den Sollwert von ungefähr 37° im Warmblüter. Strukturell entspricht die Homöothermie der Wirkungsweise eines Thermostaten und kann durch ähnliche Blockschaltbilder dargestellt werden" (Bertalanffy 1970, S. 118).

Ein anderes Beispiel für ein Gleichgewicht mit periodischen Schwankungen sind die sogenannten Beutezyklen:

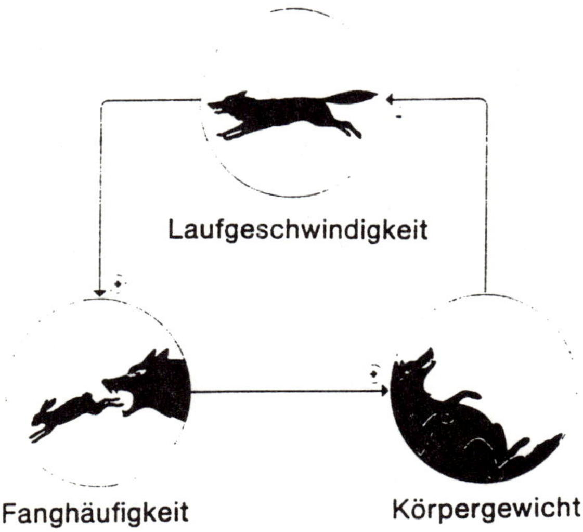

„Je schneller der Wolf läuft, desto mehr Hasen kann er fangen..., je mehr Hasen er fängt, desto dikker wird er..., desto langsamer kann er laufen..., desto weniger Hasen fängt er..., desto dünner wird er..., desto schneller kann er wieder laufen..., wieder mehr Hasen fangen... und so fort.“[9]

Wenn ein solcher Gleichgewichtszustand überschritten wird, kann das zu einem explodierenden System führen, bei dem sich Abweichungen vom ursprünglichen Zustand mit jedem weiteren Schritt verstärken.

4.1.3 Forschungsmethodik

Bei der Allgemeinen Systemtheorie liegt das Schwergewicht zunächst auf der Erstellung eines Begriffssystems. Trotzdem gab es von Anfang an immer schon Versuche, dieses Konzept forschungsmethodisch umzusetzen.

Ein erster Ansatz besteht im Rückgriff auf mathematische Methoden:

„Das entscheidende Merkmal eines mathematischen Zuganges zu einer Theorie von Systemen ist die Definition eines Systems, die jeden Bezug zu Inhalt vermeidet. Ein System kann mathematisch definiert werden als etwas, das vollständig durch die Angabe der Werte beschrieben werden kann, die von einer Menge von Variablen angenommen werden.“[10]

Dabei geht man davon aus, daß sich der gegenwärtige Systemzustand aus dem ursprünglichen Anfangswert des Systems mit Hilfe mathematischer Gleichungen berechnen läßt. Auf dieser Basis kann z.B. versucht werden, Wettrüsten in Form von Differentialgleichungen darzustellen (vgl. z.B. Rapoport 1988, 49ff.).

---

[9] Vester, F.: Unsere Welt - ein venetztes System. München 1983, S. 61.

[10] Rapoport, A.: Allgemeine Systemtheorie. Darmstadt 1988, S. 37.

Einen anderen forschungsmethodischen Ansatz stellen die Wirkungsverlaufsanalysen dar, wie sie in den 60er Jahren im Rahmen der Kybernetik von Maruyama entwickelt und dann durch Frederik Vester für biologische und ökologische Systeme sowie von Gilbert Probst im Rahmen des „systemischen Managements" verwendet wurden. Dabei versucht man zunächst, die in einem System relevanten Faktoren und die Wirkungen dieser Faktoren aufeinander zu erfassen. Maruyama gibt dafür folgendes Beispiel[11]:

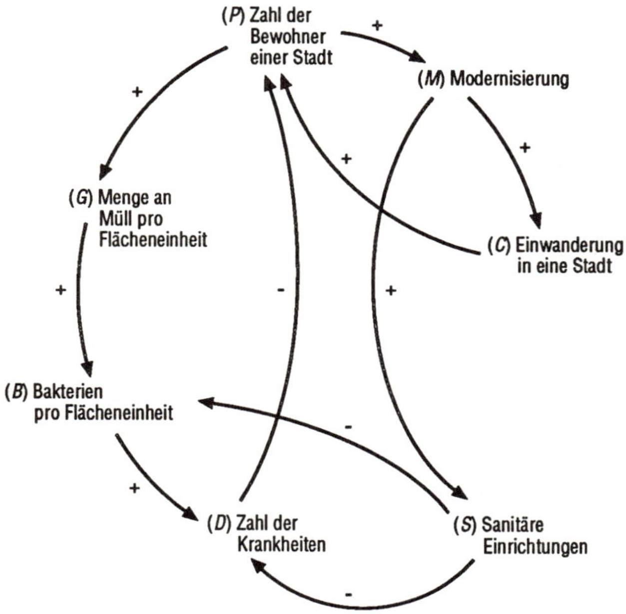

Bei solchen Analysen von Wirkungsverläufen bedeutet:

→ die Wirkung eines Faktors auf einen anderen (z.B. Auswirkung von Modernisierung auf Einwanderung in eine Stadt),

\+ positive Rückkopplung: positive Rückkopplung zwischen zwei Faktoren A und B bedeutet, daß Steigerung von A zu einer Steigerung von B führt,

\- negative Rückkopplung: Steigerung von A führt zur Reduzierung von B und umgekehrt.

Darüber hinaus kann man noch die Intensität der Auswirkung kennzeichnen oder zwischen kurzfristigen, mittelfristigen und längerfristigen Auswirkungen unterscheiden.

In Einzelfällen können sehr komplexe Netzwerke mit zahlreichen Wirkungsfaktoren und den dazwischen bestehenden Relationen dargestellt werden. So führen

---

[11] Maruyama, M.: The second cybernetics: Deviation-amplifying mutual causal processes. In: American Scientist 51, 1963, S. 164-179.

Probst/Gomez folgendes Beispiel zur Erfassung von Erfolgsfaktoren einer Buchhandelskette auf:[12]

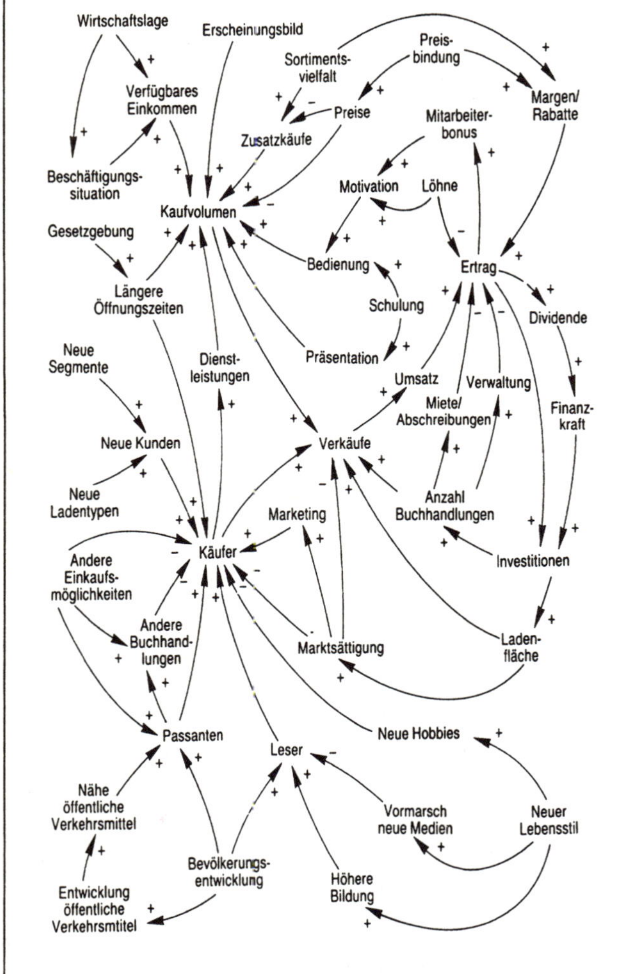

Integriertes Netzwerk der Buchhandelskette

Bei diesen Analysen von Wirkungsverläufen handelt es sich jedoch weniger um eine Forschungsmethode (es wird nicht überprüft, wie weit die betreffenden Zusammenhänge tatsächlich bestehen), sondern eher um ein Verfahren zur Visualisierung komplexer Prozesse in Systemen. Als solches ist es eine sehr hilfreiche Möglich-

[12] Probst, G./Gomez, P.: Vernetztes Denken. Wiesbaden (2. Aufl.) 1991, S. 72.

keit, sich über verschiedene Abhängigkeiten in einem sozialen System Klarheit zu verschaffen.

Arbeitsanregung:
Versuchen Sie selbst (am besten in Gruppenarbeit), eine Analyse von Wirkungsverläufen vorzunehmen.

Dabei empfehlen sich folgende Schritte:

Legen Sie eine konkrete Fragestellung fest:
Wovon hängt der Erfolg eines Seminars ab?
Welche Faktoren beeinflussen den Erfolg von Teamarbeit?
Welche Faktoren beeinflussen das Klima in einer Schule?

Versuchen Sie dann zunächst einen möglichen zentralen Regelkreis (z.B. zwischen Qualität des Seminars, Qualifikation des Dozenten und Zahl der Teilnehmer) zu erfassen und tragen Sie dabei positive oder negative Rückkoppelungen ein.

Versuchen Sie dann, die Analyse auszuweiten:
Wovon werden die jeweils genannten Faktoren beeinflußt?

4.1.4 Konsequenzen für die pädagogische Praxis

Seit den 70er Jahren wird versucht, das Begriffssystem der Allgemeinen Systemtheorie auf unterschiedliche Situationen zu übertragen:

Frederik Vester hat das Begriffssystem und auch die Analyse von Regelkreisen insbesondere auf biologische und ökologische Prozesse angewandt. Eines der klassischen Beispiele ist die Störung „normaler“ Regelkreise durch falsch verstandene Entwicklungshilfe, wie sie in den 60er und 70er Jahren weithin üblich war: Das ökologische System der Sahel-Zone war ursprünglich durch eine Reihe von Regelkreisen bestimmt, die (trotz zyklisch auftretender Dürreperiode) das System stabilisiert haben. Intervention in den 60er Jahren wie Bekämpfung von Rinderkrankheit, verstärkter Brunnenbau oder Bekämpfung der Tse-Tse-Fliege führten jedoch zu neuen Regelkreisen, deren Ergebnis dann zum Zusammenbruch des ökologischen Systems führte (Vester 1983, S. 109):

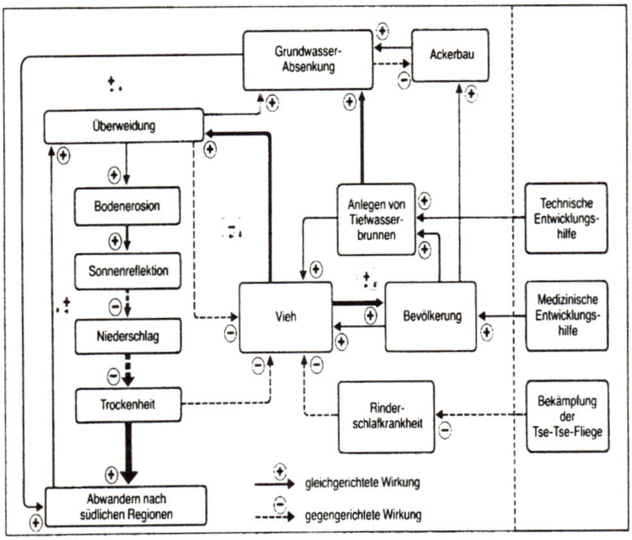

Auch im pädagogischen Bereich finden sich Situationen, die sich mit Hilfe systemtheoretischer Begrifflichkeit deuten lassen. Hierfür ein Beispiel:

„In der neunten oder zehnten Klasse meiner Schulzeit ging in einer Pause bei einer Auseinandersetzung zwischen uns Schülern der Kartenständer, ein Gestell aus Holz mit einigen Metallbeschlägen, zu Bruch. Im Nachhinein ließ sich nicht mehr feststellen, wer denn der Schuldige war, auch auf häufigeres Nachfragen unseres damaligen Klassenlehrers: Niemand interessierte sich für den Schaden, was den Lehrer mehr und mehr verärgerte. Der Streit zog sich über etliche Monate hin, immer mit der Frage, wer denn jetzt die DM 60 für den Schaden bezahle. Da der Kartenständer aber kaum gebraucht wurde, ging er uns auch nicht ab. Das Geld wurde nie eingesammelt, es konnte kein neuer angeschafft werden.

Schließlich teilte uns der Lehrer mit, er hätte jetzt einen neuen Kartenständer bestellt und jetzt müsse endlich das Geld dafür eingesammelt werden, von wem auch immer. Als er zwei Tage später mit ebendiesem neuen Stück ins Klassenzimmer kam, hing da schon ein Kartenständer, für den neuen war offensichtlich kein Bedarf. Am Tag vorher hatten einige Mitschüler - bei der Besprechung der Angelegenheit in der Klasse - beschlossen, aus den Teilen des alten, mit neuen Holzlatten, schnell einen neuen Kartenständer anzufertigen. Der Lehrer mußte mit seiner Neuanschaffung wieder abziehen, wir hatten ja seiner Forderung: 'Jede Klasse muß einen Kartenständer haben' Genüge geleistet.“[13]

Diese Situation läßt sich sehr wohl auf dem Hintergrund der am Anfang des Kapitels genannten Merkmale von Systemen deuten:

Der Zustand des Systems ergibt sich nicht aus einer Ursache, sondern hängt von zahlreichen Faktoren (Verhalten des Lehrers zur Klasse, Zusammenhalt der Klasse usw.) ab. Das System entwickelt eine eigene Ordnung, indem die Ordnungsversuche des Lehrers konsequent und erfolgreich unterlaufen werden. Der Zustand des Systems ist nicht vorhersagbar und auch nicht herstellbar. Eben diese Versuche des Lehrers sind gescheitert.

[13] Schattenhofer, K.: Selbstorganisation und Gruppe. Opladen 1992, S. 19.

Arbeitsanregung:
Wählen Sie eine Situation aus Ihrem praktischen Arbeitsbereich. Versuchen Sie, diese Situation mit Hilfe der systemtheoretischen Terminologie zu deuten. Versuchen Sie, dafür eine Wirkungsverlaufsanalyse zu erstellen.
Was wird Ihnen dabei deutlich?
Wo treten Probleme auf?

4.1.5 Beurteilung

Der Wert der Allgemeinen Systemtheorie liegt darin, daß sie ein neues Begriffssystem zur Beschreibung sozialer Situationen zur Verfügung stellt. Daraus ergibt sich eine neue Perspektive: Probleme werden nicht mehr aus Reiz-Reaktions-Zusammenhängen erklärt oder als Ergebnis subjektiver Deutungen verstanden, sondern als Resultat einer Vielzahl von Faktoren gedeutet. Damit wird zugleich der Blick auf mögliche Lösungen erweitert.

Trotzdem treten bei der Allgemeinen Systemtheorie drei Probleme auf:

(1) Ein erstes Problem ist die Mathematisierung. Nun ist sicherlich die Mathematisierung mittlerweile mit Erfolg in der Meteorologie bei der Simulation komplexer Zusammenhänge angewandt worden. Wieweit läßt sich dieses Vorgehen für die Lösung alltäglicher Probleme nutzen? Welcher Gewinn liegt darin, Konflikte in einem Team oder Lerngruppe im Unterricht durch mathematische Gleichungen darzustellen? Besteht nicht die Gefahr, daß durch solche Mathematisierung andere wichtige Aspekte (die Bedeutung, die ein Unterrichtsthema für eine Schülerin hat) ausgeblendet werden?

(2) Problematisch ist ferner die Idee einer universalen Wissenschaft Allgemeiner Systemtheorie. Werden damit nicht zentrale Unterschiede zwischen technischen, biologischen, ökologischen, sozialen und politischen Systemen verwischt, so daß Allgemeine Systemtheorie letztlich für die Praxis nicht mehr anwendbar ist? Die Entwicklung seit den 70er Jahren ist deutlich stärker in Richtung auf spezielle systemtheoretische Konzepte ausgerichtet gewesen.

(3) Schließlich fehlt insbesondere der älteren Allgemeinen Systemtheorie ein Instrumentarium für die Intervention. Die Forderung, nicht nur einen, sondern viele Faktoren im sozialen System zu berücksichtigen, ist ebenso einsichtig wie trivial. Was genau kann der Lehrer tun, um die verschiedenen Faktoren des sozialen Systems zu berücksichtigen?

Ähnliches gilt auch für Vorschläge im Rahmen eines „systemischen Managements“. So führt Probst folgende Empfehlungen für gestaltende Interventionen in Systemen auf:

„- Behandle das System mit Respekt.
- Lerne mit Mehrdeutigkeit, Unbestimmtheit und Unsicherheit umzugehen.
- Erhalte und schaffe Möglichkeiten.
- Erhöhe Autonomie und Integration.
- Nutze und fördere das Potential des Systems.
- Definiere und löse Probleme auf.
- Beachte die Ebenen und Dimensionen der Gestaltung und Lenkung.
- Erhalte und fördere Flexibilität und Eigenschaften der Anpassung und Evolution.
- Strebe vom Überleben zu Lebensfähigkeit und letztlich nach Entwicklung.
- Synchronisiere Entscheidungen und Handlungen mit zeitgerechten Systemgeschehen.
- Halte die Prozesse im Gang - es gibt keine endgültigen Lösungen.
- Balanciere die Extreme."[14]

Solche Hinweise können plausibel sein, bleiben aber sehr allgemein. Was heißt es konkret, Autonomie und Integration zu erhöhen? Wie kann eine Ausbildungsleiterin dabei vorgehen?

Die Diskussion um die Allgemeine Systemtheorie wirft somit eine Reihe von Fragen auf:

– Welches sind die Besonderheiten einer Theorie sozialer Systeme im Unterschied zu anderen Systemen?
– Wie läßt sich ein solches Konzept forschungsmethodisch umsetzen?
– Wie kann auf der Basis einer solchen Theorie pädagogisches Handeln geleitet werden?

---

[14] Probst, G.: Selbst-Organisation. Berlin/Hamburg 1987, S. 114.

4.2 Soziologische Systemtheorie

4.2.1 Historische Entwicklung

Seit Ende der 50er Jahre wird versucht, die Systemtheorie auch für die Sozialwissenschaften nutzbar zu machen und Gesellschaftstheorie auf der Basis eines systemtheoretischen Begriffssystems zu entwerfen. Zwei Namen sind in diesem Zusammenhang wichtig: Talcott Parsons und Niklas Luhmann.

Talcott Parsons (1902-1979) studierte zunächst Naturwissenschaften, beschäftigte sich dann aber zunehmend mit dem Gebiet der Sozialwissenschaften. 1927 promovierte er in Heidelberg mit einer Arbeit über Max Weber. Seit 1927 war er an der Harvard Universität zunächst als Dozent für Wirtschaftswissenschaften und seit 1944 als Professor und Direktor des Department of Social Relations tätig.

Parsons war ursprünglich Anhänger einer Handlungstheorie, mit der sich aber nach seiner Auffassung gesellschaftliche Prozesse nicht hinreichend erklären lassen. Das führte zu dem Versuch, Gesellschaftstheorie nicht mehr individuell durch Handlungstheorie, sondern durch Systemtheorie zu begründen. Damit lassen sich in seinen Schritten zwei Phasen unterscheiden:

- Ende der 50er Jahre versucht Parsons, durch Rückgriff auf Kybernetik und Informationstheorie die Handlungstheorie in eine Systemtheorie zu integrieren.
- In den 60er Jahren wird die Systemtheorie stärker an der biologischen Systemtheorie orientiert. Damit werden nicht mehr „Handlung" sondern „System", „Struktur", „Prozeß" und „Ordnung" als Grundbegriffe einer systemtheoretischen Gesellschaftstheorie angesetzt.

Als Einführung ist geeignet:
Parsons, T.: Zur Theorie sozialer Systeme (Hrsg. von S. Jensen). Opladen 1976.

Niklas Luhmann (geb. 1927) war zunächst als Jurist tätig und promovierte und habilitierte 1966 an der Universität Münster in Soziologie. Von 1968 bis zu seiner Emeritierung 1993 war er Professor für Soziologie an der Universität Bielefeld. Auch Luhmanns Systemtheorie läßt sich in zwei Phasen unterscheiden:

- eine erste Phase, in der wie bei Parsons soziale Systeme als Handlungssysteme bestimmt werden,
- eine etwa ab 1974 beginnende Phase einer Theorie sozialer Systeme als Kommunikationssysteme.

Als Einführung in die erste Phase der Systemtheorie ist zu nennen:
Luhmann, N.: Funktionale Methode und Systemtheorie. In: Luhmann, N.: Soziologische Aufklärung 1. Opladen (6. Aufl.) 1991, S. 31-53.
Als Einführung in die Systemtheorie der zweiten Phase:
Luhmann, N.: Soziale Systeme. Frankfurt a. M. 1984, S. 30-91 (Kap. 1).
Luhmann, N.: Die Gesellschaft der Gesellschaft. Frankfurt a. M. 1997, Bd. 1, S. 16-189. (Kap. 1).

Die Rezeption von Luhmann in der Pädagogik wurde 1979 durch einen von Niklas Luhmann und dem Hamburger Pädagogen Karl-Eberhard Schorr gemeinsam herausgegebenen Sammelband „Reflexionssysteme im Erziehungssystem“ angestoßen, in dem sich die Autoren zum Ziel gesetzt haben, „Reflexionsprobleme im Erziehungsprozeß“ von einem „neuen Standpunkt“ aus, nämlich aus „systemtheoretischer Perspektive“ zu diskutieren.[1] Weitergeführt wurde die Auseinandersetzung mit dem systemtheoretischen Konzept von Luhmann in einer Reihe weiterer von Luhmann und Schorr zwischen 1982 und 1996 herausgegebener Sammelbände sowie in dem Sammelband „Pädagogik, Erziehungswissenschaft und Systemtheorie“.[2]

4.2.2 Hauptthesen

Luhmanns Systemtheorie stellt ein Begriffssystem zur Beschreibung sozialer Prozesse dar, in dem eine Reihe von Grundbegriffen definiert werden:

(1) Soziale Systeme werden durch die Grenze zwischen System und Umwelt definiert.
Im Unterschied zu traditionellen systemtheoretischen Ansätzen, von denen sich Luhmann deutlich abgrenzt, wird „System“ nicht durch die Unterscheidung zwischen Element und Relation definiert, sondern durch die Abgrenzung von System und Umwelt:

> „Systeme sind nicht nur gelegentlich und nicht nur adaptiv, sie sind strukturell an ihrer Umwelt orientiert und könnten ohne Umwelt nicht bestehen. Sie konstituieren und sie erhalten sich durch Erzeugung und Erhaltung einer Differenz zur Umwelt, und sie benutzen ihre Grenzen zur Regulierung dieser Differenz...
>
> Grenzen markieren dabei keinen Abbruch von Zusammenhängen. Man kann auch nicht generell behaupten, daß die internen Interdependenzen höher sind als System/Umwelt-Interdependenzen. Aber der Grenzbegriff besagt, daß grenzüberschreitende Prozesse (zum Beispiel des Energie- oder Informationsaustausches) beim Überschreiten der Grenze unter andere Bedingungen der Fortsetzung (zum Beispiel andere Bedingungen der Verwertbarkeit oder andere Bedingungen des Konsenses) gestellt werden.“[3]

Das soziale System Familie ist nicht durch einzelne Personen als Elemente definiert, sondern auch dadurch, daß in der Familie bestimmte Prozesse anders ablaufen als in der Umwelt: Bestimmte Themen werden nur in der Familie besprochen.

(2) Systemdifferenzierung ist die Fortsetzung der System-Umwelt-Differenz innerhalb eines Systems.
Die Unterscheidung zwischen System und Umwelt läßt sich innerhalb eines Systems wiederholen und führt dann zur Systemdifferenzierung, das heißt zur Definition von Teilsystemen innerhalb eines größeren Systems:

---

[1] Luhmann, N./Schorr, K.-E.: Reflexionsprobleme im Erziehungssystem. Stuttgart 1979, S. 12.
[2] Oelkers, J./Tenorth, H. (Hrsg.): Pädagogik, Erziehungswissenschaft und Systemtheorie. Weinheim/Basel 1987.
[3] Luhmann, N.: Soziale Systeme. Frankfurt a. M. 1984, S. 35f.

„Systemdifferenzierung ist nichts weiter als Wiederholung der Systembildung in Systemen. Innerhalb von Systemen kann es zur Ausdifferenzierung weiterer System/Umwelt-Differenzen kommen. Das Gesamtsystem gewinnt damit die Funktion einer 'internen Umwelt' für die Teilsysteme, und zwar für jedes Teilsystem in je spezifischer Weise. Die System/Umwelt-Differenz wird also redupliziert, das Gesamtsystem multipliziert sich selbst als Vielheit interner System/Umwelt-Differenzen“ (Luhmann 1984, S. 37f.).

Auf das Beispiel der Familie bezogen bedeutet dies: Innerhalb der Familie lassen sich Subsysteme unterscheiden: das Subsystem der Kinder, das der Eltern. Im Sinne der Theorie Luhmanns gilt, daß auch solche Subsysteme nicht über Personen definiert werden, sondern dadurch, daß auch hier Prozesse auf das jeweilige Subsystem begrenzt sind: Es gibt Themen, die Kinder nur untereinander, aber nicht mit Eltern besprechen.

(3) Erst auf der Basis dieser mehrstufigen System-Umwelt-Unterscheidung lassen sich Elemente eines sozialen Systems definieren.

Elemente sind somit für Luhmann nicht irgendwelche festen Bestandteile, sondern dasjenige, was für das jeweilige System als nicht mehr auflösbare Einheit fungiert:

„Würde man die Frage stellen, was Elemente (zum Beispiel: Atome, Zellen, Handlungen) 'sind', würde man immer auf hochkomplexe Sachverhalte durchstoßen, die der Umwelt des Systems zugerechnet werden müssen. Element ist also jeweils das, was für ein System als nicht weiter auflösbare Einheit fungiert (obwohl es, mikroskopisch betrachtet, ein hochkomplex Zusammengesetztes ist). 'Nicht weiter auflösbar' heißt zugleich: daß ein System sich nur durch Relationieren seiner Elemente konstituieren und ändern kann, nicht aber durch deren Auflösung und Reorganisation“ (Luhmann 1984, S. 43).

Dabei hebt sich Luhmann ausdrücklich von traditionellen Auffassungen ab, daß ein soziales System aus Personen besteht. Personen zählen für ihn zur Systemumwelt. Doch was sind dann die Elemente eines sozialen Systems?

In diesem Punkt hat Luhmann seine Systemtheorie abgeändert: In früheren Schriften sind die einzelnen Handlungen die Elemente des sozialen Systems.[4] In der „Theorie sozialer Systeme“ von 1984 wird demgegenüber der Handlungsbegriff der Handlungstheorie und nicht der Systemtheorie zugeordnet. Die kleinste Einheit sozialer Systeme ist statt dessen für Luhmann jedes „Elementarereignis von Kommunikation“ (1984, S. 212), wobei jedoch aus Sicht der handelnden Personen das einzelne Kommunikationsereignis als Handlung gedeutet wird. Daraus ergibt sich für Luhmann als Definition sozialer Systeme:

„Auf die Frage, woraus soziale Systeme bestehen, geben wir mithin die Doppelantwort: aus Kommunikationen und aus deren Zurechnung als Handlung“ (Luhmann 1984, S. 240f.).

Auf der Basis dieses Systembegriffs ergibt sich dann, daß deutlich zwischen einzelnen Personen als psychischen Systemen und zum Beispiel der Familie als einem sozialen System unterschieden wird:

„Ein zweites Problem ergibt sich daraus, daß es sich suggestiv anbietet, Familien als System zu sehen, die aus Personen bestehen. Aber was heißt das? Heißt das, daß die gesamten Lebensprozesse der Mitglieder bis hin zum Molekülaustausch in ihren Zellen Teilprozesse des Familiensystems

---

4 Luhmann, N.: Soziologische Aufklärung 1. Opladen (6. Aufl.) 1991, S. 42, 45.

sind? Oder daß doch wenigstens alles, was an aktuell bewußter Gedankenarbeit in den Köpfen der Mitglieder abläuft (auch wenn sie in der Straßenbahn sitzen?) ein Systemprozeß der Familie ist? Gewiß: wenn ein Mitglied der Familie sich die Haare färben läßt, mag das in der Familie Aufsehen erregen. Aber es wäre doch unrealistisch, anzunehmen, daß die Familienmitglieder dies deshalb beachten, weil die Familie gefärbt worden ist.
Diesem Problem tragen wir dadurch Rechnung, daß wir strikt zwischen einer lebensmäßigen, einer psychischen und einer kommunikativen Realität unterscheiden und auf all diesen Ebenen unterschiedliche, gegeneinander geschlossene autopoietische Systeme annehmen. Von einem Familiensysten soll im folgenden deshalb nur auf der Ebene kommunikativen Geschehens die Rede sein. Das Sozialsystem Familie besteht danach aus Kommunikationen und nur aus Kommunikationen, nicht aus Menschen und auch nicht aus 'Beziehungen' zwischen Menschen."[5]

(4) Soziale Systeme sind autopoietisch beziehungsweise selbstreferentiell.
Ein wesentliches Merkmal sozialer Systeme sieht Luhmann in deren autopoietischem oder selbstreferentiellem Charakter. Luhmann führt den Begriff „Autopoiesis" im Anschluß an Maturana ein. Autopoietisch („selbstreferentiell) ist ein System dann, wenn es Elemente, aus denen es besteht, selbst erzeugt:

„Ein System kann man als selbstreferentiell bezeichnen, wenn es die Elemente, aus denen es besteht, als Funktionseinheiten selbst konstituiert und in allen Beziehungen zwischen diesen Elementen eine Verweisung auf diese Selbstkonstitution mitlaufen läßt, auf diese Weise die Selbstkonstitution also laufend reproduziert. In diesem Sinne operieren selbstreferentielle Systeme notwendigerweise im Selbstkontakt, und sie haben keine andere Form für Umweltkontakt als Selbstkontakt" (Luhmann 1984, S. 59).

Entsprechend heißt es in „Die Gesellschaft der Gesellschaft" von 1997:

„Autopoietische Systeme sind Systeme, die nicht nur ihre Strukturen, sondern auch die Elemente, aus denen sie bestehen, im Netzwerk eben dieser Elemente selbst erzeugen."[6]

Man kann sich das leicht an dem sozialen System der Familie verdeutlichen: Die Äußerung des Vaters führt zu einer Äußerung der Mutter, die wiederum zu einer neuen Äußerung des Vaters, die zu einer weiteren der Mutter. Das soziale System erzeugt aus der jeweiligen Kommunikation fortlaufend neue Kommunikation. Da das System aber durch diese Kommunikation definiert ist, wird es dadurch überhaupt erst erzeugt. Entsprechend heißt es in Band 6 der „Soziologischen Aufklärung":

„In diesem Sinne ist ein Kommunikationssystem ein autopoietisches System, das alles, was für das System als Einheit fungiert, durch das System produziert und reproduziert... Nur Kommunikation kann Kommunikation beeinflussen."[7]

(5) Aus der Selbstreferenz sozialer Systeme ergibt sich ihre Komplexität.
In einem sozialen System kann ein Kommunikationsereignis nicht mehr mit allen anderen Kommunikationsereignissen verknüpft sein. Dies bezeichnet Luhmann als „Komplexität" sozialer Systeme:

---

5 Luhmann, N.: Soziologische Aufklärung 5. Opladen 1990, S. 196f.
6 Luhmann, N.: Die Gesellschaft der Gesellschaft. Frankfurt a. M. 1997, S. 65.
7 Luhmann, N.: Soziologische Aufklärung 6. Opladen 1995, S. 118.

„Als komplex wollen wir eine zusammenhängende Menge von Elementen bezeichnen, wenn auf Grund immanenter Beschränkungen der Verknüpfungskapazität der Elemente nicht mehr jedes Element jederzeit mit jedem anderen verknüpft sein kann“ (Luhmann 1984, S. 46).

Daraus ergibt sich die Notwendigkeit, in einem sozialen System Komplexität zu reduzieren: Theoretisch ist die Zahl der Antworten auf die Äußerung des Vaters in der Familie unbegrenzt. Faktisch ist im System die Zahl „zulässiger“ Antworten begrenzt. Werte und Normen, aber auch Mythen oder Wissenschaft sind Formen der Reduzierung von Komplexität (vgl. Luhmann 1984, S. 49).

4.2.3 Forschungsmethodik

Luhmanns Systemtheorie behandelt Themen wie Beobachtung und Verstehen, wie er selbst formuliert, „in Distanz zur klassischen Methodenlehre“ (1997, S. 36). Er entwickelt keine Forschungsmethodik, sondern bleibt auf der Ebene einer Metatheorie. Das zeigt sich deutlich an der Behandlung des Themas Beobachtung. Es werden keine Beobachtungsverfahren entwickelt. Statt dessen wird eine systemtheoretische Theorie der Beobachtung aufgestellt:

(1) Beobachtung wird nicht als Eigenschaft psychischer Systeme gesehen, sondern als eine systeminterne Operation:
Nach Luhmann können nicht nur Menschen beobachten, sondern auch technische Systeme (ein Thermostat „beobachtet“ eine Temperaturabweichung), biologische oder soziale Systeme.

(2) Beobachtung ist für Luhmann das „Handhaben einer Unterscheidung“:

„Beobachten wäre demnach eine Operation, die eine Unterscheidung verwendet, um die eine (und nicht die andere) Seite zu bezeichnen. Eine Operation also mit zwei Komponenten: dem Unterscheiden und Bezeichnen, die weder verschmolzen noch operativ getrennt werden können.“ [8]

(3) Die Unterscheidung, die in jeder Beobachtung vorausgesetzt wird, läßt sich ihrerseits in derselben Beobachtung nicht beobachten.
Sie ist der „blinde Fleck“, der in jeder Beobachtung als Bedingung ihrer Möglichkeit vorausgesetzt wird (Luhmann 1991a, S. 65).

Von dieser „Beobachtung erster Ordnung“ wird eine „Beobachtung zweiter Ordnung“ unterschieden, in der ein Beobachter einen anderen Beobachter (und dessen Unterscheidungen) beobachtet:

„Wer einen Beobachter als Beobachter beobachten will, muß ihn nicht nur als ein unterscheidbares Objekt nehmen; er muß die auf der Ebene der Beobachtung erster Ordnung benutzte Unterscheidung miterfassen“ (Luhmann 1991a, S. 66).

---

[8] Luhmann, N.: Wie lassen sich latente Strukturen beobachten? In: Watzlawick, P./Krieg, P. (Hrsg.): Das Auge des Betrachters. Beiträge zum Konstruktivismus. München 1991a, S. 61-74.

Luhmann verdeutlicht dies an folgendem Beispiel: Man kann nicht beobachten, daß man einen Bekannten nicht sieht (Beobachtung erster Ordnung). Aber ein zweiter Beobachter kann sehr wohl sehen, daß die betreffende Person den Bekannten nicht gesehen hat (Beobachtung zweiter Ordnung):

„Man hat den Bekannten auf der Straße nicht gesehen und deshalb nicht gegrüßt. Man kann nicht wissen, weshalb nicht; denn man kann nicht sehen, daß man nicht sieht, was man nicht sieht. Man kann, anders gesagt, nicht wissen, weshalb man nicht gewohnt und nicht geübt ist, Menschen, die man von ferne sieht, unter dem Gesichtspunkt bekannt/unbekannt zu sortieren“ (Luhmann 1991a, S. 66).

(4) Auch die Beobachtung zweiter Ordnung setzt Unterscheidungen voraus, die ihrerseits den blinden Fleck dieser Beobachtung darstellen:

„Das heißt: auch der Beobachter zweiter Ordnung, der sich auf Gründe für das Nichtbeobachten konzentriert, hat keine andere Möglichkeit, als eigene Unterscheidungen blind einzusetzen“ (Luhmann 1991a, S. 67).

Daß wissenschaftstheoretisch die These von den Voraussetzungen der Beobachtung bedeutsam ist, steht außer Zweifel. Andererseits ergeben sich daraus keine unmittelbaren forschungsmethodischen Konsequenzen. Die Diskussion über qualitative und quantitative Verfahren wird dadurch nicht berührt (z.B. Luhmann 1997, S. 37).

4.2.4 Konsequenzen für Erziehungswissenschaft und pädagogische Praxis

Die Rezeption der Systemtheorie von Luhmann erfolgte, das zeigen die Bände von Luhmann/Schorr, primär nicht in Bezug auf die Erziehungspraxis, sondern in Bezug auf die wissenschaftstheoretische Diskussion der Erziehungswissenschaft.

Deutliches Beispiel dafür ist die von Luhmann und Schorr aufgestellte These vom Technologiedefizit der Erziehungswissenschaft. Ausgangspunkt ist die Feststellung, daß wir in der Erziehung über kein gesichertes Kausalwissen verfügen. Vor dem Hintergrund der Systemtheorie ist das für Luhmann kein Zustand, der überwunden werden kann: Kausale Bezüge gelten nicht objektiv, sondern werden in einem sozialen System hergestellt. Statt dessen werden die im jeweiligen sozialen System geltenden „Kausalpläne“ in den Mittelpunkt gestellt:

„Für Kausalpläne sind ganz allgemein bestimmte Verkürzungen typisch, die von der Realität abweichen, auf die man sich aber einlassen muß, um überhaupt eine rasch genug verfügbare und hinreichend eindeutige Grundlage für eigenes Erleben und Handeln zu gewinnen. Offene Kausalität ist eine Schematisierung von Welt, die Simplifikationen geradezu erzwingt - aber eben damit auch entwicklungsfähig, anpaßbar und situativ beeinflußbar macht.

Insofern kann man etwas überspitzt sagen: Kausalpläne sind immer ‘falsch’. Die eine Verkürzung läuft über Stoppregeln der Suche nach weiteren Ursachen bzw. weiteren Wirkungen. Einzelne oder einige wenige Faktoren werden als ‘die’ Ursache bzw. ‘die’ Wirkung ausgezeichnet, um die es in bestimmten Situationen geht. Das ermöglicht Zurechnungen und Zwecksetzungen. Eine andere wichtige Vereinfachung besteht in Linearisierungen. Zirkel und Wechselwirkungen bleiben unberücksichtigt bzw. werden aufgelöst...

In Unterrichtssystemen haben selbstverständlich Lehrer ebenso wie Schüler rudimentäre Kausalpläne für sich selbst und für die jeweils andere Seite und darüber hinaus in gewissem Umfange auch die Fähigkeit, die Kausalpläne der anderen Seite zutreffend oder unzutreffend in Rechnung zu stellen. Jede Seite verfügt, wenn man so sagen darf, über subjektive Technologien. Schüler können auf Grund einer starken Einschränkung des Relevanzbereichs ihrer Ziele hochverfeinerte Technologien in der Behandlung der Lehrer entwickeln, so wie umgekehrt Lehrer über als Erfahrung sedimentierte Kausalpläne verfügen, die es ihnen ermöglichen (ob sie nun zutreffen oder nicht), in Problemsituationen rasch zu handeln."[9]

Es ist demnach nicht Aufgabe der Erziehungswissenschaft, mögliche allgemein geltende Kausalzusammenhänge zu untersuchen, sondern statt dessen zu erforschen, „welche Kausalpläne überhaupt in Gebrauch sind und wie sie in Abhängigkeit von welchen Faktoren variieren" (Luhmann/Schorr 1982, S. 19f.). Ein Lehrer kann sich nicht auf allgemeine Kausalgesetze stützen, sondern muß „situationsrelative" Kausalpläne heranziehen, die auf Annahmen darüber basieren, was in diesem sozialen System zu erwartende Wirkungen bestimmter Handlungen sind:

„Angesichts der Komplexität des Interaktionssystems Unterricht kann der Lehrer die faktischen Voraussetzungen für zielsicheres Handeln kaum nennen, kaum ermitteln. Er muß situationsrelative Kausalpläne benutzen und sich primär an variablen Faktoren, ja an Ereignissen orientieren" (Luhmann/Schorr 1982, S. 27).

Ein zweiter Bereich, in dem Luhmanns Systemtheorie in der pädagogischen Diskussion rezipiert wurde, sind Fragen der Erziehungssoziologie. Für Luhmann ist Erziehung ein gesellschaftliches Teilsystem, das von anderen gesellschaftlichen Systemen (Wirtschaftssystem, Familie, Wissenschaftssystem) getrennt ist und sich eigenständig entwickelt und damit „zu eigener Autonomie" ausdifferenziert.[10] Pädagogische Reformen sind dann keine Anpassung an Anforderungen der Umwelt:

„Sobald für die Durchführung von Erziehung Organisationen geschaffen sind, sind auch Reformen möglich. Reformen sind gleichsam das Überdruckventil für Systeme, die sich mit Ideen belasten, denen sie ex definitione nicht gerecht werden können... Reformen dienen, könnte man sagen, der Anpassung des Systems an sich selber. Sie können scheitern und dann, wenn dies vergessen ist, Wiederholungen ermöglichen. Sie können strukturelle Variationen auslösen, die dann ihrerseits Anlaß zu Gegenreformen bieten. Sie können intern als Erfolge beschrieben werden, wenn es gelingt, die Reformideen dem bisher üblichen Verhalten anzupassen, so daß die Systemzustände vor und nach der Reform sich nicht wesentlich unterscheiden" (Luhmann 1996, S. 45f.).

Als Einführung in die Diskussion schlagen wir Ihnen zwei Aufsätze vor:
Luhmann, N./Schorr, K.-E.: Technologiedefizit und Selbstreferenz. Frankfurt a.M. 1982.
Luhmann, N.: Das Erziehungssystem und die Systeme seiner Umwelt. In: Luhmann, N./Schorr, K.-E. (Hrsg.): Zwischen System und Umwelt. Frankfurt 1996, S. 14-52.

Arbeitsanregung:
Überlegen Sie, welche Funktion ein Lehrplan im Kontext der Systemtheorie von Luhmann hat?

---

9 Luhmann, N./Schorr, K.E.: Das Technologiedefizit der Erziehung und die Pädagogik. In: Luhmann, N./Schorr, K.E. (Hrsg.): Zwischen Technologie und Selbstreferenz. Frankfurt a. M. 1982, S. 18f.

10 Luhmann, N.: Das Erziehungssystem und die Systeme seiner Umwelt. In: Luhmann, N./Schorr, K.E. (Hrsg.): Zwischen System und Umwelt. Frankfurt a. M. 1996, S. 23.

4.2.5 Zur Leistungsfähigkeit von Luhmanns Systemtheorie in der Pädagogik

Die Bedeutung von Luhmanns Ansatz für die Pädagogik liegt auf jeden Fall darin, daß sie ein elaboriertes Begriffssystem zur Verfügung stellt, das neue Sichtweisen zur Erfassung pädagogischer Prozesse ermöglicht: Reduzierung von Komplexität ist auch ein pädagogisches Thema. Es können dann unterschiedliche Formen der Komplexitätsreduktion (z.B. mit Hilfe von Lehrplänen, Verfahren der Unterrichtsvorbereitung, pädagogischen Rezepten) unterschieden werden. Insofern ist die Systemtheorie für die Pädagogik zunächst ein heuristisches Instrumentarium, das neue Begriffe zur Verfügung stellt und damit neue Sichtweisen ermöglicht.

Zugleich bietet die Systemtheorie Ansätze für die wissenschaftstheoretische Diskussion der Erziehungswissenschaft: Luhmanns These des Technologiedefizits und seine Forderung, statt dessen subjektive Handlungspläne in den Blick zu nehmen, korrespondieren mit der These der Hermeneutik, daß die Wirkungen von Handlungen jeweils von der Deutung der Situation abhängen.

Andererseits gibt es eine Reihe von Einwänden gegenüber der Systemtheorie von Luhmann:

(1) Ein klassischer Einwand besteht darin, daß Luhmann, indem er Kommunikation und nicht Personen als Elemente sozialer Systeme definiert, die Person des Kindes, des Jugendlichen, des Erwachsenen vernachlässigt.

> „Es zeigt sich jedoch, daß die hier diskutierte Systemtheorie... gerade dort nicht weiterhelfen kann, wo es um so zentrale Begriffe wie ‘Kind’, ‘Subjekt’, ‘Werte und Normen’ oder ‘Erziehung’ geht. So wird... ‘Kind’ explizit als ‘genuin soziales Medium’... verstanden, das die Form eines semantischen Konstruktes hat, das mit unterschiedlichen Sinngehalten gefüllt werden kann... Damit aber, daß ‘Kind’ als soziales Medium angesetzt wird, wird es gänzlich dem sozialen System zugeordnet. Daher entfallen psychische und erst recht individuelle oder subjektive Aspekte. Wenn es also darum geht, ‘Kind’ und ‘Kindheit’ als Phänomene einer - wie auch immer gedachten - pädagogischen Wirklichkeit aus einer pädagogischen Perspektive historisch zu untersuchen, wird einem die Theorie autopoietischer Systeme nicht weiterhelfen können.“[11]

In diesem Sinn hatte bereits Habermas 1971 kritisiert: Luhmanns Theorie „...stellt sozusagen die Hochform eines technokratischen Bewußtseins dar, das heute praktische Fragen als technische von vornherein zu definieren und damit öffentlicher und ungezwungener Diskussion zu entziehen gestattet.“[12]

(2) Ein zweiter Einwand richtet sich gegen das Menschenbild in Luhmanns Systemtheorie. Systemtheorie stellt das begriffliche Instrumentarium zur Analyse von sozialen Prozessen dar, aber es werden keine Normen und Werte postuliert. Damit gibt die Systemtheorie Luhmanns keine Orientierung in Bezug auf praktisches Handeln. So formuliert Josef Speck für den Bereich der Heilpädagogik:

---

[11] Künzli, B.: Soziologische Aufklärung der Erziehungswissenschaft? Würzburg 1995, S. 81f.

[12] Habermas, J.: Theorie der Gesellschaft oder Sozialtechnologie? Eine Auseinandersetzung mit Niklas Luhmann. In: Habermas, J./Luhmann, N. (Hrsg.): Theorie der Gesellschaft oder Sozialtechnologie. Frankfurt a. M. 1971, S. 145.

„Die Systemtheorie zeigt keine Orientierungsinhalte (Werte) auf und erschließt deshalb auch keine Zukunftsperspektiven, die aber gerade für die Pädagogik unentbehrlich sind. Menschen wie heute auf der Suche nach Sinn und Halt, Menschen, die nach 'der Wahrheit' nach 'dem Guten', nach dem Achtenswerten, nach wirklicher Freiheit und verbindlichen Verpflichtungen im Zusammenleben aller fragen, erhalten von der Systemtheorie keine zureichenden Antworten."[13]

(3) Schließlich liegt eine Schwäche des Ansatzes von Luhmann darin, daß sie keine Methodik pädagogischer Interventionen generiert. Systemtheorie liefert keine Kriterien für besseres oder schlechteres Handeln in einem sozialen System. Und sie gibt damit keine Ansätze für eine pädagogische Intervention: So gilt für Beratung, daß ein Berater mit der Frage nach gezielter Intervention sich als „professioneller Interventionist" von einer strengen an Luhmann angelehnten Systemtheorie entfernt.[14]

Eine Übersicht zur Systemtheorie Luhmanns geben folgende Sammelbände:
Krawitz, W./Welker, M. (Hrsg.): Kritik der Theorie sozialer Systeme. Frankfurt 1992.
Oelkers, J./Tenorth, H.-E. (Hrsg.): Pädagogik, Erziehungswissenschaft und Systemtheorie. Weinheim 1987.

---

[13] Speck, O.: System Heilpädagogik. Eine ökologisch reflexive Grundlegung. München/Basel (3. Aufl.) 1996, S. 126.

[14] Groth, T.: Wie systemtheoretisch ist "Systemische Organisationsberatung"? Neuere Beratungskonzepte für Organisationen im Kontext der Luhmannschen Systemtheorie. Münster 1996, S. 99.

4.3 Systemtheorie in der Tradition von Bateson

4.3.1 Historische Entwicklung

Ein anderes systemtheoretisches Konzept, das zunächst im Bereich der Familientherapie und dann auch in anderen pädagogischen Feldern an Bedeutung gewonnen hat, ist die Systemtheorie in der Tradition von Gregory Bateson.

Gregory Bateson (1904-1980) studierte in Cambridge Biologie und Anthropologie und nahm zunächst an anthropologischen Expeditionen auf die Galapagos-Inseln, Neuguinea und Bali teil. In den 40er Jahren kam er in Kontakt mit der Systemtheorie im Anschluß an Wiener u.a. Bateson überträgt diese Systemtheorie auf die Sozialwissenschaften und insbesondere die Kommunikation. Ergebnis aus diesen Überlegungen ist das 1951 mit dem Psychiater Jürgen Ruesch verfaßte Buch „Kommunikation: die soziale Matrix der Psychiatrie“[1], das erstmals die Grundzüge einer systemischen Kommunikationstheorie enthält. 1954 traf Bateson in Palo Alto, Kalifornien, mit dem Psychiater Don D. Jackson zusammen, woraus sich Forschungsgruppen entwickelten, die Batesons Systemtheorie auf Kommunikation und dann insbesondere auf Psychotherapie anwendeten.

Batesons Schriften sind nicht leicht zu lesen. Als Einstieg eignet sich seine Zusammenfassung: Bateson, G.: Geist und Natur. Frankfurt 1982 (v.a. Kap. 4: Kriterien des geistigen Prozesses).

Bekannt geworden ist Batesons Ansatz weniger durch ihn selbst als durch Mitarbeiter von Bateson und Jackson in Palo Alto, die seinen Ansatz zu einer Kommunikations- und Familientherapie weiterentwickelten. Die bekanntesten sind:

Paul Watzlawick (geb. 1921) ist seit 1960 am Mental Research Institute in Palo Alto (Kalifornien) tätig. Sein zusammen mit anderen Mitarbeitern der Palo-Alto-Gruppe verfaßtes Buch „Menschliche Kommunikation“ stellt die erste systematische Zusammenfassung des Ansatzes von Bateson dar und hat diese Systemtheorie entscheidend bekanntgemacht:

Watzlawick, P. u.a.: Menschliche Kommunikation, Bern 1969 (ursprünglich 1964).

Jay Haley (geb. 1923) entwickelt Batesons Ansatz zu einer strategischen Familientherapie weiter.

Haley, J.: Direktive Familientherapie. München 1977.

Virginia Satir (1916-1988)
verknüpft Batesons systemtheoretischen Ansatz mit dem Menschenbild der humanistischen Psychologie in der Tradition von Rogers. Auf dieser Basis entwickelt sie das Konzept einer „entwicklungsorientierten Familientherapie“, das die Methoden

---

[1] Ruesch, J./Bateson, G.: Kommunikation: die soziale Matrix der Psychatrie. Heidelberg 1995 (ursprünglich 1951).

der Systemtheorie mit der Verantwortlichkeit des Beraters in der Tradition von Rogers verbindet.

Als Einführung ist geeignet:
Satir, V.: Kommunikation, Selbstwert, Kongruenz. Paderborn 1990.

Seit den 70er Jahren wird der Ansatz von Bateson (zunächst vermittelt über Watzlawick) im deutschen Sprachraum rezipiert:

- die Rezeption des Ansatzes in der Familientherapie, wobei das Schwergewicht auf der Übernahme entsprechender Verfahren, weniger auf die theoretische Klärung gelegt wird. Eine Übersicht dazu gibt:

  Schlippe, A. von/Schweizer, J.: Lehrbuch der Systemischen Therapie und Beratung. Göttingen 1996.

- die Rezeption im Rahmen von Organisationsberatung und -entwicklung:

  König, E./Volmer, G.: Systemische Organisationsberatung. Weinheim (5. Aufl.) 1997.
  Selvini/Palazzoli, M. u.a.: Hinter den Kulissen der Organisation. Stuttgart 1984.

- die Rezeption im Bereich Erwachsenenbildung, wobei Watzlawicks fünf Axiome, häufig in Verbindung mit der Erweiterung dieses Ansatzes bei Schulz von Thun, seit den 70er Jahren zu dem Standardrepertoire in Kommunikationsseminaren gehören. Als Einführung ist hier zu nennen:

  Schulz von Thun, F.: Miteinander reden: Störungen und Klärungen. Reinbek 1981.

- und schließlich die Rezeption den Bereichen der Sozialpädagogik und Schulpädagogik, in denen die Aufmerksamkeit auf das jeweilige soziale System (Familie, Peer-Gruppe, Schule usw.) gerichtet ist. Exemplarisch seien genannt:

  Lüssi, P.: Systemische Sozialarbeit: praktisches Lehrbuch der Sozialberatung. Bern u.a. (3. Aufl.) 1995.
  Voß, R. (Hrsg.): Die Schule neu erfinden. Systemisch-Konstruktivistische Annäherungen an Schule und Pädagogik. Neuwied u.a. (2. Aufl.) 1997.

4.3.2 Hauptthesen

Bateson greift bei der Begründung seiner Systemtheorie zunächst auf den technischen Systembegriff in der Tradition der Kybernetik zurück. Er verdeutlicht „System“ an einer Maschine:[2] Ein technisches System ist gekennzeichnet durch:

- einzelne Teile (Elemente),
- die Verbindung des Systems zur „äußeren Welt“,
- die zirkuläre Struktur, d.h. bestimmte Regelkreise oder Rückkopplungen:

---

[2] Bateson, G.: Geist und Natur. Frankfurt a. M. 1982, S. 129f.

„Stellen Sie sich eine Maschine vor, an der wir, sagen wir, vier Teile unterscheiden, die ich locker als 'Schwungrad', 'Regler'. 'Treibstoff' und 'Zylinder' bezeichne. Überdies ist die Maschine zweifach mit der äußeren Welt verbunden, nämlich durch die 'Energie-Eingabe' und die 'Last', die man sich als variabel vorzustellen hat und die vielleicht auf dem Schwungrad lastet. Die Maschine ist in dem Sinne zirkulär, daß das Schwungrad den Regler antreibt, der die Treibstoffzufuhr verändert, welche den Zylinder versorgt, der seinerseits das Schwungrad antreibt" (Bateson 1982, S. 129f.).

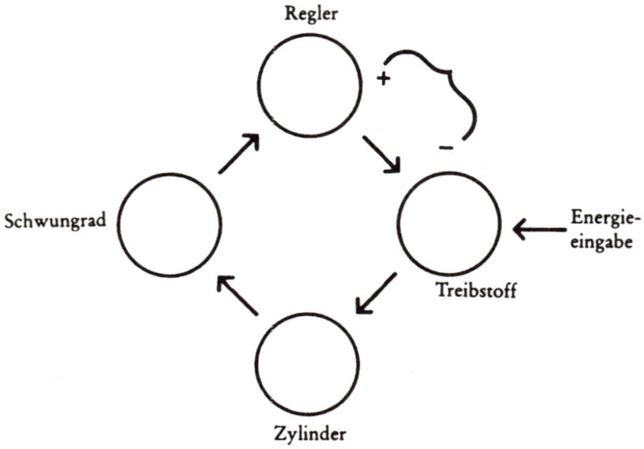

Wenn sich Bateson jedoch mit lebenden oder sozialen Systemen befaßt, hat er diesen Systembegriff unter der Hand erweitert und verändert, ohne dabei eine systematische Einführung in seine neue Systemtheorie zu geben.

Ein Versuch einer systematischen Zusammenfassung der Systemtheorie von Bateson findet sich dann erstmals in den „5 Axiomen menschlicher Kommunikation" bei Watzlawick u.a.[3]

Auf der Basis von Bateson und Watzlawick läßt sich die Systemtheorie in der Tradition von Bateson in sechs Hauptthesen definieren:

(1) Die Elemente eines sozialen Systems sind die in diesem System handelnden Personen.

Soziale Systeme, so Bateson, bestehen aus „teilnehmenden Individuen".[4] Als Beispiele werden Familien, Patienten-Systeme oder politische Parteien aufgeführt. Elemente des sozialen Systems „Partei" sind Geschäftsführer, Verwaltungsassistenten, Mitglieder des Komitees und technische Ratgeber, wobei die einzelnen Gruppen ihrerseits verschiedene „Subsysteme" bilden können (Ruesch/Bateson 1995, S. 174ff.).

Damit folgt Bateson der klassischen Auffassung von Systemtheorie, indem er Personen als Elemente sozialer Systeme definiert. Er vertritt dabei eine Position, die sich deutlich vom Ansatz Luhmanns unterscheidet: Bateson definiert Systeme zunächst über die Elemente. Diese Elemente sozialer Systeme sind die jeweiligen Personen und nicht (wie bei Luhmann) einzelne Kommunikationsereignisse.

---

[3] Watzlawick, P. u.a.: Menschliche Kommunikation. Bern 1969, S. 50ff.

[4] Ruesch, J./Bateson, G.: Kommunikation. Heidelberg 1995, S. 305.

(2) Jede Person in einem sozialen System deutet Wirklichkeit.
Bateson spricht in diesem Zusammenhang davon, daß jedes Objekt, jedes Ereignis oder jeder Unterschied eine „Informationsquelle“ werden kann, indem es von anderen Personen gedeutet wird:

„Zuerst haben wir festzustellen, daß jedes Objekt, jedes Ereignis oder jeder Unterschied in der sogenannten 'Außenwelt' eine Informationsquelle werden kann...“ (Bateson 1982, S. 137f.).

Bateson verdeutlicht dies anhand eines von dem Mathematiker Paul Korzybski stammenden Satzes „die Karte ist nicht das Territorium, und der Name ist nicht die benannte Sache“:

„Dieses Prinzip... erinnert uns ganz allgemein daran, daß wir, wenn wir an Kokosnüsse oder Schweine denken, keine Kokosnüsse oder Schweine im Gehirn haben. Etwas abstrakter betrachtet, besagt Korzybskis Behauptung, daß in allem Nachdenken, in der Wahrnehmung oder in der Kommunikation über Wahrnehmung eine Umwandlung stattfindet, eine Codierung, die zwischen dem Bericht und der berichteten Sache, dem Ding an sich... vermittelt“ (Bateson 1982, S. 40f.).

Bateson gibt folgendes Beispiel: Man stelle sich vor, eine Person A gebe irgendeinen Laut von sich. Wenn eine Person B die Absicht hat, sich mit A's Hinweisen zu befassen, muß B dieses Verhalten deuten: Handelt es sich um eine „Drohung, eine sexuelle Annäherung, eine erzieherische Geste oder einen Hinweis auf die Zugehörigkeit zu derselben Spezies?“ (Bateson 1982, S. 144).

Watzlawick verdeutlicht das Merkmal, daß sich Menschen in sozialen Systemen ein Bild von der Wirklichkeit machen, in drei Axiomen:

- **1. Axiom: Man kann nicht nicht kommunizieren.**
  Jedes Verhalten in einem sozialen System wird gedeutet: Wenn von zwei Flugpassagieren sich der eine, A, unterhalten will und der andere, B, aber nicht, dann hat B drei Möglichkeiten: B kann dem anderen klar machen, daß er an einem Gespräch nicht interessiert ist, B kann auch nachgeben, oder B kann versuchen, „die eigenen Aussagen oder die des Partners zu entwerten“ - in jedem Fall aber teilt er dem anderen etwas mit bzw. sein Verhalten wird von A gedeutet (Watzlawick 1969, S. 74f.). Entsprechend formulierte schon Bateson: „Der nicht geschriebene Brief, die nicht vorgebrachte Entschuldigung, das für die Katze nicht hingestellte Futter - all das kann eine hinreichende und wirkungsvolle Mitteilung sein“ (Bateson 1982, S. 62).
- **4. Axiom: Menschliche Kommunikation bedient sich digitaler und analoger Modalitäten.**
  Watzlawick greift damit eine Unterscheidung auf, die sich auch schon bei Bateson findet (z.B. 1982, S. 139), wobei sich digital und analog im groben mit „verbal“ und „nonverbal“ übersetzen läßt. Damit wird das vierte Axiom zu einer Erläuterung des ersten: In sozialen Situationen wird ebenso verbales wie nonverbales Verhalten gedeutet.

– **2. Axiom: Jede Kommunikation besitzt einen Inhalts- und einen Beziehungsaspekt.**
Auch dieses Axiom ist nichts anderes als eine Erläuterung des ersten Axioms: Verhalten wird im Blick auf den Inhalt, aber grundsätzlich auch im Blick auf die Beziehung zwischen zwei Personen gedeutet. Ein klassisches Beispiel dazu findet sich bei Schulz von Thun:[5]

Zwei Personen fahren in einem Auto. Der Beifahrer sagt zur Fahrerin: „Du, da vorne ist grün!" Die Antwort der Beifahrerin darauf lautet: „Fährst Du oder fahre ich!?"

Die Äußerung „Du, da vorne ist grün!" wird von der Fahrerin auf einer inhaltlichen Ebene als Information über einen Sachverhalt und zugleich im Blick auf die Beziehung gedeutet: „Du kannst nicht richtig fahren", „Fahr schneller".

Die These, daß die Personen eines sozialen Systems die Wirklichkeit deuten, bezeichnet den zentralen Unterschied zwischen der Systemtheorie in der Tradition von Bateson und anderen systemtheoretischen Ansätzen. Indem Bateson Personen als Elemente sozialer Systeme definiert, werden Systemtheorie und Hermeneutik verknüpft: Personen werden als Subjekte verstanden, die sich ein Bild von der Wirklichkeit machen und auf der Basis dieses Bildes handeln.

(3) Das Verhalten sozialer Systeme ist von sozialen Regeln bestimmt.
Diese These markiert den Unterschied zwischen sozialen Systemen und technischen Systemen: Technische Systeme sind von Naturgesetzen geleitet, soziale Systeme dagegen von Regeln, nämlich Vorschriften darüber, was die einzelnen Personen in diesem System tun dürfen, sollen oder nicht dürfen:

„Jede soziale Situation ist bestimmt von expliziten oder impliziten Regeln; diese Regeln mögen in der Eingebung des Augenblicks für eine bestimmte Situation geschaffen worden sein, oder sie können das Ergebnis von Tradition von Jahrhunderten sein. Im Kontext der Kommunikation können Regeln als Anweisungen, die den Fluß der Botschaften von einem zum anderen bestimmen, gesehen werden. Insoweit Regeln gewöhnlich einschränkend sind, schränken sie die Möglichkeiten der

5 Schulz von Thun, F.: Miteinander reden: Störungen und Klärungen. Reinbek 1981, S. 25.

Kommunikation zwischen Menschen ein, und, vor allem, sie begrenzen die Handlungen der beteiligten Personen. Regeln können als Kunstgriffe angesehen werden, welche ein gegebenes Kommunikationssystem entweder stabilisieren oder unterbrechen, und sie stellen Anweisungen für alle Eventualitäten bereit. Die Bedeutung von Regeln, Regulationen und Gesetzen ist am besten zu verstehen, wenn man an ein Kartenspiel denkt, an dem mehrere Personen beteiligt sind. Die Kommunikationskanäle sind vorgeschrieben, die Abfolge der Botschaften ist reguliert und ihre Wirkungen überprüfbar. Die Regeln erklären auch, daß bestimmte Botschaften zu bestimmten Zeiten an bestimmte Leute nicht erlaubt sind und daß denen, welche die Regeln brechen, bekannte Strafen auferlegt werden. Darüber hinaus gibt es immer Vorschriften über den Beginn des Spiels, die Aufteilung von Funktionen auf Rollen und die Beendigung des Spiels" (Ruesch/Bateson 1995, S. 39f.).

Bateson spricht in diesem Zusammenhang vom „Kontext": Daß wir bestimmte Handlungen als „Spiel" und nicht als „Ernst" deuten, ergibt sich aus dem jeweiligen Kontext, aus bestimmten Regeln, die festlegen, was noch Spiel oder was schon Ernst ist (z.B. Bateson 1982, S. 158).

Watzlawick führt in den Axiomen „Regel" nicht als eigenen Grundbegriff der Systemtheorie ein, macht aber immer wieder davon Gebrauch. Ein Beispiel dafür ist die Episode eines Ehepaares, das über den Besuch eines Freundes ins Streiten gerät:

„Ein Ehepaar berichtet in seiner gemeinsamen Psychotherapiesitzung folgenden Vorfall. Als der Mann am Vortag allein daheim war, erhielt er den Anruf eines guten Freundes, der ihm mitteilte, daß er (der Freund) demnächst geschäftlich in jener Gegend zu tun habe. Der Ehemann bot ihm sofort das Gästezimmer in seinem Haus an, wie er und seine Frau es schon früher bei ähnlichen Gelegenheiten getan hatten. Als seine Frau jedoch bei Rückkehr von dieser Einladung erfuhr, kam es zu einem heftigen Ehestreit. In der Sitzung ergibt sich, daß sich die beiden über die Selbstverständlichkeit der Einladung des Freundes völlig einig sind und daß daher auch die Frau nicht anders gehandelt hätte, wenn sie zur Zeit des Anrufs daheim gewesen wäre. Die beiden sind überrascht, feststellen zu müssen, daß sie sowohl dieselbe Meinung als auch eine grundlegende Meinungsverschiedenheit über ein und denselben Sachverhalt haben.
In Wirklichkeit handelt es sich um zwei ganz verschiedene Sachverhalte. Der eine betrifft die Einladung als solche, und darüber können sie digital kommunizieren, der andere dagegen einen ganz spezifischen Aspekt ihrer Beziehung - nämlich die Frage, ob einer von ihnen das Recht hat, eine Initiative ohne Befragung des anderen zu ergreifen" (Watzlawick u.a. 1969, S. 79).

Uneins sind sich die Ehepartner nicht über den Inhalt, sondern über die Regeln, die die Beziehung definieren: Hat ein Partner das Recht, einen anderen ohne Absprache einzuladen?

(4) Aus subjektiven Deutungen und Regeln ergeben sich in sozialen Systemen zirkuläre Interaktionsstrukturen (Regelkreise).

Ein soziales System, so Bateson, hat „einen zirkulären Charakter, in dem Veränderung, Korrektur und Selbstregulation" eingeschlossen sind (Ruesch/Bateson 1995, S. 176).

Bateson greift hier das Regelkreis- oder Rückkopplungsmodell der klassischen Systemtheorie auf (Bateson 1982, S. 129f.), das er nunmehr auf soziale Systeme anwendet: Zirkuläre Interaktionsstrukturen entstehen dadurch, daß sich Verhaltensweisen wechselseitig verstärken:

„Bei meiner eigenen Arbeit mit dem Iatmul-Stamm am Sepik-Fluß in Neu Guinea habe ich herausgefunden, daß verschiedenartige Relationen zwischen Gruppen und zwischen verschiedenen Typen von Sippen durch einen Verhaltensaustausch charakterisiert waren, so daß, je mehr A ein gegebenes Verhalten an den Tag legte, die Wahrscheinlichkeit desto höher war, daß B dasselbe Verhalten zeigte. Das bezeichnete ich als symmetrischen Austausch. Umgekehrt gab es auch stilisierte Formen des Austauschs, in denen B's Verhalten sich zwar von A's unterschied, ihm aber komplementär war" (Bateson 1982, S. 131).

Der Unterschied zu technischen Systemen besteht hier darin, daß bei sozialen Systemen Regelkreise bzw. Interaktionsstrukturen durch die jeweiligen Deutungen der Situation entstehen. Watzlawick formuliert dies im dritten Axiom: „Die Natur einer Beziehung ist durch die Interpunktion der Kommunikationsabläufe bestimmt", also die wechselseitigen Deutungen der Situation (Watzlawick u.a. 1969, S. 61). Er gibt dazu das mittlerweile klassische Nörgler-Rückzug-Beispiel: Der Mann verhält sich passiv zurückgezogen, während die Frau nörgelt (Schulz von Thun 1983, S. 86):

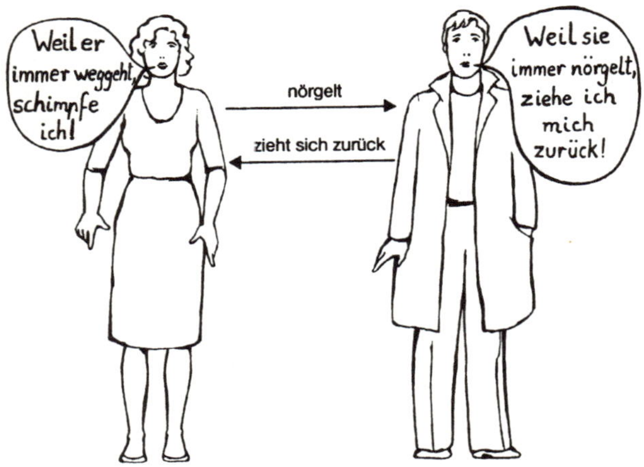

Jeder deutet diese Situation unterschiedlich:

- Die Frau deutet das Verhalten als Interesselosigkeit und ihr Verhalten als Reaktion auf das des Mannes.
- Der Mann deutet das Verhalten der Frau als Kritik und Ablehnung und entsprechend sein Verhalten als Reaktion auf dasjenige der Frau.

Daraus ergibt sich eine regelmäßig wiederkehrende Interaktionsstruktur (ein Regelkreis) von Kritik und Rückzug.

Watzlawicks fünftes Axiom gibt eine zusätzliche Erläuterung der Regelkreise. Dabei greift Watzlawick auf Batesons Unterscheidung zwischen „symmetrisch" und „komplementär" zurück:

„Zwischenmenschliche Kommunikationsabläufe sind entweder symmetrisch oder komplementär, je nachdem, ob die Beziehung zwischen Partnern auf Gleichheit oder Unterschiedlichkeit beruht" (Watzlawick u.a. 1969, S. 70).

Bateson, Watzlawick und im Anschluß daran Haley bestimmen symmetrische Kommunikation nicht als Gleichberechtigung, sondern als eine Interaktion, die durch gleiches Verhalten gekennzeichnet ist. Komplementäre Interaktion wird als unterschiedlich, aber wechselseitig zueinander passend bestimmt:

„Symmetrische Beziehungen zeichnen sich also durch Streben nach Gleichheit und Verminderung von Unterschieden zwischen den Partnern aus, während komplementäre Interaktionen auf sich gegenseitig ergänzenden Unterschiedlichkeiten basieren" (Watzlawick u.a. 1969, S. 69).

Symmetrische Interaktion im Sinne von Bateson und Watzlawick führt in vielen Fällen zur Eskalation und Konflikt und ist damit nicht mit einer Dialogsituation zu verwechseln, in der wie beim Modell des herrschaftsfreien Diskurses jedem das gleiche Recht zukommt, Behauptungen oder Empfehlungen vorzuschlagen und zu begründen, um zu einem wahren und zwanglosen Konsens zu gelangen.

Zirkuläre Strukturen sind erforderlich, so Bateson, um ein soziales System zu stabilisieren: Veränderung, Korrektur und Selbstregulation führen dazu, daß sich ein soziales System im Gleichgewicht hält. Das Interaktionssystem nörgelnde Frau - sich zurückziehender Mann kann sich in bestimmten Grenzen verändern (das Schimpfen kann mehr oder weniger häufig sein, der Rückzug mehr oder weniger häufig erfolgen), aber es besteht die Chance, daß sich das System dabei stabilisiert.

Zwei weitere Merkmale des Systembegriffs in der Tradition von Bateson seien hier noch erwähnt. Sie zählen zu den klassischen Merkmalen des Systembegriffs, obwohl sie bei Bateson und Watzlawick eher am Rande erwähnt und erst später, insbesondere in der Tradition der systemischen Therapie, thematisiert werden.

(5) Soziale Systeme sind durch eine Systemgrenze von der Umwelt abgegrenzt. Bateson führt dieses Merkmal insbesondere bei technischen und biologischen Systemen auf. Dabei weist er zugleich darauf hin, daß Systemgrenze mehr oder weniger durchlässig sein kann:

- Eine Maschine als ein technisches System ist auf unterschiedliche Arten (z.B. die Energieeingabe) mit der Umwelt verbunden (Bateson 1982, S. 130).
- Ein Organismus als ein biologisches System grenzt sich von der Umwelt ab (Ruesch/Bateson 1995, S. 211ff.).
- Auch soziale Systeme wie eine Partei können mehr oder weniger von der Umwelt „isoliert" sein (Ruesch/Bateson 1995, S. 176). Systemgrenzen können dann auch innerhalb eines sozialen Systems bestehen, wobei sie dann verschiedene Subsysteme voneinander unterscheiden.

Die Systemgrenze ist in der Tradition von Bateson insbesondere in der sogenannten strukturellen Familientherapie hervorgehoben worden. So betont Salvadore Minuchin in einer Familie die Wichtigkeit von Subsystemen (Eltern-System, Subsystem der Kinder), die deutlich voneinander abgegrenzt sein müssen. Dabei sind Subsysteme zum einen durch bestimmte Personen, zugleich aber durch bestimmte Regeln abgegrenzt: Es gibt Regeln, welche Themen zwischen Eltern, aber nicht mit den Kindern besprochen werden. Wenn solche Systemgrenzen aufgelöst werden, indem Eltern alles nur noch mit Kindern gemeinsam besprechen, löst sich das Elternsystem als eigenständiges System auf.[6]

(6) Soziale Systeme haben eine Geschichte, die durch Anfangspunkt, Entwicklung und Endpunkt charakterisiert ist.

Auch dies schließt an die klassischen Merkmale der Systemtheorie an, Systeme haben einen Anfang und einen Endpunkt:

„Jedes gegebene System verkörperte Zeitrelationen, das heißt, war durch Zeitkonstanten charakterisiert, die durch das vorgegebene Ganze determiniert wurden“ (Bateson 1982, S. 134).

Aber die Besonderheit sozialer Systeme besteht darin, daß die Zeit für die Personen eine Bedeutung besitzt. Bateson verdeutlicht das an dem sozialen System Psychiater und Patient. Der Patient kommt mit gedeuteten Geschichten aus der Vergangenheit zum Psychiater:

„Aber ich komme mit Geschichten - nicht einfach einem Vorrat an Geschichten, den ich beim Analytiker abliefere, sondern Geschichten, die in mein gesamtes Dasein eingebaut sind. Die Muster und Abfolgen der Kindheitserfahrung sind in mich eingebaut. Vater hat das und das getan; meine Tante tat das und das; und was sie taten, geschah außerhalb meiner Haut. Aber was ich auch immer dabei gelernt haben mag, mein Lernen spielte sich innerhalb meiner Erfahrungssequenz von dem ab, was diese wichtigen anderen - meine Tante, mein Vater - taten“ (Bateson 1982, S. 24).

Geschichte bedeutet hier zugleich, daß soziale Systeme einen Anfangs- und einen Endpunkt haben. Der Endpunkt oder Tod des sozialen Systems ist eine Eigenschaft, die soziale Systeme mit psychischen teilen: Es ist die Auflösung eines sozialen Systems:

„Im Tod werden diese Teile demontiert oder dem Zufall unterworfen... Tod ist das Aufbrechen der Kreisläufe und damit die Destruktion von Autonomie“ (Bateson 1982, S. 161).

Ende eines Systems kann bedeuten, daß Interaktionsmuster sich soweit verändern, bis das System zusammenbricht. Das gilt bereits für Maschinen als Systeme:

„Es gab mehrere mögliche Verhaltensweisen: Einige Maschinen drehten durch und erhöhten ihre Geschwindigkeit exponentiell, bis sie kaputt waren, andere wurden immer langsamer, bis hin zum Stillstand“ (Bateson 1982, S. 133).

Entsprechendes gilt für komplexe Systeme: Zu einem Zeitpunkt greift die „Kalibrierung“ des Systems nicht mehr (das System kann sich nicht wieder ausgleichen):

„Beispielsweise hat graduelles Wachstum in einer Population, ob von Automobilen oder von Menschen, keine spürbare Auswirkung auf ein Transportsystem, bis die Toleranzschwelle plötzlich überschritten wird und der Verkehr sich staut. Die Veränderung einer Variablen exponiert einen kritischen Wert der anderen“ (Bateson 1982, S. 75).

Dieser zeitliche Aspekt sozialer Systeme dann insbesondere von Virginia Satir weiter ausgeführt, die unter Rückgriff auf Rogers die Veränderung eines sozialen

[6] Minuchin, S.: Familien und Familientherapie. Freiburg 1977.

Systems als Entwicklung bestimmt und Veränderung als Grundlage therapeutischer Interventionen ansieht:

„Veränderung ist der Grundstein jeder Therapie und Erziehung... Veränderung, so wie wir diesen Begriff benutzen, ist demnach im Grunde ein inneres Geschehen, durch daß es wiederum zu äußeren Veränderungen kommt.“[7]

4.3.3 Forschungsmethodik

Bateson und Watzlawick haben keine eigene Forschungsmethodik entwickelt. Bateson als Anthropologe wendet die seinerzeit geläufigen Forschungsmethoden der Anthropologie (z.B. teilnehmende Beobachtung anderer Kulturen) an. Watzlawicks Schwerpunkt liegt auf einer systematischen Darstellung des Konzeptes von Bateson, auf Fragen der theoretischen Grundlegung sowie auf therapeutischen Fragen, so daß hier forschungsmethodische Probleme nicht berücksichtigt werden.

Andererseits ergeben sich aus dem Systembegriff von Bateson unmittelbar Konsequenzen für das forschungsmethodische Vorgehen: Wenn soziale Systeme durch regelmäßige Verhaltensmuster, aber auch durch subjektive Deutungen der beteiligten Personen sowie durch soziale Regeln gekennzeichnet sind, dann heißt dies für die Analyse sozialer Systeme, daß sie sowohl als Verhaltensanalyse als auch auf die Erfassung von subjektiven Deutungen und Regeln hin angelegt werden muß. Daraus ergibt sich die Anschlußfähigkeit des systemtheoretischen Ansatzes in der Tradition von Bateson gegenüber den Forschungstraditionen quantitativer und qualitativer Forschung:

(1) Interaktionsstrukturen lassen sich auf der Basis systematischer Verhaltensbeobachtungen erfassen: Es ist zu untersuchen, wie häufig bestimmte Verhaltensweisen immer wieder auftreten.

(2) Die Erfassung subjektiver Deutungen der Person eines Systems erfordert demgegenüber Verfahren qualitativer Forschung, wobei insbesondere qualitative Interviewverfahren im Rahmen der systemtheoretischen Ansätze genutzt und auch weiterentwickelt wurden.[8]

(3) Regeln lassen sich mit Hilfe von Beobachtung, aber auch auf der Basis von Interviews oder komplexen Analyseverfahren wie der Objektiven Hermeneutik erfassen.[9]

---

7 Satir, Virginia, u.a.: Das Satir-Modell. Familientherapie und ihre Erweiterung. Paderborn 1995, S. 103.

8 König, E./Volmer, G.: Systemische Organisationsberatung. Grundlagen und Methoden. Weinheim (5.Aufl.) 1997, S. 141ff.

9 Volmer, G./Zedler, P.: Qualitative Erforschung sozialer Regeln. In: König, E./ Zedler, P. (Hrsg.): Bilanz qualitativer Forschung. Bd. 2, Weinheim 1995, S. 425-434.

Als Beispiel für das forschungsmethodische Vorgehen auf der Basis des systemtheoretischen Ansatzes in der Tradition von Bateson sei hier die von König/Hillbrink entwickelte systemische Bildungsbedarfsanalyse aufgeführt.[10]

Bildungsbedarfsanalysen sind seit den 70er Jahren geläufige Verfahren, um Bildungs- bzw. Qualifikationsbedarf zu erfassen: Welche Kenntnisse, Fähigkeiten und Fertigkeiten benötigt ein Mitarbeiter in einem Kindergarten? Welchen Bildungsbedarf haben Mitarbeiter in einem Unternehmen, in dem Teamarbeit eingeführt wird? Was müssen sie dafür neu lernen? Was muß eine Oberstudienrätin lernen, die eine Führungsposition als Konrektorin übernimmt?

Üblicherweise finden sich zur Erfassung des Bildungsbedarfs herkömmliche quantitative und qualitative Methoden wie Arbeitsplatzanalysen, Fragebogen, Tests oder Interviews. Nicht berücksichtigt wird dabei jedoch, daß Bildungsbedarf in einem sozialen System stets Ergebnis unterschiedlicher Perspektiven ist:

- Der betreffende Mitarbeiter sieht aus seiner Sicht, wo er seine Kenntnisse und Fähigkeiten erweitern möchte.
- Die Perspektive eines Vorgesetzten oder eines Kunden wird möglicherweise andere Themen als Bildungsbedarf ansetzen: Der Mitarbeiter sollte lernen, sich mehr durchzusetzen.
- Schließlich gibt es in dem betreffenden sozialen System bestimmte Regeln, die Bildungsbedarf festlegen. So gilt, daß alle Mitarbeiter vielleicht die Transaktionsanalyse kennen sollten. Oder es gibt die geheime Regel, daß Führungskräfte nichts mehr zu lernen brauchen.

Wenn man versucht, diese Überlegungen umzusetzen, so bietet sich als Methode eine Gruppendiskussion an, bei der mit Hilfe von Leitfragen verschiedene Perspektiven erfaßt werden. Daraus kann sich folgendes Fragedesign für eine Gruppenbefragung einer Vorgesetzten und ihres Mitarbeiters ergeben:

(1) Der Mitarbeiter und seine Vorgesetzte bereiten unabhängig voneinander das Interview vor. Grundlage sind folgende Leitfragen:

- Was sind gegenwärtige und zukünftige Aufgaben des Mitarbeiters?
- Welche Qualifikationen besitzt der Mitarbeiter für diese Aufgaben?
- Welche Qualifikationen sollte er noch erwerben, erweitern oder vertiefen?
- Wie kann er diese Qualifikationen erwerben? Wäre der Besuch von Seminaren geeignet, die individuelle Unterstützung am Arbeitsplatz, welche Möglichkeiten gibt es darüber hinaus?

(2) Ein (neutraler) Interviewer führt das Interview gleichzeitig mit der Vorgesetzten und dem Mitarbeiter. Dabei gelten die bereits in Kapitel 5 des 3. Teils erwähnten Grundsätze für die Führung qualitativer Interviews:

---

[10] König, E./Hillbrink, A.: Schritte der Systemischen Bildungsbedarfsanalyse. In: König, E./Volmer, G. (Hrsg.): Praxis der Systemischen Organisationsberatung. Weinheim 1997, S. 115-130.

- genaue Orientierung über Sinn und Zweck des Interviews,
- Gliederung des Interviewverlaufs nach Leitfragen, wobei es zweckmäßig ist, zunächst die Perspektive des Mitarbeiters und dann als Kontrastierung oder Ergänzung die der Vorgesetzten zu erfassen,
- gezielte Klärung der jeweiligen Sichtweisen: Was genau heißt, daß der Mitarbeiter „mehr Standing" haben soll? In welcher Situation wurde das deutlich? Heißt es, daß er nicht sofort zustimmen soll, wenn er nicht wirklich dahintersteht?

(3) Ergebnis einer solchen Bildungsbedarfsanalyse sollte dann ein Kontrakt zwischen der Vorgesetzten und dem Mitarbeiter über bestimmte Bildungsmaßnahmen sein, wobei zur Heranbildung dieses Kontraktes die verschiedenen Perspektiven berücksichtigt werden.

Literaturhinweise zu diesem Kapitel:
König, E./Volmer, G.: Systemische Organisationsberatung. Weinheim (5. Aufl.) 1997, S. 140-179.
König, E./Hillbrink, A.: Schritte der Systemischen Bildungsbedarfsanalyse. In: König, E./Volmer, G. (Hrsg.): Praxis der Systemischen Organisationsberatung. Weinheim 1997, S. 115-130.

Arbeitsanregung:
Versuchen Sie, für Ihren Arbeitsbereich eine Bildungsbedarfsanalyse aus systemischer Perspektive durchzuführen:
- Welche Perspektiven sollten dabei berücksichtigt werden?
- Wie lassen sich diese verschiedenen Perspektiven erfassen?

Entwickeln Sie dafür ein Befragungsdesign und führen Sie soweit möglich die entsprechenden Erhebungen durch.

4.3.4 Konsequenzen für die pädagogische Praxis

Die praktische Anwendung der Systemtheorie in der Tradition von Bateson erfolgte zunächst im Bereich der Familientherapie. Exemplarisch läßt sich dabei das Vorgehen am „Sündenbock-Phänomen" verdeutlichen: Wenn ein Kind in einer Familie Probleme hat, muß das keineswegs an diesem Kind liegen, sondern hat etwas mit dem gesamten sozialen System, nämlich mit anderen Personen, ihren subjektiven Deutungen, den Regeln, der Umwelt und der Geschichte des Problems zu tun: Möglicherweise gibt es zwischen den Eltern Probleme, die nicht ausgesprochen, sondern auf das Kind verlagert werden.

Ein zweites Anwendungsgebiet ist die Systemische Organisationsberatung, wie sie zu Beginn der 90er Jahre insbesondere von Eckard König und Gerda Volmer entwickelt wurde.[11] Es liegt nahe, an diesem Beispiel die Konsequenzen der Systemtheorie in der Tradition von Bateson für das praktische Handeln in der Erziehungspraxis darzustellen:

---

[11] König, E./Volmer, G.: Systemische Organisationsberatung. Grundlagen und Methoden. Weinheim (5.Aufl.) 1997.

(1) Die Ausgangssituation

Im Team eines Internates (oder in einem Team in einer Schule, einem Krankenhaus, einem Unternehmen oder einer sonstigen Organisation) sind in letzter Zeit zunehmende Probleme aufgetreten. Eine Organisationsberaterin wird um Unterstützung gebeten. Offizielles Thema ist, daß es Schwierigkeiten mit einem Kollegen gibt.

(2) Grundannahmen für den Beratungsprozeß

Vor dem Hintergrund der Systemtheorie in der Tradition von Bateson formuliert die Beraterin in der Eingangsphase Grundsätze ihres Vorgehens:

- Systemische Beratung bedeutet, das gesamte soziale System in den Blick zu nehmen. In der vorliegenden Situation gibt es nicht „den Schuldigen“, sondern jeder hat am Zustandekommen der gegenwärtigen Situation Anteil. Entsprechend hat jeder die Möglichkeit, zu einer Veränderung beizutragen.
- Systemische Beratung bedeutet nicht, daß von außen Anweisungen gegeben werden. Beratung ist Unterstützung des sozialen Systems, sich selbst weiter zu entwickeln. Das kann heißen, daß das System unterstützt wird, sich über seine Situation klar zu werden und neue Lösungen zu finden. Das kann aber ebenso gut bedeuten, daß die Beraterin Vorschläge macht. Aber die Entscheidung für diese Vorschläge bleibt beim sozialen System.

(3) Die Ist-Analyse

In vielen Fällen ist es zweckmäßig, zu Beginn die Themen festzulegen, an denen gearbeitet werden soll. Die Beraterin setzt hier nicht mit einem fertigen Plan an, sondern das soziale System legt aus seiner Sicht die Themen fest.

Üblicherweise beginnt man hier mit der Sammlung zu bearbeitender Probleme, wobei die jeweiligen Themen entweder auf Flipchart oder auf Moderationskarten notiert werden. In obigem Beispiel wurden u.a. genannt:

- Es gibt atmosphärische Schwierigkeiten, ohne daß sie angesprochen werden.
- Es gibt permanente Diskussionen, aber nichts geschieht.
- Man weiß nichts voneinander.
- Es gibt zwischen zwei Mitarbeitern eine „alte Geschichte“, die bislang nicht aufgearbeitet wurde.
- Es fehlt angesichts von Verwaltungsaufgaben Zeit für die eigentliche Arbeit mit den Kindern.

In der weiteren Diskussion stellt sich heraus, daß für die Teilnehmer jene „alten Geschichten“ offenbar das momentan dringendste Problem sind, an dem gearbeitet werden sollte.

Auch hier spielt wieder der theoretische Rahmen der Systemtheorie in der Tradition von Bateson eine Rolle: Systemische Beratung bedeutet, daß Schwierigkeiten aus den unterschiedlichen Faktoren sozialer Systeme resultieren können: aus den Personen, ihren subjektiven Deutungen, den Regeln, den Interaktionsstrukturen, den

Abgrenzungen gegenüber der Systemumwelt und der Geschichte des Systems. Hier deutet sich an, daß insbesondere die Geschichte des Teams eine Rolle spielt, die dann Auswirkungen auf die subjektiven Deutungen der verschiedenen Personen hat. Ferner sind bestimmte Interaktionsmuster (lange Verfahrensdiskussionen ohne praktisches Ergebnis) zu thematisieren.

(4) Die Intervention

Vereinbart wird, zunächst jene „alten Geschichten“ zu bearbeiten. Zielstellung dabei ist, daß jeder lediglich „seine Sicht“ der alten Geschichte darstellt. Das bedeutet, daß die jeweiligen subjektiven Deutungen der einzelnen Personen transparent gemacht werden. Ergebnis ist, daß es damals nicht den Schuldigen gab, sondern daß jeder in dieser Situation verständliche Motive hatte, jeder aber auch Verletzungen erlitt. Vereinbart wird, diese „Leichen aus der Vergangenheit“ „respektvoll und würdig“ zu begraben.

(5) Das weitere Vorgehen

Je nach den Bedürfnissen des Systems werden in den folgenden Sitzungen weitere Themen bearbeitet. Ein Schwerpunkt bildet dabei die Analyse von Interaktionsstrukturen und ihre Abänderung auf der Basis bestimmter Regeln. So stellt sich als Problem heraus, daß großer Aufwand mit Protokollen betrieben wird, die dann aber häufig nicht mehr gelesen werden. Um das zu vermeiden, wird als zukünftige Regel vereinbart, daß jeweils von einem Teilnehmer lediglich handschriftlich die Ergebnisse protokolliert werden und daß diese Mitschrift anschließend unmittelbar fotokopiert und verteilt wird.

Systemtheorie in der Tradition von Bateson, das zeigt das Beispiel, gibt Hinweise, worauf die Aufmerksamkeit bei der Bearbeitung konkreter Probleme zu richten ist. Sie gibt damit einen Rahmen. Ergänzt werden muß dieser theoretische Rahmen, durch konkrete praktische Verfahren. Auf obiges Beispiel bezogen:

- Wie kann abgesichert werden, daß das Beratungsgespräch nicht in erneuten wechselseitigen Angriffen endet?
- Wie können dysfunktionale Regeln verdeutlicht und geändert werden?
- Wie können die Personen des sozialen Systems dabei unterstützt werden, das Team anders und positiver zu sehen? Wie kann beim Erzählen jener alten Geschichte vermieden werden, daß damals erlebte Verletzungen neu aufbrechen?

Literaturanregung:
Wenn Sie sich mit den entsprechenden Verfahren befassen wollen, empfehlen wir Ihnen:
König, E./ Volmer, G.: Systemische Organisationsberatung. Weinheim (5. Aufl.) 1997.
Satir, V.: Kommunikation, Selbstwert, Kongruenz. Paderborn 1990.

4.3.5 Beurteilung

Es liegt auf der Hand, daß eine distanzierte Beurteilung schwer fällt, wenn einer der Autoren sich selbst dieser Richtung zuordnet. Trotzdem sollen hier wenigstens einige Punkte genannt werden, die in der Diskussion um das Konzept immer wieder auftreten.

(1) Ein Vorteil der Systemtheorie in der Tradition von Bateson liegt unseres Erachtens darin, daß es sich hierbei um ein Konzept handelt, das den Ansatz der Hermeneutik und der qualitativen Forschung integrieren kann. Indem Systeme als Systeme handelnder Personen definiert werden, eröffnet das Anschlußmöglichkeiten an die hermeneutische Tradition und stellt die Bedeutung, die Personen einer Situation geben, als zentrale Grundannahme heraus. Indem Systeme andererseits aber auch von Interaktionsstrukturen bestimmt sind, wird damit zugleich eine Verhaltensebene sichtbar, bei der Regelmäßigkeiten des Verhaltens zu untersuchen sind. Dabei führt Systemtheorie in der Tradition von Bateson die in der Erziehungswissenschaft schon lange Zeit proklamierte, theoretisch aber nicht eingelöste Verbindung von qualitativen und quantitativen Forschungsmethoden weiter.

(2) Im Unterschied zum Ansatz von Luhmann ist in der Systemtheorie in der Tradition von Bateson ein praktisches Interesse vorrangig: Ziel ist es, soziale Systeme wie Familien, Schulen und Unternehmen Möglichkeiten aufzuzeigen, eigene Zielsetzung zu klären und zu besseren Problemlösungen zu gelangen. Damit korrespondiert ein umfangreiches Methodenrepertoire, das eine Fülle von Handlungsmöglichkeiten für die Bearbeitung konkreter Problemsituationen bietet.

(3) Die Frage der normativen Grundlegung nach einer systemtheoretischen Wissenschaft wird bei Bateson und Watzlawick nicht thematisiert. Virginia Satir dagegen greift ausdrücklich auf das Menschenbild in der Tradition der humanistischen Psychologie zurück, indem sie die Autonomie des einzelnen und des sozialen Systems in den Mittelpunkt stellt. Systemische Beratung und Therapie, so wird hier deutlich, sind keine Technik, sondern setzt ein humanistisches Menschenbild und damit Verantwortlichkeit des Beraters voraus.

Allerdings ist auch bei Satir dieses humanistische Menschenbild mehr in der praktischen Arbeit zugrundegelegt und weniger theoretisch reflektiert. Wissenschaftstheoretische Fragen wie die Legitimation eines solchen Ansatzes kommen hier nicht in den Blick und wären weiter zu diskutieren.

(4) Aus dem vorrangig praktischen Interesse des systemtheoretischen Ansatzes in der Tradition von Bateson resultiert, daß eine Reihe von theoretischen Problemen weiterer Klärung bedürfen:

– Wie lassen sich Probleme, die durch die gesellschaftliche Umwelt erzeugt werden, in einem systemtheoretischen Ansatz adäquat beschreiben und analysieren?

- Wie läßt sich die „Identität“ eines sozialen Systems genauer bestimmen? Bleibt ein Familiensystem noch dasselbe, wenn der Vater zeitweise nicht anwesend ist? Bleibt ein Team als soziales System noch dasselbe, wenn zwar die Personen die gleichen bleiben, aber aufgrund von Umwelteinflüssen sich die Situation völlig geändert hat?
- Wie verläuft der Prozeß der Veränderung von Regeln im sozialen System? Was ist, wenn widersprüchliche Regeln in einem sozialen System gleichermaßen anerkannt werden?
- Wie lassen sich Selbstorganisation und Autonomie eines sozialen Systems genauer bestimmen? Was heißt es, daß ein System die Wirkungen von Interventionen selbst definiert?
- Wie schließlich ist die Entwicklung sozialer Systeme definiert? Wie lassen sich „qualitative Sprünge“ in einem sozialen System genauer erfassen?

(5) Probleme können schließlich bei der Anwendung dieses Systemkonzeptes in der Praxis auf Seiten der „Kunden“ und der Berater auftreten:

- Auf Seiten der Kunden steht häufig die Erwartung, Rezepte und damit unmittelbare Anweisungen zu erhalten. Hier ist es mitunter nicht leicht, ihnen deutlich zu machen, daß ein Berater zwar Anregungen geben kann, daß aber die Personen des jeweiligen Systems letzten Endes selbst für die Lösung ihres Problems Verantwortung tragen und damit nur sie entscheiden können, welche Lösung für sie angemessen ist.
- An Beraterinnen und Berater stellt dieses Konzept hohe Anforderungen: Es bietet kein standardisiertes Vorgehen, nach dem die einzelnen Schritte lediglich auszuführen sind. Statt dessen bietet es eine Fülle von unterschiedlichen Vorgehensweisen, die eine Beraterin beherrschen und situationsgerecht anwenden muß.

Teil 5: Die wissenschaftstheoretische Diskussion um die „richtige Wissenschaft"

Wir haben Ihnen in den vorausgegangenen Teilen einen Überblick über vier zentrale wissenschaftstheoretische Konzepte der Erziehungswissenschaft gegeben: die normative Pädagogik, die verhaltenstheoretische Erziehungswissenschaft, die Hermeneutik und die Systemtheorie. Welches ist denn nun das „richtige" Konzept? Gibt es überhaupt die „richtige Wissenschaft"?

Seit den 70er Jahren gibt es zu dieser Frage eine umfangreiche Diskussion. Drei Ansätze sind hier insbesondere zu nennen: die Paradigmendiskussion, die Diskussion um die „Postmoderne" und der Konstruktivismus.

Alle drei Konzepte liegen auf einer anderen Ebene als die in den vorangegangenen Kapiteln dargestellten wissenschaftlichen Ansätze. Es sind keine wissenschaftlichen, sondern wissenschaftstheoretische Konzepte. Es werden keine Grundbegriffe einer Wissenschaft oder Forschungsmethoden entwickelt, sondern es wird darüber diskutiert, wie wissenschaftliche Entwicklung vonstatten geht und wie Wissenschaft überhaupt zu gesicherten Ergebnissen gelangen kann. Paradigmendiskussion, Postmoderne und Konstruktivismus sind somit metatheoretische Konzepte: Aussagen, die über die Entwicklung und Begründung von Wissenschaft gemacht werden. Deshalb lassen sich daraus auch keine unmittelbaren Folgerungen für das praktische Handeln ableiten, wohl aber liefern sie Argumente zu der Frage, welches das „richtige" wissenschaftliche Konzept der Erziehungswissenschaft sein könnte.

Wir möchten in diesem fünften und abschließenden Teil die wichtigsten metatheoretischen Diskussionen zur Frage der „richtigen Wissenschaft" vorstellen:

- die Paradigmendiskussion im Anschluß an Kuhn,
- die Diskussion um die „Postmoderne" im Anschluß an Lyotard,
- den Konstruktivismus.

Im Anschluß daran möchten wir Ihnen unsere eigene Sichtweise darstellen - nicht, weil wir meinen, daß diese Sichtweise die richtige ist, sondern gleichsam als Quintessenz dessen, was wir als Erziehungs- bzw. Sozialwissenschaftler aus den Diskussionen dieses und der vorangegangenen Kapitel gezogen haben. Sie macht Ihnen die Auffassung der Autoren, die immer schon anklang, nochmals abschließend transparenter und soll Ihnen helfen, sich Ihr eigenes Urteil zu bilden.

5.1 Die Paradigmendiskussion

5.1.1 Historische Entwicklung

Traditionell wird Wissenschaftsentwicklung als zunehmende Annäherung an die Wahrheit, oder (wie man im Kritischen Rationalismus formuliert) als allmählicher Fortschritt zu besser bewährten und umfassenderen Theorien verstanden. So heißt es bei Popper:

„Wenn man die Entwicklung der Wissenschaft näher betrachtet, so findet man wohl, daß wir zwar nicht wissen, wie nah oder wie weit entfernt von der Wahrheit wir sind, daß wir aber immer näher und näher an die Wahrheit herankommen können und das auch tun...

Ich denke nicht, daß solche Äußerungen in irgendeiner Weise irreführend sind. Im Gegenteil, ich glaube, daß wir ohne eine solche Vorstellung einer besseren oder schlechteren Annäherung an die Wahrheit einfach nicht auskommen. Denn es gibt überhaupt keine Zweifel, daß wir von einer Theorie t_2 sagen können und oft zu sagen wünschen, daß sie mit den Tatsachen besser übereinstimmt oder daß sie, soweit wir wissen, mit den Tatsachen besser übereinzustimmen scheint als eine andere Theorie t_1."[1]

Zur Verdeutlichung führt Popper historische Beispiele an:

„Die These, daß das hier vorgeschlagene Kriterium den Fortschritt der Wissenschaft tatsächlich bestimmt, kann an Hand historischer Beispiele leicht illustriert werden. Die Theorien von Kepler und von Galilei wurden vereinigt und überholt durch Newtons logisch stärkere und besser prüfbare Theorie, und ähnlich erging es den Theorien von Fresnel und von Faraday durch die von Maxwell. Newtons und Maxwells Theorien wurden ihrerseits durch die von Einstein vereint und überholt. In jedem dieser Fälle vollzog sich der Fortschritt in Richtung auf eine informativere und daher logisch weniger wahrscheinliche Theorie: nämlich auf eine Theorie, die strenger prüfbar war, weil sie Voraussagen machte, die in einem rein logischen Sinn leichter zu widerlegen waren" (Popper 1995, S. 160).

Wissenschaftsentwicklung wird verstanden als ein Prozeß, bei dem speziellere und weniger überprüfte Theorien durch andere ersetzt werden, die mehr Sachverhalte erklären können und besser bewährt sind.

Diese Auffassung wurde 1962 mit dem Erscheinen des Buches „Die Struktur wissenschaftlicher Revolutionen" des Physikers Thomas S. Kuhn fragwürdig. Kuhn deutet Wissenschaftsentwicklung nicht als allmähliche Entwicklung zu umfassenden und besser bewährten Theorien, sondern als Abfolge unterschiedlicher Wissenschaftskonzepte, sogenannter Paradigmen. Kuhns Buch eröffnet die „Paradigmendiskussion", die dann insbesondere von Imre Lakatos und Paul K. Feyerabend weitergeführt wurde.

Thomas S. Kuhn (geb. 1922 in Cincinnati/USA) war zunächst Physiker und wendete sich dann der Geschichte der Naturwissenschaften zu. Er hat an verschiedenen Universitäten (u.a. Berkeley, Princeton) Professuren für Wissenschaftstheorie und Wissenschaftsgeschichte innegehabt. Seine „Struktur wissenschaftlicher Revolutionen" ist zunächst eine Wissenschaftsgeschichte der Naturwissenschaften,

---

[1] Popper, K.: Lesebuch. Tübingen 1995, S. 177, 178f.

wurde aber aufgrund ihrer allgemeinen wissenschaftstheoretischen Konsequenzen zum entscheidenden Anstoß für die Diskussion um Wissenschaftsentwicklung überhaupt.

Als Einführung seien zwei Aufsätze genannt:
„Die grundlegende Spannung: Tradition und Neuerung in der wissenschaftlichen Forschung" und „Neue Überlegungen zum Begriff des Paradigma". In: Kuhn, T. S.: Die Entstehung des Neuen. Frankfurt a. M. 1978, S. 308-326, 389-420.

Imre Lakatos (1922-1974)
stammt aus Ungarn und studierte Mathematik, Physik und Philosophie. Nach seiner Emigration aus Ungarn lehrte er seit 1960 an der London School of Economics und ab 1969 an der Universität London. Hier gelangte er in engen Kontakt zu Popper, dessen Kritischen Rationalismus er weiterentwickelte.

Als Einführung ist geeignet:
Lakatos, I.: Falsifikation und die Methodologie wissenschaftlicher Forschungsprogramme. In: Lakatos, I./Musgrave, A. (Hrsg.): Kritik und Erkenntnisfortschritt. Braunschweig 1974, S. 81-190, v.a. 89-134 und 167-174.

Paul K. Feyerabend (geb. 1924) studierte in Wien Geschichte, Physik, Astronomie und Philosophie und war seit 1959 Professor für Philosophie an der Universität von Kalifornien in Berkeley. Feyerabend hat Kuhns Kritik an der Wissenschaftstheorie noch weitergeführt und radikalisiert.

Als Einführung ist geeignet:
Feyerabend, P.: Die Torheit der Philosophen. Hamburg 1995.

5.1.2 Wissenschaftsentwicklung als Paradigmenwechsel

Für Kuhn ist Wissenschaftsentwicklung kein Fortschritt zu besser bewährten Theorien, sondern eine Form „wissenschaftlicher Revolutionen", in der jeweils ein Wissenschaftskonzept, ein „Paradigma", von einem anderen abgelöst wird:

„Es gibt Perioden - die ausgeprägtesten und am leichtesten erkennbaren Beispiele sind das Auftreten der Kopernikanischen, der Darwinschen oder der Einsteinschen Theorie -, in denen eine wissenschaftliche Gemeinschaft ein altehrwürdiges Weltbild und eine altehrwürdige Wissenschaftsform aufgibt und zu einem anderen, gewöhnlich damit unvereinbaren Ansatz übergeht. Ich habe im Entwurf behauptet, der Historiker begegne ständig vielen wesentlich kleineren, aber strukturell gleichartigen revolutionären Abschnitten und diese seien für den Fortschritt der Wissenschaft wesentlich. Im Gegensatz zu einer vorherrschenden Auffassung sind die meisten Entdeckungen und Theorien in den Wissenschaften keine bloßen Ergänzungen des bestehenden Wissensbestandes. Um sie einzubauen, muß der Wissenschaftler gewöhnlich sein bisheriges theoretisches und praktisches Rüstzeug umordnen, Teile davon aufgeben und neue Bedeutungen und Beziehungen zwischen vielen anderen erkennen. Da das Alte bei der Aufnahme des Neuen umbewertet und umgeordnet werden muß, sind Entdeckungen und Erfindungen in den Wissenschaften im allgemeinen grundsätzlich revolutionär."[2]

---

[2] Kuhn, T.S.: Die Entstehung des Neuen. Frankfurt a. M. 1978, S. 309f.

Was im einzelnen zu einem Paradigma gehört, bleibt in der „Struktur wissenschaftlicher Revolutionen“ zunächst unscharf. Kuhn hat später versucht, den Paradigmenbegriff zu präzisieren und unterscheidet dabei eine soziologische und eine wissenschaftstheoretische Bedeutung:[3]

(1) Auf einer soziologischen Ebene ist ein Paradigma durch das bestimmt, was den Mitgliedern einer wissenschaftlichen Gemeinschaft gemeinsam ist:

„Ein Paradigma ist das, was den Mitgliedern einer wissenschaftlichen Gemeinschaft, und nur ihnen, gemeinsam ist. Umgekehrt macht der Besitz eines gemeinsamen Paradigmas aus einer Gruppe sonst unverbundener Menschen eine wissenschaftliche Gemeinschaft...

Eine wissenschaftliche Gemeinschaft besteht nach dieser Auffassung aus den Vertretern eines wissenschaftlichen Spezialgebiets. Es verbinden sie Gemeinsamkeiten ihrer Ausbildung und ihrer ersten, noch abhängigen Tätigkeit; sie sehen sich, und werden gesehen, als diejenigen, die für die Verfolgung eines Systems gemeinsamer Ziele verantwortlich sind, darunter die Ausbildung ihrer Nachfolger. Solche Gemeinschaften sind gekennzeichnet durch verhältnismäßig starke Kommunikation innerhalb der Gruppe und verhältnismäßig einmütige Urteile in Fachfragen. Die Mitglieder einer gegebenen Gemeinschaft haben in auffälligem Maße die gleiche Literatur gelesen und die gleichen Lehren aus ihr gezogen. Da sich die anderen Gemeinschaften mit anderen Gegenständen beschäftigen, ist die fachliche Kommunikation über Gruppengrenzen hinweg schwierig, führt oft zu Mißverständnissen und kann, wenn sie fortgeführt wird, wesentliche Meinungsverschiedenheiten herauspräparieren“ (Kuhn 1978, S. 390, 391).

Ein Paradigma ist somit gekennzeichnet durch folgende Gemeinsamkeiten einer wissenschaftlichen Gemeinschaft:

- eine ähnliche Ausbildung, die sich überwiegend auf gleiche Fachliteratur stützt,
- enge Kommunikation in dieser Gemeinschaft,
- übereinstimmende Auffassungen bei einer Reihe von Themen,
- Kommunikationsprobleme mit anderen Gruppen.

(2) Auf wissenschaftstheoretischer Ebene ist das Paradigma durch die „disziplinäre Matrix“ einer Wissenschaft gekennzeichnet, bestimmte symbolische Verallgemeinerungen, Modelle und Musterbeispiele:

- symbolische Verallgemeinerungen:

„Symbolische Verallgemeinerungen sind diejenigen Ausdrücke, die von der Gruppe ohne Zögern angewandt werden und sich leicht auf eine logische Form wie (x) (y) (z) Φ (x, y, z) bringen lassen. Es sind die formalen oder leicht formalisierbaren Bestandteile der disziplinären Matrix“ (Kuhn 1978, S. 393).

- Modelle:

„Modelle... liefern der Gruppe bevorzugte Analogien oder, wenn sie von großer Überzeugung getragen sind, eine Ontologie. Am einen Extrem sind sie heuristischer Natur: der elektrische Stromkreis läßt sich mit Nutzen als stationäres hydrodynamisches System betrachten, oder ein Gas als Menge winziger Billardkugeln in regelloser Bewegung. Am anderen Extrem sind sie Gegenstände metaphysischer Festlegungen: die Wärme eines Körpers ist die kinetische Energie

[3] Vgl. Kuhn, T.S.: Die Struktur wissenschaftlicher Revolutionen. Frankfurt a. M. 1976, S. 186ff.

seiner Teilchen; oder, noch deutlicher metaphysisch, alle wahrnehmbaren Erscheinungen gehen auf die Bewegung und Wechselwirkung qualitativ neutraler Atome im leeren Raum zurück" (Kuhn 1978, S. 393).

– Musterbeispiele:

„Musterbeispiele schließlich sind konkrete Problemlösungen, die von der Gruppe in einem ganz gewöhnlichen Sinne als paradigmatisch anerkannt sind... Im Laufe ihrer Ausbildung wird ihnen [den Studenten] eine große Anzahl solcher Übungsaufgaben gestellt, und die Studenten eines Spezialfaches bearbeiten stets fast genau die gleichen, etwa die schiefe Ebene, das konische Pendel, die Keplerschen Ellipsen usw. Diese konkreten Probleme mit ihren Lösungen sind das, was ich oben Musterbeispiele genannt habe, die Standardbeispiele einer Gemeinschaft" (Kuhn 1978, S. 393, 401).

Grundsätzlich läßt sich dieses Konzept auch auf die Sozialwissenschaften übertragen: Verschiedene sozialwissenschaftliche Konzepte wie Verhaltenstheorie, Hermeneutik und Systemtheorie lassen sich durchaus als unterschiedliche Paradigmen verstehen, die jeweils gekennzeichnet sind durch:

– unterschiedliche Grundbegriffe (Kuhn spricht hier von symbolischen Verallgemeinerungen),
– unterschiedliche Forschungsmethoden und unterschiedliche Standardbeispiele, an denen die Forschungsmethoden geübt werden: die Beobachtung aggressiven Verhaltens oder Lewins Experimente über unterschiedliche Erziehungsstile sind Standardbeispiele verhaltenstheoretischer Erziehungswissenschaft.

Damit würde für die Verhaltenstheorie und die Hermeneutik auch gelten, was Kuhn in Bezug auf die Naturwissenschaft als „Inkommensurabilität" von Paradigmen bezeichnet:

„Wir sind schon auf mehrere Gründe gestoßen, warum den Befürwortern konkurrierender Paradigmata eine vollkommene Gegenüberstellung der gegenseitigen Standpunkte nicht gelingen kann. Zusammenfassend sind diese Gründe als die Inkommensurabilität der vor- und nachrevolutionären normal-wissenschaftlichen Traditionen beschrieben worden, und wir brauchen sie hier nur kurz zu wiederholen. In erster Linie werden die Befürworter konkurrierender Paradigmata oft nicht über die Liste der Probleme, welche jeder Paradigma-Anwärter lösen muß, übereinstimmen. Ihre Normen oder Definitionen der Wissenschaft weichen voneinander ab...

Es handelt sich jedoch um mehr als nur die Inkommensurabilität von Normen. Da neue Paradigmata aus alten geboren werden, schließen sie gewöhnlich vieles vom Vokabular und der Ausrüstung ein - sowohl begrifflich wie auch verfahrensmäßig -, was vom traditionellen Paradigma vorher bereits verwendet wurde. Selten aber verwenden sie diese geborgten Elemente völlig im traditionellen Sinne. Innerhalb des neuen Paradigmas treten alte Ausdrücke, Begriffe und Experimente in ein neues Verhältnis zueinander...

In einem Sinn, den ich hier nicht weiter entwickeln kann, üben die Befürworter konkurrierender Paradigmata ihre Tätigkeit in verschiedenen Welten aus...

Da sie in verschiedenen Welten arbeiten, sehen die beiden Gruppen von Wissenschaftlern verschiedene Dinge, wenn sie vom gleichen Punkt aus in die gleiche Richtung schauen. Das heißt aber wiederum nicht, daß sie alles sehen können, was sie wollen. Beide betrachten sie die Welt, und was sie anschauen, hat sich nicht verändert. Aber in manchen Bereichen sehen sie verschiedene Dinge, und sie sehen sie in unterschiedlichen Beziehungen zueinander" (Kuhn 1976, S. 159-161).

In der Tat läßt sich die Hermeneutik nicht durch empirische Verhaltensbeobachtungen widerlegen - ebenso wenig wie die Verhaltenstheorie durch systemtheoretische Konzepte. Jedesmal werden andere „Objekte“ beachtet und andere forschungsmethodische Regeln zugrundegelegt. Da keine gemeinsamen forschungsmethodischen Regeln zur Verfügung stehen, kann auch zwischen verschiedenen Paradigmen nicht mit Hilfe von Forschungsmethoden entschieden werden.

Für Kuhn ist die Wissenschaftsentwicklung ein Wechsel zwischen verschiedenen Paradigmen, die in bestimmten Phasen verläuft:[4]

- eine Phase der normalen Wissenschaft, in der ein Paradigma allgemeine Anerkennung gefunden hat:

> „In diesem Essay bedeutet 'normale Wissenschaft' eine Forschung, die fest auf einer oder mehreren wissenschaftlichen Leistungen der Vergangenheit beruht, Leistungen, die von einer bestimmten wissenschaftlichen Gemeinschaft eine Zeitlang als Grundlagen für ihre weitere Arbeit anerkannt werden“ (Kuhn 1976, S. 25).

- eine Phase der Anomalien, in der in zunehmender Zahl Probleme deutlich werden, die sich im Rahmen des herrschenden Paradigmas nicht lösen lassen (wie bestimmte Planetenbewegungen auf der Basis des Aristotelischen Weltbildes),
- eine Phase der wissenschaftlichen Revolution, in der sich ein neues Paradigma gegenüber dem bisherigen durchsetzt (wie das Kopernikanische Weltbild gegenüber dem Aristotelischen) und zu einer neuen normalen Wissenschaft wird.

Sicher lassen sich auch Abschnitte in der Wissenschaftsentwicklung der Erziehungswissenschaft auf der Basis dieses Ansatzes erklären: So war bis in die 50er Jahre die Geisteswissenschaftliche Pädagogik so etwas wie das vorherrschende Paradigma in der Erziehungswissenschaft, dann traten Anomalien auf. Zum Beispiel konnte die Geisteswissenschaftliche Pädagogik kaum handlungsleitendes Wissen für eine Reform des Bildungswesens liefern. In den 60er Jahren löste dann die empirische Erziehungswissenschaft die Geisteswissenschaftliche Pädagogik ab.

Was aber nicht durch Kuhns Modell geklärt werden kann, sind die gerade in letzter Zeit zunehmenden Verknüpfungen verhaltenstheoretischer, hermeneutischer und systemtheoretischer Ansätze, wobei durchaus Elemente aus ursprünglich unterschiedlichen Paradigmen aufgegriffen werden.

5.1.3 Methodischer Falsifikationismus von Lakatos

Lakatos versucht, vor dem Hintergrund der Kritik Kuhns das Programm des Kritischen Rationalismus weiter zu entwickeln. Dabei unterscheidet er zwischen einem dogmatischen Falsifikationismus, wie er noch von Popper betrieben wird, und einem methodischen Falsifikationismus, mit dem er die Kritik Kuhns am Prinzip der kritischen Prüfung aufzufangen meint:

---

4 Vgl. Kuhn, T.S.: Die Struktur wissenschaftlicher Revolutionen. Frankfurt a. M. 1976, S. 65ff.

(1) Der dogmatische Falsifikationismus

„Der dogmatische Falsifikationismus gibt die Fallibilität aller wissenschaftlichen Theorien vorbehaltlos zu, hält aber an einer Art unfehlbarer empirischer Basis fest."[5]

Der dogmatische Falsifikationismus ist durch folgende Merkmale gekennzeichnet:

- Falsifizierbarkeit gilt als Kriterium der Wissenschaftlichkeit,
- Theorien werden verworfen, wenn sie durch einen einzigen Beobachungssatz falsifiziert werden,
- Entwicklung der Wissenschaft besteht darin, daß bewährte Theorien beibehalten und falsifizierte Theorien verworfen werden.

Faktisch, und hier greift Lakatos die Einwände von Kuhn auf, werden Theorien jedoch nicht durch eine einzige Beobachtung widerlegt. Lakatos führt dafür zwei Gründe auf:

- Zum einen gibt es nie „reine" Beobachtungen, sondern jede Beobachtung ist theoretisch geleitet: Jede Beobachtung setzt begriffliche Unterscheidungen oder zugrundegelegte Meßverfahren voraus und ist somit immer schon Teil einer Theorie.
- Zum anderen führen in der Wissenschaftspraxis widerstreitende Beobachtungen keineswegs sofort zur Widerlegung einer Theorie, sondern man versucht, diese widerstreitenden Beobachtungen durch irgendwelche Zusatzannahmen zu erklären. Lakatos verdeutlicht dies an einer fingierten Entdeckung von Planetenbewegungen, die Newtons Mechanik widersprechen:

  „Die Geschichte betrifft einen imaginären Fall planetarischer Unart. Ein Physiker in der Zeit vor Einstein nimmt Newtons Mechanik und sein Gravitationsgesetz *N* sowie die akzeptierten Randbedingungen *A* und berechnet mit ihrer Hilfe die Bahn eines eben entdeckten kleinen Planeten *p*. Aber der Planet weicht von der berechneten Bahn ab. Glaubt unser Newtonianer, daß die Abweichung von Newtons Theorie verboten war und daß ihr Beweis die Theorie *N* widerlegt? - Keineswegs. Er nimmt an, daß es einen bisher unbekannten Planeten *p'* gibt, der die Bahn von *p* stört. Er berechnet Masse, Bahn etc. dieses hypothetischen Planeten und ersucht dann einen Experimentalastronomen, seine Hypothese zu überprüfen. Aber der Planet *p'* ist so klein, daß selbst das größte vorhandene Teleskop ihn nicht beobachten kann: Der Experimentalastronom beantragt einen Forschungszuschuß, um ein noch größeres Teleskop zu bauen. In drei Jahren ist das neue Instrument fertig. Wird der unbekannte Planet *p'* entdeckt, so feiert man diese Tatsache als einen neuen Sieg der Newtonschen Wissenschaft. - Aber man findet ihn nicht. Gibt unser Wissenschaftler Newtons Theorie und seine Idee des störenden Planeten auf? … - Nein! Er schlägt vor, daß es im betreffenden Gebiet des Universums ein magnetisches Feld gibt, das die Instrumente des Satelliten gestört hat. Ein neuer Satellit wird ausgesandt. Wird das magnetische Feld gefunden, so feiern Newtons Anhänger einen sensationellen Sieg. - Aber das Resultat ist negativ. Gilt dies als eine Widerlegung der Newtonschen Wissenschaft? - Nein. Man schlägt entweder eine neue, noch spitzfindigere Hilfshypothese vor, oder … die ganze Geschichte wird in den staubigen Bänden der wissenschaftlichen Annalen begraben, vergessen und nie mehr erwähnt" (Lakatos 1974, S. 98f.).

---

[5] Lakatos, I.: Falsifikation und die Methodologie wissenschaftlicher Forschungsprogramme. In: Lakatos, I./Musgrave, A. (Hrsg.): Kritik und Erkenntnisfortschritt. Braunschweig 1974, S. 93f.

(2) Der methodische Falsifikationismus

Ergebnis ist für Lakatos, daß Falsifizierung von Theorien nie durch reine Beobachtungen, sondern grundsätzlich nur auf der Basis anderer Theorien möglich ist. Damit muß das Falsifikationskriterium des Kritischen Rationalismus neu definiert werden. Lakatos spricht in diesem Zusammenhang von einem „methodischen" oder „raffinierten" Falsifikationismus:

„Für den naiven Falsifikationisten wird eine Theorie falsifiziert durch einen ('erhärteten') Beobachtungssatz, der ihr widerspricht (oder den er als widersprechend zu interpretieren sich entscheidet). Für den raffinierten Falsifikationisten ist eine wissenschaftlich Theorie T falsifiziert dann, und nur dann, wenn eine andere Theorie T' mit den folgenden Merkmalen vorgeschlagen wurde: 1) T' besitzt einen Gehaltsüberschuß im Vergleich zu T', d.h. T' sagt neuartige Tatsachen voraus, Tatsachen, die im Lichte von T nicht wahrscheinlich, ja verboten waren; 2) T' erklärt den früheren Erfolg von T, d.h. der ganze nicht-widerlegte Gehalt von T ist (innerhalb der Grenzen des Beobachtungsirrtums) im Gehalt von T enthalten; und 3) ein Teil des Gehaltsüberschusses von T' ist bewährt" (Lakatos 1974, S. 113f.).

Eine Theorie T wird dann verworfen, wenn eine Theorie T' zur Verfügung steht,

- die einen Gehaltsüberschuß besitzt, die also neue Sachverhalte erklären kann, die sich mit Hilfe der bisherigen Theorien nicht erklären ließen,
- in der der Gehalt von T enthalten ist, das heißt die auch diejenigen Sachverhalte erklären kann, die sich mit Hilfe der ursprünglichen Theorie T erklären ließen.

In der Tat läßt sich damit der Wechsel von der klassischen Verhaltenstheorie zur kognitiven Verhaltenstheorie erklären, bei der kognitive Faktoren zusätzlich berücksichtigt werden können. Kognitive Verhaltenstheorie kann Verstärkung und Bestrafung erklären, darüber hinaus aber auch Situationen, die sich früher nicht erklären ließen.

Die Schwierigkeit des methodischen Falsifikationismus liegt jedoch darin, daß über die bessere Theorie grundsätzlich erst im Nachhinein entschieden werden kann: Wird eine neue Theorie entwickelt, so zeichnet sich zunächst nicht ab, ob diese Theorie tatsächlich einen Gehaltsüberschuß über ein konkurrierendes Paradigma besitzt. Konsequenz daraus ist für Lakatos die Forderung, auch neue Forschungsprogramme (Paradigmen) zunächst weiter zu entwickeln, um sie im Verlauf der Zeit auf ihre Leistungsfähigkeit hin zu „testen":

„Es ist darum nicht ratsam, ein in frühem Wachstum begriffenes Forschungsprogramm schon darum beiseite zu schieben, weil es ihm nicht gelungen ist, einen mächtigen Rivalen zu überholen. Wir dürfen es nicht aufgeben, wenn es in Abwesenheit seines Rivalen eine progressive Problemverschiebung dargestellt hätte. Und eine neu interpretierte Tatsache muß ganz sicher als eine neue Tatsache gelten, ohne Rücksicht auf die unverschämten Prioritätsansprüche amateurhafter Tatsachensammler. Ein junges Forschungsprogramm, das sich rational als eine progressive Problemverschiebung rekonstruieren läßt, sollte für eine Weile vor einem mächtigen etablierten Rivalen geschützt werden" (Lakatos 1974, S. 152).

5.1.4 Wissenschaftstheoretischer Anarchismus von Paul Feyerabend

Auch Paul Feyerabend hat seine Kritik an wissenschaftstheoretischen Programmen in der Auseinandersetzung mit dem Empirismus und dem Kritischen Rationalismus entwickelt. Dabei greift seine Kritik jedoch deutlich weiter als die Einwände von Kuhn: Während für Kuhn Empirismus ein wissenschaftliches Paradigma unter anderem ist, gibt es für Feyerabend letztlich überhaupt keine Methodologie wissenschaftlichen Vorgehens:

„Wenden wir uns... zur Geschichte der Wissenschaften, so sehen wir, daß wichtige Entwicklungen, wie der Aufstieg der neuen Astronomie von Kopernikus, Kepler, Galilei, und das Verschwinden des Hexenwahns in Europa nur darum eintraten, weil sich unabhängige Denker entschlossen, allen Regeln traditioneller Methodologie zum Trotz ungewöhnliche Theorien einzuführen und auf unerlaubte Weise zu verteidigen. Die Hexenlehre, weit davon entfernt, bloßer Ausfluß des Wahnsinns zu sein, war im 16. und 17. Jahrhundert auf dem europäischen Kontinent systematisch aufgebaut, rational formuliert und empirisch bewährt. Die Kopernikanische Lehre stand im Widerspruch mit Beobachtungen der klarsten und überzeugendsten Art und verletzte auch vernünftige physikalische Prinzipien, die auf der Erde, im Bereich der Physiologie, der Psychologie, ja selbst der Theologie zu überraschenden Resultaten geführt hatten."[6]

Feyerabend bringt drei Einwände gegenüber dem Versuch, im Rahmen von Wissenschaftstheorie Kennzeichen wissenschaftlichen Vorgehens zu erarbeiten:

(1) Es gibt keine „nackten Tatsachen", denn Tatsachen werden nur auf der Grundlage von Theorien sichtbar.

Diese Argumentation fand sich auch schon bei Lakatos. Feyerabend führt als Beispiel die Aussage „der Tisch ist braun" auf, die letztlich auf theoretischen Annahmen basiert:

„Wir sind gewohnt zu sagen: 'Der Tisch ist braun', wenn wir ihn unter normalen Bedingungen und mit scharfen Sinnen sehen, dagegen: 'Der Tisch scheint braun zu sein', wenn die Beleuchtung schlecht ist oder wir unsicher bezüglich unserer Beobachtungsfähigkeit sind; darin drückt sich die Auffassung aus, es gebe wohlbekannte Umstände, unter denen unsere Sinne die Welt wahrnehmen, 'wie sie wirklich ist', und andere, ebenso wohlbekannte Umstände, unter denen sie sich täuschen. Es drückt sich die Auffassung aus, daß manche unserer Sinneseindrücke wahrheitsgetreu sind und andere nicht. Wir halten es auch für ausgemacht, daß das materielle Medium zwischen dem Gegenstand und uns keine Verzerrungen hervorruft, und daß der physikalische Vermittler - das Licht - ein richtiges Bild überträgt. Das alles sind abstrakte und höchst zweifelhafte Annahmen, die unser Weltbild gestalten, aber nicht unmittelbar kritisiert werden können."[7]

Das bedeutet, daß Theorien grundsätzlich nie durch Tatsachen falsifiziert, sondern immer nur auf der Basis anderer Theorien verworfen werden können:

„Sowohl die Relevanz als auch die widerlegende Kraft entscheidender Tatsachen läßt sich nur mit Hilfe anderer Theorien gewinnen, die zwar den Tatsachen entsprechen, die aber nicht mit der zu prüfenden Auffassung übereinstimmen" (Feyerabend 1983, S. 46).

---

6 Feyerabend, P. K.: Der Wissenschaftstheoretische Realismus und die Autorität der Erziehungswissenschaften. Braunschweig/Wiesbaden 1978, S. 309f.

7 Feyerabend, P. K.: Wider den Methodenzwang. Frankfurt a. M. (3. Aufl.) 1983, S. 36.

(2) Es gibt keine Theorie, die mit allen bekannten Tatsachen übereinstimmt:

„Wenn wir nun die Erfindung, den Ausbau und die Anwendung von Theorien betrachten, die nicht bloß anderen Theorien, sondern sogar Experimenten, Tatsachen, Beobachtungen widersprechen, so können wir mit dem Hinweis beginnen, daß keine einzige Theorie jemals mit allen bekannten Tatsachen auf ihrem Gebiet übereinstimmt. Und die Schwierigkeit entsteht nicht durch Gerüchte oder nachlässige Verfahren, sondern durch Experimente und Messungen von höchster Genauigkeit und Zuverlässigkeit...

Newtons Gravitationstheorie war von allem Anfang an mit ernsten Schwierigkeiten behaftet, die zu ihrer Widerlegung ausreichten. Noch heute und auf nichtrelativistischem Gebiet 'gibt es zahlreiche Abweichungen zwischen Beobachtung und Theorie'. Das Bohrsche Atommodell wurde angesichts exakter und nicht zu erschütternder widersprechender Daten eingeführt und beibehalten" (Feyerabend 1983, S. 71, 72).

(3) Es gibt keine methodischen Regeln, die im Rahmen wissenschaftlicher Praxis nicht irgendwann verletzt wurden:

„Zu jeder Regel, sei sie noch so 'grundlegend' oder 'notwendig' für die Wissenschaft, gibt es Umstände, unter denen es angezeigt ist, die Regel nicht nur zu mißachten, sondern ihrem Gegenteil zu folgen. Beispielsweise gibt es Umstände, unter denen es angezeigt ist, adhoc-Hypothesen einzuführen, auszubauen und zu verteidigen; oder Hypothesen, die gut bestätigten und allgemein anerkannten experimentellen Ergebnissen widersprechen; oder Hypothesen, deren Gehalt geringer ist als der einer bestehenden und mit der Erfahrung übereinstimmenden anderen Hypothese; oder widerspruchsvolle Hypothesen; und so weiter" (Feyerabend 1983, S. 21f.).

Für Feyerabend ergibt sich als Konsequenz der Verzicht auf Wissenschaftstheorie. Das bedeutet nicht den Verzicht auf jegliche Regeln (eine Position, die Feyerabend als „naiven Anarchismus" bezeichnet), sondern die Forderung, über die Methoden wissenschaftlichen Vorgehens im Verlauf des Forschungsprozesses mit zu entscheiden. Kennzeichen dieses „theoretischen oder reflektierten Anarchismus" ist somit die Forderung,

„...daß jeder Maßstab, der einen Handlungsverlauf leitet, selbst zu einem Teil des Handlungsverlaufs gemacht werde: Die Forschung selbst stellt fest, nach welchen Maßstäben sie abzulaufen hat, und wann es nötig ist, diese Maßstäbe zu ändern" (Feyerabend 1978, S. 345).

Zweifelsohne weist Feyerabend auf ein relevantes Problem wissenschaftlicher Forschung hin: Kriterien wissenschaftlicher Forschung stehen nicht ein für allemal fest, sondern werden im Zusammenhang des Forschungsprozesses entwickelt. Andererseits aber zeigt die Diskussion in den vorausgegangenen Kapiteln, daß keineswegs in der Wissenschaftspraxis immer völlig neue forschungsmethodische Regeln festgelegt werden, sondern daß sich ähnliche Regeln teilweise in unterschiedlichen Konzepten wiederfinden.

Eine Übersicht über verschiedene Argumente in der Diskussion zu Feyerabend findet sich bei: Munèvar, G: Beyond Reason. Dordrecht u.a. 1991.

5. 2 Philosophie der Postmoderne

5.2.1 Historische Entwicklung

In der zweiten Hälfte der 80er Jahre taucht in der Diskussion um die wissenschaftstheoretische Grundlegung der Sozialwissenschaften ein neuer Begriff auf: der Begriff der „Postmoderne". Dabei wird auf den französischen „Poststrukturalismus" in der Tradition von Foucault, Derrida und Lyotard zurückgegriffen:

Michel Foucault (1926-1984) studierte an der Ecole Normale Superieure Psychologie und Philosophie und war zunächst als Psychologe, später als Assistent, Lektor und Professor tätig. 1969 übernahm er am College de France in Paris eine Professur für Geschichte der Denksysteme.

Als wichtige Einführung im Zusammenhang mit der wissenschaftstheoretischen Diskussion ist zu nennen:
Foucault, M.: Die Ordnung der Dinge. Frankfurt a. M. 1971 (ursprünglich 1966).

Jacques Derrida (geb. 1930) studierte in Paris und an der Harvard University Philosophie. Von 1964 bis 1984 war er Professor für Geschichte der Philosophie an der Ecole Normale Superieure in Paris, 1984 wurde er Directeur de recherche an der Ecole des Hautes Etudes en Sciences Sociales.

Als Einführung ist geeignet:
Derrida, J.: Randgänge der Philosophie. Wien 1988 (ursprünglich 1972).

Jean-Francois Lyotard (geb. 1924) Nach dem Studium an der Sorbonne war er in den 50er Jahren als Gymnasiallehrer für das Fach Philosophie zunächst in Algerien, dann in Frankreich tätig. Unter dem Eindruck des Algerien-Krieges engagierte er sich in der französischen Linken. In den 60er Jahren wurde Lyotard Assistent an der Sorbonne und anschließend bis zu seiner Emeritierung 1988 Professor für Philosophie an der Universität Paris VIII.

Den entscheidenden Anstoß für die Diskussion um die Postmoderne gab das Buch:
Lyotard, J.-F.: Das postmoderne Wissen. Wien 1986 (ursprünglich 1979).

Die Rezeption der Ansätze von Foucault, Derrida und Lyotard in der deutschsprachigen Sozialwissenschaft wurde insbesondere durch Jürgen Habermas und Wolfgang Welsch angestoßen.

Hier sind zu nennen:
Habermas, J.: Der philosophische Diskurs der Moderne. Frankfurt 1985
Welsch, W.: Unsere postmoderne Moderne. Berlin (4. Aufl.) 1993.
Eine umfassende Darstellung der Philosophie der Postmoderne und ihre Rezeption in der Erziehungswissenschaft findet sich bei: Fromme, J.: Pädagogik als Sprachspiel. Neuwied 1997.

5.2.2 Hauptthesen

Den stärksten Einfluß auf die Diskussion um die Postmoderne dürfte Lyotards Buch „Das postmoderne Wissen" ausgeübt haben. Anliegen von Lyotard ist es dabei, die verschiedenen Formen des Wissens zu analysieren:

„Diese Untersuchung hat die Lage des Wissens in den höchstentwickelten Gesellschaften zum Gegenstand."[1]

Lyotards Position dazu läßt sich in folgenden Thesen zusammenfassen:

(1) Das wissenschaftliche Wissen ist eine Form des Wissens neben anderen.
Innerhalb der Tradition neuzeitlicher Wissenschaft ist die Aufmerksamkeit in der Regel ausschließlich auf wissenschaftliches Wissen ausgerichtet. Demgegenüber weist Lyotard darauf hin, daß wissenschaftliches Wissen keineswegs die einzige Form von Wissen ist, sondern daß es neben anderen Formen des Wissens (Lyotard spricht hier von „narrativem Wissen") steht:

„Zunächst ist das wissenschaftliche Wissen nicht das ganze Wissen, es war immer ein Überschuß, immer im Wettstreit und Konflikt mit einer anderen Art des Wissens, die wir vereinfachend narrativ nennen..." (Lyotard 1986, S. 32).

Lyotard verdeutlicht dies mit Hilfe des Diskurs-Begriffes: Wissenschaftliches Wissen ist eine bestimmte Form des Diskurses, der gemäß bestimmter Regeln abläuft. Daneben gibt es andere Regelsysteme, die auch Wissen erzeugen: Es gibt Diskurse des Erzählens, Fragens oder Überredens. Weiter ausgeführt wird dies dann in Lyotards Buch „Der Widerstreit" aus dem Jahr 1983:

„Ein Satz, selbst der gewöhnlichste, wird nach einer Gruppe von Regeln gebildet... Es gibt mehrere Regelsysteme von Sätzen. Argumentieren, Erkennen, Beschreiben, Erzählen, Fragen, Zeigen, Befehlen usw....
Diese Diskursarten liefern Regeln zur Verkettung ungleichartiger Sätze, Regeln, mit denen Ziele erreicht werden können: Wissen, Lehren, Rechthaben, Verführen, Rechtfertigen, Bewerten, Erschüttern, Kontrollieren..."[2]

Eine Situation kann mit Sätzen aus verschiedenen Diskursen beschrieben werden:

„Ein Paar will sich trennen. Ein Dritter (Richter, Zeuge) beschreibt den Umstand folgendermaßen: x und y werden sich trennen. Der Satz von x ist eine wertende Erklärung: Ich halte es für besser, daß wir uns trennen. Der Satz von y stellt eine pathetische Frage: Was haben wir denn zehn Jahre lang zusammen gemacht" (Lyotard 1987, S. 93f.).

(2) Es gibt keine „Meta-Kriterien", die wissenschaftliches Wissen gegenüber anderen Arten des Wissens auszeichnen.
Die Geschichte der Philosophie, so Lyotard, ist eine Geschichte von Versuchen, den Vorrang wissenschaftlichen Wissens gegenüber anderen Formen des Wissens zu belegen:

---

1 Lyotard, J.-F.: Das postmoderne Wissen. Wien1986, S. 13f..
2 Lyotard, J.-F.: Der Widerstreit. München 1987 (ursprünglich 1983), S. 10.

„Die Wissenschaft ist von Beginn an in Konflikt mit den Erzählungen. Gemessen an ihren eigenen Kriterien, erweisen sich die meisten als Fabeln. Aber insofern sie sich nicht darauf beschränkt, die nützlichen Regelmäßigkeiten aufzuzeigen und das Wahre sucht, muß sie ihre Spielregeln legitimieren. So führt sie über ihr eigenes Statut einen Legitimationsdiskurs, der sich Philosophie genannt hat. Wenn dieser Metadiskurs explizit auf diese oder jene große Erzählung zurückgreift wie die Dialektik des Geistes, die Hermeneutik des Sinns, die Emanzipation des vernünftigen oder arbeitenden Subjekts, so beschließt man, 'modern' jene Wissenschaft zu nennen, die sich auf ihn bezieht, um sich zu legitimieren" (Lyotard 1986, S. 13f.).

Lyotard spricht hier von den „großen Erzählungen" der Philosophie, die dazu dienen, den Status von Wissen zu legitimieren:

- Die Erzählung, daß das Wissen der Freiheit und der Emanzipation des Menschen dient: Wissenschaft trägt dazu bei, traditionelle Abhängigkeiten aufzuheben:

  „Alle Völker haben ein Recht auf die Wissenschaft. Wenn das gesellschaftliche Subjekt noch nicht das Subjekt des wissenschaftlichen Wissens ist, so darum, weil es von den Priestern und den Tyrannen daran gehindert wurde" (Lyotard 1986, S. 96).

- Die Erzählung, daß Wissenschaft die Aufgabe hat, die Gesamtheit der Erkenntnis zusammenzustellen. So formuliert Lyotard im Anschluß an Schleiermacher:

  „Die große Aufgabe, die die Universitäten zu erfüllen haben, ist die Darstellung der 'Gesamtheit der Erkenntnis..., indem man die Prinzipien und gleichsam den Grundriß alles Wissen auf solche Art zur Anschauung bringt'... Diese Philosophie muß die Einheit der in Einzelwissenschaften, Laboratorien und voruniversitäre Ausbildungsstätten zersplitterten Erkenntnisse wiederherstellen..." (Lyotard 1986, S. 102).

- Die Erzählung, daß Wissenschaft die Aufgabe hat, Sinn zu erkennen:

  „Der gegenwärtige hermeneutische Diskurs entstammt dieser Voraussetzung, die letztlich sichert, daß es Sinn zu erkennen gibt, und die so der Geschichte und namentlich jener der Erkenntnis ihre Legitimität verleiht" (Lyotard 1986, S. 105f.).

Alle drei Erzählungen sind im Zeitalter der „Postmoderne" nicht mehr haltbar:

„In der gegenwärtigen Gesellschaft und Kultur, also der postindustriellen Gesellschaft, der postmodernen Kultur, stellt sich die Frage der Legitimierung des Wissens in anderer Weise. Die große Erzählung hat ihre Glaubwürdigkeit verloren..." (Lyotard 1986, S. 112).

Wissenschaft ist somit nur ein „Sprachspiel" unter anderen:

„Erstens macht die Parallelisierung der Wissenschaft zum nichtwissenschaftlichen (narrativen) Wissen verstehen, zumindest fühlen, daß die Existenz der ersteren nicht mehr und nicht weniger Notwendigkeit besitzt als die der zweiten. Die eine wie die andere besteht aus Mengen von Aussagen. Diese sind 'Spielzüge', die von Spielern im Rahmen allgemeiner Regeln gemacht werden. Diese Regeln sind jedem Wissen eigentümlich, und die hier und dort als 'gut' beurteilten Spielzüge können nicht oder nur zufällig, von derselben Art sein" (Lyotard 1986, S. 83).

„Die Wissenschaft spielt ihr eigenes Spiel, sie kann die anderen Sprachspiele nicht legitimieren. Zum Beispiel entgeht ihr das der Präskription. Vor allem aber kann sie sich auch nicht selbst legitimieren, wie es die Spekulation angenommen hat" (Lyotard 1986, S. 119).

Entsprechend spricht Lyotard im „Widerstreit" davon, daß verschiedene (wissenschaftliche und nichtwissenschaftliche) Diskurse „inkommensurabel" sind und es keinen „Meta-Diskurs" einer allgemeinen Sprache gibt, nach dem sich entscheiden läßt, welcher Diskurs besser ist:

„Welcher Satz ist 'stärker'..., ein narrativer oder ein kritischer? Der arische Mythos oder die Philosophie Kants? Eine direkte Antwort setzt folgendes voraus: 'Die Sprache' wäre eine Einheit, es gäbe nur ein einziges Interesse, die Stärke einer Diskursart würde sich daran bemessen, ob ihr Spieleinsatz dem Interesse der Sprache mehr oder weniger nahekommt. Doch die Diskursarten sind inkommensurabel, jede besitzt ihr eigenes 'Interesse', die 'Stärke' eines Satzes bemißt sich nach Diskursregeln, derselbe Satz ist stark oder schwach je nach Spieleinsatz. Darum ist es legitim, daß das schwächste Argument das stärkste sein kann: Die Regeln der entsprechenden Diskursart haben sich geändert, es handelt sich nicht mehr um den gleichen Einsatz" (Lyotard 1987, S. 263).

(3) Wissenschaft in der Postmoderne hat auch die Regeln, nach denen dieses Wissen erzeugt wird, zum Gegenstand der Wissenschaft zu machen.
Wissenschaft in der Postmoderne bedeutet nicht grundsätzliche Kritik an wissenschaftlichem Wissen. Wissenschaftliches Wissen ist eine Form des Wissens und hat als solches durchaus seine Funktion. Aber Wissenschaft in der Postmoderne unterscheidet sich von der Wissenschaft früherer Epochen dadurch, daß sie sich des Zusammenhangs zu den Regeln, die dieses Wissen erzeugen, und damit zugleich ihrer Grenzen bewußt wird:

„...der auffallende Zug des postmodernen wissenschaftlichen Wissens besteht in der - jedoch expliziten - Immanenz des Diskurses über die Regeln, die seine Gültigkeit ausmachen" (Lyotard 1986, S. 159).

„In ihrem Interesse für die Unentscheidbaren, für die Grenzen der Präzision der Kontrolle, die Quanten, die Konflikte unvollständiger Informationen, die 'Frakta', die Katastrophen und pragmatischen Paradoxa entwirft die postmoderne Wissenschaft die Theorie ihrer eigenen Evolution als diskontinuierlich, katastrophisch, nicht zu berichtigen, paradox. Sie verändert den Sinn des Wortes Wissen, und sie sagt, wie diese Veränderung stattfinden kann. Sie bringt nicht Bekanntes, sondern Unbekanntes hervor" (Lyotard 1986, S. 172f.).

(4) Wissen in der Postmoderne ist nicht auf Konsens, sondern auf Widerstreit, d.h. auf unterschiedliche Sichtweisen ausgerichtet, die in unterschiedlichen (wissenschaftlichen und nichtwissenschaftlichen) Diskursen formuliert werden können.
Konsens setzt immer Einigung über die Form des Diskurses und damit Einigung über bestimmte Regeln voraus. Doch eine solche Einigung ist nicht möglich. Konsens kann somit für Lyotard immer nur „lokal", d.h. auf der Basis eines gemeinsamen Regelsystems entstehen:

„...wenn es einen Konsens über die Regeln gibt, die jedes Spiel und die darin gemachten 'Spielzüge' definieren, so muß dieser Konsens lokal sein, das heißt von gegenwärtigen Mitspielern erreicht und Gegenstand eventueller Auslösung" (Lyotard 1986, S. 191).

Wenn man aber die Regeln, nach denen Wissen erzeugt wird, selbst als veränderbar ansetzt, kann Ziel von Wissen grundsätzlich immer nur die Schaffung von „Paralogien“ oder „Widerstreit“, d.h. von neuen Sichtweisen sein. Wissen hat also neue, unerwartete Deutungen zu liefern:

„Der Widerstreit ist der instabile Zustand und der Moment der Sprache, in dem etwas, das in Sätze gebracht werden können muß, noch darauf wartet... Für eine Literatur, eine Philosophie und vielleicht sogar eine Politik geht es darum, den Widerstreit auszudrücken, indem man ihm entsprechende Idiome verschafft“ (Lyotard 1987, S. 33).

Wolfgang Welsch, dessen Buch „Unsere postmoderne Moderne“ die Diskussion über die Postmoderne insbesondere im deutschsprachigen Raum nachhaltig beeinflußt hat, verdeutlicht dies an folgendem Beispiel:

„München erlebte Ende der sechziger Jahre einen gigantischen Modernisierungsschub. Die Olympischen Spiele standen bevor, und im Zug des U-Bahn-Baus wurde allenthalben unter der Erde aufgegraben und darüber die Modernisierungsflagge gehißt: Auf Bautafeln der dreifachen üblichen Größe konnte man sich über die jeweiligen Bauvorhaben und ihre Details informieren. Oben prangte jedesmal - in roten Lettern - eine Standardzeile, die Programm und Fazit verkündete: ‘MÜNCHEN WIRD MODERN’. Eine selbstbewußte Fortschrittsparole, hundertfach über die Stadt verteilt.

Eines Morgens jedoch las ein gedankenverlorener Passant in zerstreuter Wahrnehmung plötzlich einen anderen Text (er ist ihn seither nicht mehr losgeworden). Die Tafeln, die Farben, die Buchstaben - gewiß, alles war noch wie vorher. Aber der Text lautete anders. Da prangte nicht mehr die Fortschrittsparole ‘München wird modern’, sondern da stand eine Fäulnisprophetie: ‘München wird m*o*dern’ (in Moder übergehen). Die Modernisierungsparole erwies sich als Palimpsest, jetzt war das Menetekel hervorgetreten: München wird - dereinst in absehbarer Zeit, bald, es hat schon begonnen - modern: wird sich in Fäulnis, Verwesung, Moder auflösen.“[3]

Was hier geschieht, ist, daß eine Situation nicht mehr auf der Basis der bisher vertrauten Regeln, sondern völlig anders gedeutet wird. Postmodernes Wissen hat solche unterschiedlichen Deutungen auf der Basis unterschiedlicher Diskurse und Sprachspiele zu entwickeln. Postmodernes Wissen ist damit, wie Wolfgang Welsch formuliert, auf „radikale Pluralität“ hin ausgerichtet:

„Die Postmoderne ist diejenige geschichtliche Phase, in der radikale Pluralität als Grundverfassung der Gesellschaften real und anerkannt wird und in der daher plurale Sinn- und Aktionsmuster vordringlich, ja dominant und obligat werden. Diese Pluralisierung wäre, als bloßer Auflösungsvorgang gedeutet, gründlich verkannt. Sie stellt eine zumindest positive Vision dar. Sie ist von wirklicher Demokratie untrennbar“ (Welsch 1993, S. 5).

5.2.3 Die Rezeption der Postmoderne in der erziehungswissenschaftlichen Diskussion

Im Anschluß an Habermas wird seit der zweiten Hälfte der 80er Jahre die Philosophie der Postmoderne auch in der Erziehungswissenschaft rezipiert. Den Beginn markieren ein von Dieter Baacke u.a. 1985 herausgegebener Sammelband „Am Ende - Postmodern?“[4]sowie eine Diskussion in der Zeitschrift für Pädagogik 1987, an der unter anderem Dietrich Benner und Dieter Lenzen teilnahmen.

---

3 Welsch, W.: Unsere postmoderne Moderne. Berlin (4. Aufl.) 1993, S. 179.

4 Baacke, D. u.a. (Hrsg.): Am Ende - Postmodern? Weinheim 1985.

In der erziehungswissenschaftlichen Diskussion wurde das Konzept der Postmoderne zunächst als Bedrohung des eigenen theoretischen Anspruchs verstanden:

„Postmoderne - für die Pädagogik verbindet sich dieser Begriff mit Katastrophen und Endzeitszenarios: Ende der Aufklärung, Strategien des Vergessens, die Aufgabe des Wahrheitsanspruchs, Pluralität anstelle von Verbindlichkeiten, schließlich die neue Unübersichtlichkeit; was die Befürworter und die Kritiker der Postmoderne über diese formulieren, es scheint stets Pädagogik schlechthin, Erziehung und Unterricht zu dementieren. Für ihre Kritiker wie auch für ihre Anhänger zeichnet sich mit der Diagnose von der Postmoderne auch ein endgültiger Ausgang aus den pädagogischen Epochen und ihren Geschichten ab. Gegenüber der Pluralität der postmodernen Gesellschaft delegitimiert, dann dekonstruiert, kann sie am Ende höchstens noch musealen Wert beanspruchen."[5]

Exemplarisch für diese „Demontage pädagogischer Theorien" auf der Basis der Postmoderne ist Dieter Lenzens Aufsatz „Mythos, Metapher und Simulation" in der Zeitschrift für Pädagogik 1987. Für Lenzen ist die Geschichte der Pädagogik eine Geschichte „großer Erzählungen" im Sinne von Lyotard:

„Die Geschichte der Erziehung und die Geschichte der Pädagogik ist vielmehr ein gigantischer Diskurs, in dem sich entgegen aller Rationalisierung die großen Erzählungen erhalten haben, wenn auch nur als sehnsüchtige Erinnerung, wie der Mythos von der ewigen Wiederkehr in dem Arrangement einer Klinikentbindung oder der vom verlorenen Sohn in der Kultur der Straßensozialisation und zahllose andere... Diese Geschichten müssen wiedererzählt werden in einer großen Mythologie der Erziehung, ohne deshalb bloße Wiederholung zu sein. Jede Epoche kleidet diese Mythen in neue der Kulturentwicklung angemessene Erzählungen, von denen die aufklärerische, der die Systematische Pädagogik entstammt, nur eine unter anderen ist, obgleich sie beanspruchte, die Mythen hinter sich zu lassen"[6]

Pädagogische Theorien sind nichts anderes als Zeichensysteme ohne Bezug auf die Realität. Die theoretischen Systeme der Pädagogik stellen nicht die Realität dar, sondern sind Trugbilder:

„Wenn wir in diesem totalen Simulationszusammenhang der Zeichen die Rolle der Systematischen Pädagogik betrachten, dann stellen wir fest, daß auch sie dem Produktionszusammenhang des Hyperrealen angehört. Denn dieses war allen Ansätzen gemeinsam: Eine Vermischung von Zeichen und Realem, d.h. von Theorie und Empirie/Praxis. Mithin bringen Theorien Systematischer Pädagogik Simulakra, Trugbilder, Phantasmagorien hervor. Die 'Erziehungswirklichkeit' von der dort geisteswissenschaftlich, oder die 'Systematik des Daseins', von der existential-ontologisch gesprochen wird, ist hyperreal. Diese Theorien haben als Zeichenkomplexe ihre Referenz auf eine irgendwie geartete Wirklichkeit verloren..." (Lenzen 1987, S. 52).

Anfang der 90er Jahre beginnt dann eine zweite Phase der Auseinandersetzung, in der die Postmoderne nicht mehr als Bedrohung für die Erziehungswissenschaft, sondern als Anstoß für eine wissenschaftstheoretische Neuorientierung gesehen wird. So sieht Michael Winkler drei mögliche Konsequenzen von Zeitdiagnosen, wie sie in der Diskussion um die Postmoderne durchgeführt werden:

„Sie können zum ersten sichtbar machen, daß eine Modifikation in der Problemstruktur von Erziehung auftritt - damit verschwinden weder die Erziehung noch die Pädagogik schlechthin, vielmehr

---

5 Winkler, M.: Erziehung im System der Barbareivermeidung. In: Marotzki, W./Sünker, H. (Hrsg.): Kritische Erziehungswissenschaft - Moderne - Postmoderne. Bd. 1, Weinheim 1992, S. 152.

6 Lenzen, D.: Mythos, Methaper und Simulation. In: Zeitschrift für Pädagogik 33/1987, S. 58.

müssen sie auf die spezifische historische und gesellschaftliche Situation hin neu fokussiert werden...

Die zweite Möglichkeit besteht darin, daß Zeitdiagnosen eine Veränderung, wenn nicht gar eine Auflösung des Realgegenstandes pädagogischer Reflexion nahelegen. Es handelt sich also im Prinzip um einen Wandel auf der Ebene der Lösung des pädagogischen Problems... Welche Konsequenzen hat es beispielsweise für die Struktur des pädagogischen Problems, wenn Gesellschaften vornehmlich Sozialisationsformen anbieten, die auf fortschreitende Individualisierung zielen? ...

Schließlich gibt es noch eine dritte Ebene, auf welcher die Zeitdiagnosen die Pädagogik tangieren: Auf dieser treffen sie die Reflexionsformen, in welchen das Problem der Erziehung und seine Lösung denkbar werden. Sie gelten also den pädagogischen Selbstbeschreibungen. Der Begriff der Pädagogik verschwindet oder verändert sich wenigstens, weil spezifische Voraussetzungen seiner Denkbarkeit sich wandeln" (Winkler 1992, S. 156ff.).

Verdeutlichen läßt sich diese Auffassung an der Diskussion des Bildungsbegriffs: Zunächst wird die Philosophie der Postmoderne als Kritik an der traditionellen Bildungstheorie verstanden, die grundsätzlich von einem einheitlichen Verständnis von Bildung ausgeht:

„Die Möglichkeit von Bildung hängt mit der Möglichkeit von Ganzheit und Einheit zusammen. Gerade diese letztere Möglichkeit wird jedoch von der Philosophie der Postmoderne in letzter Zeit in Frage gestellt. Ganzheit und Einheit werden vermittels der postmodernen Kritik von Universalität und Totalität direkt in Beziehung gesetzt zu Herrschaft, ja zu Terror, und zu Vereinheitlichung und Uniformierung. Um diese Beziehung außer Kraft zu setzen, wird postmodern die Verabschiedung der Ganzheitsoption gefordert und auf Pluralität gesetzt, also auch auf eine, wenn nicht Verabschiedung, so doch Pluralisierung von Bildung."[7]

Ausgehend von der Forderung der Postmoderne nach radikaler Pluralität wird ein neues, auf Pluralität ausgerichtetes Bildungsverständnis proklamiert:

„Es sollte daher nicht länger von Fundierungskonzepten ausgegangen werden, nach denen es ein Fundament gibt mit einem darauf aufbauenden Gefüge, und auch nicht von hierarchischen Systemen, die eine zusammenfassende und richtungsweisende Spitze behaupten. Statt dessen wäre auszugehen von einem 'Ganzen', in welchem alles in kreisförmigen Abhängigkeiten steht, d.h. von den erwähnten Interpretationshorizonten und Gedankenkreisen, die das Viele und das Differente aussagbar werden lassen, ohne ihm jedoch seine Eigenheit zu nehmen. Die Aufgabe von Bildung stellt sich dann als das Gewinnen und Ausgestalten solcher Gedankenkreise" (Heim 1997, S. 81f.).

Entsprechend formuliert Hans-Christoph Koller:

„Dabei könnte das, was Lyotards Überlegungen zunächst von der Perspektive der Bildungstheorie zu trennen scheint, sogar ein Gewinn für die letztere darstellen. Bildungsprozesse wären demnach... zu denken... als Transformationen von Sprachstrukturen: Sätzen, Satzregelsystemen und Diskursarten. Damit wäre zweierlei gewonnen. Zum einen könnten sowohl subjektivistische als auch objektivistische Verengungen des Bildungsbegriffs vermieden und das Sprachgeschehen (language) als das entscheidende Medium oder Feld von Bildung verstanden werden. Zum anderen bedeutet dieses Verständnis von Bildung einen methodologischen Gewinn für die empirische Analyse von Bildungsprozessen."[8]

---

7 Heim, H.: In Zukunft nur noch „Bildungen"? In: Koch, L. u.a. (Hrsg.): Die Zukunft des Bildungsgedankens. Weinheim 1997, S. 65.

8 Koller, H.-C.: Bildung im Widerstreit. In: Marotzki, W./Sünker, H. (Hrsg.): Kritische Erziehungswissenschaft - Moderne - Postmoderne. Bd. 2, Weinheim 1993, S. 92f.

5.2.4 Zur Leistungsfähigkeit der Philosophie der Postmoderne

Die Philosophie der Postmoderne ist eine wissenschaftstheoretische oder besser: eine wissenstheoretische Position, deren Gegenstand wissenschaftliche Theorien bzw. allgemein unterschiedliche Formen des Wissens sind. Als wissenschaftsheoretische Position stimmt sie mit der Position von Kuhn und Feyerabend in der Paradigmendiskussion überein: Beide Male wird die Objektivität neuzeitlicher Wissenschaften in Frage gestellt und auf die Abhängigkeit wissenschaftlicher Ergebnisse von Paradigmen (Kuhn) bzw. bestimmten Diskursen (Postmoderne) hingewiesen. Als wissenstheoretisches Konzept für die Philosophie der Postmoderne geht sie jedoch deutlich über Kuhn hinaus, indem sie die Gleichwertigkeit und Inkommensurabilität wissenschaftlichen Wissens mit anderen Formen des Wissens behauptet.

Aus wissenschaftstheoretischer Sicht treten dabei jedoch zwei Probleme auf:

- Zum einen stellt sich die Frage, ob unterschiedliche Wissensformen tatsächlich so unverbunden nebeneinander stehen, wie es in der Philosophie der Postmoderne den Anschein erweckt: Gibt es nicht sehr wohl Gemeinsamkeiten zwischen verschiedenen Diskursen dergestalt, daß man aus einem pragmatischen Diskurs um die Frage, was zu tun ist, zu einem wissenschaftlichen Diskurs mit Aussagen auf zu erwartende Wirkungen zurückgreift? Diese Überlegung hat bereits Wolfgang Welsch dazu veranlaßt, die ursprüngliche Philosophie der Postmoderne um das Konzept einer „transversalen Vernunft", die Übergänge zwischen verschiedenen Diskursen ermöglicht, zu erweitern .[9]
- Im Konzept der Postmoderne stehen verschiedene Sprachspiele gleichsam gleichwertig nebeneinander. Bedeutet das nicht einen Rückfall in Beliebigkeit und letztlich Willkür? Sind die Diskurse der wissenschaftlichen Begründung und ein Diskurs der manipulativen Überredung wirklich gleichwertig? Muß man nicht gerade in pädagogischem Handeln zwischen „besseren" und „schlechteren" Sprachspielen bzw. Diskursen unterscheiden? Doch was sollen die Kriterien für eine solche Unterscheidung sein?

Im Grunde sind dies Fragen, mit denen sich auch das dritte wissenschaftstheoretische Konzept, der Konstruktivismus, auseinandersetzt.

[9] Vgl. Welsch, W.: Unsere postmoderne Moderne. Berlin (4. Aufl.) 1993, S. 295ff..

5.3 Konstruktivismus

5.3.1 Historische Einordnung

Auch der Konstruktivismus wendet sich gegen das klassische Wissenschaftsverständnis in der Tradition des Empirismus. Wissenschaftliche Erkenntnis, so die Hauptthese, ist Ergebnis menschlicher „Konstruktionen".

Nun ist diese Kritik am Empirismus keineswegs neu. Sie findet sich schon bei Immanuel Kant, der am Ende des 18. Jahrhunderts gegenüber den englischen Empiristen die These vertritt, daß wir „von keinem Gegenstand als Ding an sich selbst, sondern nur sofern es Objekt der sinnlichen Anschauung ist, d.i. als Erscheinung, Erkenntnis haben können"[1], da unsere Erkenntnis von Anschauungsformen wie Raum und Zeit abhängt: Daß wir Gegenstände nach Raum und Zeit ordnen, ergibt sich nicht aus der Wirklichkeit an sich, sondern ist das Ergebnis von Zuordnung.

Seit den 70er Jahren wird der Begriff „Konstruktivismus" von zwei unabhängig voneinander entstandenen Richtungen in Anspruch genommen: dem methodischen Konstruktivismus und dem radikalen Konstruktivismus.

Der methodische Konstruktivismus wurde in den 70er Jahren in Erlangen durch Paul Lorenzen und Wilhelm Kamlah begründet.

Paul Lorenzen (1915-1994) war ursprünglich Mathematiker und arbeitete vorrangig an Begründungsproblemen der Mathematik und Logik. 1962-1980 war er Professor für Philosophie an der Universität Erlangen und zusammen mit Wilhelm Kamlah Begründer der „Erlanger Schule" des methodischen Konstruktivismus.

Wilhelm Kamlah (1905-1976) studierte Musikwissenschaft, Geschichte, Theologie und Philosophie und arbeitete zunächst auf dem Gebiet der Philosophiegeschichte. Von 1954 bis 1970 war er Professor an der Universität Erlangen.

Die grundlegende Arbeit des methodischen Konstruktivismus ist die von Kamlah und Lorenzen verfaßte „Logische Propädeutik", in der Kamlah und Lorenzen die Schritte einer methodischen Rekonstruktion unserer Sprache als Basis für den Aufbau einer konstruktiven Wissenschaftstheorie vorlegen.

Als wichtige Einführungen sind zu nennen:
Kamlah, W./Lorenzen, P.: Logische Propädeutik. Stuttgart (3. Aufl.) 1996 (ursprünglich 1967).
Kamlah, W.: Philosophische Anthropologie. Mannheim u.a. 1972.
Lorenzen, P.: Konstruktive Wissenschaftstheorie. Frankfurt 1974.

Weitergeführt wurde das Programm des methodischen Aufbaus der Wissenschaften insbesondere von Friedrich Kambartel, Kuno Lorenz, Jürgen Mittelstraß, Peter Janich und Oswald Schwemmer sowie in der Erziehungswissenschaft von Eckard König.

---

[1] Kant, I.: Kritik der reinen Vernunft. B XXVI, In: Werke in sechs Bänden (hrsg. von W. Weischedel). Bd. 2, Darmstadt 1966, S. 30.

Exemplarisch seien genannt:
Janich, P.: Was ist Wahrheit? München 1996.
Janich, P.: Konstruktivismus und Naturerkenntnis. Frankfurt 1996.
Mittelstraß, J.: Wissenschaft als Lebensform. Frankfurt a.M. 1982.
Schwemmer, O.: Die kulturelle Existenz des Menschen. Berlin 1997.
König, E.: Theorie der Erziehungswissenschaft, Bd. 3: Erziehungswissenschaft als praktische Disziplin. München 1978.

Eine zweite, von dem methodischen Konstruktivismus ursprünglich völlig unabhängige Richtung des Konstruktivismus stellt der „Radikale Konstruktivismus" dar, der die wissenschaftstheoretische Diskussion in den Sozialwissenschaften seit Mitte der 80er Jahre beeinflußt und zu einer Fülle konstruktivistischer Begründungen unterschiedlicher Wissenschaften geführt hat. Im Radikalen Konstruktivismus lassen sich drei Hauptrichtungen unterscheiden:

(1) Die biologische bzw. neurophysiologische Begründung des Radikalen Konstruktivismus, wie er von dem Biologen Humberto R. Maturana begründet wurde:

Humberto, R. Maturana (geb. 1928) studierte Medizin und Biologie an den Universitäten Santiago de Chile, London und Harvard. Nach Promotion in Harvard und einiger Zeit am MIT lehrte Maturana seit 1961 an der Universität Santiago de Chile. Der Schwerpunkt seiner Arbeiten liegt ursprünglich auf dem Gebiet der Neurophysiologie (z.B. mit Untersuchungen über Farbwahrnehmungen). Bekannt geworden ist er jedoch durch seine biologische Systemtheorie sowie durch seine Biologie der Erkenntnis, die für ihn die Grundlage des Radikalen Konstruktivismus darstellt.

Im Blick auf die wissenschaftstheoretischen Grundlagen des Radikalen Konstruktivismus ist von seinen Veröffentlichungen insbesondere zu nennen:
Maturana, H. R.: Biologie der Kognition. In: Maturana, H. R.: Biologie der Realität. Frankfurt a.M. 1998 (ursprünglich 1970), S. 22-92.
Eine gut verständliche Einführung bietet auch:
Maturana, H. R.: Was ist erkennen? München (2. Aufl.) 1997.

Weitere bekannte Vertreter dieser biologischen Begründung des Radikalen Konstruktivismus sind Francisco Varela und im deutschsprachigen Raum Gerhard Roth.

Exemplarisch seien genannt:
Maturana, H. R./Varela, F. J.: Der Baum der Erkenntnis. München 1987.
Roth, G.: Das Gehirn und seine Wirklichkeit. Frankfurt a. M. 1997.

(2) Die wissenschaftstheoretische Variante des Radikalen Konstruktivismus:

Ernst von Glasersfeld (geb. 1917) studierte in Wien Mathematik. 1954 wurde er Forschungsassistent am Zentrum für Kybernetik an der Universität Mailand, wo er insbesondere an Problemen der maschinellen Übersetzung von Sprachen arbeitete. Seit 1966 führte er entsprechende Forschungsprojekte in den USA weiter und lehrte von 1969 bis 1987 am Department of Psychology an der University of Georgia.

Glasersfeld greift bei der Begründung des Radikalen Konstruktivismus auf Piaget zurück, dessen Überlegungen er zu einer allgemeinen Theorie menschlicher Erkenntnis ausweitet.

Als Einführung sind geeignet:
Glasersfeld, E. von: Einführung in den Radikalen Konstruktivismus. In: Glasersfeld, E. von: Wissen, Sprache und Wirklichkeit. Braunschweig 1987, S. 198-212.
Glasersfeld, E. von: Radikaler Konstruktivismus. Frankfurt a. M. 1996.

Weitergeführt wurde dieser Ansatz dann insbesondere durch Heinz von Foerster (geb. 1911, lehrte Biophysik und Physiologie an der University of Ilinois) und Paul Watzlawick.

Als Einführung sind zu nennen:
Foerster, H. von u.a.: Einführung in den Konstruktivismus. München (3. Aufl.) 1997.
Watzlawick, P.: Die erfundene Wirklichkeit. München 1981.

(3) Die Ausdifferenzierung des Radikalen Konstruktivismus in unterschiedliche Disziplinen.
Hier sind zu nennen:

- die Rezeption des Radikalen Konstruktivismus bei der Begründung der Sozialwissenschaften insbesondere durch Peter M. Hejl:

  Hejl, P. M.: Konstruktion der sozialen Konstruktion: Grundlinien einer konstruktivistischen Sozialtheorie. In: Foerster, H. von u.a.: Einführung in den Konstruktivismus. München (3. Aufl.) 1997.

- im Bereich der Literaturwissenschaften:

  Schmidt, S. J.: Kognitive Autonomie und soziale Orientierung. Frankfurt a. M. 1994.

- im Bereich von Organisationstheorie und Organisationsentwicklung:

  Wildmann, L.: Konstruktivismus und kulturorientierte Managementlehre. Konstanz 1995.
  Probst, G. J. B.: Selbstorganisation. Berlin/Hamburg 1987.

- im Bereich der Psychologie:

  Stangl, W.: Das neue Paradigma der Psychologie. Braunschweig 1989.

- im Bereich der Erziehungswissenschaft:

  Arnold, R./Siebert, H.: Konstruktivistische Erwachsenenbildung. Hohengehren 1995.
  Reich, K.: Systemisch-konstruktivistische Pädagogik. Berlin 1996.

- Darüber hinaus gibt es mittlerweile eine Reihe von Sammelbänden zum Radikalen Konstruktivismus:

  Schmidt, S. J. (Hrsg.): Der Diskurs des Radikalen Konstruktivismus. Frankfurt a. M. 1987.
  Schmidt, S. J. (Hrsg.): Kognition und Gesellschaft. Frankfurt a. M. 1992.

5.3.2 Hauptthesen

Der Konstruktivismus ist eine Wissenschafts- oder Erkenntnistheorie, die die Frage behandelt, wie wir zu gesichertem Wissen gelangen. Im Blick darauf läßt sich die Position des Konstruktivismus in folgenden Thesen verdeutlichen:

(1) Der Radikale Konstruktivismus wendet sich gegen die These, daß Kriterium für Wissenschaftlichkeit die Übereinstimmung von Aussagen mit der Wirklichkeit ist:

„Über 2500 Jahre lang hat das Abendland menschliches Wissen überwiegend als die Abbildung einer unabhängigen Welt außerhalb des erkennenden Menschen aufgefaßt. Die Abbildung sollte zumindest einen Teil der Struktur jener 'realen' Welt und ihrer Funktionsprinzipien widerspiegeln... Wie im Falle eines Porträts sollte die Güte allen Wissens nach dem Grad seiner Übereinstimmung mit der 'Realität' beurteilt werden."[2]

Für den methodischen Konstruktivismus ebenso wie für den Radikalen Konstruktivismus ist diese Auffassung nicht haltbar. Dabei wird jedoch unterschiedlich argumentiert:

Im methodischen Konstruktivismus werden sprachphilosophische Argumente gegen die Abbild- oder Korrespondenztheorie vorgetragen: Jeder Vergleich von Theorie mit der Wirklichkeit setzt voraus, daß ich diese Wirklichkeit bereits sprachlich beschreiben kann. Damit ist jedoch ein Vergleich mit der Wirklichkeit an sich nicht möglich:

„Allen Korrespondenztheorien ist ein prinzipielles Problem gemeinsam: Als Korrespondenztheorie, das heißt als (meta-sprachliche, explizite) Behauptung des Entsprechens von Welt und Sprache bzw. als (metasprachliche, explizite) normative Formulierung eines Wahrheitskriteriums nämlich müssen entsprechende Weltgegenstände ihrerseits sprachlich benannt werden - oder die fraglichen metasprachlichen Sätze können nicht gebildet werden. Damit führen aber korrespondenztheoretische Ansätze prinzipiell nicht aus der Sprache heraus und in die sprachfreie Wirklichkeit hinein. Vielmehr werden Sprachgegenstände - Eigennamen, Prädikatoren, Sätze, Theorien, sprachlich formulierte Modelle usw. - ins Verhältnis gesetzt zu selbst bereits sprachlich anzugebenden Weltgegenständen - mit dem bereits genannten und prinzipiell unlösbaren Problem, wie es denn bei diesem vermeintlich direkten Zugriff auf die Weltgegenstände wieder dazu kommt, daß ihre sprachliche Darstellung angemessen oder korrespondierend sei."[3]

Im Radikalen Konstruktivismus dagegen wird die Kritik an der Abbildtheorie der Wahrheit mit Argumenten aus der Humanbiologie begründet. Am deutlichsten ist diese Argumentation bei Maturana und von Foerster:

„Aufgrund der Art des kognitiven Prozesses und der Funktion der sprachlichen Interaktion können wir nichts darüber aussagen, was unabhängig von uns ist, und womit wir nicht interagieren können... Daraus folgt, daß eine Realität als eine Welt unabhängiger Gegenstände, über die wir reden können, notwendigerweise eine Fiktion des rein deskriptiven Bereiches ist... Die Frage - Was ist der Gegenstand der Erkenntnis? wird damit sinnlos. Es gibt keine Gegenstände der Erkenntnis."[4]

Von Foerster führt dafür folgendes „Experiment" als Beleg an:

---

[2] Glasersfeld, E. von: Radikaler Konstruktivismus. Frankfurt a. M. 1996, S. 186.
[3] Janich, P.: Was ist Wahrheit? München 1996, S. 37.

„Die Umwelt, so wie wir sie wahrnehmen, ist unsere Erfindung.

Es liegt jetzt an mir, diese freche Behauptung zu belegen. Dazu möchte ich sie zunächst bitten, ein Experiment mitzumachen… Nehmen Sie dieses Buch in die rechte Hand, schließen Sie das linke Auge und fixieren Sie mit dem rechten Auge den Stern in Abbildung 1. Bewegen Sie das Buch dann entlang der Sichtlinie langsam vor- oder rückwärts, bis der schwarze Kreis bei einer bestimmten Entfernung (die zwischen 30 und 35 cm beträgt) verschwindet. Sofern Sie den Stern weiter scharf im Auge behalten, bleibt der Kreis auch dann unsichtbar, wenn Sie das Buch in seiner Ebene in beliebiger Richtung verschieben.“[6]

Dabei hat der Radikale Konstruktivismus in Bezug auf die Abbildtheorie seine Position im Laufe der Zeit etwas abgeschwächt: Während die früheren Äußerungen (wie das hier aufgeführte Zitat von Maturana) sich als die Behauptung „es gibt keine Wirklichkeit“ deuten lassen, hat von Glasersfeld diese Position zwischenzeitlich eingeschränkt:

„Die Sprache… eröffnet uns keine Aussicht auf die ontologische Realität einer von uns unabhängigen Welt, wie die Philosophen der sprachanalytischen Richtung hofften.

Es ist vielleicht angebracht, zu wiederholen, daß damit weder die Realität geleugnet wird, noch daß wir mit anderen Sprechern und mit einer Umwelt interagieren. Geleugnet wird nur, daß der Mensch die Realität im ontologischen Sinne erkennen kann… Der Konstruktivismus behauptet folglich nicht, daß es keine Welt und keine anderen Menschen gibt, er behauptet lediglich, daß wir diese nur insoweit ‘erkennen’ können, als wir sie in Form von Modellen selbst konstruieren“ (Glasersfeld 1996, S. 223f.).

(2) Erkenntnis ist stets im Zusammenhang mit dem Beobachter zu sehen, es gibt keine von einem Beobachter unabhängige Erkenntnis.

Diese insbesondere für den Radikalen Konstruktivismus zentrale These findet sich zunächst in Maturanas Biologie der Kognition:

„1. Alles was gesagt wird, wird von einem Beobachter gesagt, Der Beobachter spricht durch seine Äußerungen zu einem anderen Beobachter, der er selbst sein könnte; alles, was den einen Beobachter kennzeichnet, kennzeichnet auch den anderen. Der Beobachter ist ein menschliches Wesen, d. h. ein lebendes System, und alles, was lebende Systeme kennzeichnet, kennzeichnet auch ihn.
2. Der Beobachter betrachtet gleichzeitig den Gegenstand, den er untersucht (in unserem Fall einen Organismus), und die Welt, in der dieser Gegenstand sich befindet (die Umwelt des Organismus). Dies gestattet ihm, mit beiden jeweils unabhängig voneinander zu interagieren und außerdem in Interaktionen einzutreten, die notwendigerweise außerhalb des Interaktionsbereichs des beobachteten Gegenstandes liegen.“ (Maturana 1998, S. 25).

Wenn Erkenntnis aber stets von einem Beobachter abhängt, dann ergibt sich daraus die These, daß alle Vorstellungen unserer Wirklichkeit nur in den Köpfen von Menschen (von Beobachtern) existieren:

---

4 Maturana, H. R.: Biologie der Realität. Frankfurt a.M. 1998, S. 85.

5 Foerster, H. von: Das Konstruieren einer Wirklichkeit. In: Watzlawick, P. (Hrsg.): Die erfundene Wirklichkeit. München 1994, S. 40.

„Der radikale Konstruktivismus beruht auf der Annahme, daß alles Wissen, wie immer man es auch definieren mag, nur in den Köpfen von Menschen existiert und daß das denkende Subjekt sein Wissen nur auf der Grundlage eigener Erfahrung konstruieren kann. Was wir aus unserer Erfahrung machen, das allein bildet die Welt, in der wir bewußt leben. Sie kann zwar in vielfältiger Weise aufgeteilt werden in Dinge, Personen, Mitmenschen usw., doch alle Arten der Erfahrung sind und bleiben subjektiv" (Glasersfeld 1996, S. 22).

(3) Beobachtung und Beschreibung setzen Unterscheidungen voraus, die sich nicht aus der Wirklichkeit ergeben, sondern von dem jeweiligen Beobachter getroffen werden.
Diese These findet sich ebenfalls bereits bei Maturana im Zusammenhang mit der Biologie der Kognition:

„Ein Gegenstand ist für den Beobachter dann ein Gegenstand, wenn er ihn beschreiben kann. Beschreiben heißt, die tatsächlichen oder möglichen Interaktionen und Relationen des Gegenstandes aufzählen. Der Beobachter kann folglich einen Gegenstand nur beschreiben, wenn es zumindest einen anderen Gegenstand gibt, von dem er ihn unterscheiden kann, und wenn er Interaktionen oder Relationen zwischen beiden beobachten kann" (Maturana 1998, S. 25).

Von Glasersfeld verdeutlicht diese These an folgendem Beispiel:

„Nicht minder konstruiert sind die Urteile der Gleichheit und Verschiedenheit im Bereich der Wahrnehmungsgegenstände. Wie ich oben bereits andeutete, ist 'Gleichheit' immer das Resultat einer Untersuchung von bestimmten Eigenschaften. Zwei Eier sind etwa gleich in Form und Farbe und weil sie von derselben Henne stammen, sind aber nur zu deutlich verschieden, wenn das eine gestern gelegt wurde, das andere vor sechs Wochen. Eine Feldmaus und ein Elefant sind in vielen Beziehungen verschieden, sind aber gleich als Lebewesen und wenn wir die Säugetiere von anderen Tieren unterscheiden wollen... In diesen Fällen, wie in allen erdenklichen, ist es wohl klar, daß die Kriterien, anhand derer Gleichheit oder Verschiedenheit festgestellt werden, von dem erlebenden, urteilenden Subjekt geschaffen und gewählt werden und nicht einer unabhängigen Welt zugeschrieben werden können."[6]

Auf Wissenschaft bezogen bedeutet dies: Wissenschaft setzt in Definitionen von Grundbegriffen stets Unterscheidungen voraus. Diese Unterscheidungen ergeben sich nicht aus der Wirklichkeit, sondern sind Sache eines beobachtenden Subjektes: Als Beobachter unterscheide ich zwischen verschiedenen Gegenständen oder Verhaltensweisen oder fasse sie als „gleich" zusammen. Jede Erfassung der Wirklichkeit basiert somit auf den jeweilig vorausgesetzten Unterscheidungen.

(4) Unterscheidungen stehen in Handlungszusammenhängen, und die Brauchbarkeit in solchen Handlungszusammenhängen entscheidet über die Angemessenheit der Unterscheidungen.
Wenn unser Wissen von den zugrundeliegenden Unterscheidungen abhängt, stellt sich ein neues Problem: Sind diese Unterscheidungen beliebig? Wird damit nicht letztlich alles Wissen willkürlich in dem Sinn, daß alles „bloße Konstruktion" ist?

Um nicht in bloße Beliebigkeit und Subjektivität zu verfallen, benötigt der Konstruktivismus ein Kriterium, mit dem sich die Angemessenheit von Unterscheidungen und damit die Verläßlichkeit unseres Wissens beurteilen läßt:

---

6 Glasersfeld, E. von: Wissen, Sprache und Wirklichkeit. Braunschweig 1987, S. 210.

„Wenn wir diese Art zu denken als eine Arbeitshypothese akzeptieren, dann müssen wir einen Unterschied zwischen begrifflichen Konstrukten erklären, auf den wir auch als Konstruktivisten nicht verzichten wollen: den Unterschied zwischen Wissen, dem wir vertrauen wollen, so als ob es objektiv wäre, und jenen Konstrukten, die wir für fragwürdig, wenn nicht völlig illusorisch halten" (Glasersfeld 1996, S. 195).

Doch was kann das Kriterium für die Angemessenheit begrifflicher Unterscheidungen sein? Der Radikale Konstruktivismus greift darauf zurück, daß Sprache und Wissen stets in Handlungszusammenhänge eingebettet ist und dazu dient, uns Orientierung im praktischen Handeln zu ermöglichen:

„Wissen aus konstruktivistischer Sicht... bildet die Welt überhaupt nicht ab, es umfaßt vielmehr Handlungsschemas, Begriffe und Gedanken, und es unterscheidet jene, die es für brauchbar hält von den unbrauchbaren. Mit anderen Worten, Wissen besteht in den Mitteln und Wegen, die das erkennende Subjekt begrifflich entwickelt hat, um sich an die Welt anzupassen, die es erlebt" (Glasersfeld 1996, S. 187).

Damit ergibt sich als Kriterium für die Angemessenheit von Unterscheidungen ihre Brauchbarkeit zur Erreichung praktischer Zwecke. Glasersfeld spricht hier von der „Viabilität" von Begriffen und begrifflichen Operationen:

„Handlungen, Begriffe und begriffliche Operationen sind dann viabel, wenn sie zu den Zwecken oder Beschreibungen passen, für die wir sie benutzen" (Glasersfeld 1996, S. 43).

Zur Verdeutlichung führt er das Beispiel des passenden Schlüssels an, dessen Brauchbarkeit sich nicht aus irgendeiner Abbildung ergibt:

„...dieses Verhältnis [d.h. das Verhältnis zwischen Wissen und Wirklichkeit]... sieht der radikale Konstruktivismus... als Anpassung im funktionalen Sinn.

In der englischen Alltagssprache kann man diesen begrifflichen Gegensatz in gewissen Zusammenhängen ziemlich klar zum Ausdruck bringen, indem man die Wörter match und fit gegeneinander ausspielt. Wenn man diese Wörter mit 'stimmen' und 'passen' ins Deutsche übersetzt, kann man den begrifflichen Gegensatz ebenfalls in manchen Situationen aufzeigen. Sagen wir zum Beispiel von einer Abbildung, daß sie 'stimmt', so bedeutet das, daß sie das Abgebildete wiedergibt und mit ihm in irgendeiner Weise gleichförmig ist...

Sagen wir andererseits von etwas, daß es 'paßt', so bedeutet das nicht mehr und nicht weniger, als daß es den Dienst leistet, den wir uns von ihm erhofften. Ein Schlüssel 'paßt', wenn er das Schloß aufsperrt. Das Passen beschreibt die Fähigkeit des Schlüssels, nicht aber das Schloß. Von den Berufseinbrechern wissen wir nur zu gut, daß es eine Menge Schlüssel gibt, die anders geformt sind als unsere, aber unsere Türen nichtsdestoweniger aufsperren. Das mag eine recht grobe Metapher sein, doch um den Hauptpunkt, um den es hier geht, ein wenig greifbarer zu machen, paßt sie nicht schlecht. Vom Gesichtspunkt des radikalen Konstruktivismus aus stehen wir alle - Wissenschaftler, Philosophen, Laien, Schulkinder, Tiere, ja Lebewesen aller Art - unserer Umwelt gegenüber wie ein Einbrecher dem Schloß, das er aufsperren muß, um Beute zu machen" (Glasersfeld 1987, S. 200).

Auf Wissenschaft bezogen: Unsere Unterscheidungen und damit auch unsere wissenschaftlichen Methoden können im Blick auf praktische Zwecke mehr oder weniger angemessen bzw. „passend" sein. Letztlich sind es eben diese praktischen Zwecke, die dann über die Brauchbarkeit wissenschaftlicher Theorien entscheiden.

In eine ähnliche Richtung zielt der methodische Konstruktivismus, indem er die Einbindung von Wissenschaft in Handlungszusammenhänge hervorhebt:

„Ein unbestrittener Ansatzpunkt für die Bestimmung wissenschaftlicher Wahrheit ist der Umstand, daß alle Wissenschaften durch Handeln von Menschen in die Welt kommen...
Kurz, die Lebenswelt ist Grundlage und Ziel der Wissenschaften, auch wenn im Forschungs- und Lehrbetrieb dieser Aspekt tatsächlich weitgehend ausgeklammert bleibt und Forschungsaufgaben als wissenschaftsimmanente Fragestellungen für den einzelnen Wissenschaftler viel eher leitend sind als die - jedenfalls in vielen Disziplinen eher - forschungsfernen Anwendungen im öffentlichen Leben" (Janich 1996, S. 75, 77).

Janich verdeutlicht dies am Beispiel der Meßkunst:

„Wo Handwerker, wie Schreiner, Schneider, Feinmechaniker, Straßenbauer, Seeleute usw., eine je für ihre eigenen Zwecke bewährte Meßkunst von Längen entwickeln, bedürfen Wissenschaften eines universellen Längenbegriffs, der sich von der Mikrophysik bis zur Kosmologie einheitlich verwenden läßt - obgleich selbstverständlich die Verschiedenheit der Meßkünste für verschiedene Größenbereiche erhalten bleibt. Weil mit wissenschaftlichen Meßresultaten (Maßzahlen) im Bereich der Theorien gerechnet wird, müssen diese Resultate logische und mathematische Eigenschaften haben, die den Rechenoperationen mit den Maßzahlen genügen. Diese Entsprechung von Eigenschaften der Meßoperation und der Maßzahlen wird durch Theorien erreicht, die die technisch herbeizuführenden und bei tatsächlicher Messung aufrechtzuerhaltenden Meßgeräteeigenschaften vorschreiben... " (Janich 1996, S. 78).

Ergebnis ist somit,

„...daß alle wissenschaftlichen Methoden und Geltungskriterien für wissenschaftliche Resultate aus der Lebenswelt heraus entstanden sind und dort Fundament und Ziel behalten" (Janich 1996, S. 96).

Damit wird die Festlegung von Grundbegriffen und Methoden von Wissenschaft eingebunden in die Organisation menschlicher Lebensbewältigung. Erst in diesem Kontext läßt sich ein Begriff wie „Wahrheit" überhaupt erst sinnvoll einführen:

„...erst das Verlassen der Beobachterperspektive und die tatsächliche Teilnahme an Rede zur Lebensbewältigung und schließlich erst das Handeln statt des Redens über das Handeln erlaubt eine befriedigende und befriedigend vollständige Beantwortung der Frage 'Was ist Wahrheit?'" (Janich 1996, S. 99).

Daraus ergeben sich für die methodische Konstruktion wissenschaftlicher Grundlagen folgende Kriterien (Janich 1996, S. 125f.):

- das Prinzip der methodischen Ordnung: Eine Wissenschaftssprache muß so aufgebaut sein, daß sie eine Unterscheidung komplexer Handlungsketten in Teilhandlungen ermöglicht.
- das Kriterium der Explizitheit: Eine Wissenschaftssprache muß so aufgebaut sein, daß sie Möglichkeiten zur Behebung von Mißverständnissen bietet.
- das Kriterium der praktischen Relevanz: Hiernach sind wissenschaftliche Grundlagen daraufhin zu überprüfen, wieweit sie eine erfolgreiche Organisation gemeinschaftlichen Handelns leisten können.
- das Kriterium der Wahrhaftigkeit, unter der Zielsetzung, andere Diskursparteien nicht über die eigenen Zwecke und Mittel zu täuschen
- das Kriterium kultureller Beschränkungen: Wissenschaft hat nie abstrakte und uneingeschränkte Gültigkeit, sondern ist grundsätzlich eingebunden in konkrete Handlungszusammenhänge unter kulturhistorischen Bedingungen.

5.3.3 Die Bedeutung des Konstruktivismus für die wissenschaftstheoretische Grundlegung der Erziehungswissenschaft

Welche Argumente liefert nun der Radikale Konstruktivismus für die Frage nach der „richtigen Erziehungswissenschaft"? Zwei Punkte erscheinen uns hier vor allem wichtig:

(1) Erziehungswissenschaftliche Konzepte basieren auf unterschiedlichen Grundbegriffen. Diese Grundbegriffe sind nicht aus der Wirklichkeit abzuleiten. Es macht also keinen Sinn zu fragen, ob die pädagogische Praxis in Wirklichkeit Verhalten, Handeln oder System ist, sondern „Verhalten", „Handlung" und „System" sind unsere begrifflichen Konstruktionen, die wir erziehungswissenschaftlicher Forschung und pädagogischem Handeln zugrunde legen.

(2) Begriffliche Unterscheidung als Basis erziehungswissenschaftlicher Theorien stehen in Handlungszusammenhängen. Daher läßt sich zum Beispiel das Begriffssystem der Verhaltenstheorie grundsätzlich nur im Blick auf praktische Konsequenzen diskutieren und beurteilen: Wie weit vermag dieses Begriffssystem pädagogisches Handeln verläßlich zu leiten? Wie gehen Pädagoginnen und Pädagogen auf der Basis dieses Begriffssystems mit Kindern, Jugendlichen und Erwachsenen um?

Auf der anderen Seite läßt der Radikale Konstruktivismus durchaus Probleme offen. Zwei seien hier genannt:

Ein erstes Problem liegt in der biologischen Basis des Radikalen Konstruktivismus. Insbesondere bei Maturana, aber auch bei Varela und H. von Foerster werden die Ergebnisse der Neurobiologie als Grundlage für wissenschaftstheoretische Überlegungen genommen. Damit setzt der Radikale Konstruktivismus als Argumentationsbasis jedoch ein Wissenschaftskonzept der modernen Naturwissenschaften voraus, das er andererseits zugleich kritisiert.

Ein zweites Problem besteht in der Vermengung unterschiedlicher Theorieebenen in der Diskussion um den Radikalen Konstruktivismus. Der Konstruktivismus (gleichgültig, ob es sich um den methodischen oder den Radikalen Konstruktivismus handelt) ist zunächst eine Metatheorie. Auf dieser Ebene werden somit keine Aussagen über die pädagogische Praxis, sondern Aussagen über verschiedene Wissenschaftskonzepte gemacht. Aussagen über und Anweisungen für das praktische Handeln lassen sich daraus nicht einfach deduzieren.

Die Rezeption des Radikalen Konstruktivismus ist (nicht zuletzt im Bereich der Erziehungswissenschaft) durch die Vermengung unterschiedlicher Theorieebenen gekennzeichnet, indem man dabei gleichzeitig auf wissenschaftstheoretische, biologische und kognitionspsychologische Annahmen zurückgreift und daraus praktische Konsequenzen für die Erziehungspraxis zu deduzieren sucht. Zur Verdeutlichung ein Beispiel.

Rolf Arnold und Horst Siebert versuchen in dem 1995 erschienenen Buch „Konstruktive Erwachsenenbildung“ den Konstruktivismus für die Grundlegung der Erwachsenenbildung zu nutzen. Wie sie dabei vorgehen, läßt sich z.B. anhand des Kapitels „Zielgruppenarbeit“ verdeutlichen:[7]

„‘Zielgruppenarbeit’ ist ein Konstrukt, eine inszenierte Wirklichkeit. Zielgruppen sind nicht vorhanden, sondern sie sind Beschreibungen und Erzeugnisse der ‘Akteure’ der Erwachsenenbildung. Welche ‘Landkarten’ haben wir im Kopf, wenn wir von Alten, Frauen, Behinderten als Zielgruppe sprechen?“ (Arnold/Siebert 1995, S. 155).

Hier bewegt sich die Argumentation durchaus in der Tradition des Konstruktivismus auf einer wissenschaftstheoretischen Ebene, indem darauf hingewiesen wird, daß Zielgruppen nicht in der Wirklichkeit vorfindbar sind, sondern daß es sich hier um eine von Pädagogen getroffenen terminologischen Festlegung handelt, die den Blick in eine bestimmte Richtung lenkt. In der Tat dürfte es sinnvoll sein, sich deutlich zu machen, daß pädagogische Grundbegriffe (von „Teilnehmerorientierung“ über „Sozialpädagogik“ bis zu „Lernzielkontrolle“) letztlich Konstruktionen darstellen, die in Handlungszusammenhänge eingebunden sind. Doch welche Konsequenzen lassen sich aus solchen wissenschaftstheoretischen Überlegungen für die Grundlegung der Erwachsenenbildung ziehen?

Als Konsequenz daraus bestimmen Arnold/Siebert Zielgruppenarbeit als ein „synreferentielles Problemsystem“:

„Wenn unser Gehirn ein selbstreferentielles System ist, wenn ‘Nichtverstehen’ die Regel ist, stellt sich die Frage, wie überhaupt in Gruppen miteinander und voneinander gelernt werden kann. Auch der Konstruktivismus schließt die Möglichkeit sozialen Lernens nicht aus. Während die Neurobiologen natürliche Systeme wie das menschliche Nervensystem untersuchen, betonen die soziologischen Konstruktivisten die Analogien zwischen natürlichen und sozialen Systemen. So läßt sich Zielgruppenarbeit als soziales System beschreiben“ (Arnold/ Siebert 1995, S. 159).

An dieser Stelle wird die Ebene der wissenschaftstheoretischen Überlegungen verlassen. Es wird gleichsam ohne Unterscheidung zwischen Wissenschaftstheorie, Systemtheorie, Neurobiologie und letztlich erziehungspraktischen Fragen vermittelt. Daraus werden praktische Konsequenzen gezogen:

„Das Gelingen von Zielgruppenarbeit hängt von der Synreferentialität und Koevolution ab. Koevolution entsteht, wenn die Beteiligten eine Resonanz in der Gruppe spüren, wenn eine Schwingung entsteht, wenn ein wechselseitiges Lerninteresse zustande kommt. Solche ergiebigen Koppelungen hängen oft mehr vom ‘Setting’ als von dem Curriculum ab. Zu dem Setting gehören Räume, Zeiten, Sitzordnungen, Kleidung, Materialien, die ‘Seminarästhetik’. Die lernökologische Atmosphäre bestimmt, welche Probleme wie thematisiert werden können… Damit eine koevolutive Stimmung entsteht, in der Individuen trotz ihrer ‘operationalen Geschlossenheit’ voneinander lernen, muß eine möglichst herrschaftsfreie Kommunikation entstehen. Diese erfordert gegenseitige Wertschätzung, wechselseitiges Interesse, Aufmerksamkeit für Andersdenkende, Takt im Umgang und Unaufdringlichkeit“ (Arnold/Siebert 1995, S. 161).

Sicher mögen die jeweiligen konkreten Forderungen durchaus plausibel sein. Aber solche Normen sind schwerlich mit Hilfe wissenschaftstheoretischer Überlegungen

---

7 Arnold, R./Siebert, H.: Konstruktivistische Erwachsenenbildung. Hohengehren 1995, S. 154ff.

zu begründen. Auf der Ebene der Wissenschaftstheorie kann man die Frage stellen, ob sich Normen überhaupt aus wissenschaftlichen Konzepten begründen lassen - aber als Metatheorie kann der Konstruktivismus keine konkrete pädagogische Praxis begründen.

Der Konstruktivismus ist ein wissenschaftstheoretisches Konzept, das wichtige Argumente für die Beurteilung verschiedener Wissenschaftskonzepte liefert. Zwischen Verhaltenstheorie, Handlungstheorie und der Systemtheorie, so das Ergebnis, läßt sich nicht mit Rückgriff auf die „Wirklichkeit" entscheiden. Es handelt sich dabei um menschliche Konstruktionen, die im Kontext konkreter Handlungszusammenhänge entstanden und hier zu beurteilen sind: Verhaltenstheorie ist im Kontext einer ganz bestimmten pädagogischen Praxis entstanden, ebenso wie Handlungstheorie und Systemtheorie. Die Ausgangsfrage für die Beurteilung wissenschaftlicher Konzepte heißt dann: Welche pädagogische Praxis wollen wir? Und erst auf dieser Basis können wir uns Gedanken darüber machen, wie wir Wissenschaft sinnvollerweise einrichten, welche Grundbegriffe und Forschungsmethoden wir ansetzen, um diese Zwecke zu erreichen.

Wenn man konstruktivistische Argumente in der erziehungswissenschaftlichen Diskussion über praktisches Handeln aufgreift, muß man sich darüber klar sein, daß eine solche Argumentation grundsätzlich auf einer anderen Ebene, nämlich immer nur im Rahmen eines vorgegebenen Wissenschaftskonzeptes möglich ist. In der Tat lassen sich konstruktivistische Argumente innerhalb des hermeneutischen oder systemtheoretischen Verständnisses von Erziehungswissenschaft einbringen. Aber dann hat Konstruktivismus nicht mehr den Status einer Wissenschaftstheorie, sondern ist gleichsam eine Theorie über die Bedeutung subjektiver Theorien, die besagt, daß Personen in ihren subjektiven Theorien nicht die Wirklichkeit abbilden, sondern sich damit ein Bild ihrer Wirklichkeit konstruieren: ich kann das Verhalten eines Kollegens als abgespannt oder ablehnend deuten, ohne daß ich an der Wirklichkeit eindeutig überprüfen läßt, was hier zutrifft.

Auf dieser Ebene können konstruktivistische Überlegungen auch für praktisches Handeln relevant sein: Sie geben Hinweise darauf, daß es wenig Sinn macht, sich in solchen Situationen darüber zu unterhalten, was „wirklich" ist. Und es lassen sich dann Möglichkeiten diskutieren, jemanden zu unterstützen, seine „Konstruktion der Wirklichkeit" zu überprüfen und ggf. abzuändern.

Damit aber haben wir die Ebene der wissenschaftstheoretischen Diskussion verlassen und bewegen uns innerhalb eines hermeneutischen oder systemtheoretischen Ansatzes. Sicher sind solche Überlegungen relevant. Aber es dürfte wichtig sein, hier sorgsam zwischen konkreten pädagogischen Fragen und der wissenschaftstheoretischen Diskussion um die Grundlegung der Erziehungswissenschaft zu unterscheiden.

Wenn Sie sich mit der Diskussion um die Anwendung des Radikalen Konstruktivismus weiter beschäftigen möchten, hier noch zwei Literaturhinweise:

Fischer, H. R. (Hrsg.): Die Wirklichkeit des Konstruktivismus. Heidelberg 1995.
Nüse, R. u.a.: Über die Erfindung/en des Radikalen Konstruktivismus. Weinheim 1991.

5.4 Was meinen die Autoren?

Wir sind damit am Ende unseres Überblicks über die verschiedenen wissenschaftstheoretischen Konzepte der Erziehungswissenschaft und über die wissenschaftstheoretische Diskussion über die „richtige Wissenschaft“ angelangt. Die Frage, die sich nun stellt, lautet: Was kann ich daraus für Konsequenzen ziehen? Was kann ich damit anfangen?

Wir denken, daß im Grunde nur Sie, als Leserin und Leser, diese Frage für sich beantworten können. Nur Sie können für sich klären, wo Sie Probleme sehen, wo Sie sich andererseits aber auch in Ihrem Denken und Handeln wiederfinden. Wir konnten Ihnen sicher im Verlauf der vorangegangenen Kapitel eine Reihe von Anregungen dafür liefern, aber wir können und dürfen Ihnen nicht die eigene Beurteilung abnehmen.

Abschließend möchten wir Ihnen jedoch noch zeigen, welche Konsequenzen wir aus den vorangegangenen Kapiteln für unsere Arbeit als Wissenschaftler und Praktiker ziehen. Wir nehmen nicht an, wir hätten damit den Stein der Weisen gefunden. Aber vielleicht kann Ihnen die Zusammenfassung unseres Standpunktes, der in den vorausgegangenden Kapiteln immer wieder angeklungen ist, helfen, Ihren eigenen Standpunkt zu präzisieren.

(1) Es gibt nicht die Erziehungswissenschaft, sondern es gibt verschiedene erziehungswissenschaftliche bzw. sozialwissenschaftliche Konzepte („Paradigmen“), die sich in den jeweiligen Grundbegriffen, den Forschungsmethoden und den Konsequenzen für praktisches Handeln unterscheiden.
Dies ist sicherlich in den vorangegangenen Kapiteln deutlich geworden: Eine handlungstheoretische Erziehungswissenschaft basiert auf anderen Grundbegriffen als eine verhaltenstheoretische oder eine systemtheoretische. Sie bedient sich anderer Forschungsmethoden und führt zu anderen Konsequenzen für praktisches Handeln.

Arbeitsanregung:
Erinnern Sie sich an das Beispiel in der Einleitung, bei dem es darum ging, auf der Basis erziehungswissenschaftlicher Konzepte Gruppenarbeit einzuführen. Überlegen Sie: Wie würde man auf der Basis der in den Teilen 2 bis 4 dargestellten Konzepte vorgehen?

(2) Unterschiedliche sozialwissenschaftliche Paradigmen sind nicht inkommensurabel. Es bestehen hinsichtlich der Forschungsmethoden, der Ergebnisse und der praktischen Konsequenzen durchaus Überschneidungen.
Kuhn ging seinerzeit davon aus, daß verschiedene Paradigmen „inkommensurabel“ sind. Daraus aber den Schluß zu ziehen, daß es absolut keine Gemeinsamkeiten und Berührungspunkte zwischen Paradigmen gäbe, dürfte zumindest für die Sozialwissenschaft nicht zutreffend sein:

- Auf der Ebene des zugrundegelegten Begriffssystems sind sicherlich verhaltenstheoretische, hermeneutische und systemtheoretische Ansätze deutlich voneinander abgegrenzt. Andererseits gibt es auch hier Überschneidungen: Begriffe wie „subjektive Deutung“ und „Regel“ sind sowohl im hermeneutischen als auch im systemtheoretischen Ansatz eingeführt.
- Auf der Ebene der Forschungsmethodik stellt sich eine zunehmende Verzahnung zwischen verschiedenen Konzepten heraus: Auf der einen Seite werden etwa im Rahmen eines hermeneutischen oder systemtheoretischen Ansatzes durchaus auch Fragebögen eingesetzt - wobei dann möglicherweise der wesentliche Unterschied darin besteht, daß die Antworten auf der Basis eines verhaltenstheoretischen Konzeptes als Reaktion auf Reize, auf der Basis eines hermeneutischen Ansatzes als subjektive Deutungen verstanden werden. Auf der anderen Seite finden sich in den letzten Jahren in der Tradition der verhaltenstheoretischen Sozialwissenschaften offene Verfahren wie qualitative Interviews.
- Schließlich gibt es auch auf der Ebene des konkreten praktischen Vorgehens vielfache Überschneidungen. Ein Beispiel hierfür ist die von Studierenden immer wieder aufgeworfene Frage, wieso denn „Aufmerksamkeit geben“ in einem handlungstheoretischen Konzept etwas anderes sei als soziale Verstärkung in einem verhaltenstheoretischen Konzept. Sicherlich kann eine konkrete Intervention (die Lehrerin nickt Claudia zu, wenn sie am Platz bleibt) sowohl verhaltenstheoretisch als soziale Verstärkung als auch handlungstheoretisch als Beachtung gedeutet werden. Dabei unterscheidet sich weniger das konkrete praktische Vorgehen, als viel mehr die Interpretation der jeweiligen Handlungen.

Es wäre aber verfehlt, daraus den Schluß zu ziehen, es bestände eigentlich kein Unterschied zwischen den verschiedenen Konzepten. Theoretisch geleitetes praktisches Vorgehen in der Erziehungspraxis ist kein „anything goes“ im Sinne von Feyerabend, sondern stellt jeweils einen Rahmen für bestimmte Interventionen dar. Unterschiede zwischen den Paradigmen bestehen dann in unterschiedlichen begrifflichen Rahmen für die Rekonstruktion von Situationen und Problemen. Was als sinnvolle Intervention gilt, hängt davon ab, wie die Situation und das Problem rekonstruiert wird. Aufgrund der zugrundeliegenden Konzepte unterscheiden sich die Interventionen: Im Rahmen einer verhaltenstheoretischen Erziehungswissenschaft wird z.B. die Überprüfung eigener subjektiver Deutungen nicht erwartet, während im Rahmen eines handlungstheoretischen Ansatzes nicht sichtbar wird, daß es unter Umständen Sinn macht, Claudia in eine andere Klasse zu setzen, was dann auf der Basis eines systemtheoretischen Ansatzes durchaus möglich wäre.

(3) Die Formulierung „Ziel von Sozialwissenschaft ist Erkenntnis der sozialen Wirklichkeit“ ist als Kriterium für Wissenschaftlichkeit nicht ausreichend.
Die klassische Formulierung „Ziel von Wissenschaft ist die Erkenntnis der Wirklichkeit“ ist zirkulär, weil „Erkenntnis der Wirklichkeit“ grundsätzlich nicht theorieunabhängig zu formulieren ist: Je nach dem zugrundeliegenden Paradigma wird etwas anderes unter „Erkenntnis“ verstanden. Je nach den Begriffen, die wir der Rede über Wirklichkeit zugrunde legen, werden andere Sachverhalte sichtbar werden, wird „Erkenntnis“ anders definiert sein.

Im Grunde ist dies eine Auffassung, die sich seit Kants These, daß wir das „Ding an sich“ nicht erkennen können, über Popper bis zum Radikalen Konstruktivismus durchhält: Unsere Erkenntnis der Wirklichkeit ist stets von unseren „Anschauungsformen“ bzw. von den unserer Erkenntnis zugrundegelegten Konstrukten oder Kategorien abhängig. Dabei ist es letztlich müßig, darüber zu streiten, ob wir nur die „Wirklichkeit an sich“ nicht erkennen können (wie Kant es formulierte), oder ob es die „Wirklichkeit an sich“ überhaupt nicht gibt, wie es der frühere Radikale Konstruktivismus behauptete. Nachdem es kein Verfahren gibt, mit dessen Hilfe sich wissenschaftlich überprüfen läßt, ob wir nur das Ding an sich nicht erkennen können oder ob es das Ding an sich überhaupt nicht gibt, sind beide Äußerungen letztlich nur unterschiedliche sprachliche Formulierungen.

(4) Wenn Kriterium von Wissenschaftlichkeit nicht in der Erkenntnis der Wirklichkeit liegt, dann bleibt als Alternative nur übrig, Wissenschaftlichkeit auf praktisches Handeln zu beziehen: Ziel der Erziehungswissenschaft ist, das praktische Handeln in pädagogischen Situationen verläßlich zu leiten.
Dabei besagt die Formulierung, Ziel von Wissenschaft ist es, praktisches Handeln verläßlich zu leiten, zweierlei:

- Wissenschaft ist daraufhin zu prüfen, welche Handlungsmöglichkeiten sie mir als Lehrerin oder Lehrer, Trainerin, Berater, Bildungsplaner, Ausbilder, Personalentwickler usw. eröffnet.
- Wissenschaft ist auf verläßliches Wissen angelegt, wobei Verläßlichkeit zugleich Lehr- und Lernbarkeit bedeutet: Ein Verfahren, das nur einmal und nie wieder erfolgreich angewandt wurde, ist kein wissenschaftliches Verfahren (eben das besagt die klassische Forderung nach Intersubjektivität wissenschaftlicher Ergebnisse). Wissenschaft muß lehr- und lernbar sein. Jemand anderes muß in der Lage sein, die entsprechenden Verfahren in anderen Situationen erfolgreich anzuwenden.

(5) Hiermit verändert sich die Definition von Wissenschaft.
Wissenschaft ist nicht, wie es in der Tradition des Empirismus bis hin zu Popper und Brezinka üblich war, definiert als System genereller Gesetzesaussagen, sondern Wissenschaft ist definiert durch:

- wissenschaftliche Grundbegriffe,
- Forschungsmethoden,
- deskriptive Aussagen über mögliche oder wahrscheinliche Zusammenhänge,
- Interventionsmethoden.

Es scheint, daß ein solches Wissenschaftsverständnis der Wissenschaftspraxis eher angemessen ist als die in der Tradition des Empirismus vorherrschende Ausrichtung auf generelle Gesetzesaussagen. Klassisches Beispiel für ein solches verändertes Wissenschaftsverständnis ist z.B. auch die neuzeitliche Medizin: Medizin als Wissenschaft ist bestimmt durch ein eigenes Begriffssystem (wobei auch in der Medizin deutlich wird, daß ein solches Begriffssystem bestimmte Vorgehensweisen, in diesem Fall einer apparativen Medizin, begünstigt bzw. andere Perspektiven ausblendet), durch eine umfangreiche Diagnostik, durch eine Fülle von Informationen über mögliche Wirkungen und Nebenwirkungen (die relativ selten die Form genereller Gesetzesaussagen haben) und ein Repertoire an Behandlungs-, d.h. Interventionsmethoden, die im Grunde den Erfolg von Wissenschaft ausmachen. Entsprechendes gilt für die Erziehungswissenschaft.

Zur Verdeutlichung möchten wir dabei nochmals auf das bereits in der Einleitung genannte Beispiel der Einführung von Gruppenarbeit zurückgreifen und dabei zugleich das eigene Wissenschaftsverständnis verdeutlichen. Nehmen wir also an, wir versuchen, Gruppenarbeit einzuführen. Dann ergeben sich folgende Schritte:

(1) Zunächst wird die Situation auf der Basis wissenschaftlicher Grundbegriffe gedeutet. In einem systemischen Verständnis würden wir dabei auf den Systembegriff zurückgreifen: eine Gruppe wird als eine bestimmte Art sozialer Systeme gedeutet. Und damit wird die Aufgabenstellung transformiert: Ziel ist es, aus der „Gruppe" ein funktionsfähiges soziales System zu entwickeln. Die Definition des Systembegriffs mit Hilfe der Begriffe „Person", „subjektive Deutung", „Regel", „Interaktionsstruktur", „Systemumwelt" und „Entwicklung" lenkt die Aufmerksamkeit auf bestimmte Sachverhalte, die dann bei der Diagnose und der Intervention zu berücksichtigen sind.

(2) Ein zweiter Schritt besteht darin, eine Diagnose der Ist-Situation durchzuführen. Wir müssen das gegenwärtige Sozialsystem (die bestehende Gruppe) diagnostizieren. Dabei lenkt das zugrundeliegende Konzept zum einen die Aufmerksamkeit auf bestimmte Faktoren, zum anderen stellt es eine Reihe von Forschungsmethoden wie Interview, Regelanalyse, Beobachtung von Interaktionsstrukturen usw. zur Verfügung. Fragen, die hier zu beantworten sind, wären z.B.:

- Was denken die Teilnehmerinnen und Teilnehmer über Gruppenarbeit? Wo sehen sie Schwierigkeiten und Chancen?
- Welche Regeln bestehen im Umgang miteinander? Gibt es schon sinnvolle Regeln, die für Gruppenarbeit genutzt werden können? Oder gibt es geheime Regeln, die Gruppenarbeit entgegenstehen?
- Gibt es typische Interaktionsstrukturen, die Gruppenarbeit beeinflussen (z.B. eine Struktur, daß Probleme zerredet werden)?
- Welchen Einfluß übt die Systemumwelt auf die Gruppenarbeit aus? Ist damit zu rechnen, daß Personen von außen (z.B. ein Vorgesetzter) immer wieder in Gruppenarbeit eingreifen?
- Gibt es Vorerfahrungen hinsichtlich Gruppenarbeit? Ist den Teilnehmern Gruppenarbeit schon vertraut? Gab es frühere Versuche, Gruppenarbeit einzuführen, die aber gescheitert sind? Ist Gruppenarbeit etwas völlig Neues?

(3) Erziehungs- bzw. Sozialwissenschaft allgemein kann darüber hinaus auch Informationen über mögliche Probleme und mögliche Zusammenhänge zwischen verschiedenen Faktoren zur Verfügung stellen. Das kann z.B. sein:

- Informationen über Phasen der Gruppenentwicklung,
- Informationen über mögliche Rollenverteilung innerhalb der Gruppe,
- Informationen über den Zusammenhang von Gruppenkohäsion und gemeinsamen Tätigkeiten usw.,
- Informationen über Formen der Gruppenarbeit.

Im Unterschied zu einer am Konzept genereller Gesetzesaussagen ausgerichteten Wissenschaftsauffassung handelt es sich hierbei um keine Gesetzesaussagen, sondern eher um sog. „Partikularaussagen", die Zusammenhänge aufzeigen, die in einzelnen Situationen (mehr oder weniger häufig) auftreten. Das heißt, sicherlich werden gemeinsame Aktivitäten in vielen Fällen die Gruppenkohäsion (den Gruppenzusammenhang) verbessern. Andererseits sind durchaus Situationen denkbar, in denen durch gemeinsame Aktivitäten latent vorhandene Konflikte überhaupt erst aufbrechen.

(4) Praktisches Handeln verläßlich zu leiten heißt darüber hinaus, im Rahmen von Wissenschaft Bedingungen und Folgen praktischen Handelns zu analysieren.

Handlungssituationen sind nicht kontextfrei, sondern verankert in einem institutionellen Rahmen, der seinerseits das Ergebnis zahlreicher Entscheidungen ist. So sind die Handlungssituationen zum Beispiel von Lehrern im Berufsfeld Schule mitbestimmt durch Entscheidungen über Art, Aufbau und Dauer von Bildungsgängen, über die Anzahl und Abfolge von Unterrichtsfächern, über Lehrpläne und Unterrichtsorganisationen, über Klassenfrequenz-Richtwerte, Lehrer-Schüler-Relationen, über das standortbezogene Schulangebot, über Personal- und Sachmittelausstattung usw. Verläßliche Orientierung für solche Entscheidungen zu geben, verlangt Bedingungen und Folgen der Entscheidungen in den Blick zu nehmen und zu prüfen, welche Handlungsmöglichkeiten sich daraus für Entscheidungen ergeben. Ohne Bezug auf die konkreten Handlungssituationen vorausliegenden Bedingungen und Folgen des Handelns läßt sich nicht gewährleisten, daß jeweiliges Handeln durch Wissenschaft verläßlich geleitet werden kann.

(5) Erziehungs- bzw. Sozialwissenschaft stellt Instrumente für pädagogische Interventionen zur Verfügung. So kann es auf der Basis eines handlungs- oder systemtheoretischen Ansatzes zweckmäßig sein, die subjektiven Deutungen unterschiedlicher Personen transparent zu machen, gemeinsame Regeln einzuführen usw. Auf der Grundlage eines verhaltenstheoretischen Ansatzes kann es sinnvoll sein, Verhaltenstrainings für die Entwicklung von Team-Qualifikationen zu entwerfen und empirisch-analytisch zu überprüfen.

Dabei ist jedoch die Grenze zwischen wissenschaftlichen und alltagspraktischen Verfahren unscharf. Sicher können wir das Beratungsgespräch nach den Regeln der klientenzentrierten Gesprächsführung als ein „wissenschaftlich erprobtes" Verfahren verstehen - im Unterschied zu einem Beratungsgespräch, das eine kreative Beraterin fern aller theoretischen Fundierung erfolgreich durchgeführt hat. Aber dazwischen gibt es Grenzfälle.

Wissenschaft kann praktisches Handeln nicht, wie man in der Tradition der verhaltenstheoretischen Sozialwissenschaft annahm, in einem technischen Sinne derart leiten, daß man lediglich bestimmte Verfahren mehr oder weniger automatisch anwenden muß. Letztlich läßt sich das konkrete Vorgehen erst in der konkreten Situation entscheiden: Erst hier kann ich die konkrete Situation deuten. Erst hier kann ich aber auch vorhandene Verfahren deuten: Jede Beraterin wird ihren persönlichen Stil von Beratung entwickeln, jeder Lehrer seinen Stil einer Unterrichtsvorbereitung und so etwas wie subjektive Kausalzusammenhänge (wie Luhmann/Schorr formuliert haben) zugrundelegen: ein Gefühl dafür bekommen, welche Vorgehensweise bei dieser Gruppe greifen wird oder wo eher Schwierigkeiten zu erwarten sind. Es ist wichtig, diese Flexibilität zu erhalten: Kompetentes praktisches Handeln ist grundsätzlich mehr als die bloße Anwendung wissenschaftlicher Verfahren. Es ist die Interpretation der bestehenden Situation und die Interpretation dieser Verfahren.

Wissenschaft kann dem Praktiker nicht sagen, was er tun soll. Aber Erziehungs- bzw. Sozialwissenschaft ist immer auch in Wertentscheidungen eingebunden. Das heißt wissenschaftliches Handeln bedarf wie jedes Handeln der moralischen Legitimation: Wie weit ist es moralisch vertretbar, dieses Diagnoseverfahren einzusetzen? Ist ein Blindversuch, bei dem die Beteiligten nicht wissen, was mit ihnen geschieht, moralisch vertretbar? Was tue ich, wenn in einem Interview plötzlich persönliche Probleme aufbrechen, die im Grunde ein Beratungsgespräch, aber kein Interview erforderlich machen?

Ergebnis ist, daß Wissenschaft wesentlich enger an unserer sonstigen Lebenspraxis liegt, als man in der Tradition empirischer und rationaler Konzepte gemeint hat: Wissenschaft ist ein Werkzeug zur Lösung praktischer Probleme und Instanz der Reflexion des Werzeugs. Ähnlich wie ein Hammer, den jemand als Werkzeug benutzt, einem nicht die Verantwortung für die Anwendung abnehmen kann, kann Wissenschaft dem Praktiker nicht sagen, was er genau tun soll. Wissenschaft ist, so denken wir, ein für praktisches Handeln nützliches Werkzeug - aber auch ein nützliches Werkzeug kann mißbraucht werden und steht damit unter der Forderung, es in der Praxis human und verantwortlich einzusetzen.

Literaturverzeichnis

Adl-Amini, B./Oelkers, J./Neumann, D. (Hrsg.): Didaktik in der Unterrichtspraxis: Grundlegung und Auswirkung der Theorie der Formalstufen in Erziehung und Unterricht. Bern 1979.

Adler, A.: Praxis und Theorie der Individualpsychologie. Frankfurt a. M. 1992.

Adorno, Th. W. u.a.: Der Positivismusstreit in der deutschen Soziologie. Neuwied/Berlin 1969.

Adorno, Th. W.: Soziologische Schriften I. In: Gesammelte Schriften. Bd. 8, Frankfurt a.M. 1997.

Adorno, Th. W.: Erziehung nach Auschwitz. In: Kulturkritik und Gesellschaft II, Gesammelte Schriften. Bd. 10.2, Frankfurt a.M. 1997, S. 674-690.

Adorno, Th. W.: Negative Dialektik. In: Gesammelte Schriften. Bd. 6, Frankfurt a. M. 1997, S. 7-412.

Albert, H.: Wertfreiheit als methodisches Prinzip. In: Topitsch, E. (Hrsg.): Logik der Sozialwissenschaften. Köln (5. Aufl.) 1968, S. 181-210.

Albert, H.: Traktat über kritische Vernunft. Tübingen (5. Aufl.) 1991.

Albert, H.: Konstruktion und Kritik. Hamburg 1972.

Antoni, C. H. (Hrsg.): Gruppenarbeit in Unternehmen.Weinheim 1994.

Apel, K.-O.: Diskurs und Verantwortung. Frankfurt a. M. 1988.

Arbeitsgruppe Bielefelder Soziologen (Hrsg.): Alltagswissen, Interaktion und gesellschaftliche Wirklichkeit (2 Bde.). Reinbek 1973.

Arnold, R./Siebert, H.: Konstruktivistische Erwachsenenbildung. Hohengehren 1995.

Ashby, R. W.: Einführung in die Kybernetik. Frankfurt a. M. 1974.

Atteslander, P.: Methoden der empirischen Sozialforschung. Berlin/New York (8. Aufl.) 1995.

Aufenanger, S./Lenssen, M. (Hrsg.): Handlung und Sinnstruktur. München 1986.

Autorenkollektiv: Aktionsforschung. In: Psychologie Heute. 1976 (5), S. 49-55.

Baacke, D. u.a. (Hrsg.): Am Ende - Postmodern? Weinheim 1985.

Balzer, W.: Die Wissenschaft und ihre Methoden. München 1997.

Bandura, A. u.a.: Imitation of film-inediated aggressive models. In: Journal of Abnormal and Social Psychology, 66, 1963, S. 3-11.

Bandura, A.: Lernen am Modell: Ansätze zu einer sozial-kognitiven Lerntheorie. Stuttgart 1976.

Bannister, D./Fransella, F.: Der Mensch als Forscher. Münster 1981.

Bateson, G.: Geist und Natur. Frankfurt a. M. 1982.

Benner, D.: Die Pädagogik Herbarts. Weinheim/München 1986.

Benner, D.: Hauptströmungen der Erziehungswissenschaft. Weinheim (3. Aufl.) 1991.

Bertalanffy, L. von: Das biologische Weltbild. Bern 1949.

Bertalanffy, L. von: General Systems Theory. New York 1968.

Bertalanffy, L. von: ...aber vom Menschen wissen wir nichts. Düsseldorf/Wien 1970.

Blankertz, H.: Pädagogische Theorie und empirische Forschung. In: Heitger, M.: Neue Folge der Ergänzungshefte zur Vierteljahresschrift für wissenschaftliche Pädagogik. Heft 5, Bochum 1966, S. 65-78.

Blankertz, H.: Pädagogik unter wissenschaftstheoretischer Kritik. In: Oppolzer, S. (Hrsg.): Erziehungswissenschaft 1971 zwischen Herkunft und Zukunft der Gesellschaft. Wuppertal 1971, S. 20-33.

Blankertz, H.: Kritische Erziehungswissenschaft. In: Schaller, K. (Hrsg.): Erziehungswissenschaft der Gegenwart. Bochum 1979, S. 28-45.

Blankertz, H.: Pädagogische Theorien und erzieherische Praxis im Spiegel des Verständnisses von Wissenschaftstheorie und Wissenschaftspraxis. In: König, E./Zedler, P. (Hrsg.): Erziehungswissenschaftliche Forschung: Positionen, Perspektiven, Probleme. Paderborn 1982, S. 65-79.

Blumer H.: Der methodologische Standort des Symbolischen Interaktionismus. In: Arbeitsgruppe Bielefelder Soziologen (Hrsg.): Alltagswissen, Interaktion und gesellschaftliche Wirklichkeit. Reinbek 1973, S. 80-146.
Bonß, W./Honneth, A. (Hrsg.): Sozialforschung als Kritik. Frankfurt a.M. 1982.
Bortz, J.: Lehrbuch der Statistik. Berlin (2. Aufl.) 1985.
Brezinka, W.: Von der Pädagogik zur Erziehungswissenschaft. Weinheim 1971.
Brüggen, F.: Strukturen pädagogischer Handlungstheorie. Freiburg 1980.
Brumlik, M.: Der symbolische Interaktionismus und seine pädagogische Bedeutung. Frankfurt a. M. 1973.
Bühl, W. (Hrsg.): Verstehende Soziologie. München 1972.
Büttemeier, W./Möller, B. (Hrsg.): Der Positivismusstreit in der deutschen Erziehungswissenschaft. München 1979.
Büttner, C.: Gruppenarbeit: Eine psychoanalytisch-pädagogische Einführung. Mainz 1995.

Charpa, U.: Grundprobleme der Wissenschaftsphilosophie. Paderborn 1996.
Churchman, C. W./Ackoff, R. L./Arnoff, E. L.: Operations Research. Eine Einführung in die Unternehmensforschung. Wien (5. Aufl.) 1971.
Cube, F. von: Erziehungswissenschaft. Stuttgart 1977.

Dahms, H.-J.: Positivismusstreit. Frankfurt a. M. 1994.
Dallmayr, W.: Materialien zu Habermas Erkenntnis und Interesse. Frankfurt a.M. 1974.
Dann, H. D. u.a.: Analyse und Modifikation subjektiver Theorien von Lehren. Konstanz 1982.
Danner, H.: Methoden geisteswissenschaftlicher Pädagogik. München (3. Aufl.) 1994.
Depaepe, M.: Zum Wohle des Kindes? Pädologie, pädagogische Psychologie und experimentelle Pädagogik in Europa und den USA 1890-1940. Weinheim 1993.
Derrida, J.: Randgänge der Philosophie. Wien 1988.
Diekmann, A.: Empirische Sozialforschung. Reinbek 1995.
Dietrich, Th.: Die Pädagogik Peter Petersen. Bad Heilbrunn (6. Aufl.) 1995.
Dilthey, W.: Die Geistige Welt. In: Dilthey, W.: Gesammelte Schriften. Bd. 5, Stuttgart (2. Aufl.) 1957.
Dilthey, W.: Der Aufbau der geschichtlichen Welt in den Geisteswissenschaften. In: Dilthey, W.: Gesammelte Schriften. Bd. 7, Stuttgart (4. Aufl.) 1958.
Dilthey, W.: Über die Möglichkeit einer allgemeingültigen pädagogischen Wissenschaft. In: Dilthey, W.: Gesammelte Schriften. Bd. 6, Stuttgart (4.Aufl.) 1958a.
Dilthey, W.: Einleitung in die Geisteswissenschaft. In: Dilthey, W.: Gesammelte Schriften. Bd. 1, Stuttgart 1959.
Dilthey, W.: Pädagogik. In. Dilthey, W.: Gesammelte Schriften. Bd. 9, Stuttgart (4. Aufl.) 1960.
Dittmann, J.: Einleitung - Was ist, zu welchen Zwecken und wie treiben wir Konversationsanalyse? In: Dittmann, J. (Hrsg.): Arbeiten zur Konversationsanalyse. Tübingen 1979, S.16.
Dreikurs, R.: Grundbegriffe der Individualpsychologie. Stuttgart, (7. Aufl.) 1994.
Dreikurs, R./Blumenthal, E.: Eltern und Kinder - Freunde oder Feinde? Stuttgart (5. Aufl.) 1994.
Dubiel, H.: Kritsiche Theorie der Gesellschaft. München (2. Aufl.) 1992.

Francis, D./Young, D.: Mehr Erfolg im Team. Hamburg (4. Aufl.) 1992.
Fellmann, F.: Symbolischer Pragmatismus. Reinbek 1991.
Feuerstein, Th.: Emanzipation und Rationalität einer kritischen Erziehungswissenschaft. München 1973.
Feyerabend, P.K.: Der Wissenschaftstheoretische Realismus und die Autorität der Erziehungswissenschaften. Braunschweig/Wiesbaden 1978.
Feyerabend, P. K.: Wider den Methodenzwang. Frankfurt am Main (3. Aufl.) 1983.
Feuerabend, P. K.: Die Torheit der Pilosophen. Hamburg 1995.
Fischer, A.: Ausgewählte pädagogische Schriften. Paderborn 1961.
Fischer, A.: Über die Bdeutung des Experiments in der pädagogischen Forschung und die Idee einer exakten Pädagogik. In: Röhrs, H. (Hrsg.): Erziehungswissenschaft und Erziehungswirklichkeit. Frankfurt a. M. (2. Aufl.) 1967, S. 35-57.

Fischer, H. R. (Hrsg.): Die Wirklichkeit des Konstruktivismus. Heidelberg 1995.
Flick, U.: Qualitative Forschung. Reinbek 1995.
Fliegel, S. u.a.: Verhaltenstherapeutische Standardmehoden. München (2. Aufl.) 1989.
Flitner, W.: Allgemeine Pädagogik. Stuttgart (13. Aufl.) 1970.
Flitner, W.: Gesammelte Schriften. (Hrsg. von K. Erlinghagen u.a.), Bd 1-11. Paderborn 1982ff.
Flitner, W.: Das Selbstverständnis der Erziehungswissenschaft in der Gegenwart. Paderborn 1989.
Foerster, H. von: Das Konstruieren einer Wirklichkeit. In: Watzlawick, P. (Hrsg.): Die erfundene Wirklichkeit. München 1994, S. 39-60.
Foerster, H. von u.a.: Einführung in den Konstruktivismus. München (3. Aufl.) 1997.
Foucault, M.: Die Ordnung der Dinge. Frankfurt 1971.
Friebertshäuser, B.: Interviewtechniken - ein Überblick. In: Friebertshäuser, B./Prengel, A. (Hrsg.): Handbuch qualitative Forschungsmethoden in der Erziehungswissenschaft. Weinheim 1997, S. 371-395.
Friebertshäuser, B./Prengel, A.: Handbuch qualitative Forschungsmethoden in der Erziehungswissenschaft. Weinheim 1997.
Fröhlich, G.: Die wissenschaftliche Pädagogik Wien/Leipzig 1885.
Fromme, J.: Pädagogik als Sprachspiel. Neuwied 1997.

Garfinkel, H.: Studien über Routinegrundlagen von Alltagshandeln. In: Steinert, H. (Hrsg.): Symbolische Interaktion. Stuttgart 1973, S. 280-293.
Garfinkel, H./Sacks, H.: Über formale Strukturen. In: Weingarten, E./Sack, F./Schenkein, J. (Hrsg.): Ethnomethodologie. Beiträge einer Soziologie des Alltagshandelns. Frankfurt 1976, S. 134.
Garz, D./Kraimer, K. (Hrsg.): Qualitativ-empirische Sozialforschung. Opladen 1991.
Giesecke, H.: Unterrichtsziele im Sozialkundeunterricht in der differenzierten Gesamtschule. In: Becksmann, U. u.a.: Lernziele der Gesamtschule. Bd. 12, Stuttgart (3. Aufl.) 1971, S. 55-59.
Giesecke, H.: Einführung in die Pädagogik. München (3. Aufl.) 1971.
Giesecke, H.: Jugendarbeit und Emanzipation. In: Neue Samlung 11, 1971, S. 217ff.
Giesecke, H.: Das Ende der Erziehung. Stuttgart 1985.
Giesecke, H.: Bildungsreform und Emanzipation. München 1973.
Glasersfeld, E. von: Wissen, Sprache und Wirklichkeit. Braunschweig 1987.
Glasersfeld, E. von: Radikaler Konstruktivismus. Frankfurt 1996.
Goffman, E.: Interaktion: Spaß am Spiel/Rollendistanz. München 1973.
Goffman, E.: Rahmen-Analyse. Frankfurt am Main 1977.
Gordon T.: Familienkonferenz. Hamburg 1972.
Groeben, N./Westmeyer, H.: Kriterien psychologischer Forschung. München 1975.
Groeben, N. u.a.: Forschungsprogramm subjektiver Theorien. Tübingen 1988.
Groth, T.: Wie systemtheoretisch ist "Systemische Organisationsberatung"? Neuere Beratungskonzepte für Organisationen im Kontext der Luhmannschen Systemtheorie. Münster 1996.

Haag, F. u.a. (Hrsg.): Aktionsforschung. München 1972.
Habermas, J.: Technik und Wissenschaft als Ideologie. Frankfurt a. M. 1968.
Habermas, J.: Theorie und Praxis. Neuwied/Berlin 1971.
Habermas, J.: Zur Logik der Sozialwissenschaften. Frankfurt a. M. 1970.
Habermas, J.: Der Universalitätsanspruch der Hermeneutik. In: Apel, K.-O. u.a.: Hermeneutik und Ideologiekritik. Frankfurt a.M. 1971, S. 120-159.
Habermas, J.: Theorie der Gesellschaft oder Sozialtechnologie? Eine Auseinandersetzung mit Niklas Luhmann. In: Habermas, J./Luhmann, N. (Hrsg.): Theorie der Gesellschaft oder Sozialtechnologie - Was leistet die Systemforschung? Frankfurt a. M. 1971, S. 142-290.
Habermas, J.: Theorie kommunikativen Handelns (2 Bde.). Frankfurt a.M. 1981.
Habermas, J.: Vorstudien und Ergänzungen zur Theorie des kommunikativen Handelns. Frankfurt a.M. 1984.
Habermas, J.: Der philosophische Diskurs der Moderne. Frankfurt a. M. 1988.
Haley, J.: Direktive Familientherapie. München 1977.

Hall, A. D./Fagen, R. E.: Definition of system. In: Händle, F./Jensen, S.: Systemtheorie und Systemtechnik. München 1974.
Hartmann, N.: Ethik. Berlin (4. Aufl.) 1962.
Heid, H.: Das Subjekt als Objekt erziehungswissenschaftlicher Forschung? In: Pollak, G./Heid, H. (Hrsg.): Von der Erziehungswissenschaft zur Pädagogik. Weinheim 1994, S. 133-147.
Heid, H.: Über Zweifel an der Möglichkeit, Pädagogik als empirische Wissenschaft zu betreiben. In: Max-Planck-Institut für Bildungsforschung (Hrsg.): Pädagogik als empirische Wissenschaft. Berlin 1996, S. 17-60.
Heim, H.: In Zukunft nur noch „Bildungen"? In: Koch, L. u.a. (Hrsg.): Die Zukunft des Bildungsgedankens. Weinheim 1997, S. 65-82.
Heinze, T./Loser, F./Thiemann, F.: Praxisforschung. München u.a. 1981.
Heitger, M.: Die Bedeutung des Normativen für den Begriff der pädagogischen Führung. In: Neue Folge der Ergänzungshefte der Viertelsjahrschrift für wissenschaftliche Pädagogik 4, S. 103-118.
Hejl, P. M.: Konstruktion der sozialen Konstruktion: Grundlinien einer konstruktivistischen Sozialtheorie. In: Foerster, H. von u.a.: Einführung in den Konstruktivismus. München (3. Aufl.) 1997.
Helle, J. J.: Verstehende Soziologie und Theorie des Symbolischen Interaktionismus. Stuttgart (2. Aufl.) 1992.
Henz, H.: Lehrbuch der systematischen Pädagogik. Freiburg (2. Aufl.) 1967.
Herbart, J. F.: Sämtliche Werke (hrsg. von Kerbach, K./Flügel, O.). Aalen 1964.
Herbart, J. F.: Pädagogische Grundschriften (hrsg. von W. Asmus). Stuttgart (2. Aufl.) 1982.
Herzog, W.: Modell und Theorie in der Psychologie. Göttingen 1984.
Hilgenheger, N.: J. F. Herbarts 'Allgemeine Pädagogik' als praktische Überlegung. Münster 1993.
Hofer, M.: Sozialpsychologie erzieherischen Handelns. Toronto/Göttingen/Zürich 1986.
Holzkamp, K.: Kritische Psychologie. Frankfurt a.M. 1971.
Holzkamp, K.: Soziale Kognition. In: Graumann, C.F. (Hrsg.): Sozialpsychologie. Göttingen 1972, S. 1263-1293.
Horkheimer, M.: Kritische Theorie (hrsg. von A. Schmidt), (2 Bde.). Frankfurt 1968.
Horkheimer, M.: Gesellschaft im Übergang. Frankfurt a. M. 1972.
Horkheimer, M.: Gesammelte Schriften. Bd. 4, Frankfurt a.M. 1988.
Horkheimer, M./Adorno, Th. W.: Dialektik der Aufklärung. In: Adorno, Th. W.: Gesammelte Schriften. Bd. 3, Frankfurt a. M. 1997.

Ineichen, H.: Philosophische Hermeneutik. Freiburg/München 1991.

Jacobs, F.: Von Herbart zum Herbatianismus. Bochum (2. Aufl.) 1993.
Janich, P.: Was ist Wahrheit? München 1996.
Janich, P.: Konstruktivismus und Naturerkenntnis. Frankfurt 1996a.
Jensen, S.: Systemtheorie. Stuttgart u.a. 1983.
Jung, M.: Dilthey zur Einführung. Hamburg 1996.

Kade, J.: Erwachsenenbildung und Identität. Weinheim 1989.
Kamlah, W.: Philosophische Anthropologie. Mannheim u.a. 1972.
Kamlah, W./Lorenzen, P.: Logische Propädeutik. Stuttgart (3. Aufl.) 1996.
Kant, I.: Kritik der reinen Vernunft. In: Werke in sechs Bänden (hrsg. von W. Weischedel). Bd. 2, Darmstadt 1966,.
Kerschensteiner, G.: Theorie der Bildung. Leipzig/Berlin (3. Aufl.) 1931.
Kerstiens, L.: Modelle emanzipatorischer Erziehung. Bad Heilbrunn 1974.
Kerstiens, L.: Das Gewissen wecken. Bad Heilbrunn 1987.
Kerstiens, L.: Erziehungsziel: Humanes Leben. Bad Heilbrunn 1991.
Klafki, W. u.a.: Funk-Kolleg Erziehungswissenschaft. Frankfurt a. M. 1971, Bd 3.
Klafki, W.: Handlungsforschung im Schulfeld. In: Zeitschrift für Pädagogik 19, 1973.
Klafki, W.: Studien zur Bildungstheorie und Didaktik. Weinheim/Basel (ergänzte Aufl.) 1975.

Klafki, W.: Handlungsforschung im pädagogischen Feld. In: Heinze, T. u.a. (Hrsg.): Handlungsforschung im pädagogischen Feld. München 1975a.
Klafki, W.: Aspekte kritisch-konstruktiver Erziehungswissenschaft. Weinheim 1976.
Klauer, K. J.: Revision des Erziehungsbegriffs. Düsseldorf 1973.
Klauer, K. J.: Methodik der Lehrzieldefinition und Lernstoffanalyse. Düsseldorf 1974.
König, E.: Theorie der Erziehungswissenschaften. Bd. 3: Erziehungswissenschaft als praktische Disziplin, München 1978.
König, E./Hillbrink, A.: Schritte der Systemischen Bildungsbedarfsanalyse. In: König, E./Volmer, G. (Hrsg.): Praxis der Systemischen Organisationsberatung. Weinheim 1997, S. 115-130.
König, E./Volmer, G.: Systemische Organisationsberatung. Grundlagen und Methoden. Weinheim (5.Aufl.) 1997.
König, E./Zedler, P.: Bilanz qualitativer Forschung (2 Bde.). Weinheim 1995.
Kohlberg, L.: Moralische Entwicklung und demokratische Erziehung. In: Lind, G./Raschert, J. (Hrsg.): Moralische Urteilsfähigkeit. Weinheim 1987, S. 25-43.
Kohrs, P.: Konfliktsituationen in Texten. In: Die Scholle. Ansbach 1974 (5), S. 282-291.
Koller, H.-C.: Bildung im Widerstreit. In: Marotzki, W./Sünker, H. (Hrsg.): Kritische Erziehungswissenschaft - Moderne - Postmoderne. Bd. 2, Weinheim 1993, S. 80-104.
Kraft, J.: Die Unmöglichkeit der Geisteswissenschaft. Frankfurt (2. Aufl.) 1957.
Krapmann, L.: Soziologische Dimension der Identität. Stuttgart 1969.
Krawitz, W./Welker, M. (Hrsg.): Kritik der Theorie sozialer Systeme. Frankfurt 1992.
Kriz, J.: Methoden der empirischen Sozialforschung. Stuttgart 1981.
Kriz, J.: Systemtheorie. Wien 1997.
Kriz J. u.a.: Wissenschafts- und Erkenntnistheorie. Eine Einfürung für Psychologen und Humanwissenschaftler. Opladen (2. Aufl.) 1990.
Krüger, H.-H.: Einführung in Theorien und Methoden der Erziehungswissenschaft. Opladen 1997.
Kuhn, T. S.: Die Struktur wissenschaftlicher Revolutionen. Frankfurt 1976.
Kuhn, T. S.: Die Entstehung des Neuen. Frankfurt 1978.
Künzli, B.: Soziologische Aufklärung der Erziehungswissenschaft? Würzburg 1995.

Lakatos, I.: Falsifikation und die Methodologie wissenschaftlicher Forschungsprogramme. In: Lakatos, I./Musgrave, A. (Hrsg.): Kritik und Erkenntnisfortschritt. Braunschweig 1974, S. 81-190.
Lamnek, S.: Qualitative Sozialforschung. Bd. 2, Weinheim (2. Aufl.) 1993.
Langmaack, B./Braune-Krickau, M.: Wie die Gruppe laufen lernt. Weinheim (5. Aufl.) 1995.
Lay, W.A.: Experimentelle Pädagogik. Leipzig (2. Aufl.) 1912.
Lempert, W.: Bildungsforschung und Emanzipation. In: Ulich, D. (Hrsg.): Theorie und Methode der Erziehungswissenschaft. Weinheim/Basel (2. Aufl.) 1974, S. 479-498.
Lenzen, D.: Mythos, Methaper und Simulation. In: Zeitschrift für Pädagogik 33/1987, S. 41-60.
Litt, Th.: Führen oder Wachsen lassen. In: Litt, Th.: Pädagogische Schriften (hrsg. von A. Reble). Bad Heilbrunn 1995, S. 9-73.
Lochner, R.: Deskriptive Pädagogik. Reichenberg 1927.
Lochner, R.: Erziehungswissenschaft im Abriß. Hannover (2. Aufl.) 1947.
Lochner, R.: Deutsche Erziehungswisenschaft. Meisenheim 1963.
Lorenzen, P.: Konstruktive Wissenschaftstheorie. Frankfurt 1974.
Luhmann, N.: Systemtheoretische Argumentationen. Eine Entgegnung auf J. Habermas. In: Habermas,J./Luhmann, N.: Theorie der Gesellschaft oder Sozialtechnologie. Frankfurt a.M. 1971, S. 291-405.
Luhmann, N.: Soziale Systeme. Frankfurt a. M. 1984.
Luhmann, N.: Soziologische Aufklärung 5. Opladen 1990.
Luhmann, N.: Soziologische Aufklärung 1. Opladen (6. Aufl.) 1991.
Luhmann, N.: Wie lassen sich latente Strukturen beobachten? In: Watzlawick, P./Krieg, P. (Hrsg.): Das Auge des Betrachters. Beiträge zum Konstruktivismus. München 1991, S. 61-74.
Luhmann, N.: Soziologische Aufklärung 6. Opladen 1995.
Luhmann, N.: Die Gesellschaft der Gesellschaft. Frankfurt a. M. 1997.
Luhmann, N./Schorr, K.-E. (Hrsg.): Reflexionsprobleme im Erziehungssystem. Stuttgart 1979.

Luhmann, N./Schorr, K.-E. (Hrsg.): Zwischen Technologie und Selbstreferenz. Frankfurt a.M. 1982.
Luhmann, N./Schorr, K.-E. (Hrsg.): Zwischen System und Umwelt. Frankfurt a. M. 1996.
Lüssi, P.: Systemische Sozialarbeit: praktisches Lehrbuch der Sozialberatung. Bern u.a. (3. Aufl.) 1995.
Lyotard, J.-F.: Das postmoderne Wissen. Wien 1986.
Lyotard, J.-F.: Der Widerstreit. München 1987.

Mager, R. F.: Lernziele und Unterricht. Weinheim/Basel 1965.
Maruyama, M.: The second cybernetics: Deviation-amplifying mutual causal processes. In: American Scientist 51, 1963, S. 164-179.
Maturana, H. R.: Was ist erkennen? München (2. Aufl.) 1997.
Maturana, H. R.: Biologie der Realität. Frankfurt a.M. 1998.
Maturana, H. R./Varela, F. J.: Der Baum der Erkenntnis. München 1987.
Mead, G. H.: Geist, Identität und Gesellschaft. Frankfurt a. M. 1973.
Mehan, H./Wood, H.: Fünf Merkmale der Realität. In: Weingarten, E./Sack, F./Schenkein, J. (Hrsg.): Ethnomethodologie. Beiträge einer Soziologie des Alltagshandelns. Frankfurt a.M. 1976.
Mertens, W.: Sozialpsychologie des Experiments: das Experiment als soziale Interaktion. Hamburg 1975.
Metz, T.: Herbartianismus und Paradigma von Professionalisierung und Schulreform. Bern 1992.
Meumann, E.: Vorlesungen zur Einführung in die experimentelle Pädagogik und ihre psychologischen Grundlagen. Bd. 1, Leipzig (2. Aufl.) 1916.
Meumann, E.: Abriss der experimentellen Pädagogik. Leipzig (2. Aufl.) 1920.
Meyer, H./Jank, W.: Didaktische Modelle. Frankfurt a. M. 1991.
Minuchin, S.: Familie und Familientherapie. Freiburg 1977.
Mittelstraß, J.: Wissenschaft als Lebensform. Frankfurt a.M. 1982.
Mollenhauer, K.: Das Problem einer empirisch-positivistischen Pädagogik. In: Heitger, M.: Neue Folge der Ergänzungshefte zur Vierteljahrsschrift für wissenschaftliche Pädagogik. Heft 5, Bochum 1966, S. 53-64.
Mollenhauer, K.: Theorien zum Erziehungsprozeß. München 1972.
Mollenhauer, K.: Erziehung und Emanzipation. München (6. Aufl.) 1973.
Mollenhauer, K.: Über Kultur und Erziehung. München 1983.
Moser, H.: Methoden der Aktionsforschung: eine Einführung. München 1977.
Moser, H.: Aktionsforschung als kritische Theorie der Sozialwissenschaften. München (2. Aufl.) 1978.
Müller, K.: Allgemeine Systemtheorie. Opladen 1996.
Munèvar, B.: Beyond Reason. Dordrecht u.a. 1991.
Mut zur Erziehung: Beiträge zu einem Forum am 9./10. Januar 1978 im Wissenschaftszentrum Bonn-Bad Godesberg. Stuttgart 1979.

Neumann, J. von/Morgenstern, O.: Spieltheorie und wirtschaftliches Verhalten. Würzburg (2. Aufl.) 1967.
Nohl, H.: Charakter und Schicksal. Frankfurt (3. Aufl.) 1947.
Nohl, H.: Pädagogik aus dreißig Jahren. Frankfurt 1949.
Nohl, H.: Die pädagogische Bewegung in Deutschland und ihre Theorie. Frankfurt a. M. (10. Aufl.) 1988.
Nüse, R. u.a.: Über die Erfindung/en des Radikalen Konstruktivismus. Weinheim 1991.

Oelkers, J./Tenorth, H. (Hrsg.): Pädagogik, Erziehungswissenschaft und Systemtheorie. Weinheim/Basel 1987.
Oevermann, U. u.a.: Die Methodologie einer „objektiven Hermeneutik“ und ihre allgemeine forschungslogische Bedeutung in den Sozialwissenschaften. In: Soeffner, H.-G. (Hrsg.): Interpretative Verfahren in den Sozial- und Textwissenschaften. Stuttgart 1979, S. 352-434.

Oevermann, U. u.a.: Die Methodologie einer „Objektiven Hermeneutik". In: Zedler, P./Moser, H. (Hrsg.): Aspekte qualitativer Sozialforschung. Opladen 1983, S. 95-123.
Oevermann, U.: Kontroversen über sinnverstehende Soziologie. Einige wiederkehrende Probleme und Mißverständnisse in der Rezeption der „objektiven Hermeneutik". In: Aufenanger, S./Lenssen, M. (Hrsg.): Handlung und Sinnstruktur. München 1986, S. 19-83.

Parsons, T.: Zur Theorie sozialer Systeme. (Hrsg. von S. Jensen). Opladen 1976.
Petersen, P. und E.: Die pädagogische Tatsachenforschung. Paderborn 1965.
Petersen, P.: Der kleine Jena-Plan. Weinheim 1974.
Petersen, J./Reinhard, G.-B. (Hrsg.): Pädagogische Konzeptionen. Donauwörth 1992.
Pollak, G.: Krisen und Verluste. In: Pollak, G./Heid, H. (Hrsg.): Von der Erziehungswissenschaft zur Pädagogik. Weinheim 1994, S. 5-42.
Popper, K. R.: Logik der Forschung. Tübingen (10. Aufl.) 1994.
Popper, K.: Lesebuch. Tübingen 1995.
Prim, R./ Tilmann, H.: Grundlagen einer kritisch-rationalen Sozialwissenschaft: Studienbuch zur Wissenschaftstheorie Karl R. Poppers. Wiesbaden (7. Aufl.) 1997.
Probst, G.: Selbst-Organisation. Berlin/Hamburg 1987.
Probst, G./Gomez, P.: Vernetztes Denken. Wiesbaden (2. Aufl.) 1991.

Rapoport, A.: Allgemeine Systemtheorie. Darmstadt 1988.
Reich, K.: Systemisch-konstruktivistische Pädagogik. Berlin 1996.
Reichertz, J.: Die objektive Hermeneutik - Darstellung und Kritik. In König, E./Zedler, P. (Hrsg.): Bilanz qualitativer Forschung. Bd. 2, Weinheim 1995, S. 379-424.
Reijen, W. von: Philosophie als Kritik. Königsberg 1984.
Rein, W.: Pädagogik. Leipzig 1902.
Rein, W.: Pädagogik in systematischer Darstellung. Langensalza (2. Aufl.) 1911/12.
Reinecker, H.: Grundlagen der Verhaltenstherapie. München (2. Aufl.) 1994.
Rössner, L.: Erziehungswissenschaft und Kritische Pädagogik. Stuttgart u.a. 1974.
Rössner, L.: Einführung in die analytische Erziehungswissenschaft. Freiburg i.Br. 1979.
Rosen, Z.: Max Horkheimer. München 1995.
Roth, E.: Sozialwissenschaftliche Methoden. München/Wien (3. Aufl.) 1993.
Roth, G.: Das Gehirn und seine Wirklichkeit. Frankfurt a.M. 1997.
Roth, H.: Die realistische Wendung in der pädagogischen Forschung. In: Röhrs, H.: Erziehungswissenschaft und Erziehungswirklichkeit. Frankfurt a.M. (2. Aufl.) 1967, S. 179-191.
Ruesch, J./Bateson, G.: Kommunikation: die soziale Matrix der Psychatrie. Heidelberg 1995.

Sader, M.: Psychologie der Gruppe. Weinheim/München (4. Aufl.)1994.
Saldern, M. von: Erziehungswissenschaft und neue Systemtheorie. Berlin 1991.
Satir, V.: Kommunikation, Selbstwert, Kongruenz. Paderborn 1990.
Satir, V. u.a.: Das Satir-Modell. Familientherapie und ihre Erweiterung. Paderborn 1995.
Schattenhofer, K.: Selbstorganisation und Gruppe. Opladen 1992.
Schlee, J./Wahl, D.: Veränderung Subjektiver Theorien von Lehrern. Oldenburg 1987.
Schlippe, A. von/Schweizer, J.: Lehrbuch der Systemischen Therapie und Beratung. Göttingen 1996.
Schmidt, S. J. (Hrsg.): Der Diskurs des Radikalen Konstruktivismus. Frankfurt a. M. 1987.
Schmidt, S. J. (Hrsg.): Kognition und Gesellschaft. Frankfurt a. M. 1992.
Schmidt, S. J.: Kognitive Autonomie und soziale Orientierung. Frankfurt a. M. 1994.
Schnell, R./Hill, P. B./Esser, E.: Methoden der empirischen Sozialforschung. München/Wien (5. Aufl.) 1995.
Schütze, F.: Zur Hervorlockung und Analyse von Erzählungen thematisch relevanter Geschichten im Rahmen soziologischer Feldforschung. In: Arbeitsgruppe Bielefelder Soziologen (Hrsg.): Kommunikative Sozialforschung. München 1976, S. 159-260.
Schulz von Thun, F.: Miteinander reden: Störungen und Klärungen. Reinbek bei Hamburg 1981.
Schwemmer, O.: Die kulturelle Existenz des Menschen. Berlin 1997.
Selvini-Palazzoli, M. u.a.: Hinter den Kulissen der Organisation. Stuttgart 1984.

Shannon, C. E./Weaver, W.: Mathematische Grundlagen der Informationstheorie. München/Wien 1976.
Speck, O.: System Heilpädagogik. München/Basel (3. Aufl.) 1996.
Spranger, E.: Gesammelte Schriften (hrsg. von H. W. Bähr u.a.). Tübingen/Heidelberg 1969.
Stangl, W.: Das neue Paradigma der Psychologie. Braunschweig 1989.
Steinert, H. (Hrsg.): Symbolische Interaktion. Arbeiten zu einer reflexiven Soziologie. Stuttgart 1973.
Strauss, A./Corbin, J.: Grounded Theory: Grundlagen Qualitativer Sozialforschung. Weinheim 1996.

Trapp, E.C.: Versuch einer Pädagogik. Paderborn 1977.
Treibel, A.: Einführung in soziologische Theorien der Gegenwart. Opladen 1992.
Tröger, W.: Erziehungsziele. München 1974.
Tschamler, H.: Wissenschaftstheorie: Eine Einführung für Pädagogen. Bad Heilbrunn (3. Aufl.) 1996.

Uhle, R.: Verstehen und Pädagogik. Weinheim 1989.
Ullrich, H./Probst, G.: Anleitung zum ganzheitlichen Denken und Handeln. Bern/Stuttgart 1988.
Ullrich de Muynck, R./Ullrich, R.: Das Assertiveness-Training-Programm ATP: Einüben von Selbstvertrauen und sozialer Kompetenz. (3 Bde) München 1976.

Vester, F.: Unsere Welt - ein venetztes System. München 1983.
Volmer, G./Zedler, P.: Qualitative Erforschung sozialer Regeln. In: König, E./Zedler, P. (Hrsg.): Bilanz qualitativer Forschung. Bd. 2, Weinheim 1995, S. 425-434.
Voß, R. (Hrsg.): Die Schule neu erfinden. Systemisch-konstruktivistische Annäherungen an Schule und Pädagogik. Neuwied u.a. (2. Aufl.) 1997.

Watzlawick, P. u.a.: Menschliche Kommunikation. Bern 1969.
Watzlawick, P. u.a.: Lösungen. Bern 1974.
Watzlawick, P. (Hrsg.): Die erfundene Wirklichkeit. München 1981.
Weber, M.: Gesammelte Aufsätze zur Wissenschaftslehre. Tübingen 1968.
Weber, W. G.: Analyse von Gruppenarbeit. Bern u.a. 1997.
Weinrich, H.: System, Diskurs, Didaktik und die Dikatur des Sitzfleisches. In: Maciejewski, F. (Hrsg.): Theorie der Gesellschaft oder Sozialtechnologie. Frankfurt a.M. 1973, S. 145-161.
Wellendorf, F.: Schulische Sozialisation und Identität. Weinheim/Basel (Neuausgabe) 1979.
Welsch, W.: Unsere postmoderne Moderne. Berlin (4. Aufl.) 1993.
Weniger, E.: Ausgewählte Schriften zur Geisteswissenschaftlichen Pädagogik. Weinheim/Basel 1975.
Wiener, N.: Kybernetik. Reinbek 1968.
Wildmann, L.: Konstruktivismus und kulturorientierte Managementlehre. Konstanz 1995.
Winkler, M.: Erziehung im System der Barbareivermeidung. In: Marotzki, W./Sünker, H. (Hrsg.): Kritische Erziehungswissenschaft - Moderne - Postmoderne. Bd. 1, Weinheim 1992, S. 152-192.

Zedler, P.: Zur Logik von Legitimationsproblemen. München 1976.
Zedler, P.: Die Anfänge des Herbartianismus. In: Zedler, P./König, E. (Hrsg.): Rekonstruktionen pädagogischer Wissenschaftsgeschichte. Weinheim 1989, S. 43-75.
Ziller, T.: Grundlegung zur Lehre vom erziehenden Unterricht. Leipzig 1884.

Personen- und Sachregister

Abbildtheorie ... 227f.
Ableitungsproblem ... 33-35
Adler, A. ... 106f.
Adorno, Th. W. ... 82; 114-117;119f.
Aktionsforschung ... 130-133
Aktives Zuhören ... 77
Albert, H. ... 45; 48f.; 50f; 111
Anarchismus, wissenschaftstheoretischer ... 214f.
Anfang, methodischer ... 30-33
Anomalie, Phase der ... 211
Apel, K.-O. ... 32
Arnold. R. ... 226; 233
Aufklärung ... 117f.
Aussagen, deskriptive ... 31; 43f.
Auswertung ... 70; 164-166
Autonomie ... 120
Autopoiesis ... 184
Awareness-Effekt ... 80f.
Axiome der Kommunikation ... 193-196

Baacke, D. ... 220
Bandura, A. ... 58-60; 81
Bannister, D. ... 81
Basis, empirische ... 47; 55; 214f.
Bateson, G. ... 190-199; 204
Bedeutung
- gemeinsame ... 143f.
- innerer Zustände ... 86f.
- objektive ... 159-161
- subjektive ... 144f.
- von Handlungen und Situationen ... 87f.; 92; 97f.; 142-145; 147; 150
- von Unterrichtsthemen ... 109
Befragung ... 63-70
Begründung
- von Normen ... 21f.; 30-34
- wissenschaftliche ... 20f.
Benner, D. ... 17
Beobachter ... 228f.
Beobachtung ...
- erster und zweiter Ordnung ... 185f.
- systematische ... 60-62
- teilnehmende ... 100-103
- Verhaltensbeobachtung ... 36; 38-42; ... 45-47; 55; 59-62; 66-70; 199
- wissenschaftliche ... 212f.
Beratung, systemische ... 201-203
Bertalanffy, L. von ... 170-173
Bildung ...
- im Herbartianismus ... 27
- in der Geisteswissenschaftlichen Pädagogik ... 98-100; 103-106; 109
- in der Postmoderne ... 222
Bildungsbedarfsanalyse ... 200f.
Biologie der Kognition ... 225-229
Blankertz, H. ... 112; 125; 138f.
Blumer, H. ... 141-144; 146-148
Brezinka, W. ... 51-53; 79; 111
Brumlik, M. ... 152

Cube, F. von ... 54

Dann, H. ... 154
Deduktion ... 33f.
Derrida, J. ... 216
Deutung, subjektive ... 199; 202
Dialog-Konsens-Verfahren ... 155
Didaktik
- bildungstheoretische ... 108-110
- kritisch konstruktive ... 110
- experimentelle ... 37
Didaktische Analyse ... 108-110
Differential, semantisches ... 65
Dilthey, W. ... 85-93; 102
Diskurs .. 121-123; 131f.; 217-219; 223
disziplinäre Matrix der Wissenschaft ... 209f.
Dittmann, J. ... 148
Dreikurs, R. ... 106-108

Elemente von Systemen ... 171f.; ... 183f.; 192
Emanzipation ... 33f.; 118; 120f.; ... 127f.; 131; 133-139
Emergenz ... 173

Empirismus ... 45f.
Entwicklung ... 91f.; 100; 103
- moralische ... 31f.
Erfahrung ... 36; 101-103
Erkenntnis, wissenschaftliche ... 218; ... 228f.; 236f.
Erkenntnisinteresse ... 120f.; 127f.
Erklärung, wissenschaftliche ... 49f.; ... 52; 55
Erlanger Schule ... 224
Erziehung ...
- emanzipatorische ... 139f.
- nach Auschwitz ... 120
Erziehungswirklichkeit .. 52; 89f.; 95-98
Erziehungswissenschaft ...
- empirische ... 36-44; 52-56; 57-70
- Kritische ... 111f.; 124-140
- normative ... 18-35
- verhaltenstheoretische . 55; 57-83; 126
Erziehungs- und Bildungsziele ... 21f.; 28f.; 89; 98-100; 103-106
Ethnomethodologie ... 141f.
Experiment ... 40f.; 68f.

Falsifikationismus
- dogmatischer ... 212
- methodischer ... 213
Falsifikationsprinzip ... 46f.; 55
Familientherapie ... 190f.; 201
Fechner, G. Th. ... 36
Feinanalyse ... 160
Feyerabend, P. ... 208; 214f.
Fischer, A. ... 37f.
Flitner, W. ... 94f.; 100; 104
Foerster, H. von ... 226; 227f.
Formalstufen des Unterrichts ... 23-25
Forschungsmethoden
- bei Herbart ... 23
- empirische ... 40-42; 57-70
- hermeneutische ... 87f.; 100-103
- im Symbolischen Interaktionismus ... 146-148
- qualitative ... 156-158; 160-166
- systemtheorische ... 174-177; ... 185f.; 199-201
- verhaltenstheoretische ... 57-70
Foucault, M. ... 216
Fragebogen ... 63-70
Fröhlich, G. ... 24f.

Garfinkel, H. ... 142; 145f.
Geist, objektiver ... 102
Geisteswissenschaft ... 85-87
Geschichte ... 97f.
Gesellschaft ... 99; 115-118; 187
Gesetzesaussagen
- generelle ... 39; 46f.; 49f.; 52
probabilistische ... 53; 55
Giesecke, H. ... 33; 125; 136-138
Glaser, B. ... 164
Glasersfeld, E. von ... 225f.; 228-230
Goffman, E. ... 142-145
Gordon, Th. ... 77
Groeben, N. ... 154f.
Grounded Theory ... 164-166
Grundrate ... 73
Grundregel, hermeneutische ... 101
Grundwerte ... 28f.
Gruppenarbeit ... 13f.; 238f.
Gruppendiskussion ... 200f.
Gütekriterien der Sozialforschung .. 57f.

Haag, F. ... 130
Habermas, J. ... 32; 82; 115; ... 120-123; 152; 188
Haley. J. ... 190
Handlungsforschung ... 130-133
Hartmann, N. ... 27; 30f.
Heid, H. ... 54
Heim,, H. ... 222
Heinze, Th. ... 131
Heitger, M. ... 28
Hejl, P. ... 226
Hempel-Oppenheim-Schema ... 49f.; ... 55; 72
Henz, H. ... 28
Herbart, J. F. ... 18-23; 25f.
Herbartianismus ... 18f.; 23-25
Hermeneutik ... 83-93; 97f.; 100; 105f.; ... 110-113; 129f.
Hermeneutischer Zirkel ... 88; 93
Hillbrink, A. ... 200f.
Hofer, M. ... 154
Homöostase ... 173f.
Horkheimer, M. ... 111f.; 114-119; 137
Hypothese ... 46; 58f.

Ideologiekritik ... 126f.; 129
Indikatoren ... 61-63
Individualpsychologie ... 106-108
Induktionsprinzip ... 39; 46
Informationstheorie ... 169

Inkommensurabilität..210f.; 223; 235f.
Interaktion, symmetrische............196f.
Interaktionsstruktur.........163; 195-197
Intervall-Skala..............................65
Interview...
- narratives..........................152; 156
- qualitatives.................156-160; 200f.

Janich, P. 227; 231
Jena-Plan-Schule...........................43

Kade, J. ....162f.
Kamlah, W. 224
Kant, I. 224
Kategorienbildung........................165f.
Kausalpläne..................................186f.
Kerschensteiner, G. 27
Kerstiens, L. 29; 31f.; 139
Klafki, W. 108-110; 127-131
Klauer, K. J. 54
Kodierung von Befragungsdaten......70
Kohlberg, L. ....31f.
Kohrs, D. ....135f.
Koller, H.-C. 222
Komplexität................79f.; 184f.; 187
König, E. 200-203; 224
Konsens......................32f.; 155; 219f.
Konstruktinterview........................157
Konstruktivismus...................225-234
- in der Erwachsenenbildung..........233
- methodischer....................224f.; 227
- Radikaler......................225-230; 232
Kontext...195
Konversationsanalyse....................148
Korrespondenztheorie...................227f.
Kraft, J. ....110f.
Krisenexperimente........................145f.
Kriterien von Wissenschaft............217f.
Kritische Erziehungswissenschaft
.....................................111f.; 124-140
Kritische Theorie..........111f.; 114-124
Kritischer Rationalismus.............45-50
Künzli, B. 188
Kuhn, Th. 207-211
Kybernetik..........................169; 191f.

Lakatos, I. 208; 211-213
Lay, W. A. 37-39
Lempert, W. 125; 129
Lenzen, D. 221
Lewin, K. 130

Litt, T. 95; 105
Lochner, R. ....37; 39f.
Lorenzen, P. 224
Lübbe, H. 28
Luhmann, N. 181-189
Lyotard, J.-F. 216-220

Mager, R. F. 76
Management, systemisches...171; 179f.
Maruyama, M. 175
Mathematisierung.................174; 179
Maturana, H. 225; 227-229
Mead, G. H. 141
Metatheorie................14f.; 206; 233f.
Meumann, E. 37- 39
Minuchin, S. ....197f.
Mollenhauer, K. 112; 124-129;
.... 138; 152
Moser, H. 131
Mündigkeit............28; 32; 127f.; 138
„Mut zur Erziehung“.......................28

Naturalismus..................................31f.
Naturwissenschaft............36; 38f.; 45;
....86f.; 111
Nohl, H. 94-106
Nominal-Skala...............................63f.
Normen...................21f.; 39f.; 90-93

Objektive Hermeneutik................152;
.....................................158-164; 199
Objektives Sinnverstehen........118-120
Oevermann, U. 152; 158-162
Operationalisierung..60-63; 76f.; 146f.
Operations-Research-Ansatz..........169
Ordinal-Skala.................................64f.
Organisationsberatung.....191; 201-203

Pädagogik
- deskriptive.............................37; 54
- empirsch-rationale.........................54
- experimentelle...............................38
Geisteswissenschaftliche..94-113; 126
- praktische......................................53
Paradigma................................207-211
Paradigmenwechsel................208; 211
Parsons. T. 181
Petersen, E. und P. ....37; 41f.
Popper, K. 45-47; 49f.; 55; 207
Positivismusstreit...................82f.;116f.
Postmoderne..........................216-223

Praxis, pädagogische 13; 23-25; 42f.;
............53; 71-78; 103-110; 133-136;
.... 149-151; 166f.; 177-179;
....................186f.; 201-203; 232; 237
Prim, R. 53
Prinzip der kritischen Prüfung.......46f.;
....50f.; 55
Probst, G. 175-177; 179f.; 226
Prognose............................50; 52; 55
Psychoanalyse......................121; 164

Quantitifizierung........................63-66

Rahmen, sozialer ....143f.
Ratio-Skala.......................................66
Realistische Wende 51
Regel
- methodische..............215; 219f.; 231
- soziale........................143-146; 194f.
Regelkreis 172; 195-197
Reich, K. 226
Rein, W. 19; 24; 32
Revolution, wissenschaftliche.. 208; 211
Rollenspiel ....149f.
Rollentheorie, interaktionistische ..149f.
Rössner, L. 53f.; 138
Roth, G. 225
Roth, H. 51
Ruesch, J. ....190; 192; 194f.

Satir, V. 190f.; 204
Schattenhofer, K. 178
Schlee, J. 154
Schmidt, S. J. 226
Schorr, K-E. ....182; 186f.
Schütze, F. 152
Schulentwicklung............................157
Schulkritik ....133f.
Schulz von Thun, F. 194; 196
Selbstreferenz..................................184
Semantisches Differential 65
Sequenzanalyse.......................161-164
Siebert, H. 226; 233
Sinn ....96f.
- subjektiver 160
Sinnstruktur, latente.....................159f.
Sinnverstehen.........118-120; 123; 137
Skalierung....................................63-66
Spaemann, R. 28
Speck, J. ....188f.
Spieltheorie 169
Sprachspiel 218; 223
Spranger, E. 94; 104
Sprechsituation, ideale ....122f.
Stangl, W. 226
Stichprobe........................66-68; 157
Strategie, subjektive 156
Strauss, A. 164-166
Strukturlehre ....91f.
Subjekt-Objekt-Verhältnis....116; 131f.
Subjektive Theorien 80-82; 154-158
Subsystem ....173; 182f.
Symbole..141
Symbolischer Interaktionismus 141-151
System ....
- autopoietisches.............................184
- Elemente................171f.; 183f.; 192
- Geschichte ....198f.
- Gleichgewicht ....173f.
- Grenze ....173; 182; 197f.
- hierarchische Gliederung 173
- Komplexität ....184f.
- Merkmale 171-174; 178;
............................182-185; 191-199
- offenes/geschlossenes..................173
- Umwelt ....172f.; 182-184; 197f.
- selbstreferentielles 184
Systemtheorie....................................
- allgemeine 169-180
- bei Bateson 190-205
- soziologische 181-189

Tatsachen..
- als Basis der Wissenschaft.............38;
....43; 214f.
- pädagogische 38; 43
- soziale...................................116-118
Tatsachenforschung, pädagogische
....37; 41f.
Technologie 50; 52; 55
Technologiedefizit der Erziehungswissenschaft.............186f.
Theorie 212f.; 214f.; 221
- Meta-..14
- Subjektive.................80-82; 154-158
Tilmann, H. 53
Transzendentalphilosophie.........28; 32
Trapp, E. Chr. 36
Tröger, W. ....28f.

Unterricht......................23-25; 43; 108
- emanzipatorischer.......................135f.

Varela, F. 225
Variable .... 59f.
Verhaltensbegriffe 60
Verhaltensmodifikation 71
Verhaltenstheorie 43; 55; 57; 110
Verhaltenstraining 75-78
Vernunft, transversale 223
Verstärkung von Verhalten 72-75
Verstehen 86-90; 97;
.... 105f.; 110; 118-120
Vester, F. .... 170f.; 175; 177f.
Viabilität 230
Volmer, G. 201-203
Wahl, D. 154
Wahrheit 46; 231
Wahrscheinlichkeitsaussage 53; 55
Watzlawick, P. 190; 192-197
Weber, M. 48
Welsch, W. 216; 220; 223
Weniger, E. .... 94f.
Wertbasis der Wissenschaft .... 48f.
Wertfreiheit .... 47-49; 53; 56; 82f.
Wertphilosophie .... 27f.; 30f.
Werturteile 48
Wildmann, L. 226
Winkler, M. .... 221f.
Wirklichkeit 193f.; 227f.; 232;
.... 234; 236f.
Wirkungsverlaufsanalyse 175-177
Wissen, wissenschaftliches und
nichtwissenschaftliches 217-219
Wissenschaft ....
- Definition .... 13f.; 237f.
- Entwicklung 207-211
- Kriterien .... 217f.
- Verwendungszusammenhang 115-117
wissenschaftliche Gemeinschaft: 209
Wissenschaftstheorie ..... 14f.; 206; 233f.
Wundt, W. 36

Ziel-Mittel-Argumentation 34
Zielgruppenarbeit 233
Zirkel, hermeneutischer 88;93